新三板系列丛书

新三板研究

全国股转系统课题成果选编 2019

谢 庚 徐 明 主编

中国金融出版社

责任编辑：石　坚
责任校对：李俊英
责任印制：张也男

图书在版编目（CIP）数据

新三板研究：全国股转系统课题成果选编. 2019 / 谢庚，徐明主编. —北京：中国金融出版社，2020. 6
ISBN 978 - 7 - 5220 - 0605 - 5

Ⅰ. ①新…　Ⅱ. ①谢…　②徐…　Ⅲ. ①中小企业—企业融资—科研课题—成果—汇编—中国—2019　Ⅳ. ①F279. 243. 56

中国版本图书馆 CIP 数据核字（2020）第 072384 号

新三板研究：全国股转系统课题成果选编 2019
XINSANBAN YANJIU：QUANGUO GUZHUAN XITONG KETI CHENGGUO XUANBIAN 2019
出版
发行　中国金融出版社
社址　北京市丰台区益泽路 2 号
市场开发部　(010)66024766，63805472，63439533（传真）
网 上 书 店　http：//www. chinafph. com
　　　　　　(010)66024766，63372837（传真）
读者服务部　(010)66070833，62568380
邮编　100071
经销　新华书店
印刷　北京市松源印刷有限公司
尺寸　185 毫米 × 260 毫米
印张　27. 5
字数　400 千
版次　2020 年 6 月第 1 版
印次　2020 年 6 月第 1 次印刷
定价　58. 00 元
ISBN 978 - 7 - 5220 - 0605 - 5

丛书序

中小企业是推动我国经济发展不可或缺的力量，是创业就业的主要领域、技术创新的重要主体、国家税收的重要来源。党中央、国务院始终高度重视金融服务实体经济，尤其是民营中小企业的发展。在这一背景下，新三板市场应运而生。目前，整个市场民营企业占比93%，中小企业占比94%，新三板已成为服务民营企业、中小企业的主阵地。

自2013年成立以来，新三板始终不忘初心，坚持服务创新型、创业型、成长型中小企业的市场定位，汲汲以求探索资本市场服务中小企业的有效路径。以支持实体为使命，以改革创新为钥匙，不断提升服务挂牌企业的各项功能。面对资本市场的改革开放，面对新时代下的新使命，我们矢志不渝，我们一直努力。

2019年，我们推出“新三板系列丛书”，希望其能成为凝聚共识、引领新三板市场建设的专业智库，成为指导改革实践的决策内参，成为汇聚产学研各方智慧的桥梁纽带。“新三板系列丛书”由“市场发展报告系列”“研究课题系列”“制度规则系列”“市场服务系列”几个子系列组成。其中，“市场发展报告系列”为每年的市场发展报告；“研究课题系列”以每年的委托课题研究成果为主要内容；“制度规则系列”是向市场出版最权威的制度规则指引；“市场服务系列”是针对新三板业务中广受关注的疑难问题，形成汇编和总结。推出“新三板系列丛书”的目的是更好地服务挂牌公司、中介机构、投资者等市场参与主体。当然，这个系列是开放的，未来会动态成长。

我们希望，“新三板系列丛书”成为一扇开放的窗户，通过这扇窗户，市场各方能对新三板市场有更加深刻的了解；也希望“新三板系列丛书”成为一根紧实的纽带，连接着投融资两端，连接着市场各方。真诚地期待学界业界各位专家能多多关心支持“新三板系列丛书”，共同参与谱写资本市场蓬勃发展的新篇章！

丛书编辑部
2019 年 8 月

前　言

新时代资本市场践行党的初心和使命，须牢记监管姓监，提升有效监管和科学监管的水平，必须始终坚持服务实体经济和保护投资者合法权益的根本方向。围绕挂牌公司质量、投资者保护、自律监管、业务创新等方向，全国股转公司开展了2019年对外委托课题，本书收录其中四篇研究成果。

清华大学五道口金融学院课题组就新三板挂牌公司的公司治理与监管安排开展了研究。通过对挂牌公司历年公司治理及流动性进行统计分析，发现第二类代理人问题是新三板挂牌公司的首要公司治理问题。进一步分析影响挂牌公司违规的因素，发现股权集中度、流动性水平均与违规行为呈U形关系。最后，课题组基于境内外市场公司治理经验，对新三板提高公司治理质量提出政策建议。

华东政法大学课题组就新三板终止挂牌中投资者保护机制开展了研究。分析新三板终止挂牌制度现存问题，提出投资者保护的具体措施，包括在投保原则上，应遵循比例区分、权责均衡、充分救济以及保护措施多样性原则；从完善挂牌公司主动摘牌决议机制、增强挂牌公司主动摘牌回购价格的公允性判断、保障挂牌公司对回购承诺的履行、为投资者提供多元化的损失救济机制等方面，构建新三板主动摘牌中的有效投资者保护机制；对于强制摘牌，完善信息披露、强化责任追究等途径，探索构建强制摘牌中的投资者保护机制。

中央财经大学课题组就新三板自律监管机制开展了研究。课题组梳理分析当前新三板自律监管存在的问题，并提出改进建议，包括完善新三板的自律监管工具，鼓励股东自治，建立自律监管与行政监管的衔接机制，进一步厘定新三板可进行自律监管的违规行为及标准，结合分层实施自律监管，结合信用机制实施自律监管，对挂牌公司进行评价与激励等。

中金所北京金融衍生品研究院课题组就中小市值股票期货期权产品开展了研究。通过梳理境外期货、期权产品的发展历程，总结境外主要市场的产品设计和业务规则，尤其针对中小市值股票期货、期权的风险防范机制进行了梳理，最后，对新三板市场发展衍生品业务的可行性进行评估，并提出“先期货、后期权，先个股、后指数”的发展路径。

目　　录

第一篇

新三板挂牌公司的公司治理和监管安排*

* 本课题承接方为清华大学国家金融研究院上市公司研究中心。课题组负责人：王娴。课题组成员：闫琰、张思雨、叶宇辰、刘亚萍。

摘　要

新三板市场作为我国多层次资本市场的重要组成部分，自2006年1月16日试点启动到2013年1月正式运行以来，对促进中小微企业发展、完善直接融资体系发挥了积极作用。截至2019年11月28日，新三板挂牌公司总数已达9111家，挂牌公司总股本达到5708.17亿股①。

挂牌公司未经公开发行直接在新三板挂牌，挂牌后成为非上市公众公司②（Unlisted Public Company），但诸多监管制度与上市公司有很大的差别。厘清新三板挂牌公司的属性，是分析其公司治理的现状、探讨其公司治理面临的挑战以及完善其公司治理的基础。本文的第一部分从新三板建立的历史沿革以及挂牌公司属性的角度剖析了挂牌公司治理面临的挑战，指出挂牌公司的非上市公众公司的属性，加之其特殊的股权和控制结构，使其在信息披露、第二代代理人问题、流动性方面具有特殊性。

第二部分对新三板挂牌公司2013—2018年的股东数量、股权集中度、董事会独立性、实际控制人、董事长、总经理三者的重合度以及流动性进行了梳理，并就以上几方面将基础层挂牌公司和创新层挂牌公司、新三板挂牌公司与A股上市公司进行了比较和差异性检验。统计数据显示，新三板挂牌公司的股

① 数据来源：股转系统，http：//www.neeq.com.cn/static/statisticdata.html。

② 股转系统挂牌公司属于非上市公众公司。根据中国证券监督管理委员会（以下简称中国证监会）发布的《非上市公众公司监督管理办法》（第85号令），非上市公众公司是指有下列情形之一且其股票未在证券交易所上市交易的股份有限公司：（一）股票向特定对象发行或者转让导致股东累计超过200人；（二）股票公开转让。中国证监会于2013年1月31日颁布的《全国中小企业股份转让系统有限责任公司管理暂行办法》（第89号令）明确表示，股票在全国股份转让系统挂牌的公司为非上市公众公司。

东数量有限，股权集中度高，实际控制人、董事长、总经理三者的重合度高。相比创新层挂牌公司，基础层挂牌公司的股东户数更有限，股权集中度更高，表明信息不对称和对内部人缺乏监督制衡的问题在基础层挂牌公司中可能更突出。总体来看，相比上市公司，新三板挂牌公司的股东数量非常有限，股权集中度较高，实际控制人、董事长、总经理三者的重合度较高，流动性更低。

第三部分对影响挂牌公司违规行为的影响因素进行了理论和实证分析。实证分析结果显示，股权集中度与违规行为之间的关系呈U形。由于利益协同效应，股权相对集中会提高控股股东的监管积极性和能力，进而降低发生违规行为的可能性。但是，当股权过于集中时，由于控股股东的隧道掏空效应，发生违规行为的可能性增加。另外，流动性与违规行为之间存在U形关系，表明流动性的提高会降低发生违规行为的可能性，但过高的流动性会产生消极影响，增加违规行为的可能性。研究还发现，董事长和总经理为同一人的挂牌公司发生违规的可能性更大，而实际控制人、董事长和总经理为同一人的挂牌公司发生违规的可能性更小。另外，创新层挂牌公司或是盈利能力好的挂牌公司发生违规的可能性更小，而民营企业或是资产负债率高的挂牌公司发生违规的可能性更大。但是，是否设立独立董事对违规行为无显著影响，表明独立董事在挂牌公司治理中尚未能发挥有效职能。

第四部分将新三板市场和其他股票市场的信息披露要求和公司治理规则进行了对比，发现新三板在股权分散要求、独立董事制度要求以及信息披露要求相比境内外其他市场，如主板市场、台湾证券柜台买卖中心兴柜OTC市场、美国的纳斯达克市场等，标准相对较低、监管规则相对宽松。

第五部分结合最新发布的《全国中小企业股份转让系统分层管理办法》（以下简称《分层管理办法》）、《全国中小企业股份转让系统挂牌公司治理规则》（以下简称《挂牌公司治理规则》）等业务规则和研究结论，就股权分散、流动性、独立董事制度、国有挂牌公司治理的特殊性、激励与评价机制、加强自律监管和行政监管、推动机构投资者参与公司治理等方面提出了政策建议。

第一章　新三板挂牌公司的属性及其公司治理的特殊性

第一节　新三板的沿革与挂牌公司的属性

新三板建立的基础是2006年1月启动的中关村科技园区非上市公司进入证券公司代办股份转让系统进行股份报价转让试点（以下简称中关村试点）。中关村试点首先需要克服的法律障碍就是，这些公司是非上市、未经证监会批准公开发行的公司，如果向一般公众转让股票，就是变相的公开发行。

2006年经修订后实施的《证券法》，对公开发行作出框架性的定义：一是向不特定对象发行；二是向特定对象发行不得超过200人。在此背景下，2006年1月16日启动的中关村试点根据《公司法》第三十九条“股份公司的股份转让，可以上市交易，或者以国务院批准的其他方式进行”的规定，制定了试点的转让制度，这是一种按照《公司法》规定的经国务院批准的方式。

新三板的股份转让制度经历了从一对一交易到逐步引入做市商和集合竞价交易制度的过程。2006年中关村试点启动时，实行的是一对一协议交易机制，即挂牌公司的股东通过系统发布转让股票的要约邀请①。这种要约邀请是向不特定投资者发出的转让股票的意思表示，包括转让的数量和拟议价格。投资者

① 《合同法》第十五条规定：“要约邀请是希望他人向自己发出要约的意思表示。寄送的价目表、拍卖公告、招标公告、招股说明书、商业广告等为要约邀请。”

经协商达成交易后经代办系统确认成交，然后由中国证券登记结算公司办理结算。2006 年 5 月，国务院办公厅发布《关于严厉打击非法发行股票和非法经营证券业务有关问题的通知》（以下简称国办发〔2006〕99 号），对擅自公开发行股票作出界定，即向不特定对象发行股票或向特定对象发行股票后股东累计超过 200 人的，为公开发行，应依法报经证监会核准。未经核准擅自发行的，属于非法发行股票[①]。该文件同时也界定了变相公开发行股票，即向特定对象发行股票后股东累计不超过 200 人的，为非公开发行，非公开发行股票及其股权转让，不得采用广告、公告、广播、电话、传真、信函、推介会、说明会、网络、短信、公开劝诱等公开方式或变相公开方式向社会公众发行。严禁任何公司股东自行或委托他人以公开方式向社会公众转让股票。向特定对象转让股票，未依法报经证监会核准的，转让后，公司股东累计不得超过 200 人[②]。按照这个定义，中关村试点的股票转让方式就属于国办发〔2006〕99 号中所指的公开转让。为此，中关村试点采取了技术措施，挂牌公司在此阶段内未发生股份向多个投资者转让后股东超过 200 人的情况。

在中关村试点之初，就实行了严格的投资者适当性制度，要求证券公司充分了解客户的财务状况和投资需求，向客户充分揭示股份报价转让业务的风险，对不宜参与报价转让业务的客户应尽劝阻义务。2009 年，为控制市场风险，进一步缩小了投资者范围，只允许两类投资者参与市场：一是机构投资者，包括创投、私募股权基金、合伙企业、信托等；二是特殊自然人，包括公司挂牌前的自然人股东、挂牌后通过定向增资或股权激励持有公司股份的自然人股东以及因继承或司法裁决等原因持有公司股份的自然人股东，但这些自然人股东只允许买卖其持股公司的股份[③]。

2013 年 12 月，国务院发布《关于全国中小企业股份转让系统有关问题的

---

① 参见《国务院办公厅关于严厉打击非法发行股票和非法经营证券业务有关问题的通知》，http：//www. csrc. gov. cn/pub/shanxi/xxfw/gfxwj/201505/t20150504_276134. htm。

② 同①。

③ 参见《证券公司代办股份转让系统中关村科技园区非上市股份有限公司股份报价转让试点办法（暂行）》，https：//www. sac. net. cn/dbxt/ywgz/200906/t20090612_30927. html。

决定》（以下简称国发〔2013〕49 号）。该文件不仅再次明确了新三板的地位，还提出挂牌公司的转板机制，即在全国股份转让系统挂牌的公司达到股票上市条件的，可以直接向证券交易所申请上市交易①。国发〔2013〕49 号为新三板的交易制度渐进式改革提供了基础。新三板于 2014 年 6 月建立了做市交易制度，即以做市商为中介的证券交易制度。做市交易制度的核心是做市商作为卖方的买方和买方的卖方，新三板持续发布买卖双向报价，并在其报价数量范围内按其报价履行与投资者的成交义务。投资者与做市商成交，投资者之间不能成交，做市商作为流动性的提供者。做市商每次提交做市申报应当同时包含买入价格与卖出价格，且相对买卖价差②不得超过 5%③。2018 年初，新三板又推出了集合竞价机制，即对一段时间内接受的买卖申报一次性集中撮合的竞价方式④。

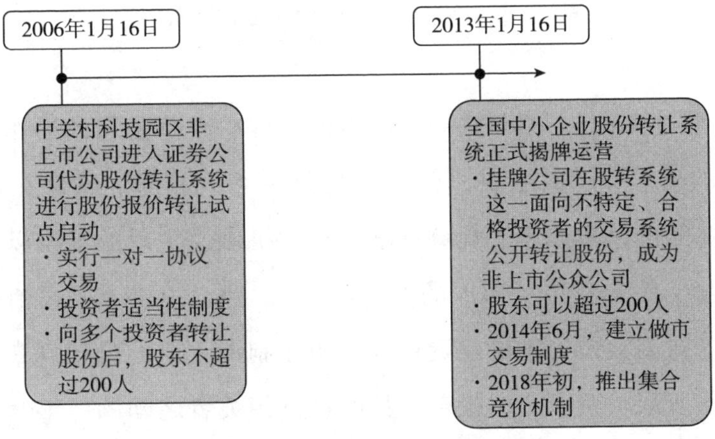

图 1　新三板及其交易制度的历史沿革

① 参见《国务院关于全国中小企业股份转让系统有关问题的决定》，http://www.neeq.com.cn/law_list/20000445.html。

② 根据《全国中小企业股份转让系统股票转让细则》第四十八条，相对买卖价差计算公式为：相对买卖价差 =（卖出价格 - 买入价格）÷ 卖出价格 × 100%，http://www.neeq.com.cn/important_news/200003538.html。

③ 参见《全国中小企业股份转让系统股票转让细则》，http://www.neeq.com.cn/important_news/200003538.html。

④ 根据《全国中小企业股份转让系统股票转让细则》第八十一条，采取集合竞价转让方式的基础层股票，交易主机于每个转让日的 15:00，对接受的买卖申报进行集中撮合；采取集合竞价转让方式的创新层股票，交易主机于每个转让日的 9:30、10:30、11:30、14:00、15:00，对接受的买卖申报进行集中撮合。全国股份转让系统可以根据市场需要，调整集合竞价的撮合频次。参见 http://www.neeq.com.cn/important_news/200003538.html。

图1总结了新三板及其交易制度的历史沿革。从新三板发展的历史沿革、公司挂牌的程序以及交易制度的变迁可以看出，挂牌公司虽然未经证监会核准公开发行，但是它可以在新三板这一面向不特定、合格投资者的交易系统公开转让，使挂牌公司的属性相对挂牌前发生了实质性的变化，变为非上市公众公司。国发〔2013〕49号也明确了挂牌公司的非上市公众公司属性，即挂牌公司依法纳入非上市公众公司监管，股东人数可以超过200人。股东人数未超过200人的股份公司申请在全国股份转让系统挂牌，证监会豁免核准。挂牌公司向特定对象发行证券，且发行后证券持有人累计不超过200人的，证监会豁免核准[①]。股东人数超过200人的挂牌公司则需要向证监会办理核准。截至2018年末，366家挂牌公司的股东数量在200人以上，占比3.42%[②]。

第二节　挂牌公司治理的特殊性

公司治理（Corporate Governance）的核心旨在规范公司的运作，保护公司及全体股东的利益。广义上讲，公司治理是一系列指导、约束公司管理、运行、控制及决策的基本原理、规章制度、自律机制、主动的承诺以及由一个国家特殊的环境、历史和传统形成的商业习惯[③]。狭义上讲，公司治理是指明确公司股东会、董事会及管理层权责划分和相互制衡关系的公司规章。公司治理涉及公司的管理层、董事会、股东和其他利益相关者之间的一整套关系。公司治理也提供了一个框架，通过该框架确立公司目标、决定实现目标的措施和绩效监控。良好的公司治理应该对董事会和经理层提供适当的激励，促使其追求符合公司和股东利益的目标并有利于有效的监督[④]。新三板挂牌公司由于其向

① 参见《国务院关于全国中小企业股份转让系统有关问题的决定》，http：//www. neeq. com. cn/law_list/20000445. html。

② 参见《全国中小企业股份转让系统2018年市场统计快报》，http：//www. neeq. com. cn/static/statisticdata. html。

③ 参见《OECD公司治理原则（2004）》，http：//www. oecd. org/daf/ca/corporategovernanceprinciples/31557724. pdf。

④ 同③。

不特定投资者转让股份而具有公众公司的属性，加之其特殊的股权和控制结构，公司治理具有一定的特殊性。

第一是信息披露的义务。

全球公司治理的蓝本——《G20/OECD 公司治理原则（2015）》，在第五章“信息披露与透明度”中就公司及时、准确地披露财务信息，及时公布影响公司运作的重大事项，保证透明度提出了要求。完善的公司治理是保证信息披露质量的基础，而真实、准确、及时的信息披露也是保证公司治理原则有效实施的必要前提。从国际证券市场监管的实践看，当公司的运行涉及公众的利益时，就要履行信息披露义务。例如，在美国，公众公司，包括上市公司和非上市公众公司，都被要求到美国证券交易委员会（SEC）登记注册，并达到严格的信息披露要求。美国《证券交易法》（*Securities Exchange Act*）第 12 条 a 款规定，除非进行交易的证券的登记注册是有效的，符合本章的规定和根据本章制定的规则和规章，否则任何会员、经纪人和买卖商在国内证券交易所的任何证券（豁免的证券除外）交易均属违法①。第 12 条 g 款第 1 项规定，任何总资产规模超过 1000 万美元且股东超过 2000 人或非合格投资者超过 500 人的公司都需要向 SEC 注册②。这类公司被称为 Reporting Company。

随着新三板做市商制度和集合竞价制度的实施，投资者发出的转让股票的订单成为具有约束力的要约③。要约邀请以及要约的相对人作出交易决策以及达成交易，都以发行股票的挂牌公司的相关信息披露为基础。在做市商交易，尤其是在集合竞价交易机制下，交易双方并不是直接商议达成价格。在此情况下，信息披露对于保证公开交易市场的秩序和交易双方的权利至关重要。国发〔2013〕49 号提出了挂牌公司须履行信息披露义务，所披露的信息应当真实、

① 参见 Securities Exchange Act Section 12（a），http：//legcounsel. house. gov/Comps/Securities%20Exchange%20Act%20Of%201934. pdf。

② 同①。

③ 根据《合同法》第十四条规定，要约是希望和他人订立合同的意思表示，要约中必须表明要约经受要约人承诺，要约人即受该意思表示约束。

准确、完整[①]的要求，证监会制定了《非上市公众公司监督管理办法》《非上市公众公司监管指引第 1 号——信息披露》等行政规范性文件，新三板也发布了《全国中小企业股份转让系统挂牌公司信息披露规则》和《全国中小企业股份转让系统自律监管措施和纪律处分实施细则》等规则来规范和引导挂牌公司的信息披露行为[②]，以强化监管，实现保障投资者利益。

第二是股权及控制结构。

公司治理的核心是缓解代理人问题（Shleifer 和 Vishny，1997；Goergen，2012），而对于股权结构、控制结构不同的公司来说，公司治理面临的挑战不同，主要分为两种类型：一是所有权与控制权分离（Berle 和 Means，1932[③]）所导致的所有者（委托人）与经营者（代理人）之间的利益冲突（第一类代理人问题，Type I Agency Problem[④]）；二是控股股东与非控股股东之间的利益冲突（第二类代理人问题，Type II Agency Problem[⑤]）。控股股东普遍拥有对公司的绝对（或相对）控制权，这种权力激发了控股股东以非控股股东为代价来寻求私人利益的机会主义行为（Bebchuk 和 Weisbach，2010[⑥]）。在控股股东通过拥有具有优越投票权的股权、金字塔结构或者交叉持股使他们的控制权（Control Rights）明显超过现金流权（Cashflow Rights）的情况下（Bebchuk、

---

① 参见《国务院关于全国中小企业股份转让系统有关问题的决定》，http：//www. neeq. com. cn/law_list/20000445. html。

② 但是针对挂牌公司（特别是基础层挂牌公司）的信息披露要求，与针对上市公司的信息披露要求相比较宽松。例如，虽然要求挂牌公司（包括基础层和创新层）披露年报和半年报，但基础层挂牌公司是否披露季报无要求等。

③ 参见 Berle A. A.，Means G. C. The Modern Corporation and Private Property［M］. New York：Macmillan，1932。

④ 参见 Jensen，M. C.，Meckling，W. H.. Theory of the firm：Managerial behavior，agency costs and ownership structure［J］. Journal of Financial Economics，1976，3（4），305 –360。

⑤ 参见 Shleifer，A.，Vishny，R. W. Large Shareholders and Corporate Control［J］. Journal of Political Economy，1986，94（3），461 –488。

⑥ 参见 Bebchuk，L. A.，Weisbach，M. S.. The State of Corporate Governance Research［J］. The Review of Financial Studies，2010，23（3），939 –961。

Kraakman 和 Triantis，2000[①]；Claessens、Djankov 和 Lang，2000[②]），其追求以非控股股东为代价来寻求私人利益的机会主义的动机更强烈（La Porta、Lopez - De - Silanes 和 Shleifer，1999[③]），实现这种机会主义的能力也更大。他们可以通过多种方式，如关联交易、向自己支付特殊的红利、选择私人利益最大化而非利润最大化的项目等，直接或间接侵占非控股股东的利益（Shleifer 和 Vishny，1997）。控股股东这种为谋取私人利益从公司转移资产和利润而侵占其他非控股股东利益的行为被称为隧道效应（Johnson、La Porta、Florencio 和 Shleifer，2000[④]）。

图 2 对新三板挂牌公司不同阶段面临的不同公司治理问题进行了对比。新三板挂牌公司在挂牌前属于私人公司（Private Company），股东数量有限，股权高度集中。创始人企业家通常既是公司的所有者又是经营者，股权集中在创始人以及家族成员手中。这些公司具有典型的古典公司特点，即所有权与经营权合一。因为挂牌公司是未经公开发行直接挂牌的，所以挂牌时，除一些公司将股份转让给做市商以外，股权结构并无太大变化。如果仅从公司的所有与控制结构看，挂牌公司应该还没有出现 Berle 和 Means（1932）[⑤] 所说的所有权与控制权分离的问题。虽然在新三板进行股票公开转让后，一些挂牌公司的股权结构趋于多元化，但是现阶段股东数量有限，股权依然高度集中在企业家手中。新三板最新披露的挂牌公司股东数据[⑥]显示，截至 2018 年末，在 10691 家挂牌

① 参见 Bebchuk, L. A., Kraakman, R., Triantis, G. G.. Stock Pyramids, Cross - Ownership, and the Dual Class Equity: the Creation and Agency Costs of Seperating Control from Cash Flow Rights [Z]. NBER Working Papers, 2000, 295 - 318。

② 参见 Claessens, S., Djankov, S., Lang, L. H. P. The Separation of Ownership and Control in East Asian Corporations. Journal of Financial Economics, 2000, 58 (12), 81 - 112。

③ 参见 La Porta, R., Lopez - De - Silanes, F., Shleifer, A. Corporate Ownership Around the World [J]. Journal of Finance, 1999, 54 (2), 471 - 517。

④ 参见 Johnson, S., La Porta, R., Florencio, L. - d. - S., & Shleifer, A. Tunneling [J]. The American Economic Review, 2000, 90 (2), 22 - 27。

⑤ 参见 Berle A. A., Means G. C. The Modern Corporation and Private Property [M]. New York: Macmillan, 1932。

⑥ 参见《全国中小企业股份转让系统 2018 年市场统计快报》，http://www.neeq.com.cn/static/statisticdata.html。

公司中，股东数量在3~50人（不包括50人）的公司占比最高。其中，4138家挂牌公司的股东数量在10~50人（不包括50人），占比38.71%；股东数量在3~10人（不包括10人）的挂牌公司达3957家，占比37.01%。仅有366家挂牌公司的股东数量在200人以上，占比3.42%。另外，根据2018年的统计数据，在统计的9283家挂牌公司中，前十大股东持股比例达到50%以上的共计9145家，占比98.51%。其中，持有股权比例在70%以上的有8376家，占比90.23%；90%以上的共计5486家，占比59.10%①。

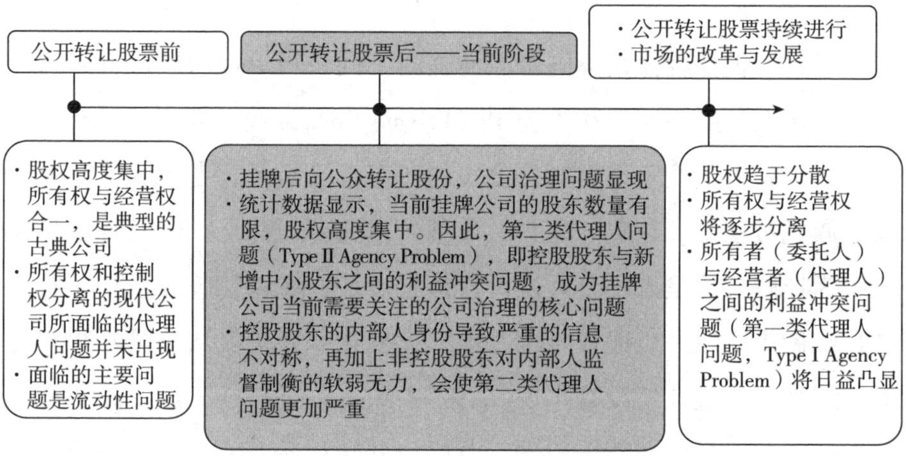

图2　新三板挂牌公司不同阶段面临的不同公司治理问题

由此可见，所有与控制分离情况下的第一类代理人问题目前还不是挂牌公司的公司治理关注的核心问题。而高度集中的股权结构以及控股股东的内部人身份使第二类代理人问题，即控股股东与新增中小股东之间的利益冲突问题，成为挂牌公司当前需要关注的公司治理的核心问题。绝大多数的挂牌公司，其控股股东为公司创始人或者家族成员，他们不仅掌握公司的重大决策权，同时作为经营者负责公司的日常运营。控股股东的内部人身份使其对公司内部经营和风险等方面享有信息优势。他们掌握了新增中小股东无法全面获得的公司内部、经营和风险等信息，导致严重的信息不对称，使第二类代理人问题更加严

① 数据来源：东方财富Choice数据。

重。再加上非控股股东对内部人监督制衡的软弱无力，进一步增加了控股股东为谋取私人利益而损害其他非控股股东利益的可能性，导致控股股东的道德风险加剧。正如经济学家青木昌彦（1995）[①] 所指出，当大量的股权为内部人持有时，内部人的利益得到有力的强调。

第三是流动性与市场约束的缺乏。

流动性不足是当前制约新三板发展的关键问题之一。数据显示，2019 年 8 月，9298 家新三板挂牌公司累计成交金额 74.50 亿元，环比下降 9.63%，平均到每家挂牌公司成交金额 80.12 万元；累计成交数量 19.26 亿股，环比下降 12.73%，平均到每家挂牌公司成交数量 20.71 万股；累计成交笔数 11.38 万笔，环比上涨 2.61%，平均到每家挂牌公司成交笔数 12.24 笔；累计完成股票发行 1.99 亿股，环比下降 69.05%；累计通过完成股票发行募集金额 6.22 亿元，环比下降 77.55%[②]。流动性不足的问题与公司治理和投资者结构密切相关，而公司治理既是资本市场透明度的基础，也是流动性的基础。

资本市场的投资是基于信息的决策，流动性也与信息披露的质量密切相关。Fama（1970）[③] 指出，在资本市场上，如果证券价格能够充分而准确地反映全部相关信息，便称该市场是有效率的。有效市场理论有以下 4 个假设：一是市场信息是被充分披露的，每个市场参与者在同一时间内得到等量等质的信息，信息的发布在时间上不存在前后相关性；二是信息的获取是没有成本或几乎是没有成本的；三是存在大量的理性投资者[④]，他们为了追逐最大的利润，积极参与到市场中来，理性地对证券进行分析、定价和交易；四是投资者对新

① 参见青木昌彦．对内部人控制的控制：转轨经济中的公司治理结构的若干问题［M］//青木昌彦，钱颖一，转轨经济中的公司治理结构．北京：中国经济出版社，1995。

② 数据来源：股转系统，http：//www. neeq. com. cn/static/statisticdata. html。

③ 参见 Fama，E. F. Efficient Capital Markets：A Review of Theory and Empirical Work［J］. Journal of Finance，1970，25（2），383 –417。

④ 这其中又包括三点：第一，假设投资者是理性的，因此投资者可以理性评估资产价值；第二，即使有些投资者不是理性的，但由于他们的交易随机产生，交易相互抵消，不至于影响资产的价格；第三，即使投资者的非理性行为并非随机而是具有相关性，他们在市场中将遇到理性的套期保值者，后者将消除前者对价格的影响。参见 Fama，E. F. Efficient Capital Markets：A Review of Theory and Empirical Work［J］. Journal of Finance，1970，25（2），383 –417。

信息会作出全面、迅速的反应，从而使股价发生相应变化。这 4 个前提假设，在新三板无法完全成立。首先是获取信息的时间不同，其次是信息获取的成本不同。信息的获得需要支付经济成本或者信息成本。如前文所述，股权、控制机构和投资者结构使外部投资者在获取信息方面具有极大的劣势，即使是做市商也因为这种信息劣势而面临较大的风险。最后，流动性不足使交易价格不能对新信息作出全面、迅速的反应，导致投资者的决策面临信息不充分，从而影响其参与交易的意愿。截至 2018 年 12 月 31 日，开通新三板账户的机构投资者为 5.63 万户，个人投资者为 37.75 万户，合计 43.38 万户。匹配 10691 家挂牌公司，平均到每家挂牌公司远不足 41 户。股权集中在挂牌前股东手中，这样的投资者结构必然会导致交易需求的同质化。

表 1　集合竞价制度实施前后流动性对比

指标名称	月度数据对比		年度数据对比	
	2018 年 2 月	2017 年 12 月	2018 年	2017 年
成交金额（亿元）	71.37	238.73	888.01	2271.80
成交数量（亿股）	15.70	55.83	236.29	433.22
成交笔数（万笔）	9.42	19.18	150.84	282.99
发行股数（亿股）	5.56	48.67	123.83	239.26
融资金额（亿元）	33.66	199.20	604.43	1336.25
换手率（%）	0.38	1.18	5.31	13.47

数据来源：新三板。

尽管新三板的交易制度在不断改革，如自 2018 年 1 月 15 日起实施集合竞价制度，但是在股权高度集中、投资者数量结构和交易需求单一、市场约束不足的现实情况下，集合竞价不可能有成交和流动性。从实施效果看，交易制度改革不仅未带来市场流动性的改善，反而在一定程度上降低了市场的流动性。从实施集合竞价制度前后一段时间的数据对比来看，市场活跃度下降显著。如表 1 所示，在 2018 年 1 月 15 日实施集合竞价前的 2017 年 12 月，新三板月累计成交数量为 55.83 亿股，月累计成交金额为 238.73 亿元。而在实施集合竞价后的 2018 年 2 月，新三板月累计成交数量为 15.70 亿股，较 2017 年 12 月减少

40.13 亿股；月累计成交金额为 71.37 亿元，较 2017 年 12 月减少 167.36 亿元[①]。年度数据显示，2018 年新三板累计成交金额为 888.01 亿元，较改革前的 2017 年下降 60.91%；累计成交数量为 236.29 亿股，较 2017 年下降 45.46%；累计成交笔数为 150.84 万笔，较 2017 年减少 132.15 万笔；换手率为 5.31%，较 2017 年下降 8.16 个百分点。在挂牌公司融资方面，2018 年挂牌公司累计完成股票发行 123.83 亿股，较 2017 年减少 48.24%；累计通过股票发行融得资金 604.43 亿元，较 2017 年减少 54.77%[②]。

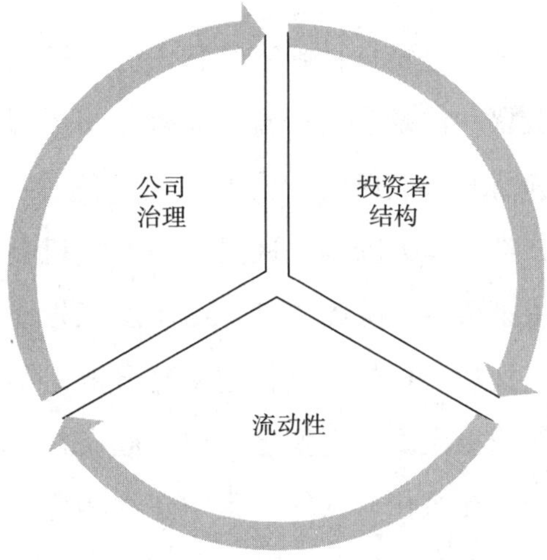

图 3　流动性、公司治理和投资者结构的关系

除此之外，流动性不足、价格不能反映基本面，还会影响市场对完善公司治理和保护全体股东利益的外在约束。公司治理体系以市场为基础，市场上投资者的投资决策将对公司经营产生影响，从而使资本市场成为影响公司治理、约束管理层行为的重要力量。虽然法律和监管机构是必不可少的，但是在适当的透明度和问责机制下，资本市场最终可以奖励好的公司治理或者惩罚糟糕的

① 参见《全国中小企业股份转让系统 2018 年市场统计快报》，http://www.neeq.com.cn/static/statisticdata.html。

② 同①。

公司治理（Drobetz 等，2004①）。由于市场约束的缺乏，再加上前面所述股权和控制结构的问题，新三板的流动性改善与公司治理密切相关。公司治理、投资者结构、流动性之间是相辅相成、相互促进的，如图 3 所示，它们三者的协同改善是提高市场效率的必要前提。一方面，只有完善了公司治理，才能增强信息披露的真实、准确、完整与及时，进而增强各类投资者参与交易的积极性，使交易的多元化需求与交易制度的完善相互作用，最终改善市场的流动性和效率。另一方面，流动性的改善和市场效率的提高，又可以进一步促进公司治理的完善。

综上所述，新三板挂牌公司从挂牌前的私人公司转为挂牌后的非上市公众公司，面向公众转让股票，涉及公众利益。完善公司治理，一是保证信息披露的真实、准确、完整和及时，确保公众获得信息的公平性和公正性，以保障公众利益。二是缓解第二类代理人问题，通过公司治理机制，既保护小股东的利益，又保证大股东的决策机制。除此之外，由于新三板尚处于发展的早期，随着市场的改革与发展，挂牌公司的股权将越来越分散，第一类代理人问题也将越来越突出。因此，新三板应当未雨绸缪，建立起有针对性的、差异化的公司治理原则规范，引导公司在股权分散的过程中建立相应的公司治理机制。同时兼顾公司利益相关者（Stakeholder）的利益，特别是联合国倡导的 ESG（环境、社会和治理）责任。另外，还要以完善的公司治理，引导机构投资者投资挂牌公司、参与公司治理，这也是新三板健康发展的基础。三是通过完善新三板的投资者结构，实现投资者结构的多元化和机构投资者化，提高市场流动性和效率。

总之，挂牌公司的公司治理是新三板健康发展的基础。应当结合新三板在整个资本市场中的地位和改革发展方向，根据挂牌公司的属性、股权结构特征以及发展阶段，针对我国资本市场的法治环境和公司治理原则的实施环境，建立健全新三板的公司治理机制，促进市场发展。

---

① 参见 Drobetz, W., Schillhofer, A., Zimmermann, H. Corporate Governance and Expected Stock Returns: Evidence from Germany [J]. European Financial Management, 2004, 10 (2), 267 - 293。

第二章　对新三板挂牌公司的统计分析

第一节　新三板挂牌公司统计数据总览

如图 4 所示，2013—2017 年，新三板挂牌公司总数持续显著增长，但增速逐年放缓。2013 年，新三板仅有 356 家挂牌公司，2017 年末已增加至 11630 家，约是 2013 年的 32 倍。自 2017 年起，挂牌公司数量呈现下降趋势，出现负增长。截至 2019 年 11 月 28 日，新三板共有挂牌公司 9111 家，比 2018 年末减少 2519 家，下降 21.66%。

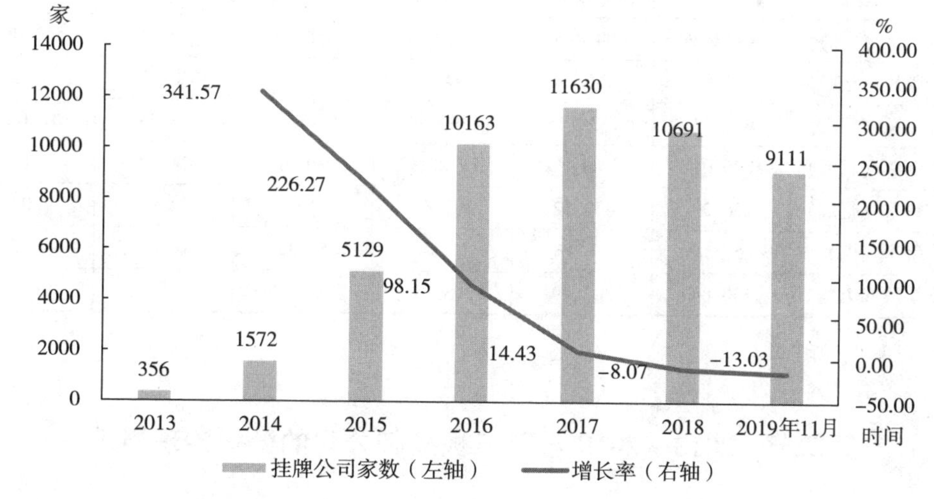

数据来源：新三板。

图 4　2013 年至 2019 年 11 月新三板挂牌公司数量变化

表 2 从挂牌规模、股票发行、股票转让以及投资者账户数量四方面对新三

板进行了梳理。如表2所示，2018年，新三板在挂牌规模、股票发行、股票转让三方面的数量较2017年均有所减少。截至2018年末，新三板10691家挂牌公司的总股本达6324.53亿股，较2017年减少432.20亿股；总市值为34487.26亿元，较2017年减少14917.30亿元。挂牌公司在2018年共完成股票发行123.83亿股，较2017年减少115.43亿股；通过发行股票共融资604.43亿元，较2017年减少731.82亿元。股票转让方面，2018年全年累计成交金额为888.01亿元，比2017年减少1384亿元；累计成交数量236.29亿股，相比2017年减少196.93亿股；成交笔数为150.84万笔，较2017年减少132.15万笔；换手率为5.31%，相比2017年13.47%的换手率下降8.16个百分点。正如前文所述，在股权高度集中、缺乏市场约束和配套政策的背景下，新三板交易制度的改革不仅未改善市场流动性，反而削弱了市场活跃度，在一定程度上降低了市场流动性。

表2　　2013—2018年新三板挂牌公司概况

指标名称	2018年	2017年	2016年	2015年	2014年	2013年
挂牌公司家数	10691	11630	10163	5129	1572	356
总股本（亿股）	6324.53	6756.73	5851.55	2959.51	658.35	97.17
总市值（亿元）	34487.26	49404.56	40558.11	24584.42	4591.42	553.06
发行股数（亿股）	123.83	239.26	294.61	230.79	26.43	2.92
融资金额（亿元）	604.43	1336.25	1390.89	1216.17	129.99	10.02
成交金额（亿元）	888.01	2271.80	1912.29	1910.62	130.36	8.14
成交数量（亿股）	236.29	433.22	363.63	278.91	22.82	2.02
换手率（%）	5.31	13.47	20.74	53.88	19.67	4.47
成交笔数（万笔）	150.84	282.99	308.81	282.13	9.27	0.10

数据来源：新三板。

第二节　2013—2018年新三板挂牌公司的公司治理概况

表3描述了2015—2018年新三板挂牌公司的股东人数分布。如表3所示，挂牌公司股东人数集中分布在3~50人。其中，股东数量在10~50人（不包括50人）的挂牌公司占比最高。具体来说，2015年、2016年、2017年和2018年

股东数量在 10 ~ 50 人（不包括 50 人）的挂牌公司数量分别为 2056 家、4001 家、4529 家和 4138 家，分别占当年挂牌公司总数的 38.71%、38.94%、39.37% 和 40.09%。除此之外，3 ~ 10 人（不包括 10 人）也是挂牌公司股东人数集中分布的区间。表 3 显示，2015 年、2016 年、2017 年和 2018 年股东数量在 3 ~ 10 人（不包括 10 人）的挂牌公司数量分别为 1741 家、3921 家、4454 家和 3957 家，分别占比 33.94%、38.58%、38.30% 和 37.01%。相比来看，股东人数大于 200 人的挂牌公司占比最小。2018 年，10691家挂牌公司中仅有 366 家挂牌公司的股东数量在 200 人以上，占比 3.42%；2015 年、2016 年和 2017 年分别为 207 家、319 家和 401 家，分别占比 4.04%、3.14% 和 3.45%。由此可见，新三板挂牌公司的股东数量有限，股权集中在少数股东手中。另外，有限的股东数量使绝大多数挂牌公司依照国发〔2013〕49 号获得证监会豁免核准①。因此，在信息披露要求和监管相对宽松的前提下，完善的公司治理是保证这些挂牌公司信息披露质量的基础。

表 3　　2015—2018 年新三板挂牌公司股东人数分布　　单位：人、%

股东人数	2018 年末		2017 年末		2016 年末		2015 年末	
	挂牌公司		挂牌公司		挂牌公司		挂牌公司	
	数量	占比	数量	占比	数量	占比	数量	占比
2	661	6.18	742	6.38	711	7.00	397	7.74
3 ~ 10	3957	37.01	4454	38.30	3921	38.58	1741	33.94
10 ~ 50	4138	38.71	4529	38.94	4001	39.37	2056	40.09
50 ~ 100	1037	9.70	953	8.19	788	7.75	453	8.83
100 ~ 200	532	4.98	551	4.74	423	4.16	275	5.36
200 以上	366	3.42	401	3.45	319	3.14	207	4.04
合计	10691	100.00	11630	100.00	10163	100.00	5129	100.00

注：采用上组限不在内原则，如 100 ~ 200 中不包含 200。

数据来源：新三板。

① 挂牌公司依法纳入非上市公众公司监管，股东人数可以超过 200 人。股东人数未超过 200 人的股份公司申请在全国股份转让系统挂牌，证监会豁免核准。挂牌公司向特定对象发行证券，且发行后证券持有人累计不超过 200 人的，证监会豁免核准。参见《国务院关于全国中小企业股份转让系统有关问题的决定》，http://www.neeq.com.cn/law_list/20000443.html。

表 4 对 2013—2018 年新三板投资者的数量和结构进行了统计。如表 4 所示，2013—2018 年新三板的投资者数量持续上涨。与机构投资者相比，个人投资者的数量增长显著。截至 2018 年末，投资者总数达 43. 38 万户，比 2017 年增加 2. 52 万户，比 2013 年增加 42. 53 万户；其中，机构投资者占比 12. 98%，数量为 5. 63 万户，比 2017 年增加 0. 51 万户，比 2013 年增加 5. 52 万户；个人投资者占比 87. 02%，数量为 37. 75 万户，相比 2017 年增加 2. 01 万户，相比 2013 年增加 37. 01 万户。但是，相比挂牌公司数量，当前投资者的数量微不足道。2018 年的 43. 38 万户投资者，匹配 10691 家挂牌公司，平均到每家挂牌公司远不足 41 户。如此小的投资者规模必然影响交易需求，从而对市场的流动性产生消极影响。

从表 4 可以看出，2013—2018 年新三板的投资者结构并无显著变化。个人投资者占比较高，始终维持在 88. 00% 左右（上下浮动不超过 2%），而机构投资者占比一直维持在 11% 左右（上下浮动不超过 2%）。因此，新三板需要完善投资者结构，实现投资者结构的多元化和机构投资者化，引导机构投资者参与公司治理，以提高公司治理质量和市场流动性。

表 4　　　　2013—2018 年新三板挂牌公司投资者数量和结构

指标名称		2018 年	2017 年	2016 年	2015 年	2014 年	2013 年
机构投资者	数量（万户）	5. 63	5. 12	3. 85	2. 27	0. 47	0. 11
	占比（%）	12. 98	12. 53	11. 52	10. 26	9. 65	12. 94
个人投资者	数量（万户）	37. 75	35. 74	29. 57	19. 86	4. 40	0. 74
	占比（%）	87. 02	87. 47	88. 48	89. 74	90. 35	87. 06
投资者合计（万户）		43. 38	40. 86	33. 42	22. 13	4. 87	0. 85

数据来源：新三板。

表 5 统计了 2013—2018 年新三板挂牌公司的股东户数、大股东持股比例和股权分散度。如表 5 所示，挂牌公司历年的平均股东户数维持在 20 ~ 82 户，股东数量有限，而投资者数量不足导致新三板挂牌公司的股权分散度低。从大股东持股比例来看，2013—2018 年，历年第一大股东持股比例均维持在 50% 以上，历年前十大股东持股比例均维持在 88% 以上，股权高度集中。虽然大股东

持股比例在 2013—2018 年呈下降趋势，但下降幅度有限，股权依旧高度集中。2018 年，新三板挂牌公司第一大股东持股比例的均值为 50.96%，相比样本周期内最高值 2014 年的 53.41% 下降 2.45 个百分点，比 2013 年下降 6.84 个百分点；前十大股东持股比例的均值为 88.82%，比 2014 年下降 6.63 个百分点，比 2013 年下降 6.52 个百分点。

除了大股东持股比例，赫芬达尔—赫希曼指数（Herfindahl - Hirschman Index，HHI）也是在公司治理研究中被广泛应用的衡量股权集中度的重要指标。HHI 最初被用于产业集中度，通过计量市场份额的变化来反映市场中厂商规模的离散度，其等于一个行业中各市场竞争主体所占行业总收入或总资产百分比的平方和。与以往公司治理研究中 HHI 的计算一致，在本文中，HHI 等于单个挂牌公司在单个会计年度内各个大股东持股比例的平方和。如式（1）所示。

$$HHI = \sum_{i=1}^{N} (X_i/X)^2 = \sum_{i=1}^{N} S_i^{\ 2} \tag{1}$$

其中，S_i表示第 i 大股东的持股比例，其等于第 i 大股东的持股数量除以该挂牌公司的总股本，N 表示该挂牌公司的股东数。因此，当计算前十大股东的 HHI 时，N 等于 10。① HHI 值越大表示股权越集中，HHI 值越小表示股权越分散。由于挂牌公司股东户数普遍有限，本文还分别计算了前五大股东的 HHI② 和前两大股东的 HHI。如表 5 所示，样本周期内挂牌公司前十大股东的 HHI 始终维持在 0.30 以上，表明挂牌公司股权集中。另外，前十大股东的 HHI 与前五大股东的 HHI 和前两大股东的 HHI 相比差别不大，说明第三到第十大股东持股比例较小，对 HHI 的影响较弱，进一步表明挂牌公司大股东控制的现象严重。因此，前文所述的第二类代理人问题，即控股股东与新增中小股东的利益冲突，是新三板挂牌公司当前需要重视的首要公司治理问题。

---

① 当单个挂牌公司在单个会计年度内股东数量 n 不足 10 时，N 等于 n，即 HHI 等于挂牌公司在单个会计年度内 n 个大股东持股比例的平方和。

② 当单个挂牌公司在单个会计年度内大股东数量 n 不足 5 时，N 等于 n，HHI 等于挂牌公司在单个会计年度内 n 个大股东持股比例的平方和。

表 5　　2013—2018 年新三板挂牌公司股东户数、大股东持股比例和股权分散度

年份	股东户数（户）	第一大股东持股比例（%）	前十大股东持股比例（%）
2013	20	52.05	95.34
2014	33	53.41	95.45
2015	82	50.94	93.72
2016	53	51.47	94.80
2017	51	51.12	89.49
2018	42	50.96	88.82
年份	HHI 前十大股东	HHI 前五大股东	HHI 前两大股东
2013	0.35	0.35	0.33
2014	0.34	0.34	0.32
2015	0.33	0.33	0.31
2016	0.36	0.36	0.34
2017	0.36	0.36	0.34
2018	0.36	0.36	0.34

数据来源：清华大学国家金融研究院上市公司研究中心课题组根据 Wind 数据计算、制表。

按证监会一级行业分类分析（见表6），金融业和信息传输、软件和信息技术服务业挂牌公司的平均股东户数相对其他行业较多，分别为 154 户和 94 户，但是金融业的大股东持股比例和 HHI 比其他行业低。居民服务、修理和其他服务业的平均股东户数在所有行业中最少，仅为 15 户。电力、热力、燃气及水生产和供应业挂牌公司的第一大股东持股比例高达 57.60%。虽然综合行业挂牌公司的第一大股东持股比例最小，为 24.28%，但是其前十大股东持股比例之和高达 97.62%，导致其前十大股东的 HHI 较之前两大股东的 HHI 有明显差异。

取样本内公司总资产的中位数 98200000 元，公司规模可以按次中位数分为两类，总资产小于等于 98200000 元的挂牌公司（以下简称较大规模公司）和总资产大于 98200000 元的挂牌公司（以下简称较小规模公司）。如表 7 所示，较大规模公司的平均股东户数为 93 户，比较小规模公司多 79 户。但是，相比于小规模公司，较大规模公司的大股东持股比例和 HHI 均较小。

挂牌公司按实际控制人属性可以分为国有企业、民营企业、集体企业、外资企业和其他企业，其中其他企业包括实际控制人属性为大学、职工持股会和其他或是没有实际控制人的挂牌公司。如表 8 所示，集体企业的股东户数最多为 130 户。虽然外资企业、国有企业和民营企业的股东户数较少，但其大股东持股比例和 HHI 均较高。外资企业、国有企业和民营企业第一大股东持股比例分别为 58.78%、58.24% 和 51.29%，前十大股东持股比例合计分别为 94.42%、93.97% 和 91.78%。

表 6　　2013—2018 年新三板挂牌公司股东户数、大股东持股比例和股权分散度：按行业分析

证监会一级行业分类	股东户数	第一大股东持股比例（%）	前十大股东持股比例（%）	HHI 前十大股东	HHI 前五大股东	HHI 前两大股东
农、林、牧、渔业	54	49.66	88.45	0.33	0.33	0.31
采矿业	36	50.51	88.61	0.33	0.33	0.31
制造业	41	51.29	91.35	0.36	0.35	0.34
电力、热力、燃气及水生产和供应业	30	57.60	93.61	0.41	0.41	0.40
建筑业	37	54.00	92.44	0.38	0.38	0.36
批发和零售业	40	53.95	93.26	0.39	0.39	0.37
交通运输、仓储和邮政业	77	54.74	93.72	0.41	0.41	0.39
住宿和餐饮业	22	53.50	93.71	0.38	0.38	0.37
信息传输、软件和信息技术服务业	94	48.81	91.17	0.33	0.33	0.31
金融业	154	45.39	86.71	0.31	0.30	0.28
房地产业	18	56.72	94.02	0.43	0.43	0.42
租赁和商务服务业	27	53.74	93.41	0.39	0.38	0.37
科学研究和技术服务业	27	52.28	91.64	0.37	0.37	0.35
水利、环境和公共设施管理业	32	52.50	92.23	0.37	0.37	0.35
居民服务、修理和其他服务业	15	49.28	93.60	0.34	0.34	0.32
教育	22	53.12	93.05	0.37	0.37	0.35
卫生和社会工作	35	50.47	91.92	0.35	0.35	0.33
文化、体育和娱乐业	37	51.30	92.40	0.35	0.35	0.33
综合	17	24.18	97.62	0.14	0.13	0.09

表 7　　2013—2018 年新三板挂牌公司股东户数、大股东持股比例和股权分散度：按公司规模

公司规模	股东户数	第一大股东持股比例（%）	前十大股东持股比例（%）	HHI 前十大股东	HHI 前五大股东	HHI 前两大股东
总资产小于等于 98200000 元（中位数）	14	53.73	94.69	0.38	0.38	0.36
总资产大于 98200000 元（中位数）	93	48.64	88.42	0.32	0.32	0.31

表 8　　2013—2018 年新三板挂牌公司股东户数、大股东持股比例和股权分散度：按公司属性

公司属性	股东户数	第一大股东持股比例（%）	前十大股东持股比例（%）	HHI 前十大股东	HHI 前五大股东	HHI 前两大股东
国有企业	58	58.24	93.97	0.44	0.44	0.43
民营企业	49	51.29	91.78	0.36	0.35	0.34
集体企业	130	47.78	82.81	0.31	0.31	0.30
外资企业	30	58.78	94.42	0.43	0.43	0.42
其他企业	129	37.61	81.24	0.25	0.24	0.22

从董事会规模来看，如表 9 所示，历年挂牌公司董事会人数的均值维持在 5 人，但是独立董事均值不足 1 人。历年没有设立独立董事的挂牌公司的比例均达 87% 以上，并且该比例呈逐年上升趋势，从 2013 年的 87.92% 增长到 2018 年的 94.08%。在董事会中，执行董事占比高，维持在 95% 以上，且呈增长趋势。2018 年，执行董事占比为 98.07%，较 2017 年上升 0.32 个百分点，较 2013 年上升 1.77 个百分点。然而，历年独立董事占比均值维持在 4.5% 以下。2018 年，独立董事占比均值仅为 1.93%。从董事长、总经理和实际控制人三者的重合度来看，2013—2018 年半数以上挂牌公司中的董事长和总经理职位由同一自然人担任，86% 以上的挂牌公司的实际控制人担任董事长一职，64% 以上的挂牌公司的实际控制人担任总经理一职。另外，52% 以上的挂牌公司存在实际控制人、董事长与总经理三者为同一自然人的现象，即实际控制人、董事长与总经理三者合一。值得注意的是，有些挂牌公司有多名共同实际控制人，这

些挂牌公司中的董事长与总经理虽不是同一自然人，却都是共同实际控制人中的一员。当此类挂牌公司与上述存在实际控制人、董事长与总经理三者合一的挂牌公司合并在一起时，存在董事长与总经理二者均为实际控制人的挂牌公司比例达62%以上。挂牌公司执行董事占比和独立董事占比的失衡以及实际控制人与董事长和总经理的重合会导致严重的信息不对称和对内部人监督制衡的匮乏，从而加剧控股股东的道德风险，使第二类代理人问题相对突出。

表9　　2013—2018年新三板挂牌公司董事会规模、结构和独立性

年份	董事会人数（人）（平均值）	独立董事占比（%）	执行董事占比（%）
2013	5	3.70	96.30
2014	5	4.21	95.79
2015	5	3.16	96.84
2016	5	2.25	97.75
2017	5	2.25	97.75
2018	5	1.93	98.07

年份	独立董事人数（人）					
	平均值	最小值	25%	中位数	75%	最大值
2013	不足1人	0	0	0	0	4
2014	不足1人	0	0	0	0	5
2015	不足1人	0	0	0	0	7
2016	不足1人	0	0	0	0	7
2017	不足1人	0	0	0	0	7
2018	不足1人	0	0	0	0	6

年份	公司是否设立独立董事				公司董事长与总经理是否为同一人			
	是		否		是		否	
	公司家数	占比（%）	公司家数	占比（%）	公司家数	占比（%）	公司家数	占比（%）
2013	43	12.08	313	87.92	222	64.16	124	35.84
2014	191	12.17	1378	87.83	861	56.50	663	43.50
2015	480	9.38	4637	90.62	2795	55.47	2244	44.53
2016	698	6.87	9461	93.13	5632	55.82	4458	44.18
2017	795	6.84	10833	93.16	6523	56.32	5060	43.68
2018	633	5.92	10055	94.08	5985	56.36	4635	43.64

续表

<table>
<tr><td rowspan="3">年份</td><td colspan="4">实际控制人与董事长是否为同一人</td><td colspan="4">实际控制人与总经理是否为同一人</td></tr>
<tr><td colspan="2">是</td><td colspan="2">否</td><td colspan="2">是</td><td colspan="2">否</td></tr>
<tr><td>公司家数</td><td>占比（%）</td><td>公司家数</td><td>占比（%）</td><td>公司家数</td><td>占比（%）</td><td>公司家数</td><td>占比（%）</td></tr>
<tr><td>2013</td><td>297</td><td>87. 10</td><td>44</td><td>12. 90</td><td>245</td><td>72. 49</td><td>93</td><td>27. 51</td></tr>
<tr><td>2014</td><td>1333</td><td>90. 07</td><td>147</td><td>9. 93</td><td>1005</td><td>67. 81</td><td>477</td><td>32. 19</td></tr>
<tr><td>2015</td><td>4375</td><td>89. 82</td><td>496</td><td>10. 18</td><td>3188</td><td>65. 39</td><td>1687</td><td>34. 61</td></tr>
<tr><td>2016</td><td>8789</td><td>89. 64</td><td>1016</td><td>10. 36</td><td>6431</td><td>65. 66</td><td>3364</td><td>34. 34</td></tr>
<tr><td>2017</td><td>9958</td><td>88. 38</td><td>1309</td><td>11. 62</td><td>7337</td><td>65. 17</td><td>3921</td><td>34. 83</td></tr>
<tr><td>2018</td><td>8945</td><td>86. 48</td><td>1399</td><td>13. 52</td><td>6609</td><td>64. 08</td><td>3704</td><td>35. 92</td></tr>
<tr><td rowspan="3">年份</td><td colspan="8">实际控制人、董事长与总经理三者是否为同一人</td></tr>
<tr><td colspan="4">是</td><td colspan="4">否</td></tr>
<tr><td colspan="2">家数</td><td colspan="2">占比（%）</td><td colspan="2">家数</td><td colspan="2">占比（%）</td></tr>
<tr><td>2013</td><td colspan="2">208</td><td colspan="2">61. 72</td><td colspan="2">129</td><td colspan="2">38. 28</td></tr>
<tr><td>2014</td><td colspan="2">816</td><td colspan="2">55. 43</td><td colspan="2">656</td><td colspan="2">44. 57</td></tr>
<tr><td>2015</td><td colspan="2">2614</td><td colspan="2">53. 82</td><td colspan="2">2243</td><td colspan="2">46. 18</td></tr>
<tr><td>2016</td><td colspan="2">5272</td><td colspan="2">53. 87</td><td colspan="2">4514</td><td colspan="2">46. 13</td></tr>
<tr><td>2017</td><td colspan="2">6040</td><td colspan="2">53. 70</td><td colspan="2">5207</td><td colspan="2">46. 30</td></tr>
<tr><td>2018</td><td colspan="2">5457</td><td colspan="2">52. 97</td><td colspan="2">4845</td><td colspan="2">47. 03</td></tr>
<tr><td rowspan="3">年份</td><td colspan="8">董事长与总经理二者是否均为实际控制人</td></tr>
<tr><td colspan="4">是</td><td colspan="4">否</td></tr>
<tr><td colspan="2">家数</td><td colspan="2">占比（%）</td><td colspan="2">家数</td><td colspan="2">占比（%）</td></tr>
<tr><td>2013</td><td colspan="2">236</td><td colspan="2">70. 03</td><td colspan="2">101</td><td colspan="2">29. 97</td></tr>
<tr><td>2014</td><td colspan="2">979</td><td colspan="2">66. 51</td><td colspan="2">493</td><td colspan="2">33. 49</td></tr>
<tr><td>2015</td><td colspan="2">3120</td><td colspan="2">64. 24</td><td colspan="2">1737</td><td colspan="2">35. 76</td></tr>
<tr><td>2016</td><td colspan="2">6303</td><td colspan="2">64. 41</td><td colspan="2">3483</td><td colspan="2">35. 59</td></tr>
<tr><td>2017</td><td colspan="2">7208</td><td colspan="2">64. 09</td><td colspan="2">4039</td><td colspan="2">35. 91</td></tr>
<tr><td>2018</td><td colspan="2">6468</td><td colspan="2">62. 78</td><td colspan="2">3834</td><td colspan="2">37. 22</td></tr>
</table>

数据来源：清华大学国家金融研究院上市公司研究中心课题组根据 Wind 数据计算、制表。

按行业分析（见表 10、表 11A、表 11B），综合行业和金融业挂牌公司的董事会规模相对较大，分别为 7 人和 6 人。虽然各个行业均未达到平均 1 名独立董事，金融业和采矿业行业挂牌公司董事会的独立性相对较高。具体来说，在金融业中设立独立董事的样本达 17% 以上，16% 以上的采矿业样本设立了独立董事，而卫生和社会工作行业中仅有 2.08% 的样本设立了独立董事。信息传输、软件和信息技术服务业挂牌公司的实际控制人、董事长及总经理的重合度较高，其 60% 以上的样本中董事长与总经理为同一人，70% 以上的样本中实际控制人与总经理为同一人，实际控制人与董事长为同一人的样本比例高达 90% 以上。在该行业中，60% 以上的样本中实际控制人、董事长与总经理为同一自然人。当考虑到有些样本中董事长与总经理虽不是同一自然人，却都是多名自然人实际控制人中的一员的情况时，该行业中实际控制人、董事长与总经理三者重合的样本比例提高到 70% 以上。此外，居民服务、修理和其他服务业、教育行业以及样本数量最多的制造业的实际控制人、董事长与总经理三者重合度也非常高。相对而言，金融业和房地产业的实际控制人、董事长及总经理的重合度较低。

按公司规模分析（见表 12、表 13A、表 13B），相比于规模较小公司，规模较大公司的董事会独立性较高，实际控制人、董事长及总经理的重合度较低。具体来说，规模较大公司中有 12.29% 的样本设立了独立董事，接近较小规模公司的 6 倍。另外，规模较大公司中独立董事占比达 4.10%，是较小规模公司的 6 倍多。

按公司所有制属性分析（见表 14、表 15A、表 15B），相比其他类型企业，集体企业的董事会规模较大并且独立性较高。在集体企业中，有 25% 的样本设立了独立董事，接近民营企业的 4 倍；董事会中独立董事占比为 7.71%，接近民营企业的 3.5 倍。此外，集体企业中董事长与总经理为同一人的样本比例较小，仅为 30%，并且实际控制人与董事长和总经理的重合度为零，即样本中不存在实际控制人任职董事长和/或总经理的现象。民营企业的董事会独立性较小，并且实际控制人与董事长和总经理的重合度较高。民营企业中实际控制人与总经理为同一人的样本比例达 68.30%，实际控制人与董事长为同一人的样本比例高达 92.58%。56.21% 的民营企业样本中实际控制人、董事长与总经理为同一自然人。当考虑到有些样本中董事长与总经理虽不是同一自然人，却都是多名自然人实际控制人中的一员的情况时，民营企业中实际控制人、董事长与总经理三者重合的样本比例提高到67.03%。值得注意的是，虽然从统计数据上来看，国有企业中实际控制人与董事长和总经理重合的样本数量和比例均非常小，但是并不能充分说明其实际控制人与董事长和总经理的重合度低。大部分国有企业的实际控制人为非自然人法律实体，董事长与总经理被这类实际控制人委派的可能性非常高。

表16统计了2013—2018年情况。如表16所示，挂牌公司年度股东大会每年不足1次，临时股东大会平均1～3次每年。

表10　　2013—2018年新三板挂牌公司董事会规模、结构和独立性：按行业分析

证监会一级行业分类	董事会人数	独立董事人数	独立董事占比	执行董事占比	公司是否设立独立董事			
					是		否	
					样本数	占比（%）	样本数	占比（%）
农、林、牧、渔业	5	0.28	3.52	96.48	78	9.90	710	90.10
采矿业	5	0.38	4.95	95.05	27	16.27	139	83.73
制造业	5	0.21	2.74	97.26	1597	8.05	18252	91.95
电力、热力、燃气及水生产和供应业	5	0.17	2.27	97.73	30	7.35	378	92.65
建筑业	5	0.21	2.80	97.20	115	9.03	1158	90.97
批发和零售业	5	0.09	1.30	98.70	64	3.76	1639	96.24
交通运输、仓储和邮政业	5	0.14	2.05	97.95	33	5.25	596	94.75
住宿和餐饮业	5	0.12	1.99	98.01	6	5.26	108	94.74
信息传输、软件和信息技术服务业	5	0.14	1.87	98.13	467	5.91	7431	94.09
金融业	6	0.40	4.21	95.79	95	17.46	449	82.54
房地产业	5	0.04	0.64	99.36	8	2.87	271	97.13
租赁和商务服务业	5	0.08	1.01	98.99	70	3.61	1871	96.39
科学研究和技术服务业	5	0.11	1.36	98.64	73	4.21	1663	95.79
水利、环境和公共设施管理业	5	0.34	4.31	95.69	90	13.35	584	86.65

续表

证监会一级行业分类	董事会人数	独立董事人数	独立董事占比	执行董事占比	公司是否设立独立董事			
					是		否	
					样本数	占比（%）	样本数	占比（%）
居民服务、修理和其他服务业	5	0.07	0.76	99.24	3	2.29	128	97.71
教育	5	0.10	1.33	98.67	11	3.83	276	96.17
卫生和社会工作	5	0.07	0.94	99.06	4	2.08	188	97.92
文化、体育和娱乐业	5	0.19	2.55	97.45	67	7.42	836	92.58
综合	7	1	14.29	85.71	2	100.00	0	0.00

数据来源：清华大学国家金融研究院上市公司研究中心课题组根据 Wind 数据计算、制表。

表 11A　　2013—2018 年新三板挂牌公司实际控制人、董事长和总经理的重合度：按行业分析

证监会一级行业分类	公司董事长与总经理是否为同一人				实际控制人与董事长是否为同一人				实际控制人与总经理是否为同一人			
	是		否		是		否		是		否	
	样本数	占比（%）	样本数	占比（%）	样本数	占比（%）	样本数	占比（%）	样本数	占比（%）	样本数	占比（%）
农、林、牧、渔业	451	57.53	333	42.47	617	81.40	141	18.60	457	60.37	300	39.63
采矿业	72	43.64	93	56.36	128	85.91	21	14.09	77	52.03	71	47.97
制造业	10958	55.71	8710	44.29	17241	90.15	1884	9.85	12569	65.73	6554	34.27
电力、热力、燃气及水生产和供应业	181	44.69	224	55.31	280	72.16	108	27.84	173	44.94	212	55.06
建筑业	657	51.73	613	48.27	1098	87.49	157	12.51	759	60.48	496	39.52
批发和零售业	977	57.67	717	42.33	1437	87.09	213	12.91	1092	66.26	556	33.74
交通运输、仓储和邮政业	295	47.05	332	52.95	514	83.99	98	16.01	335	54.74	277	45.26
住宿和餐饮业	57	50.00	57	50.00	90	81.08	21	18.92	65	58.56	46	41.44
信息传输、软件和信息技术服务业	4954	63.17	2888	36.83	6967	90.83	703	9.17	5468	71.51	2178	28.49
金融业	125	23.41	409	76.59	256	60.95	164	39.05	135	67.47	280	32.53

续表

证监会一级行业分类	公司董事长与总经理是否为同一人				实际控制人与董事长是否为同一人				实际控制人与总经理是否为同一人			
	是		否		是		否		是		否	
	样本数	占比（%）	样本数	占比（%）	样本数	占比（%）	样本数	占比（%）	样本数	占比（%）	样本数	占比（%）
房地产业	111	39.93	167	60.07	161	58.97	112	41.03	110	40.15	164	59.85
租赁和商务服务业	1094	56.63	838	43.37	1629	85.38	279	14.62	1209	63.30	701	36.70
科学研究和技术服务业	925	53.56	802	46.44	1460	87.43	210	12.57	1068	64.14	597	35.86
水利、环境和公共设施管理业	344	51.81	320	48.19	528	81.61	119	18.39	372	58.22	267	41.78
居民服务、修理和其他服务业	85	64.89	46	35.11	122	93.13	9	6.87	95	72.52	36	27.48
教育	164	57.34	122	42.66	254	90.07	28	9.93	190	67.14	93	32.86
卫生和社会工作	95	50.00	95	50.00	158	86.34	25	13.66	98	52.97	87	47.03
文化、体育和娱乐业	473	53.21	416	46.79	757	86.61	117	13.39	541	62.04	331	37.96
综合	0	0.00	2	100.00	0	0.00	2	100.00	0	0.00	2	100.00

数据来源：清华大学国家金融研究院上市公司研究中心课题组根据 Wind 数据计算、制表。

表 11B　　2013—2018 年新三板挂牌公司实际控制人、董事长和总经理的重合度：按行业分析

证监会一级行业分类	实际控制人、董事长与总经理三者是否为同一人[a]				董事长与总经理二者是否均为实际控制人[b]			
	是		否		是		否	
	样本数	占比（%）	样本数	占比（%）	样本数	占比（%）	样本数	占比（%）
农、林、牧、渔业	442	50.73	315	49.27	384	58.39	373	41.61
采矿业	73	43.24	75	56.76	64	49.32	84	50.68
制造业	12348	53.86	6739	46.14	10280	64.69	8807	35.31
电力、热力、燃气及水生产和供应业	173	35.32	212	64.68	136	44.94	249	55.06
建筑业	740	48.69	515	51.31	611	58.96	644	41.04
批发和零售业	1062	54.53	583	45.47	897	64.56	748	35.44

续表

证监会一级行业分类	实际控制人、董事长与总经理三者是否为同一人[a]				董事长与总经理二者是否均为实际控制人[b]			
	是		否		是		否	
	样本数	占比（%）	样本数	占比（%）	样本数	占比（%）	样本数	占比（%）
交通运输、仓储和邮政业	328	43.04	283	56.96	263	53.68	348	46.32
住宿和餐饮业	64	42.34	47	57.66	47	57.66	64	42.34
信息传输、软件和信息技术服务业	5349	60.69	2292	39.31	4637	70.00	3004	30.00
金融业	127	21.74	287	78.26	90	30.68	324	69.32
房地产业	104	29.30	169	70.70	80	38.10	193	61.90
租赁和商务服务业	1184	52.91	722	47.09	1008	62.15	898	37.85
科学研究和技术服务业	1048	50.57	615	49.43	841	63.02	822	36.98
水利、环境和公共设施管理业	363	47.89	276	52.11	306	56.81	333	43.19
居民服务、修理和其他服务业	95	62.60	36	37.40	82	72.52	49	27.48
教育	187	55.67	95	44.33	157	66.31	125	33.69
卫生和社会工作	96	45.90	87	54.10	84	52.46	99	47.54
文化、体育和娱乐业	531	50.69	337	49.31	440	61.18	428	38.82
综合	0	0.00	2	100	0	0.00	2	100.00

注：a. 是，即实际控制人、董事长与总经理三者是否为同一自然人。

b. 是，即董事长与总经理是同一自然人实际控制人或当实际控制人为多名自然人时，董事长与总经理虽不是同一自然人，却都是多名自然人实际控制人中的一员。

数据来源：清华大学国家金融研究院上市公司研究中心课题组根据 Wind 数据计算、制表。

表 12　　2013—2018 年新三板挂牌公司董事会规模、结构和独立性：按公司规模分析

公司规模	董事会人数	独立董事人数	独立董事占比	执行董事占比	公司是否设立独立董事			
					是		否	
					样本数	占比（%）	样本数	占比（%）
总资产小于等于 98200000 元（中位数）	5	0.05	0.66	99.34	391	2.15	17815	97.85
总资产大于 98200000 元（中位数）	5	0.31	4.10	95.90	2238	12.29	15966	87.71

数据来源：清华大学国家金融研究院上市公司研究中心课题组根据 Wind 数据计算、制表。

表 13A　　2013—2018 年新三板挂牌公司实际控制人、董事长和总经理的重合度：按公司规模分析

公司规模	公司董事长与总经理是否为同一人				实际控制人与董事长是否为同一人				实际控制人与总经理是否为同一人			
	是		否		是		否		是		否	
	样本数	占比（%）	样本数	占比（%）	样本数	占比（%）	样本数	占比（%）	样本数	占比（%）	样本数	占比（%）
总资产小于等于 98200000 元（中位数）	10908	60.23	7202	39.77	16061	90.67	1652	9.33	12298	69.49	5399	30.51
总资产大于 98200000 元（中位数）	9321	51.73	8698	48.27	14931	85.89	2452	14.11	10528	60.64	6834	39.36

数据来源：清华大学国家金融研究院上市公司研究中心课题组根据 Wind 数据计算、制表。

表 13B　　2013—2018 年新三板挂牌公司实际控制人、董事长和总经理的重合度：按公司规模分析

公司规模	实际控制人、董事长与总经理三者是否为同一人[a]				董事长与总经理二者是否均为实际控制人[b]			
	是		否		是		否	
	样本数	占比（%）	样本数	占比（%）	样本数	占比（%）	样本数	占比（%）
总资产小于等于 98200000 元（中位数）	10179	57.59	7497	42.41	12041	68.12	5635	31.88

续表

公司规模	实际控制人、董事长与总经理三者是否为同一人[a]				董事长与总经理二者是否均为实际控制人[b]			
	是		否		是		否	
	样本数	占比（%）	样本数	占比（%）	样本数	占比（%）	样本数	占比（%）
总资产大于98200000元（中位数）	8548	49.33	8781	50.67	10310	59.50	7019	40.50

注：a. 是，即实际控制人、董事长与总经理三者是否为同一自然人。

b. 是，即董事长与总经理是同一自然人实际控制人或当实际控制人为多名自然人时，董事长与总经理虽不是同一自然人，却都是多名自然人实际控制人中的一员。

数据来源：清华大学国家金融研究院上市公司研究中心课题组根据Wind数据计算、制表。

表14　　2013—2018年新三板挂牌公司董事会规模、结构和独立性：按公司属性分析

公司属性	董事会人数	独立董事人数	独立董事占比	执行董事占比	公司是否设立独立董事			
					是		否	
					样本数	占比（%）	样本数	占比（%）
国有企业	6	0.40	4.50	95.50	223	14.79	1285	85.21
民营企业	5	0.17	2.22	97.78	2397	6.63	33749	93.37
集体企业	6	0.65	7.71	92.29	62	25.00	15	75.00
外资企业	5	0.28	3.70	96.30	5	10.93	505	89.07
其他企业	5	0.28	3.57	96.43	149	11.75	1110	88.24

数据来源：清华大学国家金融研究院上市公司研究中心课题组根据Wind数据计算、制表。

表15A　　2013—2018年新三板挂牌公司实际控制人、董事长和总经理的重合度：按公司属性分析

公司属性	公司董事长与总经理是否为同一人				实际控制人与董事长是否为同一人				实际控制人与总经理是否为同一人			
	是		否		是		否		是		否	
	样本数	占比（%）	样本数	占比（%）	样本数	占比（%）	样本数	占比（%）	样本数	占比（%）	样本数	占比（%）
国有企业	264	17.73	1225	82.27	2	0.13	1483	99.87	2	0.14	1476	99.86
民营企业	21051	58.67	14832	41.33	33247	92.58	2664	7.42	24502	68.30	11371	31.70
集体企业	6	30.00	14	70.00	0	0.00	20	100.00	0	0.00	20	100.00
外资企业	299	53.30	262	46.70	436	78.00	123	22.00	303	54.30	255	45.70
其他企业	394	31.95	840	68.05	10	7.75	119	92.25	6	4.69	122	95.31

数据来源：清华大学国家金融研究院上市公司研究中心课题组根据Wind数据计算、制表。

表 15B　　2013—2018 年新三板挂牌公司实际控制人、董事长和总经理的重合度：按公司属性分析

公司属性	实际控制人、董事长与总经理三者是否为同一人[a]				董事长与总经理二者是否均为实际控制人[b]			
	是		否		是		否	
	样本数	占比（%）	样本数	占比（%）	样本数	占比（%）	样本数	占比（%）
国有企业	2	0.14	1471	99.86	2	0.14	1471	99.86
民营企业	20133	56.21	15688	43.79	24011	67.03	11810	32.97
集体企业	0	0.00	20	100.00	0	0.00	20	100.00
外资企业	265	47.58	292	52.42	294	52.78	263	47.22
其他企业	6	4.76	120	95.24	6	4.76	120	95.24

注：a. 是，即实际控制人、董事长与总经理三者是否为同一自然人。

b. 是，即董事长与总经理是同一自然人实际控制人或当实际控制人为多名自然人时，董事长与总经理虽不是同一自然人，却都是多名自然人实际控制人中的一员。

数据来源：清华大学国家金融研究院上市公司研究中心课题组根据 Wind 数据计算、制表。

表 16　　2013—2018 年新三板挂牌公司股东大会召开情况

年份	年度股东大会召开情况（次数）	临时股东大会召开情况（次数）	股东大会召开综合情况（次数）
2013	0.78 不足 1 次	2.32	3.10
2014	0.70 不足 1 次	1.71	2.41
2015	0.72 不足 1 次	2.11	2.83
2016	0.83 不足 1 次	2.97	3.80
2017	0.95 不足 1 次	3.13	4.08
2018	0.99 不足 1 次	1.94	2.93

数据来源：清华大学国家金融研究院上市公司研究中心课题组根据 Wind 数据计算、制表。

第三节　公司治理的统计比较：基础层挂牌公司 vs. 创新层挂牌公司

表 17 和表 18 的统计数据显示，基础层挂牌公司历年股东户数均少于创新层，历年创新层挂牌公司的股东户数约为基础层挂牌公司的 5～6 倍，同时基础层挂牌公司历年第一大股东持股比例、前十大股东持股比例以及 HHI 均高于创新层。由此可见，基础层挂牌公司的股权集中度较创新层更高。但是，历年

基础层挂牌公司的年平均换手率均高于创新层挂牌公司，如表22所示。表19和表20的统计数据显示，与创新层相比，基础层挂牌公司历年设立独立董事的挂牌公司比例较低，独立董事人数和占比较小，但在实际控制人与董事长和总经理的重合度方面差别不大。表21的统计数据显示，与创新层相比，基础层挂牌公司历年股东大会的召开次数较少。为了检验基础层挂牌公司和创新层挂牌公司在以上几方面的差异是否显著，本文针对以上几方面的变量分别建立零假设（Null Hypothesis，以下简称N）和备择假设（Alternative Hypothesis，以下简称A），具体假设如下。

股东户数

H_{01}：基础层挂牌公司股东户数 = 创新层挂牌公司股东户数（N）

H_{11}：基础层挂牌公司股东户数 ≠ 创新层挂牌公司股东户数（A）

第一大股东持股比例

H_{02}：基础层挂牌公司第一大股东持股比例 = 创新层挂牌公司第一大股东持股比例（N）

H_{12}：基础层挂牌公司第一大股东持股比例 ≠ 创新层挂牌公司第一大股东持股比例（A）

前十大股东持股比例

H_{03}：基础层挂牌公司前十大股东持股比例 = 创新层挂牌公司前十大股东持股比例（N）

H_{13}：基础层挂牌公司前十大股东持股比例 ≠ 创新层挂牌公司前十大股东持股比例（A）

前十大股东 HHI

H_{04}：基础层挂牌公司前十大股东 HHI = 创新层挂牌公司前十大股东 HHI（N）

H_{14}：基础层挂牌公司前十大股东 HHI ≠ 创新层挂牌公司前十大股东 HHI（A）

前五大股东HHI

H_{05}：基础层挂牌公司前五大股东HHI＝创新层挂牌公司前五大股东HHI（N）

H_{15}：基础层挂牌公司前五大股东HHI≠创新层挂牌公司前五大股东HHI（A）

前两大股东HHI

H_{06}：基础层挂牌公司前两大股东HHI＝创新层挂牌公司前两大股东HHI（N）

H_{16}：基础层挂牌公司前两大股东HHI≠创新层挂牌公司前两大股东HHI（A）

董事会人数

H_{07}：基础层挂牌公司董事会人数＝创新层挂牌公司董事会人数（N）

H_{17}：基础层挂牌公司董事会人数≠创新层挂牌公司董事会人数（A）

独立董事人数

H_{08}：基础层挂牌公司独立董事人数＝创新层挂牌公司独立董事人数（N）

H_{18}：基础层挂牌公司独立董事人数≠创新层挂牌公司独立董事人数（A）

独立董事占比

H_{09}：基础层挂牌公司独立董事占比＝创新层挂牌公司独立董事占比（N）

H_{19}：基础层挂牌公司独立董事占比≠创新层挂牌公司独立董事占比（A）

独立董事设立

H_{010}：基础层挂牌公司独立董事设立＝创新层挂牌公司独立董事设立（N）

H_{110}：基础层挂牌公司独立董事设立≠创新层挂牌公司独立董事设立（A）

董事长与总经理的重合度

H_{011}：基础层挂牌公司董事长与总经理的重合度＝创新层挂牌公司董事长与总经理的重合度（N）

H_{111}：基础层挂牌公司董事长与总经理的重合度≠创新层挂牌公司董事长与总经理的重合度（A）

实际控制人与董事长的重合度

H_{012}：基础层挂牌公司实际控制人与董事长的重合度＝创新层挂牌公司实际控制人与董事长的重合度（N）

H_{112}：基础层挂牌公司实际控制人与董事长的重合度≠创新层挂牌公司实际控制人与董事长的重合度（A）

实际控制人与总经理的重合度

H_{013}：基础层挂牌公司实际控制人与总经理的重合度＝创新层挂牌公司实际控制人与总经理的重合度（N）

H_{113}：基础层挂牌公司实际控制人与董事长的重合度≠创新层挂牌公司实际控制人与总经理的重合度（A）

实际控制人、董事长与总经理三者的重合度

H_{014}：基础层挂牌公司实际控制人、董事长与总经理三者的重合度＝创新层挂牌公司实际控制人、董事长与总经理三者的重合度（N）

H_{114}：基础层挂牌公司实际控制人、董事长与总经理三者的重合度≠创新层挂牌公司实际控制人、董事长与总经理三者的重合度（A）

年度股东大会召开次数

H_{015}：基础层挂牌公司年度股东大会召开次数＝创新层挂牌公司年度股东大会召开次数（N）

H_{115}：基础层挂牌公司年度股东大会召开次数≠创新层挂牌公司年度股东大会召开次数（A）

年平均换手率

H_{016}：基础层挂牌公司年平均换手率＝创新层挂牌公司年平均换手率（N）

H_{116}：基础层挂牌公司年平均换手率≠创新层挂牌公司年平均换手率（A）

为检验以上假设，本文针对以上假设中涉及的非虚拟变量对基础层挂牌公司和创新层挂牌公司两组数据进行双总体 T 检验，以检测两组样本数据的均值相等性。以上假设还涉及包括“是否设立独立董事”“公司董事长与总经理是否为同一人”“实际控制人与董事长是否为同一人”“实际控制人与总经理是否为同一人”“实际控制人、董事长与总经理三者是否为同一人”以及“董事长与总经理二者是否均为实际控制人”在内的虚拟变量。这些虚拟变量取值均为0或1，平均值均在（0，1）区间内，并且单个虚拟变量平均值的统计意义可以用比例来解释。例如，对于样本中的创新层挂牌公司来说，变量“是否设立独立董事”的均值为0.19，表示该样本中19%的创新层挂牌公司已经设立独立董事。针对这些虚拟变量，PR检验（PR－test）可以通过使用大样本统计信息检验两组数据的比例相等性。T检验和PR检验完成后，分别观察检验结果中各个变量的平均值差异的显著水平，以确定是接受零假设（N）还是接受备择假设（A）。双总体T检验和PR检验结果如表23所示。

表23中T检验结果显示，基础层挂牌公司和创新层挂牌公司在股东户数、股权集中度、董事会规模和独立性、年度股东大会召开情况以及流动性几方面变量差值的p值均小于给定显著性水平 $\alpha=0.01$，表明基础层挂牌公司和创新层挂牌公司在以上几方面均有统计学意义的显著差异。第一，对于股东户数来说，T检验 $p=0.000<0.01$，差值为－134.00，接受备择假设 H_{11}，基础层挂牌公司股东户数在0.01显著性水平上低于创新层挂牌公司。第二，第一大股东持股比例，T检验 $p=0.000<0.01$，差值为9.76%，接受备择假设 H_{12}，基础层挂牌公司第一大股东持股比例在0.01显著性水平上高于创新层挂牌公司。第三，前十大股东持股比例，T检验 $p=0.000<0.01$，差值为6.60%，接受备择假设 H_{13}，基础层挂牌公司前十大股东持股比例在0.01显著性水平上高于创新层挂牌公司。第四，前十大股东HHI，T检验 $p=0.000<0.01$，差值为0.11，接受备择假设 H_{14}，基础层挂牌公司前十大股东HHI在0.01显著性水平上高于创新层挂牌公司。第五，前五大股东HHI，T检验 $p=0.000<0.01$，差值为0.12，接受备择假设 H_{15}，基础层挂牌公司前五大股东HHI在0.01显著性水平上高于创新层挂牌公司。第六，前两大股东HHI，T检验 $p=0.000<0.01$，差值为0.11，接受备择假设 H_{15}，基础层挂牌公司前两大股东HHI在0.01显著性水平上高于创新层挂牌公司。第七，董事会人数，T检验 $p=0.000<0.01$，差

值为 -0.57，接受备择假设 H_{17}，基础层挂牌公司董事会人数在 0.01 显著性水平上少于创新层挂牌公司。第八，独立董事人数，T 检验 $p=0.000<0.01$，差值为 -0.38，接受备择假设 H_{18}，基础层挂牌公司独立董事人数在 0.01 显著性水平上低于创新层挂牌公司。第九，独立董事占比，T 检验 $p=0.000<0.01$，差值为 -4.79%，接受备择假设 H_{19}，基础层挂牌公司独立董事占比在 0.01 显著性水平上低于创新层挂牌公司。第十，年度股东大会召开次数，T 检验 $p=0.000<0.01$，差值为 -0.07，接受备择假设 H_{115}，基础层挂牌公司年度股东大会召开次数在 0.01 显著性水平上低于创新层挂牌公司。第十一，年平均换手率，T 检验 $p=0.000<0.01$，差值为 2.33%，接受备择假设 H_{116}，基础层挂牌公司年平均换手率在 0.01 显著性水平上高于创新层挂牌公司。

另外，PR 检验结果显示，对于变量“是否设立独立董事”，PR 检验 $p=0.000<0.01$，差值为 -0.14，接受备择假设 H_{110}，基础层设立独立董事的挂牌公司比例在 0.01 显著性水平上低于创新层挂牌公司。但是，针对董事长与总经理的重合度以及实际控制人与董事长或/和总经理重合度的变量，PR 检验结果未显示出显著差异。

总结来看，相比于创新层挂牌公司，基础层挂牌公司的股东户数相对有限，股权集中度较高，董事会规模较小，董事会独立性较低，年度股东大会召开更不规范，表明信息不对称和对内部人缺乏监督制衡的问题在基础层挂牌公司中可能更突出。由此可见，基础层挂牌公司较创新层可能面临更加严重的第二类代理人问题。另外，与基础层相比，创新层挂牌公司的流动性不足问题更突出，而流动性不足的问题与公司治理和投资者结构密切相关。只有完善了公司治理，才能增强信息披露的真实、完整与及时，进而增强各类投资者参与交易的积极性，使交易的多元化需求与交易制度的完善相互作用，最终改善市场流动性和效率，因此在新三板内部建立有针对性的、差异化的公司治理制度和实施机制以缓解第二类代理人问题和流动性不足问题尤为必要，而流动性的改善和市场效率的提高，又可以进一步促进公司治理的完善。

表 22 显示，与 2017 年相比，2018 年基础层和创新层挂牌公司的年平均换

手率均显著降低，表明在股权高度集中、信息不对称、投资者结构和交易需求单一、市场约束不足的现实情况下，单纯依靠改革交易制度、引入订单驱动的集合竞价机制或者连续竞价交易制度不仅不能改善流动性，反而可能带来流动性的降低。

表 17　　2016—2018 年新三板挂牌公司大股东持股比例：基础层 vs. 创新层

年份	股东户数		第一大股东持股比例（%）		前十大股东持股比例（%）	
	基础层	创新层	基础层	创新层	基础层	创新层
2016	28	169	52.17	41.76	95.60	84.81
2017	29	152	51.80	42.42	89.94	85.25
2018	29	170	51.71	42.11	89.29	84.86
综合	29	163	51.89	42.13	91.59	84.99

数据来源：清华大学国家金融研究院上市公司研究中心课题组根据 Wind 数据计算、制表。

表 18　　2016—2018 年新三板挂牌公司 HHI：基础层 vs. 创新层

年份	HHI：前十大股东		HHI：前五大股东		HHI：前两大股东	
	基础层	创新层	基础层	创新层	基础层	创新层
2016	0.37	0.25	0.37	0.25	0.35	0.23
2017	0.37	0.26	0.37	0.26	0.35	0.24
2018	0.37	0.25	0.37	0.25	0.35	0.24
综合	0.37	0.26	0.37	0.25	0.35	0.24

数据来源：清华大学国家金融研究院上市公司研究中心课题组根据 Wind 数据计算、制表。

表 19　　2016—2018 年新三板挂牌公司独立董事设立情况：基础层 vs. 创新层

年份	公司是否设立独立董事					独立董事占比（%）		独立董事人数	
		基础层		创新层					
		是	否	是	否	基础层	创新层	基础层	创新层
2016	家数	535	8738	139	545	1.86	7.06	0.14（不足 1 人）	0.54（不足 1 人）
	占比（%）	5.77	94.23	20.32	79.68				
2017	家数	567	9474	172	779	1.83	6.19	0.14（不足 1 人）	0.48（不足 1 人）
	占比（%）	5.65	94.35	18.09	81.91				

续表

年份		公司是否设立独立董事				独立董事占比（%）		独立董事人数	
		基础层		创新层					
		是	否	是	否	基础层	创新层	基础层	创新层
2018	家数	413	8461	165	698	1.50	6.47	0.11（不足1人）	0.52（不足1人）
	占比（%）	4.65	95.35	19.12	80.88				
综合	家数	1515	26673	476	2022	1.73	6.52	0.13（不足1人）	0.51（不足1人）
	占比（%）	5.37	94.63	19.06	80.94				

数据来源：清华大学国家金融研究院上市公司研究中心课题组根据 Wind 数据计算、制表。

表 20　2016—2018 年新三板挂牌公司董事长、总经理及实际控制人的重合度：基础层 vs. 创新层

年份		公司董事长与总经理是否为同一人				实际控制人与董事长是否为同一人				实际控制人与总经理是否为同一人			
		基础层		创新层		基础层		创新层		基础层		创新层	
		是	否	是	否	是	否	是	否	是	否	是	否
2016	家数	5142	4072	376	300	8027	927	588	73	5877	3067	430	230
	占比（%）	55.81	44.19	55.62	44.38	89.65	10.35	88.96	11.04	65.71	34.29	65.15	34.85
2017	家数	5608	4396	536	408	8581	1141	814	112	6314	3403	606	317
	占比	56.06	43.94	56.78	43.22	88.26	11.74	87.9	12.1	64.98	35.02	65.66	34.34
2018	家数	4975	3850	463	396	7404	1177	725	112	5497	3063	521	313
	占比（%）	56.37	43.63	53.9	46.1	86.28	13.72	86.62	13.38	64.22	35.78	62.47	37.53
综合	家数	15725	12318	1375	1104	24012	3245	2127	297	17688	9533	1557	860
	占比（%）	56.07	43.93	55.47	44.53	88.09	11.91	87.75	12.25	64.98	35.02	64.42	35.58

年份		实际控制人、董事长与总经理三者是否为同一人[a]				董事长与总经理二者是否均为实际控制人[b]			
		基础层		创新层		基础层		创新层	
		是	否	是	否	是	否	是	否
2016	家数	4815	4122	350	309	5759	3178	421	238
	占比（%）	53.88	46.12	53.11	46.89	64.44	35.56	63.88	36.12
2017	家数	5179	4527	503	420	6198	3508	594	329
	占比	53.36	46.64	54.50	45.50	63.86	36.14	64.36	35.64
2018	家数	4523	4028	431	403	5379	3172	503	331
	占比（%）	52.89	47.11	51.68	48.32	62.90	37.10	60.31	39.69
综合	家数	14517	12677	1284	1132	17336	9858	1518	898
	占比（%）	53.38	46.62	53.15	46.85	63.75	36.25	62.83	37.17

注：a. 是，即实际控制人、董事长与总经理三者是否为同一自然人。

b. 是，即董事长与总经理是同一自然人实际控制人或当实际控制人为多名自然人时，董事长与总经理虽不是同一自然人，却都是多名自然人实际控制人中的一员。

数据来源：清华大学国家金融研究院上市公司研究中心课题组根据 Wind 数据计算、制表。

表 21　　　2016—2018 年新三板挂牌公司股东大会召开情况：基础层 vs. 创新层

年份	股东大会召开次数		临时股东大会召开次数		股东大会召开次数总计	
	基础层	创新层	基础层	创新层	基础层	创新层
2016	0.82（不足 1 次）	0.97（不足 1 次）	2.83	4.47	3.65	5.44
2017	0.94（不足 1 次）	0.99（不足 1 次）	3.02	4.07	3.97	5.06
2018	0.99（不足 1 次）	0.997（不足 1 次）	1.87	2.47	2.86	3.47

数据来源：清华大学国家金融研究院上市公司研究中心课题组根据 Wind 数据计算、制表。

表 22　　　2016—2018 年新三板挂牌公司年平均换手率：基础层 vs. 创新层

年份	年平均换手率（%）	
	基础层	创新层
2016	4.44	1.12
2017	3.71	0.83
2018	0.76	0.11

数据来源：清华大学国家金融研究院上市公司研究中心课题组根据 Wind 数据计算、制表。

表 23　　　差异性检验：基础层 vs. 创新层 双总体 T 检验/PR 检验结果

	基础层	创新层	T 检验/ PR 检验	
股东户数和股权集中度	平均值	平均值	差值	p 值
股东户数（T 检验）	29.00	163.00	-134.00***	0.000
第一大股东持股比例（%）（T 检验）	51.89	42.13	9.76***	0.000
前十大股东持股比例（%）（T 检验）	91.59	84.99	6.60***	0.000
HHI：前十大股东（T 检验）	0.37	0.26	0.11***	0.000
HHI：前五大股东（T 检验）	0.37	0.25	0.12***	0.000
HHI：前两大股东（T 检验）	0.35	0.24	0.11***	0.000
董事会独立性	平均值	平均值	差值	p 值
董事会人数（T 检验）	5.44	6.01	-0.57***	0.000
独立董事人数（T 检验）	0.13	0.51	0.05***	0.000

续表

		基础层	创新层	T 检验/ PR 检验	
独立董事占比（%）（T 检验）		1.73	6.52	0.05***	0.000
虚拟变量（是，值为 0；否，值为 1）（PR 检验）	是否设立独立董事	0.05	0.19	-0.14***	0.000
	公司董事长与总经理是否为同一人	0.56	0.56	-0.00	0.558
	实际控制人与董事长是否为同一人	0.88	0.88	0.003	0.613
	实际控制人与总经理是否为同一人	0.65	0.64	0.00	0.580
	实际控制人、董事长与总经理三者是否为同一人[a]	0.53	0.53	0.00	0.823
	董事长与总经理二者是否均为实际控制人[b]	0.64	0.63	0.01	0.368
股东大会召开情况		平均值	平均值	差值	p 值
	股东大会召开次数（T 检验）	0.92	0.99	-0.07***	0.000
流动性		平均值	平均值	差值	p 值
	年平均换手率（%）（T 检验）	2.96	0.63	2.33***	0.000

注：* 表示 $p<0.1$，** 表示 $p<0.05$，*** 表示 $p<0.01$。

a. 是，即实际控制人、董事长与总经理三者是否为同一自然人。

b. 是，即董事长与总经理是同一自然人实际控制人或当实际控制人为多名自然人时，董事长与总经理虽不是同一自然人，却都是多名自然人实际控制人中的一员。

数据来源：清华大学国家金融研究院上市公司研究中心课题组根据 Wind 数据计算、制表。

第四节　公司治理的统计比较：新三板挂牌公司 vs. A 股上市公司

与检验基础层和创新层挂牌公司的公司治理差异性一致，为检验新三板挂牌公司与 A 股上市公司在股东户数、股权集中度、董事会规模和独立性、实际控制人与董事长和总经理的重合度、股东大会召开情况以及流动性几方面是否存在显著不同，本文针对以上几方面的相关变量分别建立零假设（Null Hypothesis，以下简称 N）和备择假设（Alternative Hypothesis，以下简称 A），具体假设如下。

股东户数

H_{01A}：挂牌公司股东户数 = A 股上市公司股东户数（N）

H_{11A}：挂牌公司股东户数 ≠ A 股上市公司股东户数（A）

第一大股东持股比例

H_{02A}：挂牌公司第一大股东持股比例＝A 股上市公司第一大股东持股比例（N）

H_{12A}：挂牌公司第一大股东持股比例≠A 股上市公司第一大股东持股比例（A）

前十大股东持股比例

H_{03A}：挂牌公司前十大股东持股比例＝A 股上市公司前十大股东持股比例（N）

H_{13A}：挂牌公司前十大股东持股比例≠A 股上市公司前十大股东持股比例（A）

前十大股东 HHI

H_{04A}：挂牌公司前十大股东 HHI＝A 股上市公司前十大股东 HHI（N）

H_{14A}：挂牌公司前十大股东 HHI≠A 股上市公司前十大股东 HHI（A）

前五大股东 HHI

H_{05A}：挂牌公司前五大股东 HHI＝A 股上市公司前五大股东 HHI（N）

H_{15A}：挂牌公司前五大股东 HHI≠A 股上市公司前五大股东 HHI（A）

前两大股东 HHI

H_{06A}：挂牌公司前两大股东 HHI＝A 股上市公司前两大股东 HHI（N）

H_{16A}：挂牌公司前两大股东 HHI≠A 股上市公司前两大股东 HHI（A）

董事会人数

H_{07A}：挂牌公司董事会人数＝A 股上市公司董事会人数（N）

H_{17A}：挂牌公司董事会人数≠A 股上市公司董事会人数（A）

独立董事人数

H_{08A}：挂牌公司独立董事人数＝A 股上市公司独立董事人数（N）

H_{18A}：挂牌公司独立董事人数≠A 股上市公司独立董事人数（A）

独立董事占比

H_{09A}：挂牌公司独立董事占比＝A 股上市公司独立董事占比（N）

H_{19A}：挂牌公司独立董事占比≠A股上市公司独立董事占比（A）

独立董事设立

H_{010A}：挂牌公司独立董事设立=A股上市公司独立董事设立（N）

H_{110A}：挂牌公司独立董事设立≠A股上市公司独立董事设立（A）

董事长与总经理的重合度

H_{011A}：挂牌公司董事长与总经理的重合度=A股上市公司董事长与总经理的重合度（N）

H_{111A}：挂牌公司董事长与总经理的重合度≠A股上市公司董事长与总经理的重合度（A）

实际控制人与董事长的重合度

H_{012A}：挂牌公司实际控制人与董事长的重合度=A股上市公司实际控制人与董事长的重合度（N）

H_{112A}：挂牌公司实际控制人与董事长的重合度≠A股上市公司实际控制人与董事长的重合度（A）

实际控制人与总经理的重合度

H_{013A}：挂牌公司实际控制人与总经理的重合度=A股上市公司实际控制人与总经理的重合度（N）

H_{113A}：挂牌公司实际控制人与董事长的重合度≠A股上市公司实际控制人与总经理的重合度（A）

实际控制人、董事长与总经理三者的重合度

H_{014A}：挂牌公司实际控制人、董事长与总经理三者的重合度=A股上市公司实际控制人、董事长与总经理三者的重合度（N）

H_{114A}：挂牌公司实际控制人、董事长与总经理三者的重合度≠A股上市公司实际控制人、董事长与总经理三者的重合度（A）

年度股东大会召开次数

H_{015A}：挂牌公司年度股东大会召开次数=A股上市公司年度股东大会召开次数（N）

H_{115A}：挂牌公司年度股东大会召开次数≠A 股上市公司年度股东大会召开次数（A）

年平均换手率

H_{016A}：挂牌公司年平均换手率 = A 股上市公司年平均换手率（N）

H_{116A}：挂牌公司年平均换手率≠A 股上市公司年平均换手率（A）

为检验以上假设，本文针对以上假设中涉及的非虚拟变量对挂牌公司和 A 股上市公司两组数据进行双总体 T 检验，以检测两组样本数据的均值相等性。与检验基础层和创新层挂牌公司的公司治理差异性一致，针对“是否设立独立董事”“公司董事长与总经理是否为同一人”“实际控制人与董事长是否为同一人”“实际控制人与总经理是否为同一人”“实际控制人、董事长与总经理三者是否为同一人”以及“董事长与总经理二者是否均为实际控制人”这几个虚拟变量，采用 PR 检验（PR－test）。T 检验和 PR 检验完成后，分别观察检验结果中各个变量的平均值差异的显著水平，以确定是接受零假设（N）还是接受备择假设（A）。双总体 T 检验和 PR 检验结果如表 24 所示。

表 24　差异性检验：新三板挂牌公司 vs. A 股上市公司双总体 T 检验/PR 检验结果

	NEEQ	A 股	T 检验/ PR 检验	
股权集中度	平均值	平均值	差值	p 值
股东户数（T 检验）	52.26	52458.27	-52406.01***	0.000
第一大股东持股比例（%）（T 检验）	51.23	34.22	17.01***	0.000
前十大股东持股比例（%）（T 检验）	91.56	58.70	32.86***	0.000
HHI：前十大股东（T 检验）	0.36	0.16	0.20***	0.000
HHI：前五大股东（T 检验）	0.35	0.16	0.19***	0.000
HHI：前两大股东（T 检验）	0.34	0.15	0.19***	0.000
董事会独立性	平均值	平均值	差值	p 值
董事会人数（T 检验）	5.50	8.62	-3.12***	0.000
独立董事人数（T 检验）	0.18	3.18	-3.00***	0.000
独立董事占比（%）（T 检验）	2.37	37.44	-35.1***	0.000

续表

		NEEQ	A 股	T 检验/ PR 检验	
虚拟变量（是，值为0；否，值为1）（PR 检验）	是否设立独立董事	0.07	1.00	-0.93***	0.000
	董事长与总经理是否为同一人	0.57	0.29	0.28***	0.000
	实际控制人与董事长是否为同一人	0.88	0.48	0.40***	0.000
	实际控制人与总经理是否为同一人	0.65	0.26	0.39***	0.000
	实际控制人、董事长与总经理三者是否为同一人[a]	0.54	0.20	0.34***	0.000
	董事长与总经理二者是否均为实际控制人[b]	0.64	0.25	0.39***	0.000
股东大会召开情况		平均值	平均值	差值	p 值
	股东大会召开次数（T 检验）	0.90	0.97	-0.07***	0.000
流动性		平均值	平均值	差值	p 值
	年平均换手率（%）（T 检验）	2.87	3.31	-0.44***	0.000

注：* 表示 $p<0.1$，** 表示 $p<0.05$，*** 表示 $p<0.01$。

a. 是，即实际控制人、董事长与总经理三者是否为同一自然人。

b. 是，即董事长与总经理是同一自然人实际控制人或当实际控制人为多名自然人时，董事长与总经理虽不是同一自然人，却都是多名自然人实际控制人中的一员。

数据来源：清华大学国家金融研究院上市公司研究中心课题组根据 Wind 数据计算、制表。

表 24 中 T 检验和 PR 结果显示，挂牌公司和 A 股上市公司在股东户数、股权集中度、董事会规模和独立性、实际控制人与董事长和/或总经理的重合度、年度股东大会召开情况以及流动性几方面变量差值的 p 值均小于给定显著性水平 $\alpha=0.01$，表明挂牌公司和 A 股上市公司在以上几方面均有统计学意义的显著差异。第一，对于股东户数来说，T 检验 $p=0.000<0.01$，差值为 -52406.00，接受备择假设 H_{11A}，挂牌公司股东户数在 0.01 显著性水平上低于 A 股上市公司。第二，第一大股东持股比例，T 检验 $p=0.000<0.01$，差值为 17.01%，接受备择假设 H_{12A}，挂牌公司第一大股东持股比例在 0.01 显著性水平上高于 A 股上市公司。第三，前十大股东持股比例，T 检验 $p=0.000<0.01$，差值为 32.86%，接受备择假设 H_{13A}，挂牌公司前十大股东持股比例在 0.01 显著性水平上高于 A 股上市公司。第四，前十大股东 HHI，T 检验 $p=0.000<0.01$，差值为 0.20，接受备择假设 H_{14A}，挂牌公司前十大股东 HHI 在 0.01 显著性水平上高于 A 股上市公司。第五，前五大股东 HHI，T 检验 $p=$

0.000 < 0.01，差值为 0.19，接受备择假设 H_{15A}，挂牌公司前五大股东 HHI 在 0.01 显著性水平上高于 A 股上市公司。第六，前两大股东 HHI，T 检验 p = 0.000 < 0.01，差值为 0.19，接受备择假设 H_{15A}，挂牌公司前两大股东 HHI 在 0.01 显著性水平上高于 A 股上市公司。第七，董事会人数，T 检验 p = 0.000 < 0.01，差值为 -3，接受备择假设 H_{17A}，挂牌公司董事会人数在 0.01 显著性水平上少于 A 股上市公司。第八，独立董事人数，T 检验 p = 0.000 < 0.01，差值为 -3，接受备择假设 H_{18A}，挂牌公司独立董事人数在 0.01 显著性水平上低于 A 股上市公司。第九，独立董事占比，T 检验 p = 0.000 < 0.01，差值为 -35.07%，接受备择假设 H_{19A}，挂牌公司独立董事占比在 0.01 显著性水平上低于 A 股上市公司。第十，是否设立独立董事，PR 检验 p = 0.000 < 0.01，差值为 -0.93，接受备择假设 H_{110A}，设立独立董事的挂牌公司比例在 0.01 显著性水平上低于 A 股上市公司。第十一，公司董事长与总经理是否为同一人，PR 检验 p = 0.000 < 0.01，差值为 -0.29，接受备择假设 H_{111A}，董事长与总经理为同一人的挂牌公司比例在 0.01 显著性水平上高于 A 股上市公司。第十二，实际控制人与董事长是否为同一人，PR 检验 p = 0.000 < 0.01，差值为 0.40，接受备择假设 H_{112A}，实际控制人与董事长为同一人的挂牌公司比例在 0.01 显著性水平上高于 A 股上市公司。第十三，实际控制人与总经理是否为同一人，PR 检验 p = 0.000 < 0.01，差值为 0.39，接受备择假设 H_{113A}，实际控制人与总经理为同一自然人的挂牌公司比例在 0.01 显著性水平上高于 A 股上市公司。第十四，针对实际控制人与董事长和总经理重合度的两个变量“实际控制人、董事长与总经理三者是否为同一人”和“董事长与总经理二者是否均为实际控制人”，PR 检验均显示 p = 0.000 < 0.01，接受备择假设 H_{114A}，实际控制人、董事长与总经理三者合一的挂牌公司比例在 0.01 显著性水平上高于 A 股上市公司。第十五，年度股东大会召开次数，T 检验 p = 0.000 < 0.01，差值为 -0.07，接受备择假设 H_{115A}，挂牌公司年度股东大会召开次数在 0.01 显著性水平上低于 A 股上市公司。第十六，年平均换手率，T 检验 p = 0.000 < 0.01，差值为 -0.44%，接受备择假设 H_{116A}，挂牌公司年平均换手率在 0.01 显著性水平上

低于 A 股上市公司。

为了检验以上差异是否受行业和所有制属性的影响，分别按照不同行业（表 25A、表 25B、表 25C、表 25D）和不同所有制（见表 26）对挂牌公司和上市公司进行了 T 检验/PR 检验。总体来看，除去新三板样本比较少的两个行业，居民服务、修理和其他服务业和综合行业，在其他各行业中，新三板挂牌公司的股权集中度显著高于上市公司，董事会独立性显著低于上市公司，实际控制人、董事长和总经理的重合度显著高于上市公司。就换手率而言，在制造业、建筑业、信息传输、软件和信息技术服务业以及科学研究和技术服务业，新三板挂牌公司的流动性显著低于上市公司，而在批发和零售业、交通运输、仓储和邮政业、住宿和餐饮业以及房地产业，新三板挂牌公司的流动性显著高于上市公司。按所有制属性检验后的结果与总样本的检验结果一致，只有一项例外的是，国有挂牌公司和国有上市公司在实际控制人、董事长和总经理的重合度方面没有显著差异。究其原因，大部分国有企业的实际控制人是非自然人法律实体，董事长与总经理被这类实际控制人委派的可能性非常高。

表 25A　　新三板挂牌公司 vs. A 股上市公司：按行业分类对比（T 检验/PR 检验）

变量＼行业	农、林、牧、渔业		采矿业		制造业		电力、热力、燃气及水生产和供应业		建筑业	
T 检验	差值	p 值	差值	p 值	差值	p 值	差值	p 值	差值	p 值
股东户数	-44422***	0.000	-107077***	0.000	-44154***	0.000	-82415***	0.000	-81494***	0.000
第一大股东持股比例（%）	15.50***	0.000	7.79***	0.000	17.50***	0.000	19.22***	0.000	16.95***	0.000
前十大股东持股比例（%）	34.38***	0.000	25.18***	0.000	32.72***	0.000	32.28***	0.000	32.56***	0.000
HHI：前十大股东	0.17***	0.000	0.09***	0.000	0.20***	0.000	0.21***	0.000	0.20***	0.000
HHI：前五大股东	0.17***	0.000	0.09***	0.000	0.20***	0.000	0.21***	0.000	0.20***	0.000
HHI：前两大股东	0.16***	0.000	0.08***	0.000	0.19***	0.000	0.20***	0.000	0.19***	0.000
董事会人数	-2.61***	0.000	-3.57***	0.000	-2.93***	0.000	-4.11***	0.000	-2.83***	0.000
独立董事人数	-2.86***	0.000	-3.00***	0.000	-2.91***	0.000	-3.34***	0.000	-3.01***	0.000
独立董事占比（%）	-0.34***	0.000	-0.32***	0.000	-0.35***	0.000	-0.34***	0.000	-0.37***	0.000
股东大会召开次数	-0.10***	0.000	-0.11***	0.000	-0.06***	0.000	-0.12***	0.000	-0.07***	0.000
年平均换手率（%）	-0.63	0.276	0.92	-0.207	-0.98***	0.000	0.46	-0.302	-1.02**	0.000
PR 检验										
是否设立独立董事	-0.90***	0.000	-0.84***	0.000	-0.92***	0.000	-0.95***	0.000	-0.91***	0.000
董事长与总经理是否为同一人	0.33***	0.000	0.31***	0.000	0.25***	0.000	0.32***	0.000	0.32***	0.000
实际控制人与董事长是否为同一人	0.41***	0.000	0.68***	0.000	0.35***	0.000	0.61***	0.000	0.47***	0.000
实际控制人与总经理是否为同一人	0.44***	0.000	0.46***	0.000	0.35***	0.000	0.42***	0.000	0.49***	0.000

续表

变量＼行业	农、林、牧、渔业		采矿业		制造业		电力、热力、燃气及水生产和供应业		建筑业	
实际控制人、董事长与总经理三者是否为同一人	0.35***	0.000	0.39***	0.000	0.30***	0.000	0.35***	0.000	0.41***	0.000
董事长与总经理二者是否均为实际控制人	0.42***	0.000	0.44***	0.000	0.34***	0.000	0.42***	0.000	0.48***	-0.008

注：* 表示 $p<0.1$，** 表示 $p<0.05$，*** 表示 $p<0.01$。

数据来源：清华大学国家金融研究院上市公司研究中心课题组根据 Wind 数据计算、制表。

表 25B　新三板挂牌公司 vs. A 股上市公司：按行业分类对比（T 检验/PR 检验）

变量＼行业	批发和零售业		交通运输、仓储和邮政业		住宿和餐饮业		信息传输、软件和信息技术服务业		金融业	
T 检验	差值	p 值	差值	p 值	差值	p 值	差值	p 值	差值	p 值
股东户数	-45135***	0.000	-89565***	0.000	-34341***	0.000	-40560***	0.000	-165797***	0.000
第一大股东持股比例（%）	19.81***	0.000	11.89***	0.000	19.20***	0.000	20.91***	0.000	14.58***	0.000
前十大股东持股比例（%）	37.42***	0.000	28.89***	0.000	40.04***	0.000	35.53***	0.000	24.09***	0.000
HHI：前十大股东	0.23***	0.000	0.17***	0.000	0.23***	0.000	0.22***	0.000	0.15***	0.000
HHI：前五大股东	0.23***	0.000	0.17***	0.000	0.23***	0.000	0.22***	0.000	0.15***	0.000
HHI：前两大股东	0.22***	0.000	0.16***	0.000	0.22***	0.000	0.21***	0.000	0.14***	0.000
董事会人数	-3.31***	0.000	-4.11***	0.000	-3.49***	0.000	-2.83***	0.000	-4.90***	0.000
独立董事人数	-3.07***	0.000	-3.28***	0.000	-3.29***	0.000	-2.96***	0.000	-3.64***	0.000
独立董事占比（%）	-0.36***	0.000	-0.34***	0.000	-0.37***	0.000	-0.36***	0.000	-0.33***	0.000

续表

变量 \ 行业	批发和零售业		交通运输、仓储和邮政业		住宿和餐饮业		信息传输、软件和信息技术服务业		金融业	
股东大会召开次数	-0.11***	0.000	-0.09***	0.000	-0.09*	-0.019	-0.06***	0.000	-0.10***	0.000
年平均换手率（%）	1.23**	-0.002	1.13*	-0.025	10.58*	-0.012	-1.14***	0.000	-0.46	-0.157
PR 检验										
是否设立独立董事	-0.96***	0.000	-0.95***	0.000	-0.95***	0.000	-0.94***	0.000	-0.83***	0.000
董事长与总经理是否为同一人	0.35***	0.000	0.32***	0.000	0.07	-0.392	0.25***	0.000	0.08**	-0.003
实际控制人与董事长是否为同一人	0.61***	0.000	0.68***	0.000	0.76***	0.000	0.21***	0.000	0.47***	0.000
实际控制人与总经理是否为同一人	0.54***	0.000	0.48***	0.000	0.54***	0.000	0.30***	0.000	0.28***	0.000
实际控制人、董事长与总经理三者是否为同一人	0.46***	0.000	0.38***	0.000	0.38***	0.000	0.28***	0.000	0.19***	0.000
董事长与总经理二者是否均为实际控制人	0.52***	0.000	0.47***	0.000	0.54***	0.000	0.29***	0.000	0.27***	0.000

注：* 表示 $p<0.1$，** 表示 $p<0.05$，*** 表示 $p<0.01$。

数据来源：清华大学国家金融研究院上市公司研究中心课题组根据 Wind 数据计算、制表。

表 25C　　新三板挂牌公司 vs. A 股上市公司：按行业分类对比（T 检验/PR 检验）

行业 变量	房地产业		租赁和商务服务业		科学研究和技术服务业		水利、环境和公共设施管理业		居民服务、修理和其他服务业	
T 检验	差值	p 值	差值	p 值	差值	p 值	差值	p 值	差值	p 值
股东户数	-63967***	0.000	-40197***	0.000	-22298***	0.000	-29524***	0.000	-11977	—
第一大股东持股比例（%）	18.01***	0.000	19.56***	0.000	21.00***	0.000	17.28***	0.000	18.20	—
前十大股东持股比例（%）	36.10***	0.000	31.90***	0.000	33.15***	0.000	33.22***	0.000	19.99	—
HHI：前十大股东	0.24***	0.000	0.22***	0.000	0.23***	0.000	0.21***	0.000	0.18	—
HHI：前五大股东	0.24***	0.000	0.22***	0.000	0.23***	0.000	0.21***	0.000	0.18	—
HHI：前两大股东	0.23***	0.000	0.21***	0.000	0.21***	0.000	0.20***	0.000	0.16	—
董事会人数	-3.34***	0.000	-3.11***	0.000	-3.11***	0.000	-3.17***	0.000	0.38	—
独立董事人数	-3.18***	0.000	-3.06***	0.000	-3.00***	0.000	-2.88***	0.000	-1.93	—
独立董事占比（%）	-0.37***	0.000	-0.36***	0.000	-0.36***	0.000	-0.33***	0.000	-0.39	—
股东大会召开次数	-0.14***	0.000	-0.07***	0.000	-0.00	-0.848	-0.08***	0.000	-0.15	—
年平均换手率（%）	2.06***	0.000	0.30	-0.675	-1.75*	-0.011	-0.56	-0.425	-10.50	—
PR 检验										
是否设立独立董事	-0.97***	0.000	-0.96***	0.000	-0.96***	0.000	-0.87***	0.000	-0.98***	0.000
董事长与总经理是否为同一人	0.21***	0.000	0.21***	0.000	0.25***	0.000	0.32***	0.000	-0.35	-0.463
实际控制人与董事长是否为同一人	0.34***	0.000	0.34***	0.000	0.21***	0.000	0.28***	0.000	-0.07	-0.786
实际控制人与总经理是否为同一人	0.34***	0.000	0.35***	0.000	0.23***	0.000	0.37***	0.000	-0.27	-0.539

续表

行业 / 变量	房地产业		租赁和商务服务业		科学研究和技术服务业		水利、环境和公共设施管理业		居民服务、修理和其他服务业	
实际控制人、董事长与总经理三者是否为同一人	0.24***	0.000	0.26***	0.000	0.23***	0.000	0.32***	0.000	-0.37	-0.441
董事长与总经理二者是否均为实际控制人	0.32***	0.000	0.33***	0.000	0.22***	0.000	0.36***	0.000	-0.27	-0.539

注：*表示 $p<0.1$，**表示 $p<0.05$，***表示 $p<0.01$。

数据来源：清华大学国家金融研究院上市公司研究中心课题组根据 Wind 数据计算、制表。

表 25D　新三板挂牌公司 vs. A 股上市公司：按行业分类对比（T 检验/PR 检验）

行业 / 变量	教育		卫生和社会工作		文化、体育和娱乐业		综合	
T 检验	差值	p 值	差值	p 值	差值	p 值	差值	p 值
股东户数	-20947***	0.000	-28315***	0.000	-37313***	0.000	-60076*	-0.036
第一大股东持股比例（%）	25.97***	0.000	20.27***	0.000	11.09***	0.000	0.45	-0.963
前十大股东持股比例（%）	34.91***	0.000	35.72***	0.000	27.76***	0.000	54.95	—
HHI：前十大股东	0.26***	0.000	0.24***	0.000	0.13***	0.000	0.06	-0.422
HHI：前五大股东	0.26***	0.000	0.24***	0.000	0.13***	0.000	0.05	-0.525
HHI：前两大股东	0.25***	0.000	0.22***	0.000	0.12***	0.000	0.01	-0.897
董事会人数	-3.14***	0.000	-2.86***	0.000	-2.92***	0.000	-1.83	-0.207
独立董事人数	-3.07***	0.000	-3.15***	0.000	-2.93***	0.000	-2.27***	0.000
独立董事占比（%）	-0.36***	0.000	-0.40***	0.000	-0.35***	0.000	-0.23***	0.000
股东大会召开次数	-0.15**	-0.005	-0.06	-0.064	-0.09***	0.000	-0.51***	0.000

续表

变量 \ 行业	教育		卫生和社会工作		文化、体育和娱乐业		综合	
年平均换手率（%）	-0.35	-0.811	1.26	-0.220	1.23	-0.128	-1.81	-0.187
FR 检验								
是否设立独立董事	-0.96***	0.000	-0.98***	0.000	-0.93***	0.000	0.00	无差别
董事长与总经理是否为同一人	0.46***	0.000	0.09	-0.185	0.30***	0.000	-0.20	-0.476
实际控制人与董事长是否为同一人	0.43***	0.000	0.22***	0.000	0.53***	0.000	-0.28	-0.377
实际控制人与总经理是否为同一人	0.54***	0.000	0.20**	-0.006	0.39***	0.000	0.91***	0.000
实际控制人、董事长与总经理三者是否为同一人	0.53***	0.000	0.16*	-0.028	0.35***	0.000	-0.09	-0.649
董事长与总经理二者是否均为实际控制人	0.53***	0.000	0.22**	-0.002	0.39***	0.000	-0.09	-0.649

注：* 表示 $p<0.1$，** 表示 $p<0.05$，*** 表示 $p<0.01$。

数据来源：清华大学国家金融研究院上市公司研究中心课题组根据 Wind 数据计算、制表。

表 26　新三板挂牌公司 vs. A 股上市公司：按所有制属性分类对比（T 检验/PR 检验）

变量 \ 行业	国有企业		民营企业		集体企业		外资企业		其他企业	
T 检验	差值	p 值	差值	p 值	差值	p 值	差值	p 值	差值	p 值
股东户数	-77383***	0.000	-34929***	0.000	-42249***	0.000	-33651***	0.000	-93580***	0.000
第一大股东持股比例（%）	18.90***	0.000	19.16***	0.000	15.06***	0.000	18.29***	0.000	15.96***	0.000
前十大股东持股比例（%）	35.58***	0.000	32.40***	0.000	28.56***	0.000	30.83***	0.000	29.88***	0.000
HHI：前十大股东	0.25***	0.000	0.21***	0.000	0.17***	0.000	0.22***	0.000	0.16***	0.000
HHI：前五大股东	0.25***	0.000	0.21***	0.000	0.17***	0.000	0.22***	0.000	0.16***	0.000

续表

变量 \ 行业	国有企业		民营企业		集体企业		外资企业		其他企业	
HHI：前两大股东	0.24***	0.000	0.20***	0.000	0.16***	0.000	0.21***	0.000	0.14***	0.000
董事会人数	-3.15***	0.000	-2.73***	0.000	-2.54***	0.000	-2.75***	0.000	-3.61***	0.000
独立董事人数	-2.98***	0.000	-2.87***	0.000	-2.64***	0.000	-2.77***	0.000	-3.26***	0.000
独立董事占比（%）	-0.33***	0.000	-0.35***	0.000	-0.28***	0.000	-0.34***	0.000	-0.34***	0.000
股东大会召开次数	-0.07***	0.000	-0.06***	0.000	-0.19***	0.000	-0.07***	0.000	-0.08***	0.000
年平均换手率（%）	0.25	-0.122	-1.07***	0.000	-2.89*	-0.023	-0.55	-0.230	-0.87***	-0.001
PR 检验										
是否设立独立董事	-0.85***	0.000	-0.93***	0.000	-0.75***	0.000	-0.89***	0.000	-0.88***	0.000
董事长与总经理是否为同一人	0.07***	0.000	0.21***	0.000	-0.28***	0.000	0.22***	0.000	0.09***	0.000
实际控制人与董事长是否为同一人	0.0002	-0.865	0.16***	0.000	-0.40***	0.000	0.22***	0.000	0.08***	0.000
实际控制人与总经理是否为同一人	0.0002	-0.876	0.27***	0.000	-0.39***	0.000	0.30***	0.000	0.05**	-0.002
实际控制人、董事长与总经理三者是否为同一人	0.0002	-0.877	0.24***	0.000	-0.34***	0.000	0.27***	0.000	0.05**	-0.002
董事长与总经理二者是否均为实际控制人	0.0002	-0.877	0.26***	0.000	-0.39***	0.000	0.27***	0.000	0.05**	-0.002

注：* 表示 $p<0.1$，** 表示 $p<0.05$，*** 表示 $p<0.01$。

数据来源：清华大学国家金融研究院上市公司研究中心课题组根据 Wind 数据计算、制表。

第三章　新三板挂牌公司违规分析

第一节　挂牌公司违规情况统计

根据新三板提供的相关数据，本文将挂牌公司的违规行为分为信息披露违规、资金占用、股票发行违规、违规担保、关联交易、重大资产重组违规、违规交易、主办券商违规、公司治理、募集资金违规以及其他违规十一类（见表27）。其中，信息披露违规主要包括未按时披露定期报告、信息披露虚假或严重误导性陈述、未及时披露公司重大事件（如未在申请挂牌文件中披露关联担保及关联借款，未及时披露股权司法冻结信息，未披露权益分派相关的通知，未披露决议、方案、公告、重大涉诉，以及未披露董事、监事、高级管理人员变动等）等；资金占用主要指挂牌公司控股股东、实际控制人占用挂牌公司资金；股票发行违规主要是指股票发行长期无进展；违规担保主要是指挂牌公司为实际控制人或其他实体借款担保未经内部审议决策程序，一般同时未履行信息披露义务；违规交易主要是指公司股东持股比例变动触发权益披露要求后未暂停股票交易，并未履行信息披露义务；关联交易违规主要是指挂牌公司与控股股东、实际控制人、高管或其控股的企业发生交易，未经内部审议决策程序，一般同时未履行信息披露义务；重大资产重组违规主要是指挂牌公司签订股权协议或购买土地、房产等资产，构成重大资产重组未履行重组审议程序，一般同时未履行信息披露义务；主办券商违规主要是指主办券商未勤勉尽责；公司治理违规主要包括其他公司治理规范运作违规，反映公司内控机制和财务制度不健全，如公司名称变更或拆入拆出资金未及时履行审议程序及信息披露义务；董事长、总经理、董事会秘书被纳入失信被执行人，公司未组织改选或另聘等；募集资金违规主要包括挂牌公司提前使用募集资金、违规变更募集资金用途等违规情形；除上述违规行为外的违规行为统一归为其他违规，如未依法履行其他职责、虚增收入、公司业务运作、市场操纵等其他程序违规。如表27所示，信息披露违规发生次数最多，共计1517次。另外是涉及控股股东、实际控制人占用挂牌公司资金的资金占用违规，共计111次。

表27　　新三板挂牌公司违规分类汇总（2017年至2019年8月）

违规类别	违规的挂牌公司	
	频数[a]（次）	占比[b]（%）
信息披露违规	1517	75.70
资金占用	111	5.54
其他违规	102	5.09
股票发行违规	77	3.84
违规担保	65	3.24
违规交易	53	2.64
关联交易	45	2.25
重大资产重组违规	23	1.15
主办券商违规	7	0.35
公司治理	3	0.15
募集资金违规	1	0.05
总计	2004	100

注：a. 样本期内，存在单家挂牌公司在多个会计年度重复发生某一类违规或在单个会计年度内同时发生多类违规的情况，因此有重复计算。

b. 占违规总频数（2004次）的比重。

数据来源：新三板。

表28显示，2017年至2019年8月，累计共有1770家挂牌公司发生违规行为。剔除由于部分挂牌公司在多个会计年度内发生违规而引起的重复计算，在样本周期内发生过违规的挂牌公司共计1488家。值得注意的是，违规挂牌公司的数量和占比呈增长趋势。2017年，有271家挂牌公司发生违规，占当年挂牌公司总数的2.33%。2018年，违规挂牌公司的数量增至756家，占当年挂牌公

司总数的7.07%。截至2019年8月，已有743家挂牌公司发生违规行为，占当时挂牌公司总数的7.99%。在累计的1770家违规挂牌公司中，在一个会计年度内仅涉及一项违规的挂牌公司占比89.83%，有10.17%的违规挂牌公司在一个会计年度内涉及两类或两类以上违规。其中，有两家挂牌公司分别在一个会计年度涉及5类违规。另外，累计的1770家违规挂牌公司中，违规主体涉及控股股东、实际控制人或/和董监高的挂牌公司达1465家，占比82.77%。

从行业分布来看，半数以上违规挂牌公司来自制造业和信息传输、软件和信息技术服务业。在1488家发生违规的挂牌公司中，715家来自制造业，占比48.05%。255家违规挂牌公司来自信息传输、软件和信息技术服务业，占违规挂牌公司总数的17.14%。

表28　　2017—2019年新三板挂牌公司违规概况

年份	违规的挂牌公司	
	家数[a]	占比[b]（%）
2017	271	2.33
2018	756	7.07
2019年8月	743	7.99
总计[c]	1770家，剔除重复后1488家	
涉及的违规类别数[d]	违规的挂牌公司	
	家数[e]	占比[f]（%）
涉及1类违规	1590	89.83
涉及2类违规	137	7.74
涉及3类违规	33	1.86
涉及4类违规	8	0.45
涉及5类违规	2	0.11
总计	1770家	100
违规主体涉及控股股东、实际控制人或/和董监高的挂牌公司	家数	占比（%）
	1465（有重复）[g]	82.77[h]
	1273（剔除重复）	85.55[i]

注：a. 一个会计年度内被新三板认定违规的挂牌公司家数；每个会计年度内无重复计算，即若单家挂牌公司在一个会计年度内发生多次违规，计为一家。

b. 占当年挂牌公司总数比重。

c. 样本期内，存在单家挂牌公司在多个会计年度内均有违规的情况，因此有重复计算；在多个会计年度内均发生违规的挂牌公司共有261家，其中在两个会计年度内均发生违规的挂牌公司有240家，在3个会计年度内均发生违规的挂牌公司有20家，有1家挂牌公司连续在4个会计年度内均发生违规；剔除重复计算后共有1488家挂牌公司。

d. 一个会计年度内涉及的违规类别数；样本期内，存在单家挂牌公司在多个会计年度内均有一项或多项违规的情况，因此有重复计算；剔除重复计算后共有1488家挂牌公司。

e. 单家挂牌公司在一个会计年度内涉及违规种类（见表27）的项数。

f. 占违规总样本1770家挂牌公司比重。

g. 样本期内，存在单家挂牌公司在多个会计年度内违规主体均涉及控股股东、实际控制人或/和董监高的情况，因此有重复计算。

h. 占违规总样本1770家挂牌公司比重。

i. 占剔除重复计算后全部1488家违规挂牌公司比重。

数据来源：新三板。

表29　　新三板违规挂牌公司行业分布（2017年至2019年8月）

证监会一级行业	违规的挂牌公司	
	家数	占比[a]（%）
制造业	715	48.05
信息传输、软件和信息技术服务业	255	17.14
批发和零售业	95	6.38
租赁和商务服务业	88	5.91
科学研究和技术服务业	54	3.63
建筑业	51	3.43
农、林、牧、渔业	44	2.96
文化、体育和娱乐业	40	2.69
金融业	36	2.42
交通运输、仓储和邮政业	27	1.81
水利、环境和公共设施管理业	21	1.41
电力、热力、燃气及水生产和供应业	17	1.14
教育	12	0.81
居民服务、修理和其他服务业	9	0.6
房地产业	7	0.47
采矿业	7	0.47
住宿和餐饮业	6	0.4
卫生和社会工作	4	0.27
总计	1488	100

注：a. 占剔除重复计算后全部1488家违规挂牌公司比重。

数据来源：新三板。

资金占用违规涉及控股股东、实际控制人占用挂牌公司资金，侵占其他股东的利益。为了观察涉及资金占用违规的挂牌公司的股权集中度以及实际控制人与董事长和总经理的重合度是否显著高于其他未涉及资金占用违规的挂牌公司，本文将所有违规挂牌公司分为资金占用组和非资金占用组，并用 T 检验和 PR 检验检测这两组违规挂牌公司在上述几方面是否存在显著差异。检验结果如表 30 所示。两组挂牌公司的股权集中度及实际控制人与董事长和总经理的重合度都很高，但资金占用组挂牌公司的前十大股东持股比例合计、前十大股东 HHI、前五大股东 HHI、前两大股东 HHI 均显著高于非资金占用组。另外，两组挂牌公司在实际控制人与董事长和总经理的重合度方面并没有显著差异。

表 30　　差异性检验：有资金占用违规的挂牌公司 vs. 有其他非资金占用违规的挂牌公司双总体 T 检验/PR 检验结果

<table>
<tr><td colspan="2"></td><td>资金占用</td><td>非资金占用</td><td colspan="2">T 检验/ PR 检验</td></tr>
<tr><td colspan="2">股权集中度</td><td>平均值</td><td>平均值</td><td>差值</td><td>p 值</td></tr>
<tr><td colspan="2">股东户数（T 检验）</td><td>51.00</td><td>71.00</td><td>-20.00</td><td>0.733</td></tr>
<tr><td colspan="2">第一大股东持股比例（%）（T 检验）</td><td>55.18</td><td>50.34</td><td>4.84*</td><td>0.010</td></tr>
<tr><td colspan="2">前十大股东持股比例（%）（T 检验）</td><td>90.39</td><td>88.52</td><td>1.88</td><td>0.208</td></tr>
<tr><td colspan="2">HHI：前十大股东（T 检验）</td><td>0.39</td><td>0.34</td><td>0.05*</td><td>0.010</td></tr>
<tr><td colspan="2">HHI：前五大股东（T 检验）</td><td>0.39</td><td>0.34</td><td>0.05*</td><td>0.010</td></tr>
<tr><td colspan="2">HHI：前两大股东（T 检验）</td><td>0.38</td><td>0.32</td><td>0.06**</td><td>0.007</td></tr>
<tr><td colspan="2">董事会独立性</td><td></td><td></td><td>差值</td><td>p 值</td></tr>
<tr><td colspan="2">董事会人数（T 检验）</td><td>5.00</td><td>5.00</td><td>0.00</td><td>0.479</td></tr>
<tr><td colspan="2">独立董事人数（T 检验）</td><td>0.16</td><td>0.13</td><td>0.03</td><td>0.607</td></tr>
<tr><td colspan="2">独立董事占比（%）（T 检验）</td><td>2.32</td><td>1.72</td><td>0.60</td><td>0.411</td></tr>
<tr><td rowspan="6">虚拟变量（是，值为 0；否，值为 1）（PR 检验）</td><td>是否设立独立董事</td><td>0.07</td><td>0.06</td><td>0.01</td><td>0.481</td></tr>
<tr><td>董事长与总经理是否为同一人</td><td>0.44</td><td>0.40</td><td>0.04</td><td>0.394</td></tr>
<tr><td>实际控制人与董事长是否为同一人</td><td>0.86</td><td>0.86</td><td>0.00</td><td>0.940</td></tr>
<tr><td>实际控制人与总经理是否为同一人</td><td>0.61</td><td>0.64</td><td>-0.03</td><td>0.476</td></tr>
<tr><td>实际控制人、董事长与总经理三者是否为同一人[a]</td><td>0.52</td><td>0.55</td><td>-0.03</td><td>0.504</td></tr>
<tr><td>董事长与总经理二者是否均为实际控制人[b]</td><td>0.58</td><td>0.63</td><td>-0.05</td><td>0.328</td></tr>
</table>

续表

	资金占用	非资金占用	T 检验/ PR 检验	
股东大会召开情况	平均值	平均值	差值	p 值
股东大会召开次数（T 检验）	0.99	0.97	-0.02	0.225
流动性	平均值	平均值	差值	p 值
年平均换手率（%）（T 检验）	1.97	2.56	-0.59	0.652

注：* 表示 $p<0.1$，** 表示 $p<0.05$，*** 表示 $p<0.01$。

a. 是，即实际控制人、董事长与总经理三者是否为同一自然人。

b. 是，即董事长与总经理是同一自然人实际控制人或当实际控制人为多名自然人时，董事长与总经理虽不是同一自然人，却都是多名自然人实际控制人中的一员。

数据来源：清华大学国家金融研究院上市公司研究中心课题组根据 Wind 数据计算、制表。

第二节　新三板挂牌公司违规行为的影响因素

如上文所述，涉及违规的新三板挂牌公司的数量呈持续增长趋势，并且违规主体涉及控股股东、实际控制人或/和董监高的挂牌公司达 80% 以上。挂牌公司的违规不仅会损害投资者的利益，而且会扰乱市场秩序，降低投资者的投资热情，阻碍资本市场的健康发展。公司的违规行为不仅是衡量公司治理质量的重要指标，也反映了实际控制人和大股东在公司治理中的作用和角色。本节通过将理论和实证检验相结合来剖析影响新三板挂牌公司违规行为的主要因素。

一、理论基础和研究假设

英国经济学家亚当·斯密（Adam Smith）在其著作《国民财富的性质和原因的研究》（以下简称《国富论》）中提出了“经济人”假设。“经济人”假设指出，人的本性是利己的，在经济活动中，利己本性的人们以追求个人利益最大化为唯一目的，而不会顾及他人的利益。① 在利己本性的驱动下，控股股东和实际控制人对公司的控制权激发了其以非控股股东为代价来寻求私人利益的

① 参见亚当·斯密．国民财富的性质和原因的研究［M］．北京：商务印书馆，1974。

机会主义动机和能力,[①] 导致控股股东与非控股股东之间的利益冲突，即第二类代理人问题。[②] 他们可能会为了自身利益利用各种合法或非法手段直接或间接将资产和利润转移出公司，这种利益输送行为被称为隧道掏空效应（Tunneling)。[③]当股权集中度越高[④]、控股股东通过拥有具有优越投票权的股权、金字塔结构或者交叉持股使他们的控制权明显超过现金流权[⑤]、控股股东或实际控制人直接担任或委派公司的高级管理人员或是法律保护较薄弱时[⑥]，他们为牟取私利而侵害公司和中小股东的行为更加严重。[⑦] 实际控制人或控股股东为了掩盖其利益侵占行为，必然会隐瞒或者虚假披露相关信息，降低信息披露的透明度和质量。[⑧] La Porta、Lopez - De - Silanes、Shleifer 和 Vishny（1998）指出，股权集中度越高，公司的信息透明度越低。以东亚地区上市公司为样本，Fan 和 Wong（2002）发现，随着实际控制人控制权的增加，上市公司所披露的信息的可靠性下降。马忠和吴翔宇（2007）发现，实际控制人的控制权比例越高、控制权与现金流权分离程度越大，公司自愿性信息披露的程度越低。[⑨]基于以上分析，本文提出如下假设。

---

① 参见 Bebchuk，L. A.，Weisbach，M. S. The State of Corporate Governance Research [J]. The Review of Financial Studies，2010，23（3）：939 -961。

② 参见 Shleifer，A.，Vishny，R. W. Large Shareholders and Corporate Control [J]. Journal of Political Economy，1986，94（3）：461 -488。

③ 参见 Johnson，S.，La Porta，R.，Florencio，L. -d. -S.，Shleifer，A. Tunneling [J]. The American Economic Review，2000，90（2）：22 -27。

④ 参见白重恩，刘俏，陆洲，宋敏，张俊喜．中国上市公司治理结构的实证研究 [J]．经济研究，2005（2）：81 -91。

⑤ 参见 Bebchuk，L. A.，Kraakman，R.，Triantis，G. G.. Stock Pyramids，Cross - Ownership，and the Dual Class Equity：the Creation and Agency Costs of Seperating Control from Cash Flow Rights [Z]. NBER Working Papers，2000，295 -318；Claessens，S.，Djankov，S.，Lang，L. H. P. The Separation of Ownership and Control in East Asian Corporations [J]. Journal of Financial Economics，2000，58（12）：81 -112。

⑥ 参见 Friedman，E.，Johnson，S.，Mitton，T.. Propping and tunneling [J]. Journal of Comparative Economics，2003，31（4）：732 -750。

⑦ 参见 La Porta，R.，Lopez - De - Silanes，F.，Shleifer，A. Corporate Ownership Around the World [J]. Journal of Finance，1999，54（2）：471 -517。

⑧ 参见徐向艺，宋理升．上市公司实际控制人与信息披露透明度研究 [J]．经济管理，2019（11）。

⑨ 参见马忠，吴翔宇．金字塔结构对自愿性信息披露程度的影响：来自家族控股上市公司的经验验证 [J]．会计研究，2007（1）：44 -50。

假设1：股权集中度越高，挂牌公司发生违规行为的可能性越高

当实际控制人或控股股东既掌握着公司的重大决策权又作为经营者负责公司的日常运营时，其对公司内部经营和风险等方面相比外部投资者享有极大的信息优势。严重的信息不对称会导致控股股东的道德风险加剧，进一步增加控股股东为谋取私人利益而损害其他非控股股东利益的可能性。另外，以往研究发现，总经理兼任董事长会降低董事会监督职能的有效性，增加公司违规的可能性。① 因此，本文提出如下假设。

假设2：董事长和总经理为同一人的挂牌公司发生违规行为的可能性更大

假设3：实际控制人、董事长和总经理为同一人的挂牌公司发生违规行为的可能性更大

公司内部治理机制在缓解代理人问题、保护全体股东的利益方面发挥着重要的作用，② 而独立董事在改善公司内部治理机制方面扮演着重要角色。独立董事的存在能够增强董事会的监督职能，降低违规行为发生的可能性。Beasley（1996）发现，独立董事比例越高，公司发生财务舞弊的可能性越小。叶康涛、陆正飞和张志华发现，独立董事比例和大股东占款之间显著负相关。③ 因此，本文提出如下假设。

假设4：相比没有设立独立董事的挂牌公司，设立独立董事的挂牌公司发生违规的可能性更小

股票的流动性能够影响公司治理，进而影响公司的违规行为。学界认为，流动性对公司治理有正、负双向影响。首先，流动性的提高可以降低股票的交

---

① 参见 Jensen，M. C. The Modern Industrial Revolution，Exit，and the Failure of Internal Control Systems［J］. The Journal of Finance，1993，48（3）：831－880；Dechow，P. M.，Sloan，R. G.，Sweeney，A. P. Causes and Consequences of Earnings Manipulation：An Analysis of Firms Subject to Enforcement Actions by the SEC［J］. Contemporary Accounting Research，1996，13。

② 参见 Hölmstrom，B. Moral Hazard and Observability［J］. The Bell Journal of Economics，1979，10（1）：74－91。

③ 参见叶康涛，陆正飞，张志华．独立董事能否抑制大股东的“掏空”？［J］．经济研究，2007（4）：101－111。

易成本，使外部投资者更容易持有额外的股份。① 其次，流动性可以提高股价中包含的信息含量及其有效性，降低信息不对称。② 交易成本的降低和股价信息含量及有效性的提升会进一步增强外部投资者参与公司治理、监督、约束公司的能力和积极性，减少小股东的搭便车问题（Free – riding Problem），从而提高公司治理的有效性。③ 但是，另一种观点认为，流动性所导致的交易成本的降低会使大股东卖出股票更容易，从而减少大股东监管的激励，削弱公司的内部监管。④ 另外，交易成本的降低会导致投资者的短期主义投机行为，这些外部投资者不关心公司治理，不会“用手投票”，从而降低公司治理的有效性。基于以上观点，本文提出如下假设。

假设 5：挂牌公司违规行为与流动性之间呈 U 形关系

二、样本选择、变量及回归模型

本文通过整理新三板的相关数据得到违规样本 1770 个。然后将 1770 个样本与 Wind 收录的 2016—2018 年的新三板挂牌公司数据整合，将整合后的样本分为违规组和非违规组。违规数据与 Wind 数据整合后，得到初始总样本 32487。在回归分析中，由于部分变量的数据缺失样本总数减少到 27167 个观测值；在回归分析中加入换手率变量后，由于数据缺失，样本总数减少到 12692 个观测值。值得注意的是，在选取 Wind 数据时，若某一挂牌公司在某一会计年度摘牌，则剔除该公司在当年的数据。另外，为了避免自变量与因变量的内生性对检验结果造成误差，针对 2017—2019 年的违规数据（因变量数据），本文选取滞后 1 年的自变量数据，因此 Wind 数据的样本周期为 2016—2018 年。本文采用以下回归方程来检验以上研究假设：

---

① 参见 Bhide, A. . The hidden costs of stock market liquidity [J] . Journal of Financial Economics, 1993, 34 (1): 31 – 51。

② 参见孔东民，孔高文，刘莎莎. 机构投资者、流动性与信息效率 [J] . 管理科学学报，2015 (3): 1 – 15。

③ 参见 Norli, O. , Ostergaard, C. , Schindele, I. Liquidity and Shareholder Activism [J] . Review of Financial Studies, 2015, 28 (2): 486 – 520。

④ 参见 Maug, E. Large Shareholders as Monitors: Is There a Trade – Off Between Liquidity and Control [J]. Journal of Finance, 1998, 53 (1): 65 – 98。

$$Violation_{i,t} = \alpha + \beta_1 Top1_{i,t-1} + \beta_2 HHI10_{i,t-1} + \beta_3 HH10^2{}_{i,t-1} + \beta_4 Indep_{i,t-1} + \beta_5 Chair\_CEO_{i,t-1}$$
$$+ \beta_6 Ultimat\_Chair\_CEO_{i,t-1} + \beta_7 Turnover_{i,t-1} + \beta_8 Turnover^2{}_{i,t-1} + \beta_9 Private_{i,t-1}$$
$$+ \beta_{10} Innovation_{i,t-1} + \beta_{11} Size_{i,t-1} + \beta_{12} Liability_{i,t-1} + \beta_{13} ROE_{i,t-1} + Industry + Year + \varepsilon$$

各个变量的定义如表 31 所示。因变量违规（Violation）为虚拟变量，如果挂牌公司在第 t 个会计年度内存在违规行为，当年值为 1，否则为 0。股权集中度分别用第一大股东持股比例（Top1）和前十大股东的 HHI 来衡量（HHI）。设立独立董事（Indep）为虚拟变量，如果挂牌公司第 t 个会计年度内设立了独立董事，当年值为 1，否则为 0。董事长和总经理为同一人（Chair_CEO）是虚拟变量，如果挂牌公司第 t 个会计年度内的董事长和总经理为同一人，当年值为 1，否则为 0。实际控制人、董事长和总经理为同一人（Ultimate_Chair_CEO）是虚拟变量，如果挂牌公司第 t 个会计年度内的实际控制人、董事长和总经理为同一人，当年值为 1，否则为 0。流动性用年平均换手率（Turnover）来衡量。除去控制公司规模（Size），负债率（Liability），净资产收益率（ROE），所有制属性（民营企业，Private）以及所属层级（创新层，Innovation）的影响，还对行业和年份效应进行了控制。各变量的相关性如表 32 所示。与违规存在显著正相关关系的变量包括第一大股东持股比例、民营企业和资产负债率，而创新层和 ROE 与违规存在负相关关系。说明当第一大股东持股比例越大时、当为民营企业时或当资产负债率越高时，挂牌公司发生违规的可能性越大，而创新层挂牌公司或当 ROE 越高时，挂牌公司发生违规的可能性越小。

由于因变量违规（Violation）为虚拟变量，取值 0 或 1，本文采用 logistic 方法进行回归。另外，由于样本为公司层面的面板数据，对标准差的估计采用公司层面的聚类稳健标准差（Robust Standard Errors Clustered at the Firm Level），以允许组内存在自相关。

表 31　变量描述

	变量名称及缩写	定义	数据来源
因变量	（1）违规（Violation）	虚拟变量；如果挂牌公司在第 t 个会计年度内存在违规行为，当年值为 1，否则为 0	根据新三板提供的违规信息计算
自变量	（2）第一大股东持股比例（Top1）	连续变量（%）；挂牌公司第 t 个会计年度内第一大股东持股数量/当年挂牌公司总股本	Wind
	（3）前十大股东 HHI（HHI10）	连续变量；挂牌公司在第 t 个会计年度内各前十大股东持股比例的平方和；$HHI = \sum_{i=1}^{N}(X_i/X)^2 = \sum_{i=1}^{N} S_i^2$	根据 Wind 提供的各前十大股东持股比例计算
	（4）前十大股东 HHI 平方（$HHI10^2$）	前十大股东 HHI 的平方	根据 Wind 提供的各前十大股东持股比例计算
	（5）设立独立董事（Indep）	虚拟变量；如果挂牌公司第 t 个会计年度内设立了独立董事，当年值为 1，否则为 0	根据 Wind 提供的独立董事人数计算
	（6）董事长和总经理为同一人（Chair_CEO）	虚拟变量；如果挂牌公司第 t 个会计年度内的董事长和总经理为同一人，当年值为 1，否则为 0	根据 Wind 提供的董事长和总经理的信息计算
	（7）实际控制人、董事长和总经理为同一人（Ultimate_Chair_CEO）	虚拟变量；如果挂牌公司第 t 个会计年度内的实际控制人、董事长和总经理为同一人，当年值为 1，否则为 0	根据 Wind 提供的实际控制人、董事长和总经理的信息计算
	（8）年平均换手率（Turnover）	连续变量；年平均换手率 $= \dfrac{\sum\left(\dfrac{\text{单个交易日成交量}}{\text{当日股票流通股总股数}}\right)}{\text{区间交易日数}}$	Wind
	（9）年平均换手率平方（$Turnover^2$）	年平均换手率的平方	根据 Wind 提供的年平均换手率计算
	（10）创新层（Innovation）	虚拟变量；如果挂牌公司第 t 个会计年度内属于创新层，当年值为 1，否则为 0	根据 Wind 提供的挂牌公司所属层级的信息计算

续表

	变量名称及缩写	定义	数据来源
自变量	（11）民营企业（Private）	虚拟变量；如果挂牌公司第 t 个会计年度内的所有制属性为民营企业，当年值为1，否则为0	根据 Wind 提供的公司所有制属性信息计算
	（12）公司规模（Size）	连续变量；挂牌公司第 t 个会计年度内总资产的自然对数	根据 Wind 提供的总资产数据计算
	（13）资产负债率（Liability）	连续变量；挂牌公司一个会计年度内负债占总资产比例	Wind
	（14）净资产收益率（ROE）	连续变量；ROE = $\frac{\text{归属母公司股东净利润}}{\left[\frac{(\text{期初归属母公司股东的权益}+\text{期末归属母公司股东的权益})}{2}\right]}$	Wind
	（15）行业（Industry）	证监会一行业分类	Wind Wind 数据有缺失的，通过查询新三板官网每月更新的《挂牌公司行业分类结果》补充缺失值
	（16）年份（Year）	样本周期 2016—2018 年	Wind

表 32　变量相关矩阵

	(1)	(2)	(3)	(4)	(5)	(6)	(7)	(8)	(9)	(10)	(11)	(12)
Violation	1											
*Top*1	0.015*	1										
*HHI*10	0.010	0.959***	1									
Indep	-0.005	-0.109***	-0.124***	1								
Chair_CEO	0.003	0.106***	0.080***	-0.022**	1							
Ultimate_Chair_CEO	-0.009	0.096***	0.067***	-0.017*	0.933***	1						
Private	0.027***	-0.059***	-0.056***	-0.010***	0.117***	0.174***	1					
Turnover	0.004	0.074***	0.108***	-0.060***	-0.013	-0.030***	0.016*	1				
Innovation	-0.049***	-0.115***	-0.134***	0.150***	-0.015*	-0.007	-0.040***	-0.103***	1			
Size	-0.005	-0.158***	-0.193***	0.318***	-0.105***	-0.091***	-0.178***	-0.181***	0.330***	1		
Liability	0.118***	0.072***	0.072***	-0.009	-0.021**	-0.020**	-0.020**	0.017*	-0.037***	0.084***	1	
ROE	-0.038***	0.012	0.010	0.0002	-0.011	-0.006	-0.010	-0.005	0.035***	0.104***	-0.116***	1

注：* 表示 $p<0.1$，** 表示 $p<0.05$，*** 表示 $p<0.01$。

三、实证分析结果

实证分析结果如表33所示。模型1的回归结果显示，第一大股东持股比例与违规显著正相关，表明股权越集中，挂牌公司发生违规的可能性越大，同假设1一致。董事长和总经理为同一人与违规显著正相关，表明董事长和总经理为同一人的挂牌公司发生违规的可能性更大，与假设2一致。实际控制人、董事长和总经理为同一人与违规显著负相关，表明实际控制人、董事长和总经理为同一人的挂牌公司发生违规的可能性更小，与假设3相反。究其原因，根据利益协同效应理论，当实际控制人持股比例较高时，其利益与公司整体的利益高度相关，其对公司的监管积极性更强。实际控制人较高的控制权赋予了其对公司监管的能力，特别是当实际控制人兼任董事长和总经理时，信息优势使其对公司的监管能力增强，进而降低了发生违规的可能性。但是，根据模型1的结果，是否设立独立董事对违规行为无显著影响，假设4不成立。独立董事在挂牌公司治理中未发挥有效职能。究其原因，与英、美等国股权相对分散的上市公司相比，新三板市场缺乏独立董事的相关制度，挂牌公司自主设立的独立董事并不能真正监督和约束由控股股东主导的董事会，从而不能真正发挥维护少数公众股东利益的职能。

模型1的结果还显示，相比其他挂牌公司，民营挂牌公司发生违规行为的可能性更大。究其原因，为降低融资成本，民营挂牌公司的控股股东和实际控制人可能通过金字塔结构和交叉持股建立内部资本市场，在内部配置资源，并可能通过降低信息披露的透明度来掩盖其资金占用、关联交易等行为。另外，相比民营企业，国有企业董事长和高级管理人员多为委派，仕途激励更强，违规的可能性较小。杜兴强和温日光（2007）发现，实际控制人属性为国有的上市公司的会计信息质量显著高于非国有上市公司。①根据模型1的回归结果，创新层挂牌公司或是盈利能力好的挂牌公司发生违规的可能性更小，而资产负债率高的挂牌公司发生违规的可能性更大。作为补充检验，只保留所有变量均无

---

① 参见杜兴强，温日光．公司治理与会计信息质量：一项经验研究［J］．财经研究，2007（1）。

缺失值的样本进行回归（如模型 2 所示，样本数减至 24939），回归结果与模型 1 结果无明显差异。

为检验流动性与违规行为之间是否存在 U 形关系，在回归模型中引入变量年平均换手率和年平均换手率的平方（见模型 3），由于变量存在缺失值，样本数量减至 12692。结果显示，平均换手率的平方与违规行为显著正相关，而平均换手率与违规行为显著负相关，表明流动性与违规行为之间存在 U 形关系，与假设 5 一致。流动性的提高会降低发生违规行为的可能性，但过高的流动性会产生消极影响，增加违规行为的可能性。作为补充检验，只保留所有变量均无缺失值的样本进行回归（见模型 4，样本数减至 10689），回归结果与模型 3 结果无明显差异。为了进一步验证股权集中度与违规的关系，用前十大股东 HHI 替代第一大股东持股比例，并加入前十大股东 HHI 的平方（见模型 5）。结果显示，前十大股东 HHI 的平方与违规行为显著正相关，而前十大股东 HHI 与违规行为显著负相关，股权集中度与违规行为之间的关系呈 U 形。由于利益协同效应，股权相对集中会提高控股股东的监管积极性和能力，进而降低发生违规行为的可能性。但是，当股权过于集中时，由于控股股东的隧道掏空效应，发生违规行为的可能性增加。只选择民营企业为样本时（见模型 6），股权集中度与违规行为之间的 U 形关系仍然成立。

表 33　实证分析结果

变量	$Violation_{i,t} = \alpha + \beta_1 Top1_{i,t-1} + \beta_2 HHI10_{i,t-1} + \beta_3 HH10^2_{i,t-1} + \beta_4 Indep_{i,t-1} + \beta_5 Chair\_CEO_{i,t-1} + \beta_6 Ultimat\_Chair\_CEO_{i,t-1} + \beta_7 Turnover_{i,t-1} + \beta_8 Turnover^2_{i,t-1} + \beta_9 Private_{i,t-1} + \beta_{10} Innovation_{i,t-1} + \beta_{11} Size_{i,t-1} + \beta_{12} Liability_{i,t-1} + \beta_{13} ROE_{i,t-1} + Industry + Year + \varepsilon$											
	模型 1		模型 2		模型 3		模型 4		模型 5		模型 6	
	相关系数 β	p 值	相关系数 β	p 值	相关系数 β	p 值	相关系数 β	p 值	相关系数 β	p 值	相关系数 β	p 值
Top1	1.35***	0.000	1.35***	0.000	0.82**	-0.050	0.79*	-0.072	—	—	—	—
HHI10	-1.51***	0.000	-1.50***	0.000	-0.86**	-0.048	-0.81*	-0.075	-0.75***	0.007	-0.80***	0.006
$HHI10^2$	—	—	—	—	—	—	—	—	0.49*	0.093	0.68**	0.049
Indep	0.09	-0.156	0.15**	-0.038	0.05	-0.539	0.104	-0.230	0.05	0.432	0.05	0.483
Chair_CEO	0.33***	0.000	0.32***	0.000	0.29***	-0.003	0.31***	-0.002	0.02	0.537	0.00	0.926
Ultimate_Chair_CEO	-0.36***	0.000	-0.35***	0.000	-0.32***	-0.001	-0.34***	-0.001	—	—	—	—
Private	0.42***	0.000	0.42***	0.000	0.54***	0.000	0.57***	0.000	0.25***	0.000	—	—
Turnover	—	—	—	—	-1.28***	-0.006	-1.64***	-0.001	—	—	—	—
$Turnover^2$	—	—	—	—	1.61***	-0.001	1.95***	0.000	—	—	—	—
Innovation	-0.20***	-0.002	—	—	-0.32***	0.000	—	—	-0.16**	0.011	-0.18***	0.004
Size	0.03	-0.391	0.03	-0.420	-0.02	-0.732	-0.03	-0.556	0.00	0.978	0.03	0.464
Liability	0.81***	0.000	0.82***	0.000	0.92***	0.000	0.94***	0.000	0.81***	0.000	0.78***	0.000
ROE	-0.01**	-0.016	-0.01**	-0.02	-0.01	-0.283	-0.01	-0.351	-0.01**	0.000	-0.02**	0.000
Industry	已控制		已控制		已控制		已控制		已控制		已控制	
Year	已控制		已控制		已控制		已控制		已控制		已控制	
常数项	-2.72***	0.000	-2.68***	0.000	-2.32***	0.000	-2.22***	0.000	-1.94***	0.000	-1.84***	0.000
样本数	27167	24939	12692	10689	28387	25912						
Pseudo R^2	0.052	0.053	0.058	0.054	0.046	0.043						

注：* 表示 $p<0.1$，** 表示 $p<0.05$，*** 表示 $p<0.01$。

第四章　信息披露与公司治理要求对比：新三板市场 vs. 境内外其他市场[①]

台湾证券交易所、台湾证券柜台买卖中心上柜市场（以下简称上柜市场）和台湾证券柜台买卖中心兴柜市场（以下简称兴柜市场）是台湾的三层级股票资本市场。台湾证券柜台买卖中心兴柜市场和上柜市场均为 OTC 场外市场。台湾兴柜市场为台湾证券交易所市场和台湾证券柜台买卖中心上柜市场的预备市场。目前，台湾规定除公益事业外，初次申请上市、上柜的台湾岛内股票都必须先在兴柜股票市场挂牌交易满 6 个月，然后经过相对简便的审批程序，进而上市或上柜。上市和上柜市场采取竞价交易模式，兴柜市场采取做市商（台湾称为推荐证券商）报价驱动市场交易。

值得注意的是，台湾的上柜市场虽为 OTC 场外市场，但是信息披露、董事会等公司治理指标和上市公司市场一致，均需遵守《上市上柜公司治理实务守则》规则要求。上柜市场在股权分散程度要求略宽松。兴柜市场对定期报告的披露要求与场内交易市场一致，只是对需要提交临时报告的信息披露要求较场内交易市场稍微宽松。由于采用推荐证券商制度，对主办辅导券商的信息披露监管要求较高。主办辅导推荐证券商应确实落实辅导作业，按月执行相关查核程序及取具受评估当月财务报表，并参与该公司董事会，每月依照“财务业务重大事件检查表”向柜买中心申报重大事件，并于申报日起五日内完成查核，

① 本章涉及的法律法规、监管规则等，见附录。

进行财务业务状况及营运周转分析并将查核结果申报。[①] 较严格和频繁的信息披露要求一方面规范了挂牌公司治理行为，保护了投资者利益，另一方面为挂牌公司转板上市上柜打好了基础，体现了台湾市场独特的多层次资本市场监管架构。

全美证券交易商协会电子报价系统（纳斯达克 NASDAQ）于 1971 年成立。成立初期为 OTC 场外市场，1990 年成为纽约证券交易所和美国证券交易所之外的三大证券交易市场之一[②]，从场外市场转变为交易所，并设立内部分层为全球精选市场、全球市场和资本市场。其受监管层次相比美国场外柜台交易系统（Over the Counter Bulletin Board，OTCBB）更高。所以现在纳斯达克市场上市公司在信息披露层面，和美国纽约证券交易所（NYSE）一样，遵循《1933 年证券法》（*Securities Act of* 1933）、《1934 年证券交易法》（*Securities Exchange Act of* 1934）和《2002 年萨班斯—奥克斯利法案》（*Sarbanes - Oxley Act of* 2002）等对信息披露的法律规定。在 2006 年前，由于《1934 年证券交易法》对 OTC 市场信息披露的要求低于对交易所的要求，纳斯达克被豁免披露董事的任职资格、提名、高管薪酬、公司和高管人员、董事之间交易的信息以及董事、高管的持股状况变动表。[③]

1964 年证券法修正案立法通过，规定资产超过 100 万美元且股东人数超过 500 名的 OTC 公司与 NYSE 的上市公司一样必须遵从《1934 年证券交易法》的披露规则。2002 年 7 月，美国《2002 年萨班斯—奥克斯利法案》通过实施，对公众公司的信息披露要求增加。但完全执行该法案的信息披露要求会导致挂牌公司的信息披露成本显著提高[④]，因而，SEC 作出决定市值在 7500 万美元以下的中小企业可以暂不执行萨班斯—奥克斯利法案。因而，纳斯达克在由场外交易市场转变为交易所之前，其挂牌公司中市值在 7500 万美元以上的公司，已

① 参见“财团法人中华民国证券柜台买卖中心证券商营业处所买卖兴柜股票审查准则”第十四条，http：//www.selaw.com.tw/LawArticle.aspx？LawID = G0100713。

② 参见阮婷婷．我国证券场外交易市场法律规制研究［D］．天津：天津大学，2010。

③ 参见张克菲．OTC 公司会计信息披露机制研究［D］．天津：天津财经大学，2009。

④ 参见崔国静．美国场外交易法律监管机制及启示论文［D］．北京：对外经贸大学，2014。

经和纽约证券交易所上市公司一致，需要遵从较为严格的信息披露要求。纳斯达克由场外交易场所演变为交易所面临的适用监管政策演化对新三板进行业务规则改革有一定参考意义。目前除了在股权分散程度上纳斯达克要求更低，其他公司治理标准上相对纽约证券交易所的要求基本一致或更严格（提名委员会要求更高，独立董事会议次数要求更高）。

香港主板和创业板均为场内市场，由于创业板市场风险较高，香港联合交易所对创业板信息披露监管和公司治理上较主板更严格，体现在披露频率上：创业板公司需披露季报；创业板公司在最初的两个财年季度内，上市公司须每隔 6 个月，将其实际业务进展与业务计划比较。主板公司不需要进行季报和业务计划比较披露。另外，创业板公司对提名委员会有要求，而主板未有此项要求。

英国主板市场主要分为 3 个子市场：高级子市场（Premium Segment）、标准子市场（Standard Segment）和高增长子市场（High Growth Segment），高级子市场的上市标准较标准子市场高，而高增长子市场开放给不满足前两个市场上市条件，但是增长较快（三年复合增长率大于或等于 20%）的公司申请上市。高增长子市场 10% 的公众持股要求低于另外两个市场 25% 的公众持股要求。仅高级子市场有披露内部控制评价报告要求①，且只有高级子市场的公司治理层面要求更高：除了英国金融行为监管局（UK Financial Conduct Authority）对审计委员会构成有强制要求②，主板仅有高级子市场上市公司对《英国公司治理标准》（*UK Corporate Governance Code*）服从或解释（Comply or Explain）③④。

---

① 参见 High Growth Segment FAQS（高增长子市场问答）. London Stock Exchange Website，https：//www. londonstockexchange. com/companies – and – advisors/main – market/companies/hgs/hgsfaqs. htm。

② 参见 Disclosure Guidance and Transparency Rules sourcebook（《披露指南和透明规则资料集》）. UK Financial Conduct Authority. p. 70，https：//www. handbook. fca. org. uk/handbook/DTR. pdf。

③ 参见 Corporate Governance for Main Market and AIM Companies（《伦敦证券交易所主板和另类投资市场公司治理规则》），https：//www. londonstockexchange. com/companies – and – advisors/aim/publications/documents/corpgov. pdf。

④ 参见 London Stock Exchange Admission and Disclosure Standards（《伦敦证券交易所准入和披露标准》），https：//www. londonstockexchange. com/companies – and – advisors/main – market/documents/admission – and – disclosure – standards – new2018. pdf。

表34将新三板（基础层和创新层）与台湾兴柜市场及其他市场、主板、创业板，美国、中国香港、英国中主要股票市场的信息披露、董事会制度、股权分散程度等监管标准的对比进行了总结，再结合新三板新发布的《全国中小企业股份转让系统分层管理办法》（以下简称《分层管理办法》）、《全国中小企业股份转让系统挂牌公司治理规则》（以下简称《挂牌公司治理规则》），差异主要体现在以下几方面。

1. 股权分散要求

股权分散程度对提高外部股东的约束，改善公司治理有重要作用。新三板对基础层和创新层的挂牌公司股权分散未有具体要求，仅创新层要求50人的合格投资者，而各国市场上市公司和OTC市场台湾证券柜台买卖中心上柜市场均对公众持股有一定要求。《分层管理办法》已将股权分散度引入精选层的进入条件，主要从股本规模、股东人数、公众股东持股比例等方面规定了企业通过公开发行应当达到的股权分散度①。

2. 信息披露要求

首先在定期报告披露频率方面，新三板基础层、创新层对季报披露无强制要求，而主板、创业板对季报有披露要求。在重大事项披露方面，各市场一般无披露频率要求，而台湾证券柜台买卖中心兴柜市场要求主办辅导券商辅助相应公司进行每月“财务业务重大事件检查表”申报。按月披露和对主办辅导券商的要求保证了兴柜公司信息披露的持续性、规范性、及时性，高频率和流程规范化在一定程度上缓解了兴柜市场公司股权集中可能带来的信息公平性问题以及规模小带来的信息披露流程成本高的问题。

在报告披露内容方面，新三板在“年度内部控制评价报告”和“社会责任报告”方面未作要求，但是在年度报告中要求披露内部控制评价情况，引导创新层公司在年度报告中披露社会责任的履行情况。股东权益变动的披露起点为10%，并以5%的整数倍作为变动后比例要求，此披露要求较A股主板、创业

① 参见《全国中小企业股份转让系统分层管理办法》第二章第十六条，http://www.neeq.com.cn/m/important_news/200007004.html。

板和其他市场的披露要求较宽松。新修订通过的《证券法》在披露事项方面，新三板市场与主板、创业板已经相同，无实质性差异。

3. 董事会制度要求

在独立董事制度方面，新三板基础层和创新层均未强制要求。表34中列举的其他市场均有独立董事制度并有一定席位数量或比例的独立董事要求。例如，台湾证券柜台买卖中心兴柜OTC市场的独立董事数量和比例要求为至少两人和占董事会比例至少五分之一，台湾证券交易所上市市场和台湾证券柜台买卖中心上柜OTC市场的独立董事数量和比例要求为至少三人和占董事会比例至少五分之一。《挂牌公司治理规则》要求精选层设立两名以上独立董事，其中一名应当为会计专业人士①。鼓励创新层和基础层挂牌公司建立独立董事制度②。针对董事会专门委员会的设立，《挂牌公司治理规则》鼓励挂牌公司根据需要设立审计、战略、提名、薪酬与考核等相关专门委员会③。

将境内相关法律的监管对象作对比。我国《公司法》明确规定对上市、拟上市的公司的信息披露实行强制信息披露制度，新修订通过的《证券法》中“国务院批准的其他全国性的证券交易场所”④将新三板市场纳入《证券法》的范畴，并对“股票在国务院批准的其他全国性证券交易场所交易的公司”⑤的定期报告、重大事件临时报告等提出信息披露要求和监管要求⑥。2013年12月26日，证监会发布的《非上市公众公司监督管理办法》将信息披露、公司治理等层面列入证监会监管，并于2019年12月20日修订完善了相关内容。目前，新三板市场采取行政监管和自律监管相结合的监管模式，并在新三板内部采取基础层、创新层和精选层的分层监管安排。精选层挂牌公司在信息披露、

① 参见《全国中小企业股份转让系统挂牌公司治理规则》第二章第二节第三十一条，http://www.neeq.com.cn/important_news/200007110.html。

② 同①。

③ 同①。

④ 参见《中华人民共和国证券法》（2019年12月28日第十三届全国人民代表大会常务委员会第十五次会议第二次修订），http://www.chinalaw.gov.cn/Department/content/2019-12/30/592_3238998.html。

⑤ 同④。

⑥ 同④。

董事会要求、股权结构等方面已逐渐与上市公司趋同，但是基础层和创新层公司的要求相对宽松。

总结来看，新三板挂牌公司在以信息披露和董事会制度为代表的公司治理监管要求和其他列举的股票市场有一定的差距。在公司治理层面的改革中，可借鉴美国对 OTC 场外市场监管发展变化和台湾兴柜市场的监管。美国对 OTC 场外市场的监管由较宽松到逐渐严格，或是监管部门对当时资本市场环境、发行人和投资者行为的反馈；由于兴柜市场同样采取做市商制度，其对主办辅导券商的要求相比台湾其他市场更高。主办辅导券商在信息披露上承担的监督责任和违规连带责任可以帮助发行公司完善公司治理，在一定程度上通过规范化、程序化降低信息披露成本，形成对市场规范的高效、正面引导。

表 34　新三板市场与 A 股、其他国家股票市场公司治理指标差异

类别		新三板基础层	新三板创新层	主板/创业板	美国纽约证券交易所	美国全美证券交易商协会自动报价系统（纳斯达克 NASDAQ 交易所）	台湾证券交易所	台湾证券柜台买卖中心上柜市场	台湾证券柜台买卖中心兴柜市场	香港交易所主板	香港交易所创业板	伦敦证券交易所主板
挂牌前信息披露		信息披露要求相对较低，提供两年一期财务数据	同基础层	信息披露要求较为严格，提供三年一期财务数据	信息披露要求较为严格，提供两年一期财务数据	信息披露要求较为严格，提供两年一期财务数据	信息披露要求相对较严格，提供两年一期财务数据	信息披露要求相对较严格，提供两年一期财务数据	信息披露要求相对较严格，提供两年一期财务数据	信息披露要求较为严格，提供三年两度财务数据	信息披露要求相对较为严格，提供两年两度财务数据；由于市场风险较高，香港联合交易所对其信息披露监管较主板更严格	信息披露要求相对较高，提供近三年财务数据（标准子市场若公司成立时间较短，可放宽至公司成立至今财务数据）
定期报告要求	年报	披露经审计的年报	披露经审计的年报	披露经审计的年报	披露经审计的年报	披露经审计的年报	披露经审计的年报	披露经审计的年报	披露经审计的年报	披露经审计的年报	披露经审计的年报；在最初的两个财年季度内，上市公司须每隔6个月，将其实际业务进展与业务计划比较	披露经审计的年报
	半年报	披露半年报	披露半年报	披露半年报	披露半年报	披露半年报	披露半年报	披露半年报	披露半年报	披露半年报	披露半年报	披露半年报
		无强制审计要求	无强制审计要求	在下半年度预计进行权益分派或发行的，必须经审计	无强制审计要求	无强制审计要求	须经会计师审计	须经会计师审计	须经会计师审计	无强制审计要求	无强制审计要求	无强制审计要求

续表

类别		新三板基础层	新三板创新层	主板/创业板	美国纽约证券交易所	美国全美证券交易商协会自动报价系统（纳斯达克 NASDAQ 交易所）	台湾证券交易所	台湾证券柜台买卖中心上柜市场	台湾证券柜台买卖中心兴柜市场	香港交易所主板	香港交易所创业板	伦敦证券交易所主板
定期报告要求	季报	不要求披露季报	不要求披露季报	披露季报	披露季报	披露季报	披露季报	披露季报	不要求披露季报，但已申请上市或上柜的兴柜公司、金融控股公司子公司需披露季报	季报自愿披露	披露季报	不要求披露季报
	年度内部控制评价报告	年度报告中对内部管理制度进行评价	年度报告中对内部管理制度进行评价	单独披露年度内部控制评价报告	《2002 年萨班斯—奥克斯利法案》中规定公众公司董事会和管理层在控制环境、风险评估、控制作业、资讯与沟通、监控作业等方面对财务报表进行内部控制（Internal Control Over Financial Reporting，ICFR）。在上市一年内需建立内部审计职能，为管理层和审计委员会提供公司风险管理流程和内部控制的持续评估	《2002 年萨班斯—奥克斯利法案》中规定公众公司董事会和管理层在控制环境、风险评估、控制行为、信息沟通、监控行为等方面对财务报表进行内部控制（Internal Control Over Financial Reporting，ICFR）	上市上柜公司应依公开发行公司建立内部控制制度处理准则规定，考量本公司及其子公司整体营运活动，设计并确实执行其内部控制制度，且应随时检讨，以应对公司内外在环境变迁，确保该制度的设计及执行持续有效。上市上柜公司除应确实办理内部控制制度自行评估作业外，董事会及管理阶层应至少每年检讨各部门自行评估结果及按季检核稽核单位的稽核报告，审计委员会或监察人并应关注及监督	上市上柜公司应依公开发行公司建立内部控制制度处理准则规定，考量本公司及其子公司整体营运活动，设计并确实执行其内部控制制度，且应随时检讨，以应对公司内外在环境变迁，确保该制度的设计及执行持续有效。上市上柜公司除应确实办理内部控制制度自行评估作业外，董事会及管理阶层应至少每年检讨各部门自行评估结果及按季检核稽核单位的稽核报告，审计委员会或监察人并应关注及监督	《证券交易法》：公开发行公司应以书面制定内部控制制度，含内部稽核实施细则。公开发行公司内部控制制度是由经理人所设计，董事会通过，并由董事会、经理人及其他员工执行管理过程。规定公众公司董事会和管理层在控制环境、风险评估、控制作业、资讯与沟通、监控作业等方面对财务报表进行内部控制	需在年报公司治理报告中披露公司风险管理和内部控制系统相关内容，包括流程、主要特征、有效性评估等	需在年报公司治理报告中披露公司风险管理和内部控制系统相关内容，包括流程、主要特征、有效性评估等	对高级别子市场要求，其他子市场不要求

续表

类别		新三板基础层	新三板创新层	主板/创业板	美国纽约证券交易所	美国全美证券交易商协会自动报价系统（纳斯达克NASDAQ交易所）	台湾证券交易所	台湾证券柜台买卖中心上柜市场	台湾证券柜台买卖中心兴柜市场	香港交易所主板	香港交易所创业板	伦敦证券交易所主板
定期报告要求	社会责任报告	无须披露	年度报告中披露社会责任的承担情况	自愿披露社会责任报告	尚未要求披露	尚未要求披露	食品工业、化学工业、金融保险业，餐饮收入占比50%以上或股本为50亿元新台币以上的公司需披露企业社会责任报告书	食品工业、化学工业、金融保险业，餐饮收入占比50%以上或股本为50亿元新台币以上的公司需披露企业社会责任报告书	无须披露	可在年报、官网或单独披露社会责任报告	可在年报、官网或单独披露社会责任报告	尚未要求披露
	募集资金使用情况专项报告	每半年度披露募集资金使用情况专项报告，无须注册会计师鉴证	同基础层	披露年度、半年度募集资金使用情况专项报告，并由注册会计师出具鉴证报告	仅于向SEC注册时“Form S－1”中需要披露募集资金用途，后续年报、季报不需要披露	仅于向SEC注册时“Form S－1”中需要披露募集资金用途，后续年报、季报不需要披露	每季度披露现金增资或发行公司债资金运用情形季报表，无须注册会计师鉴证	每季度披露现金增资及发行公司债申报作业/运用情形季报表、运用情形季报表（预定效益达成情形），无须注册会计师鉴证	每季度披露现金增资、发行公司债、海外公司债、海外存托凭证及海外股票计划资金运用情形季报表。无须注册会计师鉴证	需及时披露证券发行计划和目的，无须注册会计师鉴证	需及时披露证券发行计划和目的，无须注册会计师鉴证	不适用
临时报告要求	重大事项披露要求	包括三会决议、关联交易及其他重大事项	包括三会决议、达到一定标准的交易、关联交易及其他重大事项	包括三会决议、达到一定数量标准的交易、关联交易及其他重大事项。需要披露的重大事项较多	“Form 8－K”需披露重大合同事项、破产、收购或处置重大资产、重要债务、交易所或全国性证券机构的决议通知、达到一定标准的股权交易、重大股东权益变动、关联交易等重大事项。需要披露的重大事项较多	“Form 8－K”需披露重大合同事项、破产、收购或处置重大资产、重要债务、交易所或全国性证券机构的决议通知、达到一定标准的股权交易、重大股东权益变动、关联交易等重大事项。需要披露的重大事项较多	包括向“公开资讯观测站”和在公司网站披露的关于管理层、证券发行、合并分割收购等重大事项。需要披露的重大事项较多	包括向“公开资讯观测站”披露的关于管理层、证券发行、合并分割收购等重大事项。需要披露的重大事项较多	包括向柜台买卖中心网际网络资讯申报系统披露的关于管理层、证券发行、合并分割收购等重大事项。需要披露的重大事项较多。主办辅导推荐证券商辅助向资讯申报系统申报“财务业务重大事件检查表”。需要披露的重大事项较多	包括向港交所网站披露的关于关联交易、收购、清算、证券变动、董事会等重大事项。需要披露的重大事项较多	包括向港交所网站披露的关于关联交易、收购、清算、证券变动、董事会等重大事项。需要披露的重大事项较多	包括需要向监管信息服务商公告或在公司网站公告的关于管理层、证券发行交易、股权变动、关联交易等重大事项。需要披露的重大事项较多

续表

类别		新三板基础层	新三板创新层	主板/创业板	美国纽约证券交易所	美国全美证券交易商协会自动报价系统（纳斯达克NASDAQ交易所）	台湾证券交易所	台湾证券柜台买卖中心上柜市场	台湾证券柜台买卖中心兴柜市场	香港交易所主板	香港交易所创业板	伦敦证券交易所主板
临时报告要求	股东持股比例披露要求	投资者及其一致行动人达到已发行股份的10%后，股份变动导致权益占比达到5%的整数倍时，应当披露权益变动报告书	同基础层	投资者及其一致行动人股份达到5%需报告披露，每增加或减少5%需报告披露	直接或间接持股5%以上的股东需向SEC提交报告，股份增加或减少1%需重新提交报告	直接或间接持股5%以上的股东需向SEC提交报告，股份增加或减少1%需重新提交报告	需向“公开资讯观测站”披露公司董监事、经理人及持股超过10%股东的持股变动情形与股票质权的设定及解除情形	需向“公开资讯观测站”披露公司董监事、经理人及持股超过10%股东的持股变动情形与股票质权的设定及解除情形	需向“公开资讯观测站”披露公司董监事、经理人及持股超过10%股东的持股变动情形与股票质权的设定及解除情形	需披露持股5%以上的股东信息，持股5%以上的股东权益跨越5%以上的整数或权益下降至5%以下需申报披露	需披露持股5%以上的股东信息，持股5%以上的股东权益跨越5%以上的整数或权益下降至5%以下需申报披露	需披露持股3%以上的股东信息，持股3%以上的股东权益跨越3%以上的整数或权益下降至3%以下需申报披露；非英国发行人以5%、10%、15%、20%、25%、30%、50%和75%为跨越披露标准

续表

类别		新三板基础层	新三板创新层	主板/创业板	美国纽约证券交易所	美国全美证券交易商协会自动报价系统（纳斯达克NASDAQ交易所）	台湾证券交易所	台湾证券柜台买卖中心上柜市场	台湾证券柜台买卖中心兴柜市场	香港交易所主板	香港交易所创业板	伦敦证券交易所主板
董事会	独立董事制度	不强制要求	不强制要求	上市公司董事会成员中应当至少包括三分之一的独立董事，其中至少包括一名会计专业人士。独立董事原则上最多在5家上市公司兼任独立董事，并确保有足够的时间和精力有效地履行独立董事的职责。如果上市公司董事会下设薪酬、审计、提名等委员会的，独立董事应当在委员会成员中占有二分之一以上的比例	独立董事需近三年未在上市公司任职，非公司主管人员直系亲属，且过去三年和公司资金往来不能超过100万美元或公司毛利润的2%	独立董事需近三年未在上市公司任职，非公司主管人员直系亲属，且过去三年和公司资金往来不能超过20万美元或公司毛利润的5%；独立董事占董事会席位一半以上	上市上柜公司应依章程规定设置二人以上的独立董事，且不得少于董事席次五分之一。独立董事应具备专业知识，其持股应予限制，除应依相关法令规定办理外，不宜同时担任超过五家上市上柜公司之董事（含独立董事）或监察人，且于执行业务范围内应保持独立性，不得与公司有直接或间接的利害关系。上市上柜公司及其集团企业与组织，与他公司及其集团企业与组织，有互相提名另一方的董事、监察人或经理人为独立董事候选人者	上市上柜公司应依章程规定设置二人以上的独立董事，且不得少于董事席次五分之一。独立董事应具备专业知识，其持股应予限制，除应依相关法令规定办理外，不宜同时担任超过五家上市上柜公司之董事（含独立董事）或监察人，且于执行业务范围内应保持独立性，不得与公司有直接或间接的利害关系。上市上柜公司及其集团企业与组织，与他公司及其集团企业与组织，有互相提名另一方的董事、监察人或经理人为独立董事候选人者	发行公司章程应规定设置独立董事，其人数不得少于二人，且不得少于董事席次五分之一。独立董事应具备专业知识，其持股应予限制，除应依相关法令规定办理外，不宜同时担任超过五家上市上柜公司的董事（含独立董事）或监察人，且于执行业务范围内应保持独立性，不得与公司有直接或间接的利害关系	至少三名独立非执行董事，并至少占董事会三分之一席位，至少有一名独立非执行董事有合适的会计专业资格或财务管理专长。交易所会评估董事独立性，并在以下情况有可能质疑董事独立性：持股比例超过1%；作为礼物或财务资助接受过上市公司或相关人员的利益；两年内担任过公司董事、合伙人、或公司顾问员工；控制公司子公司或关联方；为公司控股股东或两年内曾担任过CEO或非独立董事；一年内在公司商业活动中有重大利益或参与过重大商业交易；目的为保护和股东利益不一致的实体；两年内和董事、CEO、重大股东有关联；财务上依赖上市公司、其子公司或关联方	至少三名独立非执行董事，并至少占董事会三分之一席位，至少有一名独立非执行董事有合适的会计专业资格或财务管理专长。交易所会评估董事独立性，并在以下情况有可能质疑董事独立性：持股比例超过1%；作为礼物或财务资助接受过上市公司或相关人员的利益；两年内担任过公司董事、合伙人、或公司顾问员工；控制公司子公司或关联方；为公司控股股东或两年内曾担任过CEO或非独立董事；一年内在公司商业活动中有重大利益或参与过重大商业交易；目的为保护和股东利益不一致的实体；两年内和董事、CEO、重大股东有关联；财务上依赖上市公司、其子公司或关联方	高级子市场公司服从或解释（UK Financial Reporting Council）：独立董事需近五年未在上市公司任职；近三年与公司无重大商业关系；未接受公司除董事薪资外的报酬或养老金安排；非、董事、高管亲属；未在关联公司担任董事或与其董事有重要联系；未在董事会担任成员9年以上。独立董事占董事会席位一半以上

续表

类别	新三板基础层	新三板创新层	主板/创业板	美国纽约证券交易所	美国全美证券交易商协会自动报价系统（纳斯达克 NASDAQ 交易所）	台湾证券交易所	台湾证券柜台买卖中心上柜市场	台湾证券柜台买卖中心兴柜市场	香港交易所主板	香港交易所创业板	伦敦证券交易所主板
薪酬委员会	不强制要求，按照股东大会决议设立	不强制要求，按照股东大会决议设立	不强制要求，按照股东大会决议设立；其中独立董事应当占多数并担任召集人	要求	要求	上市上柜公司应设置薪资报酬委员会，过半数成员宜由独立董事担任	上市上柜公司应设置薪资报酬委员会，过半数成员宜由独立董事担任	要求	要求；委员长需为独立非执行董事且委员会大部分为独立非执行董事	要求；委员长需为独立非执行董事且委员会大部分为独立非执行董事	高级子市场公司服从或解释（UK Financial Reporting Council）：独立董事应至少三名，若公司非富时 350 指数股，则其中独立董事应至少两名；董事长若非独立董事则不能担任委员长；委员长需已担任薪酬委员会成员至少 12 个月
提名委员会	不强制要求，按照股东大会决议设立	不强制要求，按照股东大会决议设立	不强制要求，按照股东大会决议设立；其中独立董事应当占多数并担任召集人	要求	要求；大部分由独立董事组成	不强制要求	不强制要求	不强制要求	不强制要求	要求；委员长需为独立非执行董事且委员会大部分为独立非执行董事	高级子市场公司服从或解释（UK Financial Reporting Council）：独立董事应当占多数

续表

类别	新三板基础层	新三板创新层	主板/创业板	美国纽约证券交易所	美国全美证券交易商协会自动报价系统（纳斯达克 NASDAQ 交易所）	台湾证券交易所	台湾证券柜台买卖中心上柜市场	台湾证券柜台买卖中心兴柜市场	香港交易所主板	香港交易所创业板	伦敦证券交易所主板
审计委员会	不强制要求，按照股东大会决议设立	不强制要求，按照股东大会决议设立	要求；其中独立董事应当占多数；召集人应为独立董事，且为会计专业人士	至少三人；至少一人需有会计或相关金融专业知识	至少三人，均需受过金融相关教育；至少一人需有过往金融或会计从业经验或已获得会计专业证书；均未参与过公司过去三年的财务报表制作工作	上市上柜公司，应择一设置审计委员会或监察人。审计委员会应由全体独立董事组成，其人数不得少于三人，其中一人为召集人，且至少一人应具备会计或财务专长	上市上柜公司，应择一设置审计委员会或监察人。审计委员会应由全体独立董事组成，其人数不得少于三人，其中一人为召集人，且至少一人应具备会计或财务专长	不强制要求，但申请时实收资本额达新台币6亿元以上者，应设置审计委员会	要求；至少三人，且全部由非执行董事构成；其中有会计专业资质或相关财务管理专长的独立非执行董事应至少一名	要求；至少三人，且全部由非执行董事构成；其中有会计专业资质或相关财务管理专长的独立非执行董事应至少一名	要求（UK Financial Conduct Authority）：要求设立，其中大部分董事应为独立董事，至少一人须有财务或会计经验，委员会整体需在行业内有竞争力 服从或解释（UK Financial Reporting Council）：其中独立董事应至少三名，若公司非富时350指数股，则其中独立董事应至少两名；董事长不能担任成员；至少一人需有近期相关财务经验
独立董事会会议	不强制要求	不强制要求	不强制要求	至少一年一次	至少两年一次	不强制要求	不强制要求	不强制要求	不强制要求	不强制要求	高级子市场公司服从或解释（UK Financial Reporting Council）：需将次数披露于年报中

续表

类别	新三板基础层	新三板创新层	主板/创业板	美国纽约证券交易所	美国全美证券交易商协会自动报价系统（纳斯达克NASDAQ交易所）	台湾证券交易所	台湾证券柜台买卖中心上柜市场	台湾证券柜台买卖中心兴柜市场	香港交易所主板	香港交易所创业板	伦敦证券交易所主板
董事会秘书	不强制要求	要求	要求	不适用	不适用	不适用	不适用	不适用	不适用	不适用	不适用
股东数量要求/股权分散要求	无限制要求	要求符合基础层投资者适当性条件的合格投资者人数不少于50人	上交所：持有股票面值达1000元以上的股东人数不少于1000人，向公司公开发行的股份占公司股份总数的25%以上；公司股本总额达到4亿元的，公开发行股份的比例为15%以上 深交所：公开发行的股份达到公司股份总数的25%以上；公司股本总额超过4亿元的，公开发行股份的比例为10%以上	需有400人以上的股东人数，公众持股市值至少4000万美元	全球精选市场、全球市场需有400人以上的股东人数，公众持股市值至少1500万美元；资本市场需有300人以上的股东人数，公众持股市值至少100万美元	记名股东人数在1000人以上，其中持有股份1000股至5万股的股东人数不少于500人，且其所持股份合计占发行股20%以上或满1000万股	公司内部人及持股50%的法人以外，记名股东人数不少于300人，且其持有的股份占发行股的20%以上或1000万股以上	无限制要求	最低公众持股为25%，三大股东持股比例需少于50%（如发行人预期市值超100亿港元的，可酌情降至15%～25%）	最低公众持股为25%，三大股东持股比例需少于50%（如发行人预期市值超100亿港元的，可酌情降至15%～25%）	高级子市场和标准子市场要求公众持股超过25%，高增长子市场要求公众持股超过10%

第五章　研究结论和政策建议

第一，针对股权分散度，本文发现，与上市公司相比，新三板挂牌公司的股权集中度高，而股权集中度是影响挂牌公司违规行为的重要因素之一。与创新层相比，基础层挂牌公司的股权更集中，发生违规行为的可能性更高。尽管统计数据显示，基础层和创新层挂牌公司的股权分散度有差异，但是这两个层次挂牌公司的股权结构在本质上没有显著差异。现有的创新层缺乏公开发行制度，通过设定指标将股权相对分散、规模相对较大和盈利记录相对好的挂牌公司集中到一起，导致基础层和创新层挂牌公司在股权分散度和股权结构方面没有本质上的差异。因此，对于新设立的精选层，通过试行信息披露为核心的公开发行制度，使挂牌公司的投资者结构和股权分散度相比创新层和基础层从本质上发生改善，从而使精选层成为整个新三板市场改革的催化酶。在制度设计上，建议通过降低投资者适当性来丰富新三板的投资者群体，而交易者需求的多元化是改善流动性的重要基础。统计数据显示，2016—2018 年创新层挂牌公司的平均股东户数均在 150～200 户，但是挂牌公司的流动性并未得到改善。因此，建议可以通过评估市场在一段时间内的运行情况，提高精选层挂牌公司股东人数的要求，如由 200 人[①]上调至 500 人，以提高股权分散度和流动性。

① 2019 年 12 月 27 日发布的《全国中小企业股份转让系统分层管理办法》（以下简称《分层管理办法》）将股权分散度引入精选层的进入条件，主要从股本规模、股东人数、公众股东持股比例等方面规定了企业通过公开发行应当达到的股权分散度。《分层管理办法》第二章第十六条（四）规定，公开发行后，公司股东人数不少于 200 人，公众股东持股比例不低于公司股本总额的 25%；公司股本总额超过 4 亿元的，公众股东持股比例不低于公司股本总额的 10%。参见全国中小企业股份转让系统有限责任公司，《全国中小企业股份转让系统分层管理办法》第二章第十六条，http：//www. neeq. com. cn/m/important_ news/200007004. html。

本文还发现，股权集中度与违规行为之间呈U形关系，即由于利益协同效应，股权相对集中会提高控股股东的监管积极性和能力，进而降低发生违规行为的可能性。但是，当股权过于集中时，由于控股股东的隧道掏空效应，发生违规行为的可能性增加。基于现有样本，根据模型5可以计算出，当股权分散度HHI_{10}值为0.77（$=-\frac{\beta_2}{2\beta_3}=-\frac{-0.75}{2\times0.49}$）时，发生违规的可能性最小。根据模型6可以计算出，对于民营企业而言，当股权分散度HHI_{10}值达到0.59（$=-\frac{\beta_2}{2\beta_3}=-\frac{-0.80}{2\times0.68}$）时，发生违规的可能性最小。但是，影响违规行为的因素有多种，股权分散度只是其中一个因素，更重要的是，目前的新三板挂牌公司属于股权高度集中、所有权与经营权合一的古典公司。可以看出，当违规行为发生的可能性最小时，股权分散度依旧不高。而只有股权达到真正意义上的分散，才能真正对由于实际控制人/控股股东产生制衡，对挂牌公司的违规行为产生制约。因此，尽管本文从学术的角度发现了显著的U形关系并估算出违规发生概率最小时所对应的股权分散度，但是尚需更多的数据和研究才能为新三板规则的制定提供基础支持。

第二，流动性。本文发现，新三板挂牌公司的流动性普遍较低。公司治理既是资本市场透明度的基础，也是流动性的基础。信息披露的质量影响投资者结构，进而影响市场流动性。只有完善了公司治理，才能增强信息披露的真实性、准确性、完整性与及时性，进而增强各类投资者参与交易的积极性，使交易的多元化需求与交易制度的完善相互作用，最终改善市场流动性和效率。而流动性的改善和市场效率的提高，又可以进一步促进公司治理的完善。本文的实证分析结果显示，流动性与挂牌公司的违规行为之间存在U形关系，即流动性的提高会降低发生违规行为的可能性，但过高的流动性会产生消极影响，增加违规行为的可能性。因此，建议优化、细化公司治理规则中的相关指标，提高信息披露要求（如针对定期报告的内容要求，可以引入更多的公司治理方面的信息披露要求）。另外，在提高流动性、降低交易成本的同时，要警惕投资者的短期投机行为。

本文还发现，尽管统计数据显示创新层挂牌公司的股权相比基础层挂牌公司更分散，但是在交易制度改革后，基础层和创新层挂牌公司的流动性未得到改善，表明在股权结构没有发生本质改变的情况下，单纯通过外力无法改变挂牌公司的流动性。

影响流动性的关键因素包括交易制度、股权分散度和信息的透明度。在股权高度集中、信息不对称、投资者结构和交易需求单一、市场约束不足的现实情况下，单纯依靠改革交易制度、引入订单驱动的集合竞价机制或者连续竞价交易制度不仅不能改善流动性，反而在一定程度上可能带来流动性的降低。而在信息透明、执法严格、公平、公正、充分体现价格的发现机制的交易环境下，能有效改善投资者结构和短期投机主义行为。

第三，独立董事和董事会结构。统计数据显示，与上市公司相比，新三板挂牌公司中设立独立董事的公司比例低（只有约 7% 的挂牌公司设立了独立董事），董事会中独立董事的人数和比例少，实际控制人、总经理和董事长三者的重合度高。这种执行董事占比和独立董事占比的严重失衡以及实际控制人与董事长和总经理的重合会导致严重的信息不对称和对内部人监督制衡的匮乏，从而加剧控股股东的道德风险，使第二类代理人问题更加严重。实证分析结果显示，独立董事未能对挂牌公司的违规行为起到有效的监督和约束，且董事长和总经理为同一人的挂牌公司发生违规行为的可能性更高。究其原因，与英、美等国股权相对分散的上市公司相比，新三板市场尚未制定专门的独立董事规则，挂牌公司自愿设立的独立董事并不能真正监督和约束由控股股东主导的董事会，不能真正发挥维护少数公众股东利益的职能。

《全国中小企业股份转让系统挂牌公司治理规则》（以下简称《挂牌公司治理规则》）要求精选层设立两名以上独立董事，其中一名应当为会计专业人士①，但是尚未明确独立董事制度的具体内容。另外，鼓励创新层和基础层挂牌公司建立独立董事制度，而未强制要求。台湾证券柜台买卖中心兴柜 OTC 市

---

① 参见全国中小企业股份转让系统有限责任公司，《全国中小企业股份转让系统挂牌公司治理规则》第二章第二节第三十一条，http://www.neeq.com.cn/important_news/200007110.html。

场对独立董事有明确定义，且要求独立董事至少为两人，占董事会比例至少五分之一。

建议新三板从以下几方面对《挂牌公司治理规则》进一步完善，以提高独立董事的职能。首先，参考《关于在上市公司建立独立董事制度的指导意见》[①]明确精选层挂牌公司独立董事的比例要求和职能要求，并加入对独立董事独立性的要求。其次，提高独立董事的专业性。再次，规范独立董事的职业操守。最后，正确引导和进一步规范独立董事对全体股东的忠诚义务（Duty of Loyalty）和受信义务（A Fiduciary Responsibility）。根据《二十国集团／经合组织公司治理原则》，董事会成员要对公司和包括中小股东在内的所有股东负有忠诚义务（Duty of Loyalty）和受信义务（A Fiduciary Responsibility）[②]。证监会《上市公司治理准则》（2018 年修订）也明确规定，独立董事应当依法履行董事义务，充分了解公司经营运作情况和董事会议题内容，维护上市公司和全体股东的利益，尤其关注中小股东的合法权益保护[③]。最新发布的《挂牌公司治理规则》第五十五条也指出，董事、监事、高级管理人员应当遵守法律法规、业务规则和公司章程，对公司负有忠实义务和勤勉义务，严格履行其作出的公开承诺，不得损害公司利益[④]。但是，对于股权高度集中、所有权与经营权合一的新三板挂牌公司来说，其独立董事受实际控制人和控股股东的制约更大，很难为维护中小股东的利益而真正履行对实际控制人和控股股东的监督制衡。在此背景下，建议新三板市场进一步提高股权分散度，制定专门的独立董事规则，明确其权利义务，促进独立董事为健全公司治理发挥积极作用。

第四，国有控股企业、国有参股企业应有特殊的公司治理机制。与民营企

---

① 参见《关于在上市公司建立独立董事制度的指导意见》，http：//www. csrc. gov. cn/pub/newsite/flb/flfg/bmgf/ssgs/gszl/201012/t20101231_189696. html。

② 参见《二十国集团／经合组织公司治理原则》，https：//www. oecd － ilibrary. org/docserver/9789264250574 － zh. pdf? expires = 1580485428&id = id&accname = guest&checksum = 44F47802AF1911B37AF35E3B714E0126。

③ 参见《上市公司治理准则》第三章第五节第三十七条，http：//www. csrc. gov. cn/pub/zjhpublic/zjh/201809/t20180930_344906. htm。

④ 参见《全国中小企业股份转让系统挂牌公司治理规则》第三章第二节第五十五条，http：//www. neeq. com. cn/important_news/200007110. html。

业不同，国有企业主要面临的是内部人控制问题，建议参照《OECD 国有企业公司治理指引》优化国有控股企业、国有参股企业的公司治理机制。

第五，《挂牌公司治理规则》中明确了监管措施与违规处分[①]。建议与激励机制相结合，如对于精选层挂牌公司，将公司治理的完善程度作为转板 IPO 的条件之一；针对基础层和创新层中公司治理较完善的挂牌公司，在申请进入更高层级时，给予适当的优惠豁免条件，或是将公司治理的完善程度作为进入更高层级的必要条件之一。

对于评价机制，建议参考南开大学公司治理研究中心课题组设立的中国上市公司治理评价系统，从股东权利与控股股东、董事与董事会、监事与监事会、经理层、信息披露以及利益相关者六个维度（含 80 多个评价指标）[②]，由独立的中立机构对新三板挂牌公司治理的状况作出全面、系统的审核和评价。建议使评价指标定量化，以实现评价结果的定量表示以及对挂牌公司治理状况的定量评价[③]。

第六，加强自律监管和行政监管。本文发现，大多数新三板挂牌公司是控股股东和实际控制人控制的公司，发生大股东侵占违规行为的可能性大。因此，要积极推动新修订的《证券法》的实施，新三板是法律认定的证券交易场所（Trading Venue），在使其具备自律监管组织职责的同时，强化行政监管和刑事处罚。另外，建议精准层引入外部审计制度，保证挂牌公司信息披露的质量，以强化外部监督。

建议通过做加法的方式，建立具有弹性、差异性和引导性的制度安排及监管。核心原则是在不打破现有基础层和创新层的前提下，以信息披露为最低标准，向上逐层做加法（逐层提高公司治理标准），同时允许挂牌公司在满足相应层级最低标准的情况下，自愿选择更高治理标准并披露其选择的原因。

---

① 参见全国中小企业股份转让系统有限责任公司，《全国中小企业股份转让系统挂牌公司治理规则》第十章，http：//www. neeq. com. cn/important_ news/200007110. html。

② 参见南开大学公司治理研究中心课题组．中国上市公司治理评价系统研究［J］．南开管理评论，2003，6（3）：4－12。

③ 同③。

如图5所示，对于挂牌公司的治理水平给予评级。治理标准大致分为A、B、C三个大的层级，将基础层纳入C层，创新层纳入B层，精选层纳入A层；每层再细分为3层，对挂牌公司治理水平的要求从低到高分别为C3、C2、C1、B3、B2、B1、A3、A2、A1（见图5）。基础层挂牌公司需达到最低公司治理标准C3，可自愿选择更高标准C2 - A1。创新层挂牌公司在达到目前《全国中小企业股份转让系统挂牌公司分层管理办法（试行）》中规定的分层维持标准之外，需达到最低公司治理标准B3，可自愿选择更高标准B2 - A1。

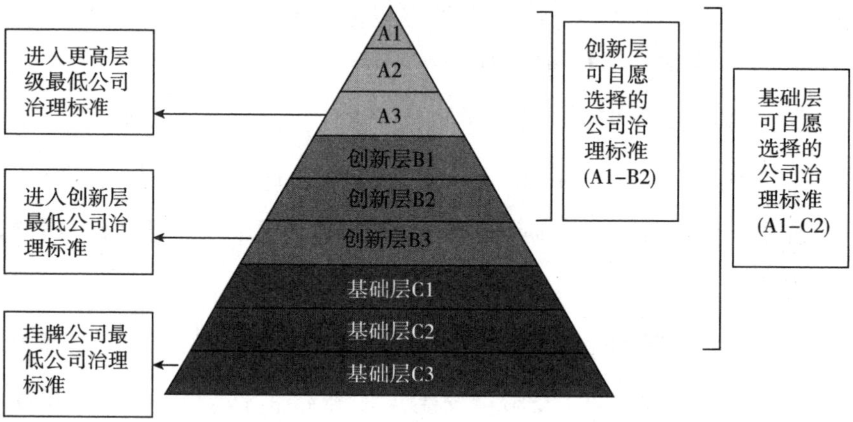

图5　分层的差异化公司治理监管政策

第七，要积极地发挥机构投资者的作用，这也是《G20/OECD公司治理准则》所强调的①。机构投资者持有的股权投资份额大，有能力参与公司治理，是完善公司治理、监督和制衡实际控制人和内部人控制的重要力量。另外，机构投资者有参与公司治理的信义义务，监管层要推动机构投资者积极参与完善新三板投资制度，强化对机构投资者参与公司治理的引导，并为机构投资者参与公司治理以及制衡控股股东创造更好的外部环境。还要发挥市场的力量，在形成机构投资者参与公司治理的激励的同时，强化市场对机构投资者参与公司治理的监督和制衡。

① 参见《二十国集团／经合组织公司治理原则》第三章“机构投资者、证券交易所和其他中介机构”，https：//www. oecd - ilibrary. org/docserver/9789264250574 - zh. pdf? expires = 1580485428&id = id&accname = guest&checksum = 44F47802AF1911B37AF35E3B714E0126。

第八，本文发现，Type Ⅱ代理人问题是新三板挂牌公司面临的主要问题，控股股东相对于小股东是代理人，所以应在公司治理中强化控股股东的信义义务。证监会发布的《上市公司治理准则》也强调控股股东、实际控制人对上市公司及其他股东负有诚信义务①。对没有履行信义义务，甚至是侵害两个权利，即事前权利（投票表决）和事后权利（对高管侵害的诉讼权）应予以惩戒。

第九，纵观各地区主板与第二板、第三板市场，同一地区各层股票市场在信息披露、董事会监管标准上并无太大差异，甚至由于第二板、第三板市场上公司为处于成长期的中小企业，风险更高而监管标准更高②，如台湾兴柜股票市场在主板辅导券商辅助信息披露上要求比场内市场、上柜市场更高，在季报披露和提名委员会要求上香港创业板比主板更严格。另外，伦敦证券交易所主板的三级子市场采用不同的公司治理标准，在一定程度上缓解了一刀切抬高监管标准后大幅提高公司治理成本、降低市场资金效率的不良影响。因此，建议新三板挂牌公司治理监管向更高标准、更系统的自律加行政监管的分层监管改革。

① 参见中国证券监督管理委员会，《上市公司治理准则》第六章第一节第六十三条，http://www.csrc.gov.cn/pub/zjhpublic/zjh/201809/t20180930_344906.htm。

② 参见王刚．台湾兴柜股票市场探析［J］．经济前沿，2004（21）：46－49。

附录　相关监管规则

[1]　《证券法》第八十六条，第八十八条，http：//www. sipf. com. cn/zqjfdj/flfg/2019/04/12192. shtml.

[2]《上海证券交易所股票上市规则》5. 1. 1 条，第三章、第六章、第七章，http：//www. sse. com. cn/lawandrules/sserules/listing/stock/c/c_20181116_4678354. shtml.

[3]《深圳证券交易所股票上市规则》5. 1. 1 条，第三章、第六章、第七章，http：//www. szse. cn/lawrules/rule/listed/stock/P0201 90228665756581243. pdf.

[4]　《深圳证券交易所主板上市公司规范运作指引》9. 3 条，http：//www. csrc. gov. cn/pub/shenzhen/xxfw/tzzsyd/ssgs/sszl/ssgsxx/201410/ W020141028487360781046. pdf.

[5]　《深圳证券交易所中小企业板上市公司规范运作指引》9. 3 条，http://www. csrc. gov. cn/pub/shenzhen/xxfw/tzzsyd/ssgs/sszl/ssgsxx/201410/W020141028487072180332. pdf.

[6]《关于加强上市公司社会责任承担工作暨发布〈上海证券交易所上市公司环境信息披露指引〉的通知》，http：//biz. sse. com. cn/cs/zhs/xxfw/flgz/rules/sserules/sseruler20080514a. htm.

[7]（证监会第 40 号令）《上市公司信息披露管理办法》第二十一条，第四章，http：//www. csrc. gov. cn/pub/newsite/zjhxwfb/xwdd/200702/t20070201_

68467. html.

[8]（证监会公告〔2018〕29 号）《上市公司治理准则》第二十八条、第三十四条，第六节，http：//www. csrc. gov. cn/pub/shanghai/xxfw/gfxwj/201904/t20190418_354493. htm.

[9]（证监会公告〔2001〕102 号）《关于在上市公司建立独立董事制度的指导意见》第一条，第三条，http：//www. csrc. gov. cn/pub/shenzhen/ztzl/ssgsjgxx/jgfg/sszl/201506/t20150612_278984. htm.

[10]（证监会公告〔2016〕31 号）《公开发行证券的公司信息披露内容与格式准则第 2 号——年度报告的内容与格式（2016 年修订）》，http：//www. csrc. gov. cn/shanghai/xxfw/gfxwj/201705/t20170531_317573. htm.

[11]（财政部文告〔2008〕7 号）《企业内部控制基本规范》，http：//www. mof. gov. cn/zhengwuxinxi/caizhengwengao/caizhengbuwengao2008/caizhengbuwengao20087/200810/t20081030_86252. html.

[12]（股转系统公告〔2017〕662 号）《全国中小企业股份转让系统挂牌公司分层管理办法》，http：//www. neeq. com. cn/hierarchy _ base _ news/200006416. html.

[13]（股转系统公告〔2017〕664 号）《全国中小企业股份转让系统挂牌公司信息披露细则》第九条，第三章，http：//www. neeq. com. cn/important_news/200003540. html.

[14]（股转系统公告〔2016〕63 号）《挂牌公司股票发行常见问题解答（三）——募集资金管理、认购协议中特殊条款、特殊类型挂牌公司融资》，http：//www. neeq. com. cn/important_news/3108. html.

[15]（股转系统公告〔2018〕1232 号）《挂牌公司权益变动与收购业务问答》，http：//www. neeq. com. cn/class_c2/200005154. html.

[16]（股转系统公告〔2016〕670 号）《全国中小企业股份转让系统创新层挂牌公司年度报告内容与格式指引》第五十三条，http：//www. neeq. com. cn/important_news/200003580. html.

[17] U. S. CODE OF FEDERAL REGULATIONS (《美国联邦法规》). 17 CFR ß 229. 504, https://www. govregs. com/regulations/title17_chapterII_part229_subpart229. 500_section229. 504.

[18] NYSE IPO Guide (《纽约证券交易所首次公开发行指南》). 7. 3, https://www. nyse. com/publicdocs/nyse/listing/nyse_ipo_guide. pdf.

[19] NYSE Initial Listing Standards (《纽约证券交易所首次上市标准》), https://www. nyse. com/publicdocs/nyse/listing/NYSE_Initial_Listing_Standards_Summary. pdf.

[20] Sarbanes - Oxley Act of 2002 (《2002 年萨班斯—奥克斯利法案》). 404 (a), https://pcaobus. org/About/History/Documents/PDFs/Sarbanes_Oxley_Act_of_2002. pdf.

[21] Securities Exchange Act of 1934 (《1934 年证券交易法》). 13 (d)、13 (g)、15 (d), https://pcaobus. org/About/History/Documents/PDFs/Sarbanes_Oxley_Act_of_2002. pdf.

[22] NASDAQ Listing Rules (《纳斯达克上市准则》). 5250 (b)、(d), http://nasdaq. cchwallstreet. com.

[23] Summary of Differences between the NYSE and NASDAQ Listing Standards. (《纽约证券交易所和纳斯达克交易所上市标准差异总结》), https://www. freewritings. law/wp - content/uploads/sites/24/2019/02/NYSE - vs - NASDAQ - Listing - Standards. pdf.

[24] Form 8 - K, https://www. sec. gov/about/forms/form8 - k. pdf.

[25] Continuing obligations - PLC Cross - border Capital Markets Handbook 2008/09. (《持续义务——PLC 跨境资本市场指南 2008/09》). Practical Law Company, https://www. jonesday. com/files/Publication/942ac314 - 8640 - 46c2 - bdfe - 45bdf4f49280/Presentation/PublicationAttachment/53702283 - 45e8 - 4cc6 - b0f0 - 581b57f7b0bc/Continuing%20obligations. pdf.

[26]《台湾证券交易所股份有限公司审查有价证券上市作业程序》第五条,

https://twse - regulation. twse. com. tw/TW/law/DAT0201. aspx? FLCODE = FL007327 .

[27] “台湾证券交易法”第二十五条、第三十六条，http://www. selaw. com. tw/LawArticle. aspx? LawID = G0100259&hit = 1.

[28] 台湾《上市上柜公司治理实务守则》第三条、第十四条之二、第二十四条、第二十八条之一，http://www. selaw. com. tw/LawArticle. aspx? LawID = G0100259&hit = 1.

[29] 《公开发行公司建立内部控制制度处理准则》第六条，http://www. selaw. com. tw/LawContent. aspx? LawID = G0100200.

[30] 《台湾法规辑要》，https://www2. deloitte. com/content/dam/Deloitte/tw/Documents/audit/tw - regulations201507. pdf.

[31] “财团法人中华民国证券柜台买卖中心证券商营业处所买卖有价证券审查准则”第三条，http://www. selaw. com. tw/LawContent. aspx? LawID = G0100651&Hit = 1.

[32] 《公司募集发行有价证券公开说明书应记载事项准则》，https://law. moj. gov. tw/LawClass/LawAll. aspx? pcode = G0400019.

[33] （金管证番字第 1000055872 号令）第二条，https://law. fsc. gov. tw/Law/NewsContent. aspx? id = 3356.

[34] 《上柜公司编制与申报企业社会责任报告书作业办法问答集》第四条，https://www. tpex. org. tw/web/csr/content/introduction. php.

[35] 《上（兴）柜申请标准及流程》，https://www. tpex. org. tw/web/regular_emerging/apply_way/standard/standard. php? l = zh - tw.

[36] 《证券及期货条例》第 XV 部，http://www. sywg. com/Attach/Attaches/201408/201408131202573849. pdf.

[37] HKEX - Main Board Listing Rules（《香港交易所主板上市规则》），http://en - rules. hkex. com. hk/sites/default/files/net_file_store/new_rulebooks/c/o/consol_mb. pdf.

[38] HKEX – GEM listing rules（《香港交易所创业板上市规则》），https://www.hkex.com.hk/-/media/HKEX-Market/Listing/Rules-and-Guidance/Listing-Rules/Consolidated-PDFs/GEM-Listing-Rules/consol_gem.pdf?la=en.

[39] Disclosure Guidance and Transparency Rules sourcebook（《披露指南和透明规则资料集》），https://www.handbook.fca.org.uk/handbook/DTR.pdf.

[40] London Stock Exchange Admission and Disclosure Standards（《伦敦证券交易所准入和披露标准》），https://www.londonstockexchange.com/companies-and-advisors/main-market/documents/admission-and-disclosure-standards-new2018.pdf.

[41] UK Corporate Governance Code（《英国公司治理标准》）. UK Financial Reporting Council，https://www.icaew.com/technical/corporate-governance/codes-and-reports/uk-corporate-governance-code.

[42] A guide to listing on London Stock Exchange – Main Market（《伦敦股票交易所主板上市指南》），https://www.londonstockexchange.com/home/guide-to-listing.pdf.

第二篇

新三板挂牌公司终止挂牌中投资者保护机制研究*

* 本课题承接方为华东政法大学。课题负责人：伍坚。课题组成员：胡改蓉、王东光、季奎明、窦鹏娟。

引　言

作为我国多层次资本市场的重要组成部分之一，新三板市场近年来百花齐放，行业覆盖度越来越高，挂牌公司分布范围越来越广，机构参与类型也越来越多。然而，随着新三板从快速扩容期步入理性调整和改革关键期，市场发展出现了一些新特点，其中最突出的一点就是自 2017 年以来摘牌公司数量呈现加速增长之势。新三板摘牌潮以及因为摘牌而引发的投资者权益保护问题，引发了市场的高度关注。事实上，对于资本市场而言，无论退市还是摘牌，都是建立优胜劣汰、进退有序的市场秩序的必要制度。自 2019 年 12 月 27 日以来，全国中小企业股份转让系统（以下简称全国股转公司）陆续发布实施全面深化新三板改革的多项业务规则和文件。相信随着深化新三板改革进程的不断推进，对于新三板终止挂牌现象以及相应的投资者权益保护问题一定会有更理性的认识和更理想的解决方案。

第一章　新三板摘牌的常态化与投资者权益保护问题

根据全国股转公司2019年12月31日发布的《2019年市场统计快报》，2019年新三板市场挂牌公司数量为8953家，目前有机构投资者5.89万户，个人投资者38.73万户，[①] 个人投资者在新三板市场投资者结构中的占比将近87%。截至2019年末，新三板市场上的合格投资者数量为23.28万户，较2018年末增长了4.18%。2019年，新三板市场普通股融资264.63亿元，并购重组121.12亿元，二级市场成交825.69亿元。总体来看，在过去的一年中，新三板市场整体质量结构得到改善，尤其是年末全面深化新三板改革启动后，新三板市场的各项功能趋于稳步回升。[②]

第一节　新三板市场摘牌现象的常态化

新三板市场是在中国证监会集中统一监管下继沪深交易所之后的第三家全国性证券交易场所，这一市场上的企业挂牌不是传统意义上的上市，企业退出这一市场也不是退市，而被称为终止挂牌或者摘牌。有进有出、能进能出是市

① 参见全国中小企业股份转让系统.2019年市场统计快报［EB/OL］.［2020－01－17］.http://www.neeq.com.cn/static/statisticdata.html。

② 参见新三板改革初显成效　市场功能稳步回升［EB/OL］.［2020－01－17］.http://stock.eastmoney.com/a/202001171361450222.html。

场发展到一定阶段的常态，表明市场化的优胜劣汰机制正在逐渐形成。摘牌制度是新三板完善制度建设的重要环节，体现了监管部门主动管理的制度性创新。①

自2013年1月16日全国股转公司正式揭牌运营以来，新三板已经发展成为我国多层次资本市场的重要组成部分，为众多中小企业进行直接融资提供了重要渠道。从2013年到2016年的短短数年内，在这一市场挂牌的公司数量就实现了从零到一万的突破。有进有出是资本市场的正常机制，新三板市场也不例外。在不断有新公司加入新三板的同时，也有不少挂牌公司相继离开。

在2017年以前，新三板市场摘牌还只是一种零星和偶然的现象。据统计，2014—2016年，新三板摘牌的公司家数合计只有85家。但到了2017年，摘牌公司的数量骤然上升到709家，2018年在此基础上再次翻番，达到1517家。而2019年新三板市场的摘牌潮似乎更加猛烈。其中，仅4月就有309家公司摘牌，创下新三板单月摘牌数量的新纪录。2019年5月17日，新三板市场挂牌公司数量首次跌破一万家，这是继2016年12月19日新三板挂牌公司家数突破一万家之后的又一标志性事件。② 据股转公司公告，截至2019年6月28日，除提交主动终止挂牌申请的公司外，共有330家公司未披露2018年年度报告。依据《全国中小企业股份转让系统业务规则（试行）》（以下简称《业务规则》）第4.5.1条第（三）项的规定，③ 股转公司将终止这些公司股票挂牌。截至2019年9月6日，已有297家公司被股转公司作出终止挂牌的决定。剩余的33家公司在相关事项核实处理完毕后也将面临同样的结局。2016—2018年，新三板被强制摘牌的公司家数分别为2家、18家和103家，而2019年仅上半年强制摘牌的数字就比前三年总数的两倍还多。从摘牌的整体情况来看，截至2019

① 参见刘翔峰．完善新三板摘牌制度［J］．中国金融，2016（23）：27－28。

② 参见胡雨．上半年新三板定增融资规模锐减［EB/OL］．［2019－09－10］．http：//www.cs.com.cn/ssgs/gsxw/201907/t20190703_5964455.html。

③ 该条的规定是："挂牌公司出现下列情形之一的，全国股份转让系统公司终止其股票挂牌：……（三）未在规定期限内披露年度报告或者半年度报告的，自期满之日起两个月内仍未披露年度报告或半年度报告的；……"

年 12 月 31 日，已有 1977 家公司在新三板终止挂牌，相比 2018 年增长了 30%左右，足见当前新三板市场摘牌现象的常态化之势。

摘牌或退市作为资本市场固有的现象无可厚非，从国际市场来看，境外成熟资本市场每年均保持一定的退市比例。由于前些年新三板市场摘牌公司数量很少，近几年陡然增多自然会引起市场的高度关注和不安。事实上，就新三板市场近万家挂牌公司的规模来说，尽管近年来摘牌公司的数量似乎呈现爆发式增长，但目前终止挂牌的比例仍然在合理范围内。新三板摘牌公司数量增多的现象，一方面反映出全国股转公司对挂牌公司自身发展规划持开放包容的态度，另一方面，这也是新三板市场自净和挤出效应发挥作用的一种表现。对于那些没有充分评估自身发展现状，对挂牌的预期较高但自身规范程度又不足的公司，其退出更有利于实现新三板市场的优胜劣汰。而那些不按要求披露年度报告或半年度报告的公司，被实施强制摘牌不但是正常的市场出清，也有利于新三板市场整体运行质量的改善与提升。[①] 因此，新三板市场摘牌现象的常态化应该引起重视，但对此不宜过度紧张，而应理性客观地认识和看待。一定比例的摘牌是资本市场的正常现象，新三板摘牌的常态化其实是这一市场成熟发展的必经阶段。在告别挂牌公司数量飞速增长开始进入稳步上升的阶段后，新三板无疑进入一个重新寻找市场定位的拐点。摘牌本身并不是洪水猛兽，真正应该引起重视的是对摘牌背后企业离场原因的深入分析，对挂牌公司合理诉求的梳理研究，对新三板市场摘牌机制的持续完善，以及在摘牌中如何妥善保护投资者的合法权益。

第二节　新三板挂牌公司终止挂牌的主要情形

依据《业务规则》第 4.5.1 条，挂牌公司终止挂牌的情形包括：（1）中国证监会核准其公开发行股票并在证券交易所上市，或证券交易所同意其股票上

① 参见程丹 .330 家新三板公司不披露年报被强制摘牌［EB/OL］.［2019－08－26］. http：//company. stcn. com/2019/0701/15219814. shtml。

市；（2）终止挂牌申请获得全国股转公司同意；（3）未在规定期限内披露年度报告或者半年度报告的，自期满之日起两个月内仍未披露年度报告或半年度报告；（4）主办券商与挂牌公司解除持续督导协议，挂牌公司未能在股票暂停转让之日起三个月内与其他主办券商签署持续督导协议的；（5）挂牌公司经清算组或管理人清算并注销公司登记的；（6）全国股转公司规定的其他情形。

上述六项实质性情形，可以分为主动终止挂牌和强制终止挂牌两大类。其中，第（1）、第（2）和第（5）项情形属于主动终止挂牌，而第（3）、第（4）两项情形属于强制终止挂牌。①

一、主动终止挂牌的情形

在挂牌公司主动摘牌的三种情形中，转板到证券交易所是新三板投资者喜闻乐见的情形。例如，新东方2018年1月从新三板摘牌，转而向港交所申请上市。新东方代表了新三板市场优质公司的另一种选择。2019年，新三板市场在摘牌公司数量创下新高的同时，由于一系列改革政策的不断推进，整个市场氛围也变得活跃起来，这一年共有54家公司因为转板而摘牌，其中转板成功的公司数量达43家，26家因转板而摘牌的公司已实现成功上市。近期，新三板市场深化改革出台的一系列新的业务规则在向社会公开征求意见后，其中反馈较集中的一项建设性意见就是敦促新三板尽快出台转板制度。

至于解散、合并等导致挂牌公司主体资格消亡时，终止挂牌是必然结果，此时应当按照《公司法》的规定处理公司债权债务或者分配剩余财产，一般也不会引发太大争议。

最后，就是挂牌公司主动申请终止挂牌了。根据全国股转公司《挂牌公司申请股票终止挂牌及撤回终止挂牌业务指南》（以下简称《业务指南》），挂牌企业拟主动摘牌时，应先向全国股转公司提出股票终止挂牌申请，召开董事

① 注销公司登记的情形有些复杂。依据《公司法》，注销登记的原因要么是解散，要么是合并分立。解散又有主动解散和强制解散（包括行政强制解散和司法强制解散）之分，当然，主动解散在实践中更为常见。至于合并分立，毫无疑问是公司股东主动追求的结果。因此，注销公司登记在绝大多数情况下体现了公司当事人的自主意思，本文将其作为主动终止挂牌的原因。

会、股东大会审议相关事项，股东大会须经出席会议的股东所持有表决权的三分之二以上通过，挂牌公司应当在披露董事会决议公告的同时，披露关于拟终止挂牌的临时公告，说明终止挂牌的具体原因、股票暂停转让安排、对异议股东保护措施的相关安排等情况。挂牌公司、公司股东或相关方应当制定合理的异议股东保护措施，通过股票回购、现金补偿等方式对股东权益保护作出安排，并主动联系异议股东，对保护措施进行解释说明。主办券商应当督促挂牌公司及时履行信息披露义务，协助挂牌公司对异议股东作出妥善安排。

挂牌公司之所以选择主动退出新三板市场，原因是多方面的。其一，从2015年以来，新三板市场的挂牌公司家数增加了一倍，但2018年其股票发行的融资金额反而只是2015年的一半左右，2018年优先股发行的融资金额甚至只有2016年的十分之一。从股票转让情况来看，2018年的成交金额仅相当于2015年的三分之一左右。这表明，许多挂牌公司没有实现在新三板市场融资的预期，因此选择离开该市场。其二，在新三板挂牌的公司良莠不齐，一些挂牌公司虽然实现了挂牌，但其经营状况和盈利能力并不稳定，不少公司在挂牌期间经营难以为继。部分传统行业的挂牌公司以及一些成长性不高的挂牌公司，因为自身经营问题难以获得投资者青睐，挂牌公司在承担了合规成本的同时也没有获得预期的挂牌收益，因此在权衡之后选择从新三板退出，以节省公司运营成本。其三，实践中不排除一些公司由于缺乏对摘牌和未来出路的主见而盲目跟风摘牌的情形。近期，与新三板摘牌潮同时并存的另一现象是频繁出现新三板挂牌公司在申请主动摘牌后又放弃摘牌的情况。造成这一现象的原因是除了挂牌公司对新三板未来制度改革充满预期，对市场未来发展信心有所恢复以外，也有小部分原因可能在于部分公司本身就存在着缺乏主见跟风摘牌又跟风放弃摘牌的情况。当然也不排除少数公司可能故意先表达摘牌意向，以试探二级市场和机构投资者的反应。①

在挂牌公司主动摘牌中，主办券商也发挥着一定的推动作用。在IPO大提

① 参见胡雨．新三板公司扎堆“反悔”摘牌［N］．中国证券报，2019－01－23。

速的背景下，多数主办券商都会对自己公司的经营策略进行调整，将其资源和经营的重点放在 IPO 方面。相比之下，一些券商认为新三板业务的性价比越来越低，于是不断缩减新三板的业务团队，将其服务的挂牌公司要么转由其他券商持续督导，要么劝说摘牌。[①] 这也是导致挂牌公司主动摘牌的因素之一。

二、强制终止挂牌的情形

依据《业务规则》第 4.5.1 条，强制终止挂牌的触发情形是未按规定期限披露定期报告或者未与主办券商达成持续督导协议。其中，不按规定披露定期报告是引发强制摘牌最常见的原因之一。对于那些想要退出新三板但又难以通过主动摘牌机制实现目的的挂牌公司而言，往往通过故意不披露年度或半年度报告，以求达到被全国股转公司强制摘牌，从而逃避主动摘牌程序中异议股东合法权益保护方案，以最小的成本和最快的时间实现从新三板摘牌的目的。在此方面，一个经典的案例就是青岛亨达股份有限公司（以下简称亨达股份）。

亨达股份于 2014 年在新三板挂牌，曾被市场看作新三板的绩优股。在 2016 年的市场分层中，亨达股份成功入选创新层。然而从 2016 年开始，该公司频繁出现一些争议事件。此后这些事件不断发酵，最终导致公司召开董事会，审议通过了《关于申请公司股票在全国中小企业股份转让系统终止挂牌的议案》，该议案获得全票通过。亨达股份的这一行为，被认为是想通过摘牌摆脱新三板的监管和投资者维权。全国股转公司对亨达股份多次询问，延阻了亨达股份主动摘牌的进度。随后，在亨达股份的股东大会上，主动摘牌的议案未能通过。主动摘牌的意愿落空促使亨达股份走向另一个极端，那就是以不披露年报的方式坐等强制摘牌。事实上，全国股转公司已经查出亨达股份在此前的会计年度中曾多次虚增利润，也对该公司相关责任人采取了自律监管措施。[②] 2019 年 8 月 14 日，全国股转公司对亨达股份重大违法违规案例进行了通报。通报显示，亨达股份存在虚假陈述，未按规定披露信息等行为。全国股转公司

---

① 参见刘平安．新三板摘牌制度亟须完善［N］．中国证券报，2018－04－18。

② 参见新三板恶意摘牌变形记［EB/OL］．［2019－09－05］．http：//www.sohu.com/a/327622801_745297。

已于2019年8月7日对亨达股份作出终止挂牌的决定。

亨达股份给新三板市场带来了不正之风，随着新三板投资者维权意识的觉醒，问题企业在申请主动摘牌受阻的情况下，往往选择效仿亨达股份的做法，试图通过不披露年报或半年报的方式被强制摘牌，以此逃避相应的监管以及应对投资者承担的责任。

无论挂牌还是摘牌，都是企业自由选择的权利，或是监管层对不遵守规则的企业强制出清的一种手段，无可厚非。但是，如果因为某些制度设计的不足，致使这一机制被不当利用，成为逃脱监管、规避制裁或侵害投资者权益的保护伞，[①] 这样的制度无疑亟须进行完善。在全面深化新三板改革的背景下，深入分析新三板摘牌机制中投资者保护存在的问题，是正确认识当前新三板摘牌潮现象、优化摘牌机制并完善投资者权益保护机制的重要前提。从实践来看，新三板市场主动摘牌和强制摘牌中有关投资者权益保护主要有以下问题。

第三节　主动终止挂牌时投资者保护的争议问题

主动摘牌往往是挂牌公司进行成本收益权衡后的理性选择。近年来，随着主动申请摘牌的公司大幅增加，投资者权益保护问题也更加凸显，这集中表现在很多投资者对挂牌公司采取的异议股东回购措施不满，争议频发。

一、异议股东回购中的主要争议

（一）回购承诺的可操作性问题

异议股东回购股份是主动摘牌过程中保护投资者利益的一项重要安排。依据《业务指南》，“挂牌公司、公司股东或相关方应当制定合理的异议股东保护措施，通过股票回购、现金补偿等方式对股东权益保护作出安排，并主动联系异议股东，对保护措施进行解释说明。主办券商应当督促挂牌公司及时履行信息披露义务，协助挂牌公司对异议股东作出妥善安排。”但是，一些摘牌公司

① 参见任元涛．不能让新三板退市制度成为坏企业的黄金降落伞［N］．中华工商时报，2017－08－09。

所作出的回购承诺往往因为缺乏关键内容而不具有可操作性。

例如，2015年在新三板挂牌的信汇金融服务股份有限公司于2017年1月向全国股转公司申请股票终止挂牌，其实际控制人承诺：当公司终止挂牌后，其本人有能力收购时会优先收购异议股东所持股份，或者公司管理层一起协调其他方受让股份。这是很多新三板挂牌公司在申请股票终止挂牌时对异议股东处理办法的常见描述。[①] 例如，中海海洋、七河生物等公司的回购承诺也是如此。这种回购承诺最大的问题在于，如何界定“有能力收购”？谁来判断是否“有能力”？怎样“协调第三方回购”？如果一直没有能力或者一直找不到合适的其他方又该如何？由于关键内容的缺失，这样的回购承诺显然缺乏落地的可行性，对于投资者而言，其实际意义无疑大打折扣。

（二）回购价格频繁引发质疑

在挂牌公司主动申请股票终止挂牌时所作出的回购承诺中，以何种价格对异议股东的股份进行回购是异议股东保护措施中的核心问题，往往决定着终止挂牌的议案能否最终获得股东大会通过。从实践来看，回购承诺中通常采用的价格方式有三种，分别是投资者取得股票时的成本价、最近一次的定增价格、净资产价格。也有一些公司会综合运用两种方法并采取孰高或孰低的方法确定回购价格，有的公司还会在基础价格之外再加上一定的收益率确定最终回购价格。

毋庸置疑，成本价是实践中最易于被投资者接受，也是最容易促成主动摘牌成功的一种回购价格。例如，2019年3月12日从新三板摘牌的友宝在线，就是按照投资者的成本价进行回购的。不低于成本价回购曾经是新三板拟主动摘牌公司普遍采取的做法，但有时候，按照成本价回购也会受到部分投资者质疑。例如，在长城华冠摘牌时，公司控股股东、实际控制人或其指定的第三方承诺对摘牌异议股东按照不低于其取得公司股份时的成本价格进行收购。有投资者认为，这一回购价格与公司近期多轮定增价格相去甚远，因此要求长城华

---

① 参见新三板退市了　小股东怎么办？[EB/OL].（2019－07－01）［2019－08－28］. http://www.sohu.com/a/123987150_401325。

冠以定增价格为依据重新确定回购价格。[①] 可见，曾经备受异议股东青睐的成本价回购也遭遇了新情况。净资产回购时也会引发一些争议。尽管挂牌公司的每股净资产不一定低于目前股价，但对于那些早期在二级市场买入的投资者而言，这种回购价格却不够好，从而引发很多投资者不满。例如，北京某挂牌公司拟申请主动摘牌，公司承诺以不低于上一年度经审计后的每股净资产价格进行回购。但该公司最近一期的净资产价格远远低于其二级市场成交价格的历史最低值，这样的回购价引起部分异议股东非议。此外，价格争议还存在另外一种表现形式，即少数投资者在知晓挂牌公司有摘牌意向后突击购入股票，然后要求高价回购。[②]

（三）回购期间设置问题

主要表现为两种情形：第一，设置的回购申请期过短。在实践中，不同挂牌公司在回购安排中设置的回购申请有效期差别很大。例如，有的承诺半年内均接受异议股东的股票回购申请；有些公司则将此期间设置为一个月、15 天，甚至 5 天。一旦异议股东未在规定时间内与实际控制人就股份转让的价格和方式达成一致，则视为同意继续持有公司股票，公司实际控制人不再承担回购义务。第二，设置的回购履行期间漫长。典型案例如湖南利洁生物集团股份有限公司（以下简称利洁生物），该公司于 2018 年 6 月 1 日召开临时股东大会，审议摘牌等相关议案，最终该摘牌议案获得股东大会通过。公司实际控制人承诺，将由其或指定第三方对异议股东所持公司股份进行回购，回购价格不低于股东取得股票时的成本价，具体以协商为准，合同约定的回购时间是一年之内。[③] 2018 年 7 月 27 日，全国股转公司作出终止利洁生物股票挂牌的决定。然而，在利洁生物实现摘牌后的数个月内，投资者持有的股份依然未能按照承诺被回购。另一种典型做法是拟摘牌公司对于回购履行期间作出阶段式回购，如

① 参见胡雨，吴科任．挂牌公司回购异议股东股份频现争执［N］．中国证券报，2019－04－03。

② 参见周宏达．新三板新规防恶意摘牌，“三类股东”问题再迎突破［EB/OL］．［2020－01－08］．https://www.yicai.com/news/100135437.html。

③ 参见新三板摘牌回购起争议　有公司摘牌后无力回购　投资者：应先回购后摘牌［EB/OL］．［2019－08－29］．http：//finance.eastmoney.com/a/201812221011764139.html。

瑞阳科技。2018 年 11 月 15 日，瑞阳科技股票终止在新三板挂牌，并确定按照成本价回购。但回购承诺人表示资金不足，因此提出分三年回购的方案，具体是第一年回购 20%，第二年回购 30%，第三年回购 50%。即使是这种履行期间漫长的阶段式回购，最终也没能顺利执行。

（四）回购承诺的履行问题

近年来，有些挂牌公司在实现主动摘牌后，不能完全按照当初的承诺履行回购方案，还有的拒不履行与投资者达成的回购协议或回购约定。例如，上文提到的友宝在线，在正式摘牌后 3 个月才向异议股东支付回购款，尽管如此，相比那些摘牌后不及时履约、不完全履约甚至不履约的公司，友宝在线甚至可以被评为良心摘牌企业了。与之形成鲜明对比的是瑞阳科技，在该案中，投资者最终只是拿到了回购协议的模板，摘牌公司并未在协议上签字，甚至投资者无法再与公司取得联系。另一个典型案例是浙皖中药。该公司于 2017 年摘牌后，投资者多次与公司及其实际控制人联系并进行催促，要求其回购股份，但该公司及其实际控制人却一直拖延，始终未执行回购协议，投资者无奈只能通过提起诉讼的方式维护自身权益。上述瑞阳科技、浙皖中药的例子，只是新三板主动摘牌中的冰山一角，这些摘牌公司在完全脱离了全国股转公司监管之后违背此前作出的回购承诺，恶意违约，[①] 对投资者权益保护构成极大的威胁。

二、回购争议的症结分析

前文的分析已经揭示了异议股东股份回购中的争议问题，造成这些问题的原因主要包括以下方面。

首先，新三板现有规则对股份回购的关键问题没有规定。从新三板市场关于终止挂牌的相关规则来看，目前对挂牌公司拟摘牌时对异议股东股份回购的价格、申请期间、回购期限等关键问题并没有具体的规定，缺少指导性意见，这导致实践中拟摘牌公司在拟定回购安排时，要么故意留白，以此实质性逃避回购义务；要么随心所欲，大量设置一些对投资者权益保护不利的条款，从而

① 参见盛波．爽约回购　这些新三板摘牌公司不地道[EB/OL]．(2019 - 04 - 19) [2019 - 08 - 30]．http：//news. cnstock. com/paper，2019 - 04 - 19，1145794. htm。

引发投资者不满。当然，作为交易组织者和自律监管者的全国股转公司在回购问题上应当介入到什么程度，是否需要对回购价格、回购期限等作出一体适用的规定，这些正是本文需要深入研究的地方。

其次，对拟摘牌公司回购协议签订及履行难以全天候监管。目前，相关业务规则未要求公司终止挂牌前必须与所有异议股东签订回购协议，更不用履行完毕。在终止挂牌后，控股股东、实际控制人是否按承诺与其他股东签署回购协议或者履行协议，均依赖于个人自觉。即使不签署、不履约，由于相关公司在终止挂牌后脱离了全国股转公司的监管范围，股转公司对此也无能为力。

第四节　强制终止挂牌时的投资者保护主要问题

在全国股转公司现行涉及终止挂牌的相关规则中，《业务规则（试行）》只规定了终止挂牌的主要情形以及大致程序，完全没有涉及投资者保护问题。至于《业务指南》，其仅仅适用于主动申请终止挂牌的情况。可以说，现行有效的业务规则没有对强制终止挂牌时的投资者保护问题作出规定。

2016 年 10 月 21 日，全国股转公司曾经发布过《挂牌公司股票终止挂牌实施细则（征求意见稿）》，对强制摘牌情形下的投资者权益保护作出规定。其中，第 22 条规定："股票被强制终止挂牌的挂牌公司及相关责任主体应当对股东的诉求作出安排并披露。挂牌公司或者挂牌公司的控股股东、实际控制人，以及挂牌公司的主办券商可以设立专门基金，对股东进行补偿。"第 24 条还对主办券商在摘牌时的投资者权益保护义务进行了规定："主办券商应当督促挂牌公司及时披露终止挂牌相关公告，协助挂牌公司对主动终止挂牌时的异议股东，或者对强制终止挂牌时的股东作出妥善安排。"但是，上述规定最大的问题在于其仅为征求意见稿，对挂牌公司以及主办券商等并无约束力。而且，即使该规则付诸实施，"可以"的表述也意味着挂牌公司或其控股股东、实际控制人、主办券商等也可以不设立专门基金补偿股东。因此，绝大多数新三板挂牌公司在被强制摘牌后，要么已经丧失了设立专门基金补偿股东的能力，要么即使有能力也会因为这一规定的非强制性而选择不予设立和补偿，导致实践中基本没有出现强制摘牌的公司设立专门基金对股东进行补偿的情况。

我们注意到，全国股转公司在现有条件下已经采取了多种措施，以保护强制摘牌时投资者的合法权益。一方面要求被强制摘牌的公司披露公司及主办券商的联系方式，以做好与投资者后续的沟通安排，同时还要求主办券商设置专门工作组，妥善协调解决股东和公司之间的潜在纠纷；另一方面，全国股转公司通过与中证中小投资者服务中心（以下简称中证投服中心）、中国国际经济贸易仲裁委员会、深圳证券期货业调解中心签署合作备忘录，使投资者可以自愿选择相关专业机构解决纠纷，降低投资者维权的成本并提高维权成效。此外，对于强制摘牌，全国股转公司还通过加强与地方政府和证监会派出机构的信息共享，全方位夯实投资者保护工作的基础。[①]

摘牌制度的改革关系资本市场的方方面面，必须安排好后续的配套措施，才能使这项制度得到很好的落实和执行。[②] 无论成熟资本市场，还是新兴资本市场，投资者保护都不是简单的话题，尤其是摘牌和退市制度中的投资者保护，更需要面对各种利益的衡量和考验，[③] 完善新三板终止挂牌机制，使投资者的权益尽可能得到有效保护，将成为新三板制度建设中的一项重要任务。

---

① 参见卢梦云．新三板研究增加退市整理期［N］．上海证券报，2019－08－16。

② 参见朱宝琛．完善的退市配套措施是对投资者最有力的保护［N］．证券日报，2014－10－22。

③ 参见董安生，吴建丽．退市中的投资者保护［J］．中国金融，2016（12）。

第二章　新三板投资者保护的基本理论

国际证监会组织在其发布的《证券监管目标和原则》中，将“保护投资者利益”排在“保证市场公平、高效和透明”以及“减少系统性风险”这两项目标之前，作为证券监管的首要目标。[①] 我国《证券法》从1998年开始，也一直将“保护投资者的合法权益”作为立法宗旨之一。在第一章中，我们介绍了新三板挂牌公司终止挂牌中存在的主要争议问题，揭示出投资者的诉求在很多时候未能得到充分满足。但是，诉求不等于正当权益。哪些情况属于投资者权益受损，哪些情况属于不合理的诉求，还需要细致斟酌和恰当区分。为实现这一目标，需要先行明确新三板的投资者与挂牌公司以及其他市场参与主体之间的法律关系，并依托《公司法》《证券法》等法律法规，合理划定包括投资者在内的众多当事人的权利和利益边界。

第一节　投资者与挂牌公司等市场参与主体之间的法律关系

对新三板市场而言，全国股转公司是经国务院批准，依据《证券法》设立的继上交所、深交所之后第三家全国性证券交易场所，也是我国第一家公司制运营的证券交易场所。因此，新三板市场的投资者，与交易所市场的投资者相比，不过是投资的目标公司不同而已，两者之间不存在本质差异。投资者将自

---

① 参见IOSCO，Objectives and Principles of Securities Regulation，2017。

有资金和依法筹集的资金投入新三板市场，参与市场交易活动，与其他市场主体形成多种关系。例如，投资者与挂牌公司之间是投融资关系，与证券公司之间是委托交易关系，与证券服务机构之间是服务关系，等等。

一、投资者与挂牌公司的关系

投资者加入挂牌公司的路径主要有认购股份、受让、继承、受赠等，无论是哪一种路径，投资者与挂牌公司之间形成的都是投融资关系。而且，这是不同于债权投融资关系的股权投融资关系。投资者就是挂牌公司的股东，受到《公司法》和《证券法》的直接保护。

在调整投资者与挂牌公司的关系时，《公司法》和《证券法》的运行机理有所不同。《公司法》是团体法，侧重于调整公司内部的组织关系，既要调整股东（投资者）与公司及其董监高之间的关系，又要调整股东与股东之间的关系。《公司法》主要采用组织法手段，衡平调整股东与公司、股东与股东、股东与董监高之间的相互关系。通常而言，组织法保护机制是以公司整体利益为出发点而构建，体现了衡平保护各方利益主体的理念。① 股东，作为公司的所有者，只是一个相对重要的利益主体。

《证券法》的理念明显有别于《公司法》。证券发行具有浓厚的交易属性，发行人向投资者出售部分权益，投资者认购并交纳款项，长期享受发行人的未来收益，双方之间具有契约法关系。《证券法》在调整投资者与发行人关系时，主要采用交易法的保护机制，通过强制信息披露和反欺诈机制，防止投资者受到虚假陈述、内幕交易、操纵市场等不法行为的伤害。

二、投资者与证券公司的关系

新三板市场中的证券交易，必须通过证券公司的参与和协助才能完成。《全国中小企业股份转让系统股票交易规则》第 20 条规定，投资者买卖股票，应当以实名方式开立证券账户和资金账户，与主办券商签订股票买卖委托代理协议。据此理解，投资者与证券公司形成的是委托代理关系。

---

① 参见郭文英，徐明．投服研究（第 1 辑）[M]．北京：法律出版社，2018。

证券交易是典型的商业行为，证券公司作为专业从事证券业务的特许经营机构，必须承担高于民事交易中一般受托人的更高义务。具体而言，证券公司应当处理好以下两种关系：（1）在处理证券公司自身利益和投资者利益的关系时，不得以牺牲投资者利益追求自身利益；（2）证券公司在办理众多投资者的委托事务时，应当公平对待所有投资者，不得有歧视或者不公平对待。在此方面，新修订的《证券法》第一百二十八条沿用原有规定，要求“证券公司应当建立健全内部控制制度，采取有效隔离措施，防范公司与客户之间、不同客户之间的利益冲突。”

此外，新《证券法》第八十八条规定了投资者适当性制度。证券公司向投资者销售证券、提供服务时，应当按照规定充分了解投资者的基本情况、财产状况、金融资产状况、投资知识和经验、专业能力等相关信息；如实说明证券、服务的重要内容，充分揭示投资风险；销售、提供与投资者上述状况相匹配的证券、服务。证券公司违反该规定导致投资者损失的，应当承担相应的赔偿责任。

三、投资者与证券服务机构的关系

证券服务机构，一般认为是指会计师事务所、律师事务所、资产评估和资信评级等机构。[①] 在法律关系上，证券服务机构一般是接受发行人、证券公司的委托，为他们提供专业服务并收取费用，证券服务机构与投资者之间通常不存在合同关系。[②] 但是，证券服务机构具有法定的专业资质，其提供的成果受到投资者的信赖，并成为投资者作出投资决策的重要依据。因此，虽然证券服务机构和投资者不存在直接法律关系，也需要对投资者承担合理的保护义务。在提供服务的过程中，证券服务机构应当秉持客观、中立、专业的原则，确保出具的报告和意见不会误导投资者，以免损害投资者的利益。

---

① 这一认知传统上不存在争议。但在欣泰电气案中，北京东易律师事务所主张自己不是《证券法》中的证券服务机构，并对中国证监会的行政处罚不服而提起了行政诉讼。2018 年 6 月 27 日，北京一中院作出一审判决，对东易律师事务所的主张不予支持。

② 参见倪受彬，张艳蓉．证券投资咨询机构的信义义务研究［J］．社会科学，2014（10）。

第二节　终止挂牌中投资者保护的理论基础

证券市场素来以高风险性与强专业性著称，对投资者的保护成为各国证券监管部门的一项重要工作内容。虽然，新三板市场对投资者有一定的适当性要求，相比交易所市场，可以高看投资者的理性与风险应对能力，但相比发行公司及其实际控制人，投资者的能力与地位仍差距显著。在新三板公司终止挂牌时对投资者保护予以特别关注，有着深刻的法学和经济学理论基础。

在法学视角下，投资者（尤其是中小投资者）在证券市场上具有多重身份，分别可以从资本市场法、社团法及契约法三重维度来检视投资者保护问题。① 资本市场法侧重于投资者的整体性保护，但对于投资者来说，整体性保护产生的利益属于反射利益而非主观权利，个体并不具有向国家主张相应管理行为的权利。以《公司法》为代表的社团法注重协调性与组织性，强调控股股东对投资者的信义义务，仅赋予中小投资者相对的退出权利。在传统契约法中，基本原则对双方当事人是无差别适用的，导致双方的实际交易地位悬殊，主体之间利益失衡。在公司退出具有一定涉众性的融资市场时，上述缺陷的不足会被更加放大，因而构建一种特殊的摘牌（退市）保护机制是必要且正当的。

经济学上的不完全契约理论进一步佐证了法学层面的研究结论。不完全契约是指缔约双方不能完全预见契约履行期内可能出现的各种情况，从而无法达成内容完备、设计周详的契约条款。② 由于市场中的交易行为均为契约行为，因此不论是资本市场法、社团法及契约法，归根到底均是以契约为基础，所谓资本市场法与社团法均是契约结合了特定的场景和不同的实践所延伸发展出来的具体产物。由于信息不对称、表决权悬殊等情况的存在，不完全契约所造成

---

① 参见郑观．资本市场、社团及契约三重维度内的中小投资者保护——以上市公司主动退市为例［J］．证券市场导报，2014（3）。

② 参见周智敏，黄玉杰．不完全契约的成因、风险及其应对机制［J］．中外企业家，2007（12）。

的中小投资者的劣势属于必然。同时，在资本市场中，由不完全契约形成的大股东对中小股东的优势，也会带来经济效率提升的有益影响。① 这种效率与公平的失衡状态，对立法而言，更多的是一种价值判断问题。尤其是在以自由交易为基础的市场经济中，如何界定中小股东的正当权益，如何判定正当权益是否受损，实属困难。

时间因素和契约演化是不完全契约理论中的重要研究内容。现有的研究主要集中在资本市场上的期货、期权等交易行为上，譬如投资者购买该等金融商品时，往往考虑到一定的时间价值，这些金融商品的现值融入其后的时间价值。与此类似，新三板市场投资者在进行股票交易时，进行价值衡量也是考虑到其后一定时间内的价值变动。而新三板公司终止挂牌后，公司股票丧失了自由交易的机会，投资者也就丧失了包含时间价值在内的潜在股票价值，同时也增加了股票售出的成本。因而，为了保障投资者的期待利益，需对其股票退市后不确定的价值变动予以一定的合理保障，以彰显实质公平。

不完全契约的演化是指在签订最初的契约后，由于获取了更新的信息，契约双方进行新的博弈，进而签订更符合双方利益的新契约。② 基于我国资本市场的现状，一旦购买某一公司的股票后，自然成为该公司的股东，其后所关心的就是股价的涨跌，即使获得新的信息，也不会再进行议价或者关心股东权利。最初签订的不完全契约会一直延续至中小股东将该公司股票出售或者被回购。因此，对于股东的保护应着重于法律法规或者自治规则的明确规定，以规则的形式确保中小股东最基本的权益得到保护。鉴于此，借助不完全契约理论中核心要素的分析，也能够确立新三板公司终止挂牌时对投资者给予特别保护的必然性。

---

① 不完全契约形成了不可预知的对未来权利或资产的剩余控制权，研究表明，这一剩余控制权分配给具有较大优势话语权的主体，可能会带来更高的经济效率。

② 参见余滔．“不完全契约”视角下场外衍生产品的履约机制研究［J］．法学，2019（10）。

第三节 买者自负理念下的投资者保护

一、买者自负在我国的适用现状

买者自负（Caveat Emptor），又称风险自担或者买者留心（Let the Buyer Beware），其基本含义是指买方应当负担买卖的风险，需要对商品和货物的品质、数量进行独立判断与识别，并承担相应的责任。[①] 据考证，买者自负起源于古罗马时期的不动产交易。[②] 1603 年的 Chandelor v. Lopus 案确立了买者自负在英美判例法中的先例性地位。在该案中，被告 Chandelor 将其声称的牛黄以 100 英镑的高价出售给原告 Lopus，原告后来发现该物并非牛黄，遂以欺诈起诉至法院。法院认为，被告仅仅是声称商品为牛黄，而未明确保证，这并不构成欺诈。[③] 之后，经过 1802 年的 Parkinson v. Lee 案[④]，买者自负逐渐发展成为商品交易中普遍认同的理念，同时也是现代证券市场交易的基本原则之一。[⑤]

我国现行《证券法》第二十五条在内容和表述上沿用了 1998 年《证券法》第十九条和 2005 年《证券法》第二十七条，规定："股票依法发行后，发行人经营与收益的变化，由发行人自行负责；由此变化引致的投资风险，由投资者自行负责。"该条在一定程度上体现了买者自负。但是，这一规定侧重于一级市场，约束的是股票发行关系，强调的是与发行人经营收益相对应的投资风险，没有包括其他证券，也不包括对投资者证券交易具有直接或间接影响的宏观经济风险、法律法规政策风险、市场交易技术风险、不可抗力和意外事件风险、市场监管风险等，缺乏普遍性。[⑥] 比较而言，一些效力层次更低的规范性

---

① 参见杨为程．证券交易中"买者自负"原则的检讨与反思［J］．江汉论坛，2015（4）。

② 参见 Alan M. Weinberger. Let the Buyer Be Well Informed? Doubting the Demise of Caveat Emptor［J］. Maryland Law Review，1996（55）。

③ 参见何颖．金融交易的适合性研究［J］．证券市场导报，2010（2）。

④ 参见曾洋．"投资者风险自负原则"研究——以《证券法》二十七条为中心［M］//南京大学法律评论．北京：法律出版社，2013。

⑤ 参见徐明，卢文道．证券交易"买者自负"原则的司法适用及法制化初探［M］//证券法苑（第 4 卷）．北京：法律出版社，2011。

⑥ 同注⑤。

文件更加明确地提出了买者自负。例如，中国证监会《关于建立股指期货投资者适当性制度的规定（试行)》第九条规定：“投资者应当遵守买卖自负的原则，承担股指期货交易的履约责任，不得以不符合投资者适当性标准为由拒绝承担股指期货交易履约责任。”《上海证券交易所个人投资者行为指引》第四条也规定：“投资者应当充分理解并遵守证券市场买者自负原则。投资者参与证券交易，应当根据相关市场信息理性判断、自主决策，并自行承担交易后果。”

在司法实践中，我国法院在“胡某诉白云机场信息提示案”“高某诉白云机场信息披露案”“钟某诉南航权证创设案”等一系列案件中，均以买者自负原则作为投资者承担责任的裁判依据。例如，在“高某诉白云机场信息披露案”的判决里，一审法院认为：“投资者在参与权证交易时应当理性评估自身的交易能力，充分注意交易的各种风险，……原告主张损失赔偿有悖公平公正、风险自负的证券交易原则。”上海高院在二审中也认为：“上诉人的投资损失属正常交易风险，按照证券交易风险自负的市场基本原则，损失后果应由上诉人自负。”①

以上分析表明，在我国的证券立法和司法实践中，买者自负的理念已经在较大范围内获得认同，这是研究新三板投资者保护问题时无法忽视的现实。有必要指出的是，强调买者自负的理念，不是要绝对排斥对投资者的保护，而是希望厘清权利和责任边界，给予投资者适度而非过度保护。那么，在买者自负的理念下，投资者需要承受的风险和损失是什么？不应当由其承担的风险和损失又是什么呢？

二、买者自负适用的风险类型

从法理上看，买者自负是近代民法意思自治原则的产物。在近代民法上，作为法律体系基本构成要素的“人”，是被假定为意志自由、具有理性的抽象的经济人。因此，作为法律范畴的人顺理成章地应该对依其自我意志作出的选择负责。在民事责任领域，意思自治表现为自己责任，即每个人都应当承担由

① 上海市高级人民法院（2008）沪高民二（商）终字第6号。

自己行为所产生的责任。从自己责任这一理论原点可以演绎出两项法律规则：一是主体行为给自己造成的不利后果，不能归咎于他人而应由自己负担；二是主体行为给他人带来的不利后果，应就自己行为所造成的损害向他人承担法律责任。①

市场经济充满了竞争，公司经营中也充满了不确定性，面临着诸多风险。这些风险包括但不限于：（1）政策风险。国家宏观调控政策、竞争政策等的变化，会对公司所处行业和产品营销产生影响。（2）战略风险。公司战略目标的实现可能受到很多事件影响，如客户偏好转变、新的竞争者加入竞争，等等。（3）财务风险。一方面是流动性风险，如果公司流动性不足，缺少充足的现金资源，可能使日常的经营活动难以正常进行；另一方面是偿债风险，公司可能因经营不善等原因负债率较高，如果没有足够的资金按时偿还债务和利息，就可能引起财务危机甚至导致破产。（4）团队风险。公司核心创始人和关键员工可能因各种原因离职，公司也可能因此蒙受损失。

投资者向公司投资时，对公司面临的诸多风险要有清晰认知，在某种程度上，投资就是一种自甘风险的行为。就政策风险、战略风险以及市场监管风险而言，风险多数来源于公司外部，公司对风险的发生和走向通常无法控制，这也正是市场经济的魅力所在。一旦发生风险，投资者应当自负其责。但是，如果风险和损失来源于第三人的恶意不法行为，按照侵权责任法的基本逻辑，投资者应当有权向加害者要求赔偿。例如，针对内幕交易、操纵市场等违法行为，主要国家的《证券法》均赋予投资者主张民事赔偿的权利，这与买者自负并不冲突。

另外，风险也可能来自公司的自身行为。公司是法人团体，团体的意思形成遵循决议这一正当程序，② 股东大会决议和董事会决议是公司团体意思形成的主要形式。就股东大会决议而言，虽然近年来差异化表决权安排盛行一时，但资本多数决原则仍然是各国《公司法》的主流。在该原则下，对决议投赞成

① 参见陈洁．投资者到金融消费者的角色嬗变［J］．法学研究，2011（5）。

② 参见吴高臣．团体法的基本原则研究［J］．法学杂志，2017（1）。

票的股东，应当承受决议通过且付诸实施以后的所有结果，这一点自无争议。对反对股东来说，如果其无法阻止决议的通过，但结果证明决议实施确实造成公司损失，其通常也无法获得法律保护和救济。当然，如果控股股东、实际控制人违反了对中小股东的诚信义务，强行通过损害公司或者中小股东利益的决议，中小股东仍然有权获得救济。我国《公司法》第二十条第二款规定："公司股东滥用股东权利给公司或者其他股东造成损失的，应当依法承担赔偿责任。"第二十一条规定："公司的控股股东、实际控制人、董事、监事、高级管理人员不得利用其关联关系损害公司利益。违反前款规定，给公司造成损失的，应当承担赔偿责任。"据此，中小股东可以要求控股股东、实际控制人承担赔偿责任。

这里还有一项例外，即异议股东股份回购请求权。起源于美国的这项股东权利，今天已被世界上很多国家和地区的公司立法所吸纳。一般认为，回购请求权很好地平衡了控股股东和中小股东的利益诉求。控股股东可以顺利实现对公司的重大调整，中小股东则有权获得补偿以重新调整其投资。① 当公司发生合并、分立、出售重大资产等有悖于股东合理期待的重大变化时，不得以买者自负为由，将持有异议的中小股东强行留在他不希望继续待下去的公司团体中。

至于董事会决议，除了决议规则从资本多数决变为人数多数决以外，法理上与股东大会决议并无太多不同。《公司法》第一百一十二条规定："董事会的决议违反法律、行政法规或者公司章程、股东大会决议，致使公司遭受严重损失的，参与决议的董事对公司负赔偿责任。但经证明在表决时曾表明异议并记载于会议记录的，该董事可以免除责任。"董事受到商业判断原则的保护，除存在明显瑕疵并因此具有可追责性的董事会决议以外，一般的董事会决议即便造成公司或者股东利益的损失，股东最多也只能寻求罢免董事或者在董事会改选时改投他人，而无法对损失部分向投赞成票的董事追责。

---

① 参见蒋大兴．异议股东股份收买请求权问题研究［M］//徐学鹿．商法研究．北京：人民法院出版社，2001。

行文至此，我们可以得出如下结论：不论造成公司或者股东利益受损的风险是来源于公司外部还是来源于公司自身，投资者是否应当自负其责的关键是施加风险的主体行为是否具有合法性。如果行为正当、没有瑕疵，投资者一般只能承受其影响；反之，投资者可以寻求损害赔偿。唯一的例外是异议股东的股份回购请求权，少数异议股东有权不接受公司发生重大结构性变化的风险。

保护投资者利益是《公司法》《证券法》和证券监管的重要目标，但不是唯一的目标。公司团体除了股东之外，还有董监高、公司职工、公司债权人等利害相关者（Stakeholder）；证券市场除了投资者以外，还有证券发行人、证券公司等其他市场参与人。股东与其他利害相关者、投资者与其他市场参与者之间都形成了多种不同性质的法律关系，各方都有自己的利益诉求，需要合理划定各自的权利和利益边界。如果对投资者保护不足，广大投资者就会选择远离市场；如果过度保护投资者，市场效率和长远发展也会受到影响。因此，合理的制度安排是既要保护投资者利益，也要保护董监高等利害相关者以及挂牌公司、证券公司等的利益，并促进证券市场的高效平稳运行。

第四节　新三板投资者保护的总体机制

在证券市场中，投资者保护的主要机制有三种：[①] 第一种是权利机制，通过赋予投资者一系列的权利，实现保护投资者利益的目的。第二种是监督机制，通过证券监管机构的监督，防止投资者利益受到侵害。第三种是投资者保护组织模式，通过设立专门的投资者保护组织，如美国的投资者保护协会（SIPC）、日本股东监护人组织（Ko）和我国台湾地区的“保护中心”（SFIPC），以改善众多分散、弱小的投资者难以有力保护自身利益的困境。在主要资本市场国家（地区），前两种模式往往并立存在，但不是所有国家（地区）都存在第三种模式。在我国，这三种保护模式均在现实运行中。

① 参见郭文英，徐明．投服研究（第1辑）［M］．北京：法律出版社，2018。

一、权利机制

新三板的挂牌公司均为《公司法》中的股份有限公司，投资者是挂牌公司的股东，享有《公司法》规定的所有股东权利，如利润分配请求权、剩余财产分配请求权、知情权（包括查阅权和质询权）、股东大会召集请求权和自行召集权、提案权、表决权、股份回购请求权，等等。挂牌公司应当建立与股东畅通有效的沟通渠道，保障股东对公司重大事项的知情权、参与决策和监督等权利，不能恶意阻碍股东行权，否则股东就可寻求司法救济。对此，《公司法》及其司法解释已有大量详细规定，本文不再赘述。

在《证券法》层面，投资者同样享有知情权，而且，不同于股东知情权只是针对特定的公司，由于强制信息披露制度的存在，《证券法》层面的投资者知情权范围更加宏大。而且，新《证券法》第八十七条对信息披露的要求是“真实、准确、完整，简明清晰，通俗易懂”，相比原来提出了更高的要求。此外，通过禁止内幕交易、操纵市场和欺诈客户等行为，《证券法》也保护了投资者的公平交易权。

回到终止挂牌这一主题，无论是主动终止挂牌，还是强制终止挂牌，均涉及投资者的多项权利，两者之间有共性也有差异。主动终止挂牌需要经过股东大会的特别多数决议，因此涉及股东表决权的行使问题，这是强制终止挂牌不会涉及之处。相反，强制终止挂牌很可能涉及虚假陈述的民事赔偿责任。挂牌公司未按规定披露定期报告属于《证券法》第九十五条“信息披露义务人未按照规定披露信息”的虚假陈述行为，公司应就投资者的损失承担赔偿责任，挂牌公司的董监高和其他直接责任人员以及控股股东、实际控制人应当承担连带赔偿责任，但是能够证明自己没有过错的除外。因不披露信息与披露的信息存在虚假记载、误导性陈述或者重大遗漏还是存在相当差异，证券公司此时通常无须承担连带赔偿责任。主动终止挂牌和强制终止挂牌的共性在于，两者都可能出现股份回购的操作，并因此需要关注控股股东、实际控制人所做承诺的履行问题。

二、监管机制

证券市场的监管者包括行政监管机构和自律监管机构。在我国，前者主要是指中国证监会，后者是指证券交易场所和证券业协会。

（一）行政监管

按照《证券法》的相关规定，中国证监会作为国务院证券监督管理机构，依法对证券市场实行监督管理，维护证券市场公开、公平、公正，防范系统性风险，维护投资者合法权益，促进证券市场健康发展。在具体职责方面，中国证监会依法对证券的发行、上市、交易、登记、存管、结算等行为进行监督管理，依法对证券发行人、证券公司、证券服务机构、证券交易场所、证券登记结算机构的证券业务活动，进行监督管理。毫无疑问，新三板市场作为我国证券市场不可或缺的组成部分，挂牌公司作为证券发行人，还有主办券商，都处于中国证监会的集中统一监管之下。

围绕终止挂牌中的主要争议问题，中国证监会可以考虑在以下几个方面采取更有针对性的举措：（1）承诺履行。2013 年，中国证监会发布过《上市公司监管指引第 4 号——上市公司实际控制人、股东、关联方、收购人以及上市公司承诺及履行》，对上市公司承诺及其履行问题作出规制。随着新三板改革的深化，也可考虑针对新三板挂牌公司出台类似指引，以破除股份回购承诺中的一些乱象。在此方面，全国股转公司已于 2020 年 1 月 3 日发布《挂牌公司治理规则》，其中的第七章为“承诺事项管理”，相关条款对解决股份回购承诺的争议问题具有积极意义。不过，自律监管毕竟不能替代证券监管，证监会出台承诺指引仍有其必要性。（2）虚假陈述的行政处罚。新《证券法》在第二百零九条中大幅提高了虚假陈述的罚款金额，并首次将从事或者组织、指使从事虚假陈述行为的发行人的控股股东、实际控制人列为行政处罚对象。因此，针对不按规定披露定期报告导致强制终止挂牌的，中国证监会应当重拳出击，强化执法力度。

（二）自律监管

在行政监管之外，以证券交易场所和证券业协会为代表的自律监管机构，在投资者保护方面也发挥着不可取代的重要作用。自律的基本定义是由同行业的从业人员组织起来，共同制定规则以此约束自身行为，实现行业内部的自我管理。自律监管的基本内容一般包括三个方面：一是对证券交易活动的监管；二是对市场参与人的监管；三是以维护市场的公平、秩序和效率为出发点，处理争议和市场突发事件。①

在此需要特别指出的是，新《证券法》对近年来我国多层次资本市场体系建设的积极成效作出充分的肯定，改变了原《证券法》在很多条文中仅仅采用“证券交易所”表达方式的做法，转而采取“证券交易场所”的表述，这一表述显然包含但不仅限于“证券交易所”的范畴。在性质上，全国股转公司和沪深证券交易所也没有本质不同。全国股转公司为股票交易活动提供相关设施和服务，包括交易主机、交易单元、报盘系统及相关通信系统等，并依法对相关股票交易活动进行自律管理，是新三板市场的自律监管机构，可以通过发布自律监管规则来约束挂牌公司等市场参与人，保护投资者利益并维护市场有序运转。

实际上，全国股转公司发布的很多文件均涉及终止挂牌问题。其中，有《业务指南》等直接针对性规则，也有《挂牌公司治理规则》等相关性文件，对股东表决、异议股东保护、承诺及其履行等问题均有规定，也明确了可对不按规定履行信息披露义务的挂牌公司以及相关主体采取自律监管措施或者纪律处分，在保护终止挂牌时投资者利益方面已经搭建起了基本框架。

三、投资者保护组织机制

通过专门的投资者保护组织来保护证券投资者的利益，是近年来各国投资者保护的新思路。相较于投资者权利机制和监管机构保护，投资者保护组织的优势在于：第一，它将投资者集结在一起，壮大了投资者力量，给予投资者保护自身权利的信心。第二，投资者可以借助这一组织，在证券市场表达自己的观点，拓宽了投资者保护自身权利的渠道。第三，投资者保护组织作为投资者

① 参见洪伟力．证券监管：理论与实践［M］．上海：上海财经大学出版社，2000。

的代言人，表达投资者的意见，客观上降低了成本。第四，有投资者保护组织作为后盾，投资者参与公司治理的积极性明显提升。此外，投资者保护组织可以通过支持起诉、示范判决等方式提供维权途径，降低维权成本。[①]

在我国，投资者可以依靠的投资者保护组织有两个：一是2005年由国务院批准设立的中国证券投资者保护基金有限责任公司（以下简称投保基金公司）；二是2014年由中国证监会批复成立的中证投服中心。其中，根据《证券投资者保护基金管理办法》，投保基金公司主要是在“证券公司被撤销、关闭和破产或被证监会实施行政接管、托管经营等强制性监管措施”时发挥作用，其虽然涉及投资者保护，但在本质上还是一种证券公司的风险处置机制。

相比较而言，中证投服中心作为归属中国证监会直接管理的证券金融类公益机构，主要职责包括：（1）行权服务。公益性持有证券等品种，以股东身份或证券持有人身份行权。（2）纠纷调解。受投资者委托，提供调解等纠纷解决服务。（3）维权服务。为投资者提供公益性诉讼支持及其相关工作。（4）投资者教育。面向投资者开展公益性宣传和教育。（5）调查监测。调查监测投资者意愿和诉求，代表投资者向政府机构、监管部门反映诉求。由此可见，中证投服中心在监督上市公司、维护投资者利益方面承担着更主要的任务。自成立以来，中证投服中心已经做了大量工作。仅在2018年，投服中心就集中参加了109场股东大会，现身数十场重大资产重组说明会，通过现场、网上等方式累计行权1321次（场）。[②] 此外，近年来通过对海利生物提起首例股东诉讼，对匹凸匹、雅百特等公司提起支持诉讼24起，以及方正科技案中的示范判决等，中证投服中心的投资者保护工作已经取得了显著成效。在2017年的一次会议中，中证投服中心的负责人曾经指出：“在高度散户化的中国资本市场，持股行权作为投资者保护的创新机制，是投资者保护体系的重要组成部分。”[③]

新《证券法》对中证投服中心的工作高度认可，还对其进行了扩权。按照

---

① 参见郭文英，徐明．投服研究（第1辑）[M]．北京：法律出版社，2018。

② 参见中证投服中心一年中干了啥 [N]．深圳特区报，2019－03－14。

③ 参见投服中心持股行权专家委员会在京成立 [EB/OL]．[2019－12－28]．https：//finance. sina. com. cn/roll/2017－11－06/doc－ifynmnae2151599. shtml。

该法第九十四条和第九十五条，中证投服中心可以承担的职责有：(1) 纠纷调解。投资者与发行人、证券公司等发生纠纷的，双方可以向投资者保护机构申请调解。普通投资者与证券公司发生证券业务纠纷，普通投资者提出调解请求的，证券公司不得拒绝。(2) 支持诉讼。投资者保护机构对损害投资者利益的行为，可以依法支持投资者向人民法院提起诉讼。(3) 代表诉讼。发行人的董事、监事、高级管理人员执行公司职务时违反法律、行政法规或者公司章程的规定给公司造成损失，发行人的控股股东、实际控制人等侵犯公司合法权益给公司造成损失，投资者保护机构持有该公司股份的，可以为公司的利益以自己的名义向人民法院提起诉讼，持股比例和持股期限不受《公司法》规定的限制。(4) 代表人诉讼。投资者提起虚假陈述等证券民事赔偿诉讼时，投资者保护机构受50名以上投资者委托，可以作为代表人参加诉讼，并为经证券登记结算机构确认的权利人依照规定向人民法院登记，但投资者明确表示不愿意参加该诉讼的除外。

上述四项职责中，除提起代表诉讼需要持有公司股份以外，其他三项职责均可直接在新三板市场履行。关于持股行权这一问题，目前中证投服中心持股行权是针对沪深交易所的3000多家上市公司，其持有每家上市公司一手股票。那么，持股行权是否可以扩展到新三板市场呢?

需要指出的是，上市公司的投资者以中小散户居多。2018年，投保基金公司联合上海证券交易所、中证投服中心等共同开展了首次“全国股票市场投资者状况调查”。调查结果显示：截至2018年8月31日，全国股票投资者数量达1.42亿，其中自然人投资者占比99.77%。其中，固定样本和随机样本中具有近八成的投资者收入主要来源于工资、劳务报酬，年度税后收入在10万~50万元、10万元以下的固定样本投资者占比分别为49.2%和43.5%，而随机样本投资者占比分别为28.8%和68.6%。[①] 在这样的市场上，持股行权主要是为了保护人数分散的众多普通投资者利益。

---

① 参见投保基金公司．全国股票市场投资者状况调查报告［EB/OL］.［2019－12－28］. http://www.sipf.com.cn/images/sy/ttzyxw/2019/03/29/99CD71AC71562DB32A8565ED23D536EF.pdf。

但是，新三板和上市公司的投资者结构存在很大差异。2013 年施行的全国股转公司《投资者适当性管理细则（试行）》（已被废止）对投资者设定了很高的门槛，机构投资者是注册资本 500 万元人民币以上的法人机构；实缴出资总额 500 万元人民币以上的合伙企业，个人投资者则要求证券类资产市值 500 万元人民币以上；具有两年以上的证券投资经验，或具有会计、金融、投资、财经等相关专业背景或培训经历。可以看出，新三板在过去针对的投资者主要是机构和高净值客户。新《证券法》第八十九条规定："根据财产状况、金融资产状况、投资知识和经验、专业能力等因素，投资者可以分为普通投资者和专业投资者。专业投资者的标准由国务院证券监督管理机构规定。"如果按照中国证监会 2016 年发布的《证券期货投资者适当性管理办法》，新三板的个人投资者毫无疑问属于专业投资者的范畴，而不属于普通投资者。此外，从新三板挂牌公司的股东数量看，股东人数超过 200 人的公司数量不是很多，八成左右的挂牌公司股东数量在 50 人以下，其中很大一部分的股东人数在 10 人以下。截至 2019 年底，新三板机构投资者仅 5.89 万户，个人投资者 38.73 万户，合计仅 44.62 万户，其中还有不少个人投资者是挂牌公司的董监高。在这样的现实背景下，考虑到中证投服中心人手相对有限，通过持股行权来保护人数较少的专业投资者，似乎没有太大的必要。

不过需要指出的是，上述分析仅仅是针对过去的新三板市场。2019 年 12 月以来，全国股转公司分批发布了许多重磅改革措施，其中一项就是发布实施《投资者适当性管理办法》，全面下调新三板投资者门槛，精选层、创新层、基础层的资产门槛分别降至 100 万元、150 万元、200 万元。根据上交所统计年鉴，2018 年末，资产在 1000 万元以上和 300 万 ~ 1000 万元的自然人投资者账户数分别为 16.29 万户、52.27 万户，合计 68.56 万户；100 万 ~ 300 万元的自然人投资者账户数为 172.85 万户。深交所未公布个人投资者的资产状况分布。仅以上交所的投资者计算，若将投资门槛降至 300 万元，新三板将至少新增 68

万户个人投资者；若将投资门槛降至100万元，则至少新增241万户个人投资者。[①] 另外，全国股转公司还发布了有关挂牌公司向不特定合格投资者公开发行的若干文件。虽然改革的成效可能还需要一段时间才能慢慢体现出来，但可以肯定的是，随着市场的发展和改革的深入，新三板投资者的数量将会有显著上涨，投融资功能将会有明显提升，市场的流动性将有大幅改善。而且，即使在现阶段，在股东人数超过200人的新三板挂牌公司中，也有大自然、株百股份、齐鲁银行、圣泉集团和联讯证券等大户，它们的股东人数均在3000户以上，对这些公司进行持股行权不存在太多障碍。

综上所述，我们认为，在未来新三板公众投资者数量显著增加以后，中证投服中心通过持有挂牌公司1手股票开展持股行权工作，有着积极的意义和价值。尤其是，新三板终止挂牌的公司数量远远多于交易所市场，但涉及的投资者保护问题又相对集中，如果中证投服中心能够积极介入，要比众多公司中的少数投资者个别维权效果更好。与此相关的一个问题是，目前中证投服中心的股东单位为上海证券交易所、深圳证券交易所、上海期货交易所、中国金融期货交易所和中国证券登记结算有限责任公司，可以考虑将全国股转公司以及大连商品交易所、郑州商品交易所均吸纳为中证投服中心的股东单位，这样可能更有利于中证投服中心在整个证券期货市场的范围内开展投资者保护工作。

---

① 参见精选层激活新三板　谁能入围？［EB/OL］．［2020－01－15］．https：//baijiahao. baidu. com/s? id＝1651228783438237846&wfr＝spider&for＝pc。

第三章　终止挂牌中投资者保护的具体原则

第一节　比例区分原则

新三板挂牌公司摘牌时，投资者保护应当遵循比例区分原则。终止挂牌情形各异，总体而言可分为主动终止挂牌与强制终止挂牌两大类，具体又存在多种不同情形。主动与强制的区分不仅存在于新三板挂牌公司的摘牌，全球范围内几乎所有的资本市场都对主动与强制退市进行了区分，[①] 这也符合事物主动与被动的内在逻辑。主动终止挂牌与强制终止挂牌共同适用一般的投资者保护规则，但基于二者内在差异需要进行不同的制度安排，以对投资者进行区分保护。

如前所述，主动终止挂牌原因各异，或因上市转板的需要，或因解散、合并而丧失主体资格，或基于成本收益分析不想继续公开披露而退出。主动终止挂牌的原因是需要核查的因素之一，挂牌公司应详细说明终止挂牌的原因而非简单罗列理由。但不论基于何种原因，终止挂牌均为公司意思自治的结果，都需要经过股东大会三分之二以上多数决通过。在这种情形下，投资者保护的重点是核查股东大会决议的有效性以及异议股东回购与现金补偿的履行情况，少数股东不应对挂牌公司的经营决策行使不成比例的否决权。但是，前文已经指出，终止挂牌决定是股东所拥有的投资性质的根本改变，对投资者而言具有一

① 参见冯科，李钊．中外退市制度比较分析［J］．首都师范大学学报（社会科学版），2014（5）。

定的特殊性。在美国，投资者可以通过两种方式保护自己的权利：（1）美国证券交易委员会可基于投资者保护的目的增加额外条款；（2）投资者可以针对批准退市的董事提起违反忠实义务的诉讼。[①] 而在新三板，对异议股东的保护主要依赖股份回购。

强制终止挂牌是对不满足持续上市标准企业的强制出清。不同于主动终止挂牌，投资者在强制终止挂牌中无法形成有效的意思自治，而且被强制摘牌的企业可能自身经营状况已经严重恶化，难以达成让投资者满意的承诺，即使承诺也难以如期兑现，所以相对于主动终止挂牌，强制终止挂牌时的投资者保护要求可能更为迫切。但是，强制摘牌又可以分为多种不同情形，应当基于比例区分原则，在利益衡量后给予适当的保护，而非一味对投资者倾斜保护。但总体而言，强制终止挂牌对投资者的保护要高于主动终止挂牌。

在美国纳斯达克市场，相比于主动退市，强制退市时的聆讯、上诉等程序周期更长，程序更为繁杂。这是基于比例区分原则对强制退市所持有的审慎态度，是程序正义在强制退市中的体现。从表面上看，这是对被退市企业的保护，但本质上仍然是对投资者的保护，防止投资者因强制退市而陷入流动性困境。纳斯达克上市企业在被强制退市后，也可以进入流动性和信息披露程度相对较低的场外柜台市场，即公告板市场（Over the Counter Bulletin Board，OTCBB）和粉单市场（Pink Sheets）。[②] OTCBB是一套实时报价的场外电子交易系统，它主要为中小型企业提供有价证券交易服务。[③] 粉单交易系统由私营公司美国全国报价局（NQB）管理，2000年后报价信息可在其站点上实时查询，一定程度上改变了之前流动性不足的缺陷。而在我国，即使新三板企业被摘牌，依据《业务规则》第4.5.3，全国股转公司也仍然可以为因未披露定期报告或者未能与主办券商达成持续督导协议而被强制终止挂牌的公司提供股票非公开转让服务，这实质上相当于在新三板市场中加设了一个过渡层。此外，我

---

① 参见Berger vs. Scharf 11 Misc. 3d 1072（A）。

② 参见章曦．纳斯达克退市制度和对新三板市场的启示［J］．时代金融，2016（12）。

③ 参见王银凤．美国柜台交易市场监管及启示［J］．证券市场导报，2013（8）。

国众多的区域性股权交易市场作为场外市场，理论上也可以承接新三板摘牌企业，使新三板企业并非一退到底，从而实现多层次资本市场的有效衔接。在强制摘牌下，实现投资者保护的关键是要提高下一层次资本市场的定价能力与流动性水平。在某些情形下，被摘牌的挂牌公司也并非没有再次重返新三板的可能，如果重新满足新三板要求之后，应当允许其回归，重新获得新三板市场的定价功能，打破投资者的流动性僵局。

按照全国股转公司 2019 年 12 月 27 日发布的《分层管理办法》，新三板将设置基础层、创新层和精选层三个层次递进的内部分层市场结构，符合不同条件的挂牌公司分别纳入不同市场层级管理。全国股转公司在各市场层级实行差异化的投资者适当性标准、股票交易方式、发行融资制度，以及不同的公司治理和信息披露等监督管理要求，针对各市场层级分别揭示证券交易行情、展示信息披露文件，为各市场层级挂牌公司提供差异化服务。精选层挂牌公司，可以直接向证券交易所申请上市交易。这一改革思路和纳斯达克有些类似，纳斯达克在内部也分为纳斯达克全球精选市场、纳斯达克全球市场、纳斯达克资本市场三个不同的层次，具有不同的持续上市标准。① 分层以后，新三板挂牌公司将产生内部层级之间的流动。如果是向更高的层级流动，绝大多数投资者应当不会产生意见。但如果跌落到更低的层级，可能会引发很多投资者的不满，从而产生新的投资者保护争议。由于层级调整工作是全国股转公司按照自身设定的监管标准主动进行的，在某种程度上，向更低层级的调整类似于强制终止挂牌，但不同于因违法行为被强制终止挂牌，内部层级的流动总体上应当遵循买者自负的理念。

第二节　权责均衡原则

在终止挂牌过程中，挂牌公司、投资者、其他市场参与人都会因此遭受利

---

① 参见化定奇．纳斯达克市场内部分层与上市标准演变分析及启示［J］．证券市场导报，2015（3）。

益损失，这种不利责任的划分需要依据权责均衡原则进行，让市场的归市场，法律的归法律。①

在前面的分析中，我们已经论证了投资者保护需要遵循买者自负的理念。理论上，买者自负功能与价值的正常发挥离不开三个基本的逻辑前提，即信息的对称性、投资者适当性、市场监管的有效性。②

首先，在金融市场中，投资者在获取信息方面天然处于弱势地位，因此相关主体须进行充分的信息披露和风险揭示。在挂牌公司摘牌过程中，信息披露义务人对相关信息的充分披露、对风险的有效揭示尤为重要。新《证券法》以专章的形式规定了信息披露义务，第七十九条和第八十条要求股票在国务院批准的其他全国性证券交易场所交易的公司应当按照规定披露定期报告和临时报告。挂牌公司只有在履行了该等义务后，遇到市场风险、不可抗力等外部冲击时，企业才能独善其身而不必因自己的行为向市场、投资者承担责任。

其次，买者自负的界定还需考虑投资者适当性。只有在参与者拥有相当的投资经验和能力的前提下，才能认识和理解金融商品的交易风险和运行规则，从而作出与风险承受能力相匹配的投资决策，并为自己的投资决策负责。如果投资者缺乏交易经验和知识，则对自身的决策判断难以形成正确的后果预期，也难以承担相应的责任。新三板市场投资者的门槛虽已大幅调低，但相较于其他规则中的合格投资者标准，这一门槛仍然更高，这不仅是对投资者本身抗风险能力的要求，③ 也是对投资者作出投资决策进行隐性指导。投资者应当了解投资企业、市场、政策法规，如果投资失败、企业亏损甚至退市的原因是行业、市场的冲击，则投资者应该自行承担投资损失的不利后果。

再次，买者自负原则的适用须以市场监管的有效为前提。市场监管者作为市场准入审核机关，对于市场主体的违法违规行为如果履行监管职责不当，也负有一定的责任。目前，不论是行政监管机构还是证券交易所等自律组织，由

---

① 参见陈国进，丁杰，赵向琴．“好”的不确定性、“坏”的不确定性与股票市场定价——基于中国股市高频数据分析［J］．金融研究，2019（7）。

② 参见胡伟．金融消费“买者自负”原则的检视与展望［J］．金融与法律，2013（5）。

③ 参见国家法官学院．中国法院2018年度案例——金融纠纷［M］．北京：中国法制出版社，2018。

于主体性质和行为的特殊性，中外各国大多适用公共部门或准公共部门的民事责任豁免，但是基本的适用条件应当是正当地实施监管行为和履行监管职责。否则，行使监管权力的主体应在责任分配时体现其过错的不利影响。

最后，除投资者自担风险、挂牌公司行为合法的基本要求外，在公开发行和交易市场上，投资者与投资对象之间介入了证券公司、证券投资顾问等中介服务机构，投资者从这些市场中获得金融服务。尽管这些金融服务以实现投资顺畅和提高投资收益为目的，但它们本身不是投资目标，只是投资者实现投资目标的手段或介质，并且投资者要为这些投资手段或介质的利用支付费用，[①]因此中介机构也需要为自己的推荐、保荐、审计等行为承担适度的责任。

第三节　救济充分性原则

在探讨终止挂牌中投资者保护原则的过程中，不能忽视权益受损的投资者该如何成功获取赔偿的问题。对投资者保护的实现需落实在投资者救济的充分性上。救济充分性原则指的是，在终止挂牌的过程中，应当尽可能充分地实现对投资者权益损害的合理救济，其包含三个方面的内容：求偿便利性、议价公允性、程序保障性，以下作出具体阐述。

一、求偿便利性

在终止挂牌时，股价狂跌、企业价值缩减，股东权益受损，由于中小股东人数众多且分散的特点，可供投资者选择的救济途径有限，且诉讼成本高、耗时长，大大增加了投资者保护自身权益的难度。只有提升投资者民事求偿的便利性，才能真正便捷地实现投资者保护，在此方面，先行赔付是一种能够节约投资者诉讼成本的赔偿方式，有必要继续大力推广。

中国证监会《公开发行证券的公司信息披露内容与格式准则第 1 号——招股说明书（2015 年修订）》第 18 条规定，招股说明书扉页应载有如下声明及承

① 参见陈洁．证券法的变革与走向［M］．北京：法律出版社，2011。

诺："……保荐人承诺因其为发行人首次公开发行股票制作、出具的文件有虚假记载、误导性陈述或者重大遗漏，给投资者造成损失的，将先行赔偿投资者损失。"在此规定出台前后，先行赔付制度在万福生科、海联讯以及欣泰电气案中得到运用，并取得不错的效果。完善的先行赔付制度对摘牌时的投资者保护具有简便高效的优势，可以使投资者通过非诉的方式获得相应的赔偿，是投资者求偿便利性原则的体现。在救济途径上，先行赔付是责任人与适格投资者之间的和解行为，赔付方案是双方自愿达成的和解协议，对双方都有约束力。在现有先行赔付模式中，赔付责任人委托在监管基金、风险管控等方面具有较强专业性的投保基金公司作为赔付专项资金的基金管理人。① 由于基金存续期间的限制，先行赔付要求补偿工作在较短的时间内达到较高的偿付比例。如此一来，想要每一个环节都落实到位就必须在专项补偿基金的运作中以充分补偿和便捷操作为目标，在各环节中根据实际情况来优化流程以达到高效协调、高效执行的结果，便于投资者参与。

新《证券法》也将先行赔付制度正式纳入，其第一百零三条规定："发行人因欺诈发行、虚假陈述或者其他重大违法行为给投资者造成损失的，发行人的控股股东、实际控制人、相关的证券公司、证券服务机构可以委托国家设立的投资者保护机构，就赔偿事宜与投资者达成协议，予以先行赔付。先行赔付后，可以依法向发行人以及其他连带责任人进行追偿。"可以看出，该条规定不再将先行赔付局限于首次公开发行股票并上市时的虚假陈述，挂牌公司不按规定披露定期报告以及其他重大违法行为也可适用该项制度。但是，《证券法》第一百零三条之下的先行赔付责任并非强制性安排。对新三板市场来说，如果没有更具操作性和可落地的具体规则，先行赔付制度未必能够真正运行起来。为充分保护强制终止挂牌时的投资者利益，不妨借鉴已有经验，由中国证监会出台进一步的规则加以落实。

二、议价公允性

在公司终止挂牌时，控股股东或者实际控制人控制着退市的时机与条件，

① 参见席涛.《证券法》的市场与监管分析［J］. 政法论坛，2019（6）。

中小投资者一如既往因缺乏知情判断能力和讨价还价能力而处于劣势，且交易结构本身的设计可能对中小投资者具有潜在压迫从而使其利益受损。在此情形下，补偿或者赔付价格的公允性成为影响挂牌公司股东权益能否得到保障的关键因素。

议价公允性原则要求在终止挂牌的过程中充分保障处在弱势地位的中小投资者参与议价的权利，使中小投资者获得补偿或者赔付的价格公允、形成价格的机制公平。首先，要确立价格公允性标准，应进行分层分类处理，综合考虑股票的市场价值、股东持有的上市公司净资产价值份额、未来公司收益现值，而非仅以市场价格为标准；其次，应当保证交易价格的确定要经过中小投资者参与的合理程序以及该程序的合法合规性，中小投资者参与议价是对价格公允的重要保障；最后，对于摘牌交易的相关信息与价格确定的信息应及时且充分地披露给投资者，充分的信息披露是防止证券市场虚假陈述和欺诈损害中小投资者的重要方式，有利于投资者对失去公允性的股票价格寻求合理的救济。

三、程序保障性

程序保障是救济充分的必要条件，对于投资者最终是否能够获得补偿或赔付起到关键性作用。在终止挂牌的情形下，若摘牌公司不履行回购承诺，投资者往往对这种恶意行为缺乏有效的救济手段。摘牌是对公司特殊的资本融资资格的否认，当融资资格不复存在，失去全国股转公司的约束，挂牌公司也会失去履行回购承诺的动力。在救济充分性原则下，在便利性和公允性的基础上，可以优化程序设置来保障摘牌公司履行其回购义务。一个可以考虑的思路是，采取先回购、后摘牌的程序设置，对投资者的股份回购承诺或偿付约定应在摘牌前履行完毕，这可使拟摘牌公司处在全国股转公司的监督之下，更好地维护中小股东的利益。在我国，上市公司通过股东大会决议主动申请退市的案例共有两件，即二重重装和＊ST上普，它们均是先回购后退市。除此之外，程序保障性原则要在投资者救济的各个环节发挥作用，例如在强制摘牌以及分层调整的环节，应当给予挂牌公司申请复核等程序性救济权利。

第四节　保护措施多样性原则

在针对新三板公司建立利于投资者保护的摘牌制度外，针对投资者维护自身权益的措施也应具有多样性，从实体和程序两方面进行构建，并侧重通过程序的完备实现对实体正义的追求，如在私力救济中通过程序保障投资者在终止挂牌中对收购价格的公平议价权、设置群体诉讼的选择退出模式、通过复核制度给予摘牌企业复议的机会等。

一、私力救济为主、公力救济为辅

私力救济与公力救济作为权利救济中的两种基本形态，二者各具优势，交错互补，关系密切。私力救济是最悠久的纠纷解决机制，公力救济产生于私力救济的夹缝之中。二者也各有对方的影子，即私力救济中存有“公力”因素，公力救济中也存有“私力”因素，更存在一种融合二者特征的社会型救济，如调解和仲裁。[①] 同时，二者还可以相互转化。在实现新三板摘牌中小投资者保护的路径选择上，应坚持以私力救济为主、公力救济为辅的原则，其主要原因有三：

首先，市场在资源配置中起决定性作用的认识表明了国家公权力对经济的干预应具备依附性、时效性和后发性，即将公权力干预以一种克制和谦逊的品格嵌入市场失灵的边界中去。谦抑性一词在刑法学界运用较为普遍，其可概括解释为刑法相对于民事、行政等基本法律规范的补充性和刑罚相对民事责任和行政责任的最后手段性。而在处理政府与市场的关系时，正当且适度的国家干预方式恰好与刑法的补充性和最后手段性具有内在的一致性。[②] 具体而言，公权力的谦抑性表现：第一，在市场没有失灵的情况下不应进行公权力干预，确实发生市场失灵的情况下，公权力也应依附于市场机制发挥作用；第二，在市场停止失灵时，公权力干预应及时退出或相应地限缩其干预强度；第三，在既

---

① 参见徐昕．论私力救济与公力救济的交错——一个法理的阐释［J］．法制与社会发展，2004（4）。

② 参见刘大洪，段宏磊．谦抑性视野中经济法理论体系的重构［J］．法商研究，2014（6）。

有经验无法理性判断某一领域是否存在市场失灵的情况下，公权力应暂不进行干预。据此，公权力的谦抑性决定了应坚持以私力救济为主、公力救济为辅的原则。

其次，在现实世界中，不仅存在市场失灵，也存在政府失灵，而且后者对社会的影响比前者更大。[①] 政府失灵主要包括行政低效率、财政赤字、以权谋私、官僚主义，以及政府机构的自我扩张等。更重要的是，相比市场的判断能力，公权力具有明显的局限性。公司本是私法上的主体，公司自治是私法自治在公司领域的具体化，是公司保持活力的前提，应当给予充分的尊重。树立尊重公司自治理念，便要求尊重公司、公司股东以及其他利益相关者基于理性和自由的心态所作出的自主选择和商业判断。而公权力本身也只能判断公司行为是否合法、合规，无法替代市场主体的商业判断。公权力这一明显的局限性奠定了坚持以私力救济为主、公力救济为辅的原则的基础。

最后，从市场主体的角度而言，为保护投资者合法利益，新《证券法》明确规定了投资者适当性制度，并将投资者区分为普通投资者和专业投资者。专业投资者或者合格投资者规则的设立，不仅为追求金融运行效率和维持金融系统稳定提供了制度保障，而且对如何保护投资者这一难题也作出应答。符合规则要求的合格投资者应明确自己的风险偏好，也应具备相应风险识别能力和风险承担能力。对这样的投资者，不能否认他们仍离不开证监会查处证券欺诈行为的执法保护，也离不开证监会或交易（场）所对股票发行的注册审查的保护，但采用以私力救济优先的权利救济方式并不违背现行法规设定合格投资者的目的，即让投资者控制风险，如果投资亏损，也不至于非理性维权，从而危及社会稳定。

二、实体权利为本、程序保障为先

在私力救济为主、公力救济为辅的前提下，投资者权益保护体系的构建还

---

① 参见周佑勇．法治视野下政府与市场、社会的关系定位——以“市场在资源配置中起决定性作用”为中心的考察［J］．吉林大学社会科学学报，2016（2）。

应当坚持以程序架构实现对实体正义的追求。[①] 无论私力救济还是公力救济，其最终目的都是保障挂牌公司摘牌过程中正当权益遭受损害的投资者得到高效、充分的救济。而程序的存在确定了权利维护的过程与方式，为投资者整体的权利保护提供统一标准，弥补实体权利难以穷尽且个案不同的缺陷，确保维权机制顺利进行并对其运行结果保有确定力。

首先，在投资者权利保护中应当以集体意思形成机制与纠纷解决程序的正当性、确定性，最大限度地弥补实体规则的不周延与滞后。在终止挂牌过程中，法律法规对投资者的各项权利没有明确规定，即使规定也难以穷尽列举。面对投资者的不同诉求，缺乏量化标准难以实现挂牌公司与投资者之间权利保护的均衡，对个体权利保护与整体市场维护的平衡也难以通过实体利益的衡量实现。但程序正义是客观的，是可以追求、有可操作性的，是看得见的正义。[②] 通过各方对程序的参与来保障参与者的人格尊严和自由意志，坚持正当程序有利于促使当事人自愿接受即使是对他不利的决议或裁断结果，也能使社会公众对于结果的正当性产生普遍的信任和尊重。[③] 更为重要的是，程序正义是决议或裁断正义性和拘束力的重要保障，在程序正义的情况下，一般可推定实体公平。

其次，在投资者保护是否公正的衡量中，实体仅针对个案，而程序则普遍适用。实体正义由于其主观性较强往往难以得到一致评价，程序保障完备与否则相对明确得多。同时，尽管当事人的实体请求是确定的，但可能适用的法律规范并非是唯一、确定的，裁判者解释法律的方法、水平也会直接影响实体结果。因此，实体公平很难被当作优先甚至是唯一的价值诉求。

---

① 参见王建平．民法法典化研究［M］．北京：人民法院出版社，2006。

② 参见陈瑞华．看得见的正义［M］．北京：中国法制出版社，2000。

③ 参见梁君瑜．行政程序瑕疵的三分法与司法审查［J］．法学家，2017（3）。

第四章　主动终止挂牌中的投资者保护机制

第一节　主动摘牌时中小投资者保护的必要性

新三板公司主动摘牌是公司基于经营战略、挂牌成本等原因而作出的决策，这种决策属于资源的有效流通和配置，不应加以限制。但在摘牌过程中，往往存在着控股股东利用优势地位，操纵收购价格的风险，这种风险在企业股权结构相对集中、股本规模相对较小的新三板[①]尤为突出。可以说，在新三板公司主动摘牌过程中，涉及的公司私有化交易一方为控股股东，另一方是公众投资者，具有明显的交易公平不确定性特征。

首先，挂牌公司的主动摘牌将大大减弱公司股份的流通性，直接影响中小投资者继续持股获利的期望利益。在公众公司中，大部分投资者的持股目的在于通过股票的流转来赚取利益，并非通过股份来对公司事务行使决策，在多数情况下，中小投资者仅基于对公司本身的估值或是对公司管理层的信任而成为挂牌公司的股东，并期待在后续的股票流转中能获得预期利益。挂牌公司的主动摘牌却让公司股份直接退出了可以自由流转的市场平台。在这种情形下，若中小投资者不转让所持有的股票，一旦公司摘牌，股票通过公开市场转让的难度加大，这使中小投资者通过公众公司股票的市场流转赚取差价的合同目的落空。

① 参见宋清华，李帅．上市公司并购新三板公司的财富效应研究［J］．证券市场导报，2018（3）。

其次，公司的私有化交易中存在着严重的利益冲突，中小投资者的利益极易受损。私有化交易属于自我交易的性质，是典型的利益冲突交易类型①，在控股股东及其关联人与公众投资者之间存在信息不对称时，极易产生控股股东及其关联人利用信息优势侵害中小股东利益的情形。加之，在新三板主动摘牌的过程中，由于控股股东较高的持股比例，其往往具有支配决议的能力，而中小投资者基于集体行动难等原因，缺乏有效的协商机制，控股股东能够利用其优势地位，低价收购中小投资者所持股份，从而损害中小投资者的利益。有学者总结出公司私有化对中小股东带来的具体损害，这些损害在流动性有所欠缺的新三板公司中被进一步放大。对因私有化交易而被挤出的股东而言②：一是股东对于未来可以继续通过股票市场保留在公司的期望落空；二是公众股东可能会被迫接受明显低于真实价格的收购价格；三是被挤出的股东必须承担税负后果（此税负是计划外的、无法预料的）；四是增加了公众股东寻求另一种投资的成本和风险③。此外，对未能及时退出的部分剩余股东而言，一方面，新三板公司的摘牌限制了公司通过资本市场筹集资金的能力，并影响公司利用其股票作为对价进行收购的能力；另一方面，由于剩余股东的股票无法在公开市场交易，剩余股东将因股票的流动性下降而利益受损。

因此，新三板主动摘牌制度的关注重点在于，对摘牌公司及其控股股东与中小股东之间力量失衡的调整，强调对异议股东的保护措施。为了对公司退市过程中中小投资者的利益进行更完善的保护，有学者从股份回购中中小股东的多重地位出发，提出要从资本市场法、社团法以及合同法三个角度对上市公司主动退市中中小投资者进行保护。④ 具体而言，中小投资者具有投资者、股东以及契约当事人三重身份，反映在法律关系中，这三重身份又具体体现为以整

① 参见［美］罗伯特·C. 克拉克. 公司法则［M］. 胡平等译，北京：中国工商出版社，1999。

② 参见李文莉. 上市公司私有化的监管逻辑与路径选择［J］. 中国法学，2016（1）。

③ 参见 Solomon，Going Private：Business Practices，Legal Mechanics，Judicial Standards and Proposals for Reform［J］. 25 Bufflo L. Rev. 1975，131，143。

④ 参见郑观. 资本市场、社团及契约三重维度内的中小投资者保护——以上市公司主动退市为例［J］. 证券市场导报，2014（3）。

个投资者群体作为保护对象的资本市场法律关系、强调公司内部集体协作管理的社团法律关系以及基于股票买卖的合同法律关系三个层面。因而，在对投资者的保护中，相关保护制度的设计也不能局限在某个单一的维度内，要从三种不同法律关系以及适用规范的角度出发，充分考虑对中小投资者的保护机制。从各国立法来看，对中小股东的保护主要体现在两个方面、三个阶段。所谓两个方面是指中小股东的话语权和退出权；三个方面是指公司在主动退市过程中的事前公司内部决议阶段、事中监管阶段以及事后的司法救济阶段。具体而言，赋予中小投资者话语权（Voice），确保其在公司退市决议制定过程中，享有充分的参与权和决定权。相关规定主要涉及公司主动退市时，退市决议是否需经股东大会同意，以及所需赞成票比例等问题。这种制度设计实际上是从《公司法》即《社团法》的角度，将中小投资者作为公司股东加以保护。另外，是从保障中小投资者的退出权（Exit）入手，即确保中小投资者在公司退市的情况下，仍然可以出售所持股份。有关条文围绕着公司或控股股东的收购义务而展开，相关制度涉及《资本市场法》和《公司法》两个范畴。本文也将根据上述域外制度经验，以新三板的市场特性为基础，从两个方面、三个阶段的规则维度，对我国新三板挂牌公司主动摘牌过程中的投资者保护问题进行深入分析。

第二节　挂牌公司主动摘牌决议机制分析

《业务指南》对挂牌公司摘牌的流程进行了规定。第一，作出摘牌决议。公司股东大会对终止挂牌事项作出决议，该决议须经出席会议的股东所持表决权的三分之二以上通过。第二，进行停牌申请。挂牌公司应当申请其股票自审议终止挂牌事项的股东大会股权登记日的次一转让日起暂停转让。第三，挂牌公司、公司股东或相关方应制定合理的异议股东保护措施，通过股票回购、现金补偿等方式对股东权益保护作出安排，并主动联系异议股东，对保护措施进行解释说明。主办券商应当督促挂牌公司及时履行信息披露义务，协助挂牌公司对异议股东作出妥善安排。第四，挂牌公司应当在终止挂牌事项获得股东大会决议通过后的一个月内，通过 BPM 系统向全国股转公司报送文件。在提交的文件中，主办券商和律师应当就挂牌公司主动终止挂牌原因、是否履行相应审议程序和信息披露义务、异议股东保护措施是否充分合理、是否存在涉嫌违法违规行为及其整改情况、是否存在未办结的股票发行、并购重组等事项逐一发表明确意见。《终止挂牌业务指南》对挂牌公司主动摘牌的公司内部决策程序以及后续全国股转公司对申请材料的形式审查进行了规定，这涉及主动摘牌中对中小股东的两个保护阶段，即事前公司内部决议机制对中小股东的保护以及事中信息披露对中小股东的保护。

对公司主动摘牌的内部决议程序而言，我国目前的规定是须经出席会议的股东所持表决权的三分之二以上通过，这种制度安排在客观上会导致公司的主动摘牌受控股股东主导，难以体现中小股东意志。从上市公司主动退市的经验来看，我国及国外主动退市决议在程序上都对增强中小股东的话语权进行了制度设计，主要途径为设置类别股东表决机制或者提高决议通过的表决权比例。类别股东表决机制以我国上海证券交易所的“双三分之二”决议机制为代表，《上海证券交易所股票上市规则》第 14.4.2 条规定，上市公司股东大会决议主动退市的，除须经出席会议的全体股东所持有效表决权的三分之二以上通过外，还须经出席会议的除董事、监事、高级管理人员以及单独或者合计持有上市公司 5% 以上股份的股东以外的其他股东所持有效表决权的三分之二以上通过。提高决议通过的表决权比例则以新加坡证券交易所和香港证券交易所为代表。香港证券交易所排除了董监高及控股股东的决策权，将主动退市的决策交给中小股东，并且从赞成票与反对票两个方面作出较高标准的要求。香港联合交易所《证券上市规则》规定，满足以下条件才能对股东大会投票结果进行认可：第一，拥有控股权股东及其代理人、董事会成员、最高级行政工作人员均不得对退市议案投支持票；第二，在去除控股权股东及其代理人、董事会成员、最高级行政工作人员后，股东大会投票结果中支持退市票数依旧超过 75%；第三，股东大会投票结果中反对退市票数未超过 10%。类似地，新加坡主板市场也规定退市决议案须获得发行股份总数至少75%的多数批准，不包括出席并参与表决的股东所持有的库存股和附属公司的股权，且要约人以及任何拥有一致行动的关联人不可以在自愿退市决议中投票，这也就表明，只有小股东、其他没有参与要约却手持控制权的股东才可以投票。①

上述的类别股东表决机制和提高决议通过的表决权比例是否需要融入我国当前的新三板挂牌公司主动摘牌程序，从而加强挂牌公司私有化表决机制中中小股东的话语权？对此，需要结合我国新三板的运行现状进行分析。

首先，对类别股东表决机制而言，该机制的设置确实能够提高中小股东在公司主动摘牌决议中的话语权，但由于新三板大部分创新层公司和基础层公司股权集中度较高，中小股东人数较少且持股比例较低，因而类别股东表决机制的引入很可能会造成中小股东绑架控股股东，造成公司主动摘牌的难度徒增。据数据显示，对新三板挂牌公司的公众性而言，截至2019年9月底，在新三板挂牌公司中，股东人数低于50人的企业占企业总数的81.02%，其中，股东人数10人以下的企业占比达到42.62%，股东人数为2人的公司数量占比达到6.28%，公众性明显较低。② 对挂牌公司的股权集中度而言，截至2019年6月末，持有挂牌公司10%以上股份的股东平均合计持股比例为76.32%，挂牌公司总体股权集中度较高。具体来看，在股东人数低于200人的挂牌公司中，持有公司10%以上股份的股东平均合计持股比例高达77.48%。相比较而言，在股东人数超过200人的挂牌公司中，持有公司10%以上股份的股东平均合计持股比例为46.26%。股东人数低于200人的挂牌公司股权分散度远低于股东人数超过200人的挂牌公司。在股东结构较为简单、股权相对集中的情形下，一味地对控股股东表决权进行限制并强调中小股东的话语权，很可能会造成中小股东对大股东的绑架。一方面，公司是否摘牌的决议由少数中小股东单方面决定；另一方面，在退市回购价格的谈判与博弈过程中，中小股东往往会基于自

---

① 参见 Application of fund, Securities and Futures Act 186（11）（b）: Prescribed amount shall be $50000 for the purposes of section 186（11）。

② 数据来自 Wind 数据库，截至2019年10月。

发的套利动机而引发敲竹杠问题，大大增加公司主动摘牌的成本，降低基于商业决策的主动摘牌效率。在现行的市场结构中，对中小股东话语权的过分保护所带来的正效应可能会低于对公司经营以及控股股东权益所造成的负效应，在不利于公司正常商业决策的同时也会造成实质的不公平，因而，对目前新三板市场的总体发展而言，不宜引入类别股东表决机制。

其次，对提高决议通过的表决权比例而言，其合理性在于两方面：一是提高表决权标准增加了挂牌公司摘牌的难度，在一定程度上直接增加了中小股东对于公司主动摘牌的影响，提高了中小股东的话语权；二是由于新三板中小投资者具有的专业判断能力及风险认知能力、承担能力，其对于公司经营决策的判断力高于上市公司的中小投资者，因而，可以通过提高摘牌决议比例来增强其对公司经营决策的权重。但该制度的引入可能存在两方面问题。

一是在制度层面，高于三分之二表决权的自律性规则设置是否突破了立法规定，与上位法冲突？一般认为，《公司法》设定的决议通过比例并非完全不可突破，公司当事人可以在章程中规定更高的比例。① 从证券交易场所自律规则与立法的关系来看，一般认为，交易场所自治规则之于法律规则具有填补价值、转化价值以及共生价值，具有独特的功能优势，既能够克服立法的局限性，又能够发挥自律的作用。填补价值认为，法律之治的功能是结构性的，而自律规则之治的功能是补充性的，证券交易的自律规则可以根据交易场所的自律需求为市场参与者设定严格的行为准则，具体而言，其可以细化法律的内容、填补法律的空白，甚至修正法律的条款。② 例如，我国2005年修订的《证券法》规定了证券上市交易的条件，其中一个要求是公司股本总额不少于人民币三千万元；但是在上海证券交易所和深圳证券交易所规定的《上市规则》中，则均要求公司股本总额不少于五千万元。此外，交易场所的自律规则本质上还具有契约属性，交易场所往往通过合同条款约定的方式明确相关市场参与

---

① 参见蒋大兴．公司法的展开与判例［M］．北京：法律出版社，2001；伍坚．章程排除公司法适用：理论与制度分析［D］．上海：华东政法大学，2007。

② 参见韩朝炜．证券交易所自律司法介入研究［D］．上海：华东政法大学，2014。

者接受自律规则约束。因为，交易所章则既为契约之一部分，自有其拘束力。[①]对该类合同条款，相对人并无选择合同内容的自由。而且，交易所各项章则之修正十分频繁，如此频繁的修正，且无须契约另一方同意，显示交易所对其章则之修正享有高度之自主性。因此，签约后章则如有修正，证券商也应遵守。[②]在某种意义上，证券交易场所对市场参与者的管理权具有浓厚的行政规范色彩。[③] 从这个角度而言，拟挂牌公司选择在新三板上市，并与股转公司达成协议的时候，就意味着挂牌公司同意遵循股转公司的自律规则，这种自律规则可能会由于管理市场和保护投资者的需求而对市场参与者设定符合立法目的但更为严格的行为准则。基于这一基本推理，在主动摘牌的决议标准上，股转公司通过自己的自律规则规定更高的表决通过比例具有合理性。因为，挂牌与摘牌的标准直接影响到公司进入与退出公开交易市场的权利，在新修订的《证券法》全面推行注册制的背景下，证券发行审查的重点从对公司的价值判断转向以信息披露为中心的监管，证券交易所负责审核注册文件，证监会在 IPO 注册制体制下势必退出“球场竞技”，专司后台裁判机构监管职能；而交易所则扮演把球队带入球场并组织比赛的裁判员职责。[④] 这在某种程度上也留给了证券交易场所更大的自律管理空间。因此，从制度层面分析，如果股转公司通过自律规则规定了高于三分之二表决权的摘牌表决机制，尽管与《公司法》不符，但从《证券法》的规则理念来看，有其一定的合理性，也与新《证券法》不再规定法定上市条件而完全授权证券交易所决定之立法演变相契合。

二是在现实需求层面，如果设置 75% 的高决议通过比例是否具有现实意义，这就需要对实践中主动摘牌的决议通过比例进行实证分析。目前统计资料显示，自 2017 年 1 月 1 日至 2019 年 12 月 31 日，新三板挂牌公司中共有主动终止挂牌议案 2790 个，其中，通过决议议案 2776 例，通过率达 99.5%，在所

---

① 参见赖英照．证券交易所规范权限之检讨［J］．月旦法学，2000（63）。

② 同注①。

③ 参见赖英照．股市游戏规则：最新证券交易法解析［M］．北京：中国政法大学出版社，2006。

④ 参见甘培忠，张菊霞．IPO 注册体制下证券监管机构的功能调整——从证监会和交易所分权视角观察［J］．法律适用，2015（7）。

有通过的议案中，同意股数占表决权 75% 以上的有 2766 例，占通过议案的 99.64%，同意股数占表决权 2/3 以上 75% 以下的议案仅有 10 例。由此看来，在现今新三板挂牌公司的摘牌案例中，设定 75% 的决议通过率对于保护中小股东的权益并不具有明显价值，因为在目前的股权结构下，即便设置了 75% 的决议通过率，对于提升中小投资者在公司摘牌决议表决中的话语权也无实质性帮助。

总之，即便在理论上股转公司通过自律规则提高决议通过的表决权比例具有合理性，但该制度的设置从目前新三板公司的股权结构分布来看现实意义并不强烈，因此，现阶段引入的必要性也不明显。

未来，随着新三板流动性的增加，更多的公众投资者可能进入新三板，可以适时考虑引入类别股东表决机制，以此增强中小股东在主动摘牌中的话语权。尽管类别股东表决机制和提高决议通过的表决权比例在保护中小股东权益上可谓异曲同工，但之所以选择类别股东表决机制，是因为其在我国主板市场上已经有操作经验，更易于接受，且对于每个主动摘牌的公司都必然会发挥一定作用；而 75% 的高比例设计则需要立足于各个公司具体的股权结构，只有股权结构足够分散时，才有发挥制度功能的空间。相比较而言，类别股东表决机制在未来新三板流动性增强时可能更为合理。

第三节　回购价格的公允性判断

新三板挂牌公司的摘牌意味着公司将从公开交易平台退出，对中小股东而言，这种退出具有两方面的不利性：一是控股股东控制着交易的时机和条件；二是中小股东缺乏交易中的知情判断能力和讨价还价能力。在这样的交易中，中小股东处于被动地位。因此，在摘牌过程中，首先要保障中小股东的股权能够被回购，其次要确保中小股东受损的权益能得到合理价格的补偿。而价格作为回购协议中对中小股东利益影响最大的条款，其公平性成为影响公司摘牌是否产生危害的关键因素。

一、回购价格的评估方式

我国现行立法没有对新三板公司摘牌过程中异议股东股权回购或收购的要约价格作出特别规定。《业务指南》对挂牌公司主动摘牌仅规定挂牌公司、公司股东或相关方应当制定合理的异议股东保护措施，通过股票回购、现金补偿等方式对股东权益保护作出安排，并主动联系异议股东，对保护措施进行解释说明。对于补偿的合理价格却没有给出回应。美国法院在评价补偿权的股票估价过程中，一般是将市场价值法、资产价值法和收益价值法等估价方法所得结果的加权平均值作为股票价格。① 市场价值法就是看争议交易宣布之前公司股票的市场价值②；资产价值法是将公司各项资产的市场价值汇总计算；收益价值法，则是对公司未来投资（或收益）价值的估算。③

在我国新三板的股份回购实践中，普遍存在以成本回购法对中小投资者进行托底保护，也有一些公司采用资产价值法，以每股净资产价格回购。两种方案的回购价格往往存在较大差异，对投资者的利益保护以及满意度也存在较大区别。成本回购以友宝在线为例。友宝在线于 2018 年 11 月 7 日召开董事会，审议通过了终止挂牌议案，并在股票终止挂牌 2 个月内，对 61 名回购相对人提出的回购请求实施回购。回购价格按照回购相对人取得该部分股票的成本价或最近一次外部融资价 9.5 元/股二者孰高为准。据统计，友宝在线挂牌以来的均价为 9.75 元/股，基本与其最近一次外部融资价 9.5 元/股持平；但自 2018 年以来，友宝在线的平均价格为 8.3 元/股，明显低于 9.5 元/股，而 2018 年 11 月 16 日，其停牌前的价格为 7 元/股。④ 与友宝在线不同，大汉三通选择了以净资产价格回购。大汉三通于 2019 年 2 月 25 日通过终止挂牌议案，并在此后

---

① 参见李辰．论异议股东评价补偿权制度［J］．证券市场导报，2001（7）。

② 但是在下列情形下，市场价值法帮助不大并且一般被赋予较小的加权值：(1) 当股票不是在一个流动性较好、合理高效的市场上被活跃地买卖时（一般适用封闭公司）；(2) 当市场价值被认为由于某些可以确定的原因而受到了扭曲时；(3) 或者当合并或其他交易的消息在其生效之前就被过早地泄露在市场上，以致连未受其影响的最新市场价格都显得过时。

③ 参见李辰．上市公司重组的法律规制［D］．厦门：厦门大学，2002。

④ 参见新三板论坛．10 元定增 2.4 元回购？新三板摘牌回购悄然生变，成本价回购竟成奢望［EB/OL］．［2019-09-10］．http://www.sohu.com/a/298047338_382383。

公告中对异议股东所持股份实施回购，承诺中约定回购价格拟不低于公司截至2018年半年报公司每股净资产价格，具体回购价格及方式由双方协商确定为准。可据其2018年半年报显示，公司每股净资产为2.43元，在公告发布的2月26日，大汉三通收盘价更跌至2元/股。[①] 而根据东财Choice数据显示，大汉三通2018年至公告发布日的平均价格为3.67元/股，最高价为8.4元/股，区间跌幅高达72.91%；2017年以来的平均价格高达10.29元/股，最高价曾达19.52元/股，区间跌幅为77.82%。[②] 上述两种收购模式似乎成为保护中小股东退出权益的两种极端，成本价或最近一次外部融资价孰高的回购价格让投资者可以稳赚不赔地退出资本市场；而大汉三通选择的半年报每股净资产价格回购则远远无法弥补大部分投资者的亏损。在公司摘牌过程中，公司往往首先通过公告或承诺给出异议股东的股权回购价格，如果异议股东接受，对回购价格不存在异议，那么双方会形成回购价格合意，后续应以该价格进行回购；若存在异议，则需要对定价模式进行一定的分析和选择。

以成本价回购固然可以最大限度地保护投资者的权益，但存在不合理性。一方面，在摘牌常态化的市场运行理念下，成本价回购与公司股票的真实价格往往存在出入，以这种价格摘牌将不合理地加大公司基于自身情形而作出的、商业运营中策略性调整的负担，在某种程度上也阻碍了有进有出的市场化优胜劣汰机制的形成；另一方面，不符合市场经济投资者买者自负的基本运行原则，特别是在对投资者的能力与经验有一定要求的新三板市场中，合格投资者应对其股权投资行为承担相应的市场风险。

相比之下，市场价格法作为成熟证券市场衡量公司价值的重要评估方法，具有合理性。其优势在于：其一，价格能及时反映公司退市时的市场价格，能体现出公司市值的变化，不具有滞后性，符合买者自负的原则；其二，不会给公司摘牌决策造成过大负担。由于市场价格能较准确地反映摘牌时公司的价

① 参见盛波．爽约回购 这些新三板摘牌公司不地道［N］．上海证券报，2019－04－19。

② 参见新三板论坛．10元定增2.4元回购？新三板摘牌回购悄然生变，成本价回购竟成奢望［EB/OL］．［2019－09－10］．http：//www.sohu.com/a/298047338_382383。

格，该价格是市场对公司价值的评估，因而也在公司回购能够承受的范围之内，不会对公司摘牌造成不合理的负担。但市场价值法的运用需要一个非常重要的条件，即市场必须具备一定的流动性，股票价格的波动可以充分及时地反映相关信息的变化，市场效率机制相对完善。但这一条件在我国新三板市场难以具备。目前，我国的新三板市场存在较多无融资、无交易的挂牌公司，或仅少量股票交易的挂牌公司，整体而言，市场流动性较差，公司的交易价格往往难以反映股票的真实价值，因而市场价值法难以在目前的新三板挂牌企业发挥应有的估值作用。

净资产价格法相较于成本回购法、市场价值法而言，多在流通性不足的市场使用。考虑到目前新三板市场的流动性不足问题，该方法或许较适合新三板拟摘牌企业的估价需要。当然，净资产价格法本身也存在一定争议：一是净资产价格法多用于缺乏流动性的市场，在我国多用于有限公司和封闭性的股份公司，新三板挂牌企业尽管流动性不足，但毕竟处于公开交易的市场中，始终有别于流动性受限的有限责任公司和封闭性的股份公司；二是净资产估价法本身也受到理论界和实务界的诸多质疑，因为以净资产作为定价标准，只能反映公司已取得的、静态的价值，无法反映在公司未来发展中可能带来的动态的潜在利益，因而并非好的定价机制①。

由于收益价值法往往涉及公司的未来收益和风险的预测，具有较大的不确定性，受主观评价影响较大，且可能超出法律所保护的法益边界，因而在我国制度中几乎没有涉及，在实践中运用的难度也非常大。

通过上述分析可知，要找到一种适合新三板拟摘牌公司的估价方法并非易事。目前，我国新三板市场正处于纵深化改革进程中。从市场本身的分层状况来看，差异性的发行、交易以及信息披露机制的设计使新三板内部不同层次市场间的流动性存在着差异，特别是精选层的设立将在完善新三板市场分层结构的同时进一步推动市场流动性。基础层、创新层和精选层三个层次在竞价交易

---

① 参见叶林．反对股东股权收购请求权的行使与保障——《公司法》第七十五条评述［J］．社会科学，2012（9）。

方式、投资者门槛方面存在差异。首先，在交易机制层面，精选层将实施连续竞价交易机制，后续将根据实施效果情况，适时增加混合做市交易方式，优化市场交易定价功能；其次，在投资者门槛方面，精选层的投资者适当性标准为100万元，低于创新层和基础层标准，投资者基数更大，同时，将引入公募基金投资，投资者结构更为丰富。① 基于这一改革现实，今后有必要针对新三板不同层次的挂牌公司采取不同的价值估算方法，即精选层可以选择对市场流动性依赖较强的市场价值法为主要方式，而流动性较弱的基础层及创新层则偏向于选择净资产价格法作为估值方法。当然，这种区分也只是倾向性的分析，事实上，国外学界和司法实务界对于公允价值的评估并没有确定某种单一的评估方式，而往往通过多种估价方式的结合对企业的价值进行评估。例如，美国特拉华州最高法院坚持公允价值的确定需要考虑涉及一个公司价值的所有相关因素，包括通过被认为金融界通常可以接受的任何技术或方法的评估证据。②《美国示范公司法》官方评论支持了特拉华州的开放式方法。③

二、第三方机构对回购价格的评估

无论对评估方法如何取舍，在实践中，监管机构和司法机关都面临着实质性判断的困境，其实还需要借助具备专业知识和能力的评估机构定价。在域外司法实践中，若公司当事人将有关股份回购价格的争议提交至法院，法官在收购的实质公平审查中，往往也会更加信赖第三方中介机构对回购价格作出的专业判断。对于利益冲突交易，《公司治理原则》指导法院作出实质性的权衡最高的现实价格，即以一个自愿的、有判断能力的且被充分告知的买方可能支付的作为一个整体的公司的价格，④ 也就是通常所说的第三方价格。

回到新三板市场，全国股转公司作为交易组织者和自律监管者，当然不应

① 参见马婧好，王红．最新最全！新三板深改政策细节出炉！精选层入层标准、转板上市要求……七大亮点抢先看［EB/OL］．［2019－11－15］．https：//mp. weixin. qq. com/s/GDAQwbA6ndUmrVz9AOOLRQ。

② 参见 Weinberger v. UOP, Inc. , 457 A. 2d 701, 713（Del. 1983）。

③ 参见 MBCA § 13. 01 cmt. 3（1984）。

④ 参见 Principles of Corporate Governance：Analysis and Recommendations pt. 7，ch. 4（1994）．§ 7. 22（a），§ 7. 22（c）。

该介入回购价格的确定问题。为使收购价格体现出股票的真正财产价值，建议采用第三方价格机制，将该价格的发现和评估交给独立的中介机构判定。具体而言，可以作出如下的制度安排。

（一）价格评估程序的启动机制

在各国《公司法》中，股份回购时的价格评估程序的启动模式有三种：公司请求模式；股东请求模式；公司和股东混合请求模式。

公司请求模式以美国为代表。其《示范公司法修正本》规定，若公司与股东未就公平价格达成协议，公司应当在收到支付要求后 60 日内请求有管辖权的法院决定股份的公平价格。如果公司未按规定提出请求，则应支付股东所要求的金额。可见，向法院提出请求是公司的一种义务，之所以这样规定，是立法者希望确立一种庭外解决争端的机制，避免公司故意拖延，从而使股份评估权能够更加快速有效地发挥作用。

股东请求模式以日本和我国台湾地区为代表。根据台湾地区“公司法”第 187 条的规定，股东和公司自股东会决议日起 60 日内未达成协议的，股东应于该期间经过后 30 日内，申请法院作出价格裁定。我国《公司法》针对有限公司股份回购的第七十四条第三款也采取了股东请求模式，“自股东会会议决议通过之日起 60 日内，股东与公司不能达成股权收购协议的，股东可以自股东会会议决议通过之日起 90 日内向人民法院提起诉讼。”

公司和股东混合请求模式以韩国和美国特拉华州为代表。韩国《商法》规定，异议股东和公司就股份收买价格协商不成时，应将会计专家算定的价格作为股份收买价格。若公司或持股 30% 以上的股东反对会计专家估算的价格，可以自估算该价格之日起 30 日内请求法院决定收买价格。而《特拉华州普通公司法》规定，在合并或并吞生效后的 120 日之内，公司或任何一位享有股份评估权的异议股东都可以申请法院对股份价值进行评估。

在以上三种模式中，股东请求模式未能给持股数量极少的异议股东提供充分的保护，因为启动司法评估程序需要股东付出时间、精力、律师费用等成本，小股东即使对公司评估的价格不满，经过成本收益分析后也往往忍气吞声。这一弊端在混合请求模式中同样存在，在股东和公司不能就股份收买价格达成协议时，若异议股东不向法院提出评估请求，公司自然也不会这样做。相比之下，公司请求模式在一定程度上可以促使公司确定较为合理的收买价格，是一种更可取的做法。①

上述结论同样适用于新三板市场。如果异议股东与挂牌公司之间不能就股份回购价格达成协议，则应由公司在规定期限内（如30日）主动聘请第三方机构对回购价格进行确定，聘请成本应由公司承担。之所以由公司聘请第三方机构评估，主要是因为第三方机构在评估时需要详细了解公司的经营情况、财务信息等涉及股权价值判断的诸多资料，与中小股东相比，公司对评估信息的提供显然更为便利和高效；同时，要求公司负担费用，虽然在一定程度上会增加公司的摘牌成本，但反过来可以倒逼处于主动摘牌优势地位以及股份回购定价优势地位的公司或大股东主动向中小投资者承诺合理的、公允的回购价格，否则其将承担的退市成本可能会比公允回购异议股份的成本更高，从而间接保护了异议股东的合法权益。

前文指出，新三板市场中存在恶意购入股票后要求更高的股份回购价格的现象。我们认为，对主动摘牌时的回购而言，没有必要过多关注投资者购入股票的目的是善意还是恶意。如果其持股多到阻止摘牌决议通过的程度，自然不会发生回购的问题；如果其持股数量不足或者不能否决回购决议，则应愿赌服输，通过上述评估程序解决价格争议问题。

若公司与异议股东没有达成协议价格，拟摘牌公司又未在规定期限之内聘请第三方机构进行估价的，那么异议股东可以对公司的不作为向股转公司提出申请，股转公司可要求拟摘牌公司在规定期限内聘请第三方机构进行价格评估。股转公司的这一监管权源自其与新三板公司挂牌时签订的协议，通过协议或者将该条款直接植入或者概括性规定挂牌公司应遵守股转公司的自律规则。在资本市场，通过合同条款约定的方式明确相关市场参与者接受自律规则约束

① 参见伍坚．对新《公司法》中股份评估权制度的检讨［J］．财会月刊，2007（10）。

是证券交易场所经常采用的方式。这主要源于契约监管模式理论，即将证券监管市场化，依靠私法合同的法律约束力来维护投资者利益。当然，具体到股转公司要求拟摘牌公司进行第三方评估的问题上，可能同时需要伴随一个制度改革，即先履行承诺后摘牌，如果按照现行的先摘牌后履行承诺的做法，尽管存在股转公司与挂牌企业的协议以及股转公司的自律规则，但这种要求在实践中往往难以落实。有业内人士曾就此提出过相应观点。[①]

（二）第三方价格评估机构的独立性

在引入第三方价格评估机构进行公允价格估值的制度背景下，立法的重点将不在于价格是否公允，而是如何确保第三方资产评估机构的独立性，为实现此目的，应构建出一定的制度。

第一，强化第三方资产评估机构的披露义务。在实践中，对于第三方资产评估机构独立性的怀疑往往在于，其由公司委托并支付报酬，因而可能存在第三方资产评估机构不公正独立的情形。在挂牌公司中，由于公司的中小投资者存在理性冷漠、集体行动难等问题，其往往基于成本以及“搭便车”心理而难以通过自己的力量来与控股股东进行抗衡，因此第三方资产评估机构往往实际上是由控股股东一方委托，这可能就存在基于委托关系产生的不公正性。对此，可通过强化第三方评估机构评估报告的披露义务来加强监督，要求其在报告中写明对公司价值评估的方法及依据，并将报告向股转公司以及中小股东进行披露，以加强对中小股东的保护。

第二，完善第三方资产评估机构的责任体系，促使中介机构形成自我约束机制。目前，资产评估机构作为我国重要的评估中介机构，主要活跃在上市公司的并购活动中。但从上市公司的实践来看，目前的监管机制对资产评估机构及其出具的资产评估报告的监管手段和措施都较为缺乏。部分资产评估机构执业水平不高，更多的是出于经济利益考虑，违背执业准则，为迎合客户需要随意出具报告，导致中介机构信用缺失，严重影响中介机构的独立性和权威性，

---

① 参见胡雨，吴利任．挂牌公司回购异议股东股份频现争执［N］．中国证券报，2019－04－03。

在一定程度上助长了大股东和关联方肆意侵占上市公司资产的行为。作为对第三方资产评估机构有同样需求的新三板市场，其与上市公司第三方资产评估监管所面临的问题是相同的，因而，同样需要加强监管制度的设计，有效地阻隔中介机构与客户勾结，保持中介机构的独立。对此，应当加强中介机构的责任体系，加大中介机构违法成本，形成司法监管的威慑力。在目前的监管体系和法制基础上，监管部门与资产评估协会等行业自律组织应加强联系，共同形成对资产评估等中介机构的监管合力，促使以行业协会自律监管为主的自我约束机制的形成。

三、以信息披露监管为核心确保回购价格公允性

尽管通过公司内部摘牌决议机制能够起到保护中小投资者的作用，但由于我国新三板市场目前存在市场效率机制不完善、控股股东对董事会的过度控制、中小股东的信息劣势等问题，仅靠公司的内部决策机制来平衡控股股东与中小投资者的利益而不进行外部监管，是一种十分理想的状态。而要论证主动摘牌的监管逻辑，首先需要解决两个理论问题，一是监管介入的必要性，二是监管介入的程度。

首先，从监管新三板公司主动摘牌的必要性而言，由于证券市场的信息不对称、私有化交易的利益冲突、现有法律规制不完备和中小股东的信息不对称等诸多原因，证券市场中私有化交易极易出现欺诈和不公平现象，具体体现为：第一，证券市场固有的信息不对称及内部人对信息的滥用。新三板的投资者虽然具有一定的专业能力，但其仍是私有化市场中的弱势群体，缺乏臂长交易下讨价还价能力以及对私有化交易的决策影响力，易受控股股东欺诈行为或操纵行为的侵害。第二，现有法律规制还未充分、有效地保护中小股东的利益，相应的配套制度，如控股股东的信义义务、董事的信义义务等还不甚完善。第三，中小股东的估价救济以及股东诉讼的高成本与低效益。估价救济诉讼一直被认为是昂贵且低效，而证券监管的意义在于通过监管，把挑战交易不

公平性的负担从小股东身上部分移走。①

私有化交易犹如一枚硬币的两面：一方面大股东可能危及中小投资者利益；另一方面私有化交易可能提高社会效益，促进优胜劣汰的资本市场健康发展。证券监管的价值与功能恰恰在于，有助于挂牌公司私有化交易的趋利避害，一方面可以提高效率、促进竞争，另一方面可以实现对中小投资者的保护。② 因而，监管的介入十分必要。

其次，从证券监管的介入程度而言，监管的介入实质上会随着市场效率的变化、投资者保护的力度、市场的成熟度以及相应机制的完善而发生变化。对美国而言，借鉴其证券监管机构 SEC 对上市公司私有化的监督历程，可以看出，其由实质审查到法定信息披露的监管逻辑的演变。具体分析如下。

第一阶段，审查交易的公平性。1975 年 2 月 6 日，SEC 公布了两种可选择的私有化交易规则 13e－3A 规则和 13e－3B 规则。13e－3A 规则要求，对非关联股东提供的收购价格必须公平（因为该价格是由控股股东决定的），并且不能低于两个独立的有资格的人提出的参考价格；13e－3B 规则要求，交易需要有一个正当的商业目的，并且交易条款必须公平。③ 这两个规则都要求交易定价的公平性。

第二阶段，通过禁止欺诈、虚假和操纵来监管实质公平。1977 年 11 月 7 日，SEC 公布了新的 13e－3 规则的提案，该提案同时要求对非关联股东实现实质公平和程序公平。这一提案进一步指出，在判定交易是否公平时可以参考的因素包括：非关联股东的同意；市场价格；账面价值；清算价值；无关联董事的审批；与非关联股东协商程度；第三方出价；目的；公司的预期利益；税收后果；对州法律的遵守。此阶段 SEC 对实质公平审查的权力合法性遭到质疑。国会试图通过第 13e 条将不公平交易的监管纳入欺诈来授权 SEC 监管实质公平，这种观点遭到抨击，认为实质监管权超出了证券监管权的传统监管权

① 参见 Christopher R. Gannon，supra note ④，p. 65。

② 参见李文莉．上市公司私有化的监管逻辑与路径选择［J］．中国法学，2016（1）。

③ 参见 40 Fed. Reg. 7947，7949，7950（1975）。

力——信息披露监管权。①

第三阶段，放弃实质公平监管，选择法定信息披露——13e－3 规制。1979年，SEC 适用了更宽松的规则 13e－3，放弃了实质监管，通过要求披露对交易的公平性合理信赖，间接实现实质正义，并不把交易的不公平性视为非法，相反要求公司披露对交易是否公平的评价以及对公平性进行评估的过程。评估的过程必须考虑 1977 年提案中涉及的实质审查的相关因素。在这一阶段，SEC 拥有特殊信息的披露监管权——要求退市公司不仅披露交易的事实，还要披露对交易公平性的主观判断，即对公平的合理信赖，以及对公平性的判断过程。在披露自己对交易公平性的评价外，13e－3 条款对公司提出进一步的披露要求，要求披露其作出评估结论所依据的基础。这些评估的客观基础可能成为非关联股东交易决策依据和事后主张违反信义义务的诉讼证据，也为法院事后裁决交易的公平性和反欺诈提供事实证据。通过信息披露的巧妙设计，立法回避了证券监管机构实质审查权的合法性争议，通过信息披露的巧妙设计实现对实质公平的追求。

回到我国新三板投资者保护的语境中，在目前证券市场效率较低，新三板公司摘牌内部决策机制还未有效保障中小投资者利益，证券法规和相应配套制度仍不完善，司法救济制度滞后且成本较高的情形下，全国股转公司的监管介入对促进市场效率和中小投资者的保护具有重要意义。而有效监管介入的前提是对监管的权力进行明确与细化，以达到对拟摘牌公司的威慑作用，从而倒逼其在摘牌中对中小投资者的保护。当然，这种监管权力的设计必须恰当，否则就可能陷入干预公司商业决策的被动情境。对此，可以借鉴美国 13e－3 规则，通过强化摘牌过程中信息披露的内容，引导挂牌公司私有化交易的公平与效率。《业务指南》中要求的主办券商和律师应当就挂牌公司主动终止挂牌是否符合规定的情形、是否履行了法定程序和信息披露义务、是否对异议股东作出安排等事项发表明确意见等规定，更多的还是停留在对主动摘牌交易事实的披

① 参见 Christopher R. Gannon. An Evaluation of the Sec's New Going Private Rule [Z]. 7 J. Corp. L., 1981。

露上，今后，可进一步细化全国股转公司对拟摘牌公司信息披露的要求，让其对非关联股东的同意；市场价格；账面价值；清算价值；无关联董事的审批；与非关联股东协商程度；第三方出价；目的；公司的预期利益；对法律的遵守等情形进行答复和说明，并要求拟摘牌公司对公平的合理信赖以及对公平性的判断过程进行说明和披露。

第四节　回购承诺的履行

即便拟摘牌公司与异议股东之间达成回购协议，如何确保回购承诺的履行又成为新三板公司主动摘牌的难题之一。事实上，拟私有化的公司“诺而不行”的情形在上市公司中就曾出现，上市公司大量使用“承诺”并引起学界注意可追溯至股权分置改革期间，后被广泛运用于交易所市场及场外交易市场，适用领域也从股改扩展至股权收购、资产重组、首次公开发行、再融资及其他环节。这些承诺对于增加市场信心、稳定公司股价、改善公司治理具有积极作用。然而，由于缺乏法律依据，此类承诺一直游离于监管之外，沦为白条者甚多，严重损害了投资者利益，破坏了证券市场信心，影响了证券市场稳定。[①]因而，证监会早在第四届“上证法治论坛”（2013 年）上就提出，要研究建立承诺违约的强制履约制度，赋予监管机构提出明确具体的履约要求、责令承诺人履行承诺的权力，并建立相应的司法机关强制执行的保障机制。多层次承诺履行监督机制的概念被提出。

2014 年，为进一步规范上市公司实际控制人、股东、关联方、收购人以及上市公司的承诺及履行承诺行为，优化诚信的市场环境，更好地保护中小投资者合法权益，证监会发布了《上市公司承诺指引——上市公司实际控制人、股东、关联方、收购人以及上市公司承诺及履行》。全国股转公司近期发布的《挂牌公司治理规则》也将承诺事项管理专列为一章。上述规则基本确立了上

① 参见杨海静，万国华．论证券市场公开承诺的监管［J］．证券市场导报，2016（8）。

市公司/挂牌公司承诺必须信守的基本原则，对承诺内容及信息披露、履约能力及补救措施、内容变更程序等作出了要求。

针对实践中新三板存在的主动摘牌公司作出的回购承诺形同虚设、拟摘牌公司的回购期间设置失当、公司摘牌后不履行回购承诺等问题，《挂牌公司治理规则》进行了完善。

第一，细化承诺内容。《挂牌公司治理规则》规定："公开承诺应当包括以下内容：（1）承诺的具体事项；（2）履约方式、履约时限、履约能力分析、履约风险及防范对策、不能履约时的责任；（3）履约担保安排，包括担保方、担保方资质、担保方式、担保协议（函）主要条款、担保责任等（如有）；（4）违约责任和声明；（5）中国证监会、全国股转公司要求的其他内容。承诺事项应当有明确的履约时限，不得使用"尽快""时机成熟"等模糊性词语；承诺履行涉及行业政策限制的，应当在政策允许的基础上明确履约时限。"在实践中，新三板挂牌公司主动摘牌存在通过设置不公平回购条件来变相逼迫中小股东继续持有公司股票从而让公司不再承担回购义务的情形，例如，很多公司设置较短的回购申请期，同时设置很长的回购履行期。今后，《挂牌公司治理规则》应当进一步明确规定，不得利用承诺条件的设置变相侵害异议股东的退出权，应为回购申请期设定一个最短期限，同时为回购履行期设定一个最长期限，以便充分保护中小投资者。

第二，注重承诺履行。《挂牌公司治理规则》规定："承诺人作出承诺后，应当诚实守信，严格按照承诺内容履行承诺，不得无故变更承诺内容或者不履行承诺。当承诺履行条件即将达到或者已经达到时，承诺人应当及时通知公司，并履行承诺和信息披露义务。"此外，当承诺无法履行或者无法按期履行，承诺人应当及时披露。当承诺已无法履行或者履行承诺不利于维护公司权益的，承诺人在披露之外，还应向公司或者其他股东提出用新承诺替代原有承诺或者提出豁免履行承诺义务。上述变更方案应当提交股东大会审议，承诺人及其关联方应当回避表决。变更方案未经股东大会审议通过且承诺到期的，视为未履行承诺。

第五节　投资者权益受损时的救济机制

关于新三板挂牌公司主动摘牌的事后救济，我们可将目前成熟的投资者维权机制和救济渠道进一步运用到新三板市场中，加大以平等协商为基础、调解机构引导为辅的多元纠纷化解机制，为新三板市场投资者提供便捷、高效、低成本的纠纷解决渠道。具体的摘牌救济方式，除了之前论及的路径，在此还要强调两点。

第一，引入投服中心的证券支持诉讼。证券群体诉讼有两种基本模式：一种是交由公共组织进行证券诉讼的模式，即公共执法模式；另一种是由投资者个人提起证券诉讼的模式，即私人执法模式①。在证券支持诉讼方式下，由投服中心召集投资者进行登记并授权提起诉讼，是公共执法与私人执法的有机结合。证券支持诉讼在上市公司中得以成功运用并取得良好成效的原因在于其有两方面优势：一方面，可以减轻监管部门的监管成本；另一方面，可以解决中小投资者过高的诉讼成本，并且充分利用"搭便车"扩大群体规模。有学者指出，投服中心持股行权是基于对市场失灵和政府失灵的理性反思与因应对策，是通过私法手段实现公法目的的一次尝试②，公共执法成本与私人执法成本通常呈现此消彼长的状态，而证券支持诉讼有助于提高执法效率并降低社会成本③。与中小投资者多为散户组成的上市公司不同，新三板的投资者多由具备一定专业知识及能力的投资者组成，因而，对新三板公司引入证券支持诉讼，首先需要回答的问题是，是否有必要为这样一部分具备能力和资本的机构投资者进行特别保护。目前，大量研究揭示了境外成熟市场中制约机构投资者积极参与公司治理的诸多因素，这在某种意义上表明，即便是机构投资者也存在较

---

① 参见黄鹂．中国证券群体诉讼：公共执法与私人执法的选择［J］．上海金融，2016（5）。

② 参见陈洁．投服中心公益股东权的配置及制度建构——以"持股行权"为研究框架［M］//郭文英，徐明．投资者（第一辑），北京：法律出版社，2018。

③ 参见王琳．投资者权益保护与证券支持诉讼：以法经济学为视角［J］．重庆大学学报（社会科学版），2019（4）。

大的诉讼成本与“搭便车”心理。首先，从激励角度看，持股比例最多的共同基金等大型主流机构投资者多进行分散化组合投资，持有众多公司股票，并多根据管理资产规模向客户收取固定比例管理费。由于只能按照管理资产的固定比例收费，共同基金若专注于某家持股公司的治理，仅能分享相应价值提升的一小部分，其他部分则会被竞争对手“搭便车”，而相关成本只能由自己承担，对提高自身的相对表现助益甚微。[①] 因此，共同基金等机构投资者积极参与公司治理的激励存在不足。其次，从监管角度看，大额持股披露规则、对短线交易的限制和对共同基金投资分散度的要求，也限制了它们在某家公司大额持股、与其他机构投资者联合行动并介入公司治理的意愿。再次，对于公共养老基金类机构投资者而言，由于公共属性较强，来自政府和各类利益团体的政治压力会影响其参与公司治理的有效性。[②] 最后，旨在促进机构投资者参与公司治理的欧盟《股东权利指令》(2017 年修订)[③] 等规定，均因原则性过强、缺乏可执行性（通常基于“遵守或解释”原则）、忽视制约机构投资者参与公司治理的深层因素而引起学者对其有效性的质疑。[④] 而观察国内，情况也不容乐观。以上提及的限制因素（如在激励端分散投资导致的“搭便车”和激励不足问题）同样显现，而机构投资者所面临的利益冲突也不遑多让。[⑤] 由此可见，即便是具有一定资金及专业能力的机构投资者，在面对公司治理与诉讼的时候也会基于成本的考量而具有较大的“搭便车”倾向，因而有必要在新三板中同样引入中证投服中心的证券支持诉讼，发挥投服中心持股行权、支持诉讼、示范判决等在实质改进公司治理、完善市场博弈机制等方面的作用。

第二，强化主办券商及律师的责任。新三板的主动摘牌过程涉及的两大重

---

① 参见 Lucian A. Bebchuk, Alma Cohen and Scott Hirst. The Agency Problems of Institutional Investors [J]. 31 (3) Journal of Economic Perspectives 2017, 31 (3)。

② 参见 Roberta Romano. Public Pension Fund Activism in Corporate Governance Reconsidered [J]. Columbia Law Review, 1993, 795。

③ 参见 directive (EU) 2017/828。

④ 参见 Deirdre Ahern. The Mythical Value of Voice and Stewardship in the EU Directive on Long-term Shareholder Engagement: Rights Do Not an Engaged Shareholder Make [M] //Cambridge Yearbook of European Legal Studies, 2018。

⑤ 参见郭雳．作为积极股东的投资者保护机构——以投服中心为例的分析 [J]．法学，2019 (8)。

要主体一是公司本身，二是主办券商及律师，他们都需要在一定程度上对投资者、监管机构和社会负责。《业务指南》规定了主办券商和律师应当对异议股东保护措施是否充分合理进行核查，并发表明确意见。同时，《业务指南》还进一步要求，主办券商和律师在对此发表意见时，应对相关义务人与异议股东的沟通情况和达成一致的情况进行重点核查并发表意见。异议股东保护措施涉及相关主体实施股份回购的，主办券商和律师应对挂牌公司及回购义务人与异议股东的联系情况和回购协议签署情况进行重点核查并发表意见。可见，《业务指南》将主办券商和律师作为对挂牌企业主动摘牌中异议股东保护的重要一环。当发生挂牌公司不能履行回购协议的典型案例时，全国股转公司乃至中国证监会应当复查主办券商所发表意见的具体依据和工作流程，并对负有责任的主办券商及律师等作出处罚和纪律处分。强化主办券商和律师的责任，可以为中小投资者退市利益的保障提供有效路径。

第五章　强制终止挂牌中的投资者保护机制

第一节　强制摘牌的情形扩展

全国股转公司《业务规则》规定的六种终止挂牌情形中，仅有两种情形属于强制终止挂牌，即未在规定期限内披露年度报告或者半年度报告，且自期满之日起两个月内仍未披露年度报告或半年度报告；主办券商与挂牌公司解除持续督导协议，挂牌公司未能在股票暂停转让之日起三个月内与其他主办券商签署持续督导协议。作为对比，《上海证券交易所股票上市规则》第 14.3.1 条规定的强制终止上市情形多达 21 种。尽管新三板市场可能有其特殊性，但现行强制摘牌的情形还是过于狭窄。随着新三板市场改革的深化，未来应当增加强制摘牌的情形。在某种程度上，我国台湾地区柜台交易市场与新三板市场较为接近，其强制终止有价证券柜台买卖的规则可以提供有益的借鉴。

我国台湾地区“证券柜台买卖中心证券商营业处所买卖有价证券业务规则”第 12 条之 1 规定，发行人有下列情事之一者，本中心停止其有价证券柜台买卖，并报请主管机关备查；或由发行人依“上柜公司申请终止有价证券柜台买卖处理程序”规定申请终止其有价证券柜台买卖：（1）有“公司法”282 条之情事，经法院依“公司法”第 287 条第 1 项第 5 款规定对其股票为禁止转让之裁定者。（2）在本中心所在地区设置有价证券过户机构后予以裁撤或虚设过户机构而不办过户并经本中心查明限期改善而未改善者，或经依第 12 条第 1 项第 13 款规定处置后逾 3 个月仍未改善者。（3）检送之书表或资料发现涉有不实之记载，经本中心要求解释而逾期不为合理解释者。(4) 未依法令规定办理财务报告或财务预测之公告申报者。(5) 其依“证券交易法”第36条规定公告并申报之财务报告，未依有关法令及一般公认会计原则编制且情节重大，经通知更正或重编而逾期仍未更正或重编者；或其公告并申报之财务报告，经其签证会计师出具无法表示意见或否定意见之查核报告或出具否定结论或无法作成结论之核阅报告者；或其公告并申报经会计师核阅之财务预测，经其签证会计师出具否定式或拒绝式核阅报告者。(6) 其有本中心“对有价证券上柜公司重大讯息之查证暨公开处理程序”第15条、“就上柜公司财务业务平时及例外管理处理程序”第11条、“对有价证券上柜公司信息申报作业办法”第6条等规定之情事，情节重大而有应停止其有价证券柜台买卖之必要者。(7) 违反申请上柜时所出具之承诺事项。但第一上柜公司违反其依本中心“外国有价证券柜台买卖审查准则”第4条第1项第13款出具有关股东权益保护事项之承诺者，另依本规则第11条第4项至第9项规定办理，不适用本款之规定。(8) 参与公共建设之民间机构其工程发生重大延误或有其他违反兴建、营运合约情事者。(9) 发生存款不足之金融机构退票情事，经依前条规定处置后3个月内仍未达成前条第4项第3款规定之各项补正程序并检附相关书件证明者。(10) 无法如期偿还到期或债权人要求赎回之债券，经依前条规定处置后3个月内仍未偿还债务或未与其债权人达成协议解决相关债务问题者。(11) 金融控股公司对其银行子公司、保险子公司或证券子公司丧失金融控股公司法第4条第1款规定之控制性持股者，经主管机关限期命其改正者。(12) 投资控股公司所持有之被控股公司家数低于二家，经依第12条规定处置后逾3个月仍未改善者。但第一上柜公司不在此限。(13) 公司分割后实收资本额未达标准，经依第13条规定处置后逾3个月仍未改善者。(14) 已上柜之母公司（含金融控股公司及投资控股公司）未依承诺收买持股逾70%之上市柜子公司之少数股东股份，经依前条规定处置后3个月内，仍未依承诺完成收买程序者。(15) 发行人之上市股票经台湾证券交易所股份有限公司公告停止买卖者。(16) 上柜普通股股数未符规定之标准，经依第12条第1项第15款规定处置后，逾3年仍未符合同条第4项第4款之情事者。（17）经营权异动且异动前后一定期间有营业范围重大变更之情事者。但上柜公司或第一上柜公司与上柜（市）公司、第一上柜（市）公司依企业并购法或其他法令进行并购、私募或公开收购者，不在此限。（18）因第12条第1项第16款规定列为变更交易方法有价证券后二年内无法达成同条第4项第5款规定者。（19）其有违反第8条之1或第8条之2情事，情节重大者。（20）其依“证券交易法”第36条规定公告并申报之财务报告，会计师出具继续经营能力存在重大不确定性之查核或核阅报告，经依第12条第2项规定处置后，逾3年其原因仍未消灭者。（21）其有价证券经依第12条第5项第2款规定处置后，逾三年其原因仍未消灭者。（22）依本中心有关章则规定或本中心认为有必要停止其有价证券柜台买卖之原因者。

在上述规定以外，依据该项规则第12条之2，可由台湾地区证券柜台买卖中心单方终止有价证券柜台买卖的情形还包括以下几种情形：该股票已在台湾证券交易所股份有限公司上市者；经法院裁定宣告破产已确定者；经法院裁定准予重整确定者；最近期财务报告显示净值为负数者；有金融机构拒绝往来之记录者；公司营运全面停顿逾六个月或连续六个月公告之营业收入为零或负数者；其申请书及所附之书类，对重要事项涉有虚伪之记载或重要之事实遗漏未记载者；办理公司解散登记完成者；有重大违反上柜契约情事者，等等。

可以看出，我国台湾地区设置的终止柜台买卖情形十分宽泛，这些指标大体上可以分为财务类、经营类、合规类等类别。当然，其中一些情形可能无法适用于我国内地新三板市场。

在我国内地的资本市场，无论是主板市场、创业板市场，还是科创板市场都规定了重大违法行为强制退市，上海证券交易所还专门针对重大违法出台了《上海证券交易所上市公司重大违法强制退市实施办法》。我们认为，无论是场内交易市场还是场外交易市场，都只能给无重大违法行为的企业提供融资的机会，这也是保护公众股东不受损害的一道闸门。尤其是对于欺诈挂牌、信息披露严重违规的公司，必须强制摘牌。虽然新三板市场实行合格投资者制度，信息披露的要求相比场内市场更为宽松，但这里的宽松应限于披露的范围和内容，而信息披露的原则必须严守，挂牌企业的信息披露必须做到真实、准确、完整。如果挂牌企业信息披露严重违规，应予强制摘牌。

此外，新三板市场可以实行充分的自律管理，全国股转公司可以根据市场中的突出问题或者投资者关注的问题要求发行人作出承诺，发行人也可以主动对某些事项作出承诺，以消除投资者的顾虑，这些承诺事项都构成投资者作出投资决定的基础，如果违反承诺显属背信弃义的行为，不诚信的公司应从市场驱离。

综上所述，新三板市场强制摘牌的情形至少可以包括：（1）在挂牌中存在严重欺诈；（2）主办券商与挂牌公司解除持续督导协议，挂牌公司未能在股票暂停转让之日起三个月内与其他主办券商签署持续督导协议的；（3）未在规定期限内披露年度报告或者半年度报告的，自期满之日起两个月内仍未披露年度报告或半年度报告；（4）最近两个年度的财务会计报告均被注册会计师出具否定或者无法表示意见的审计报告；（5）信息披露严重违规；（6）其他重大违法行为；（7）对所出具的重要承诺事项有违反者。

第二节　强制摘牌中的信息披露义务

信息披露制度是《证券法》的基础，新《证券法》以专章对信息披露作出规定。与交易所市场相比，新三板实行合格投资者制度，投资者的数量较少，但投资者的风险识别能力和承受能力都比较强，投资者自身具有一定的信息获取、加工和认知能力。然而，新三板市场依然是信息不对称的市场，投资者的投资判断还是主要依赖于信息披露的内容，依然要依靠强制性的信息披露制度解决信息不对称的问题。首先，新三板市场在性质上属于公开市场，面向不特定的投资者，强制性的信息披露是实现市场公平和效率的必然要求。其次，在新三板投资者门槛大幅降低、实行公开发行制度、竞价交易等一系列重大改革措施出台的背景下，必须同时强化信息披露制度，以便在促进市场发展的同时保护好投资者的权益。

一、上市公司强制退市时的信息披露义务

在交易所市场，中国证监会和证券交易所针对股票退市过程中的信息披露有明确的规定。《关于改革完善并严格实施上市公司退市制度的若干意见》专门提到要强化上市公司退市前的信息披露义务。证券交易所也依照《证券法》及相关法规规章制定了具体规则，将信息披露义务贯穿在退市的全过程中。

在此，以《上海证券交易所股票上市规则》的相关条款为例详加说明。若上市公司未在法定期限和该规则规定的期限内披露年度报告或者中期报告，公司股票及其衍生品种应当停牌，直至公司披露相关定期报告的当日开市时复牌。公司因未披露年度报告或者中期报告的停牌期限不超过两个月。停牌期间，公司应当至少发布3次风险提示公告。如果停牌满两个月还未披露，公司股票及其衍生品种自停牌两个月届满的下一交易日起复牌。自复牌之日起，上交所对其股票实施退市风险警示。在股票被实施退市风险警示期间，公司应当每5个交易日发布一次风险提示公告。若公司在实施退市风险警示后两个月内仍未披露，上交所自两个月届满的下一交易日起对公司股票及其衍生品种实施停牌，并在停牌起始日后的15个交易日内作出是否暂停其股票上市的决定。如果交易所作出暂停上市的决定，上市公司应当发布公告。而且，在股票暂停上市期间，公司应当继续履行上市公司的有关义务，及时披露为恢复其股票上市所采取的措施及有关工作的进展情况。如果公司在暂停上市两个月内仍未按要求披露相关定期报告，则自两个月届满的下一交易日起开始停牌，上交所在停牌起始日后的15个交易日内，作出是否终止其股票上市的决定。交易所决定股票终止上市的，公司应当在收到决定后及时披露股票终止上市公告。自决定公告之日后的5个交易日届满的下一交易日起，公司股票进入退市整理期。退市整理期的交易期限为30个交易日，在退市整理期间，公司股票进入交易所风险警示板交易。上市公司应当于其股票在风险警示板交易的第一天，发布公司股票已被作出终止上市决定的风险提示公告，说明公司股票在风险警示板交易的起始日和终止日等事项。另外，上市公司应当在前25个交易日内每5个交易日发布一次股票将被终止上市的风险提示公告，在最后5个交易日内每日

发布一次股票将被终止上市的风险提示公告。

二、挂牌公司强制摘牌时的信息披露义务

相比较而言，上市公司强制退市之后可以转到新三板市场继续交易，而新三板挂牌公司被强制摘牌后最多只能非公开转让，投资者将彻底失去集中交易的平台和机会。从这个角度说，对于公司是否存在强制摘牌风险，新三板投资者基本的知情要求仍然需要得到保证，挂牌公司因此必须妥当履行其信息披露义务。

关于强制摘牌中的信息披露问题，全国股转公司《业务规则》和已废止的《挂牌公司信息披露细则（试行）》以及修改前的《挂牌公司信息披露规则》没有明确规定。2020年1月3日，全国股转公司发布修改后的《挂牌公司信息披露规则》，其第13条规定："挂牌公司预计不能在规定期限内披露定期报告的，应当及时公告不能按期披露的具体原因、编制进展、预计披露时间、公司股票是否存在被停牌及终止挂牌的风险，并说明如被终止挂牌，公司拟采取的投资者保护的具体措施等。"这一规定实质上是在强制摘牌情形尚未触发时设置了一种预披露义务，对于新三板投资者防范风险，及时止损具有重要意义。

当强制摘牌的情形已然触发，如挂牌公司确实未按规定期限披露定期报告时，《业务规则》要求挂牌公司应当向全国股转公司申请暂停转让，直至按规定披露或相关情形消除后恢复转让。在更加细化的《挂牌公司暂停与恢复转让业务指南（试行）》中，全国股转公司明确挂牌公司应在T－1日（T日为暂停转让生效日，且为转让日）20点前披露股票暂停转让公告。此后，应当至少每10个转让日披露一次未能复牌的原因和相关事件的进展情况。如果全国股转公司作出股票终止挂牌的决定，挂牌公司应当在这一决定后及时披露股票终止挂牌公告。上述规则构成了强制终止挂牌时的信息披露义务的总体框架。

新三板挂牌公司强制摘牌时的信息披露要求要比上市公司强制退市时的信息披露要求简化很多，这可能是因为后者多了退市风险警示期、暂停上市以及退市整理期这三个环节。新《证券法》修订时，出于简化退市环节、提升退市效率的考虑，已不再规定暂停上市，证券交易所《上市规则》中有关暂停上市

的规定未来可能相应调整。我们认为，新三板投资者的投资经验较为丰富、风险承受能力较高，实质上属于合格投资者。各国《证券法》对合格投资者的保护力度要明显弱于对公众投资者的保护力度。例如，证券私募中信息披露的监管相对宽松。[①] 因此，新三板挂牌公司强制摘牌时的信息披露义务总体上也可以更为宽松。至于是否应当设置退市整理期，下文将作出分析。

第三节　强制摘牌的程序设置

一、对强制摘牌决定不服的救济程序

强制退市或者摘牌会削弱公司股份的流动性，严重影响投资者利益，因此需要遵循“程序正义”。

按照《上海证券交易所上市规则》，发行人、上市公司或者申请股票重新上市的公司对交易所作出的不予上市、暂停上市、终止上市决定不服的，可以在收到交易所有关决定或交易所公告有关决定之日后的 5 个交易日内，向交易所申请复核。交易所在受理复核申请之日后的 30 个交易日内，依据复核委员会的审核意见作出是否维持不予上市、暂停上市、终止上市的决定。该决定为终局决定。

全国股转公司《复核实施细则》也规定，申请人对全国股转公司作出的强制挂牌公司股票终止挂牌的决定存在异议的，应当在收到有关决定或者全国股转公司公告有关决定之日（以在先者为准）起 5 个交易日内向全国股转公司提交申请。全国股转公司收到复核申请材料后，在 5 个交易日内进行审查，作出是否受理的决定，并书面通知申请人。自受理复核申请后 30 个交易日内，全国股转公司根据复核委员会的审议意见，对申请人复核申请作出决定。复核会议认为复核申请理由成立的，全国股转公司作出撤销原针对申请人决定的决定；复核会议认为复核理由不成立的，全国股转公司作出维持原决定的决定。复核

① 参见梁清华．论我国私募信息披露制度的完善［J］．中国法学，2014（5）。

决定为全国股转公司的终局裁决。

总的来看，全国股转公司和证券交易所设置的强制摘牌内部救济程序大致相同。在复核期间，相关决定原则上不停止执行，复核只进行一次且决定均为终局性。这既体现了对挂牌（上市）公司利益的考量，也体现了对自律监管的尊重和对监管效率的追求。

二、摘牌整理期的设置

沪深证券交易所在主板、创业板、科创板都设置了退市整理期，退市整理期的交易期限为30个交易日，上市公司在此期间需要连续发布股票已被终止上市的风险提示公告。公众投资者基于相关股票即将退市的认知，自愿进行股票交易，不愿承受风险的投资者有机会退出，愿意接盘的投资者可以进入，这也体现了“买者自负”的精神。据显示，欣泰电气在退市整理期，换手率为98.61%，原中小投资者基本实现退出，总体上释放了市场风险，有效保护了中小投资者权益。①

在新三板市场，强制摘牌时没有设置摘牌整理期，挂牌公司触及强制摘牌情形后，其股票将持续处于暂停转让的状态。那么，新三板市场是否有必要设立摘牌整理期呢？反对观点或许认为，目前新三板市场投资者数量并不太多，即使在正常挂牌期间，交易也不是十分活跃，而在挂牌公司将被强制摘牌的情况下，股份交易实际上已经很难发生，设置摘牌整理期意义不大。我们对此并不认同。前文已经指出，新三板过去一段时间存在的问题，很大程度上在于合格投资者的门槛过高，且挂牌公司融资渠道不畅。投融资两端的局限，导致整个市场股份定价能力不够强，流动性不够充分。随着2019年底一系列改革规则的出台，投资新三板的门槛已经大幅降低，投资者的数量有望明显增加，投资者也将出现异质化。在这种背景下，摘牌整理期可以为基于不同投资目的、具备不同风险偏好和风险承受能力的投资者提供交易机会。而且，交易所市场退市的公司还可以转到新三板挂牌交易，但新三板挂牌公司被摘牌后实际上已经

① 参见深交所投教中心．扎牢退市过程中的投资者“保护网”［N］．中国证券报，2017-09-29。

完全失去了集中交易的平台和机会，因此设定摘牌整理期对于新三板投资者而言可能更具有实际意义。当然，设置摘牌整理期后，也应当对摘牌整理期间的交易进行特别风险提示。

第四节　强制摘牌的责任追究机制

近年来新三板的强制摘牌情形主要是挂牌公司不按规定披露年度报告和半年度报告，这既有规避主动摘牌中需要回购股份的考虑，也有借此逃避监管机构对公司此前违法行为予以追究的目的。强制退市制度是对差企业的处罚，但是如果这一制度被不法企业利用，成为逃脱监管的保护伞，规避制裁的黄金降落伞，那就违背了制度设计的初衷。[①] 在证券市场中，公司合法经营、如实披露是基本要求，不按规定披露即构成虚假陈述，属于重大违法行为。未来，强制摘牌的情形还可能扩充包括欺诈挂牌以及其他重大违法行为。无论如何，一个健康有序、平稳发展的证券市场，都不能容忍此类违法行为，而需要追究相关当事人的责任。当然，挂牌公司在精选层、创新层和基础层之间的层级调整虽然有些类似于强制摘牌，但调整原因并非重大违法行为，通常不直接产生法律责任的追究问题。

2013 年的《国务院办公厅关于进一步加强资本市场中小投资者合法权益保护工作的意见》规定，对上市公司违法行为负有责任的控股股东及实际控制人，应当主动、依法将其持有的公司股权及其他资产用于赔偿中小投资者。招股说明书虚假记载、误导性陈述或者重大遗漏致使投资者遭受损失的，责任主体须依法赔偿投资者，中介机构也应当承担相应责任。

2014 年中国证监会发布的《关于改革完善并严格实施上市公司退市制度的若干意见》，也强调要明确重大违法公司及相关责任主体的民事赔偿责任。上市公司存在重大违法行为时，公司及其控股股东、实际控制人、董事、监事、

① 参见任元涛．不能让新三板退市制度成为坏企业的黄金降落伞［N］．中华工商时报，2017－08－09。

高级管理人员等相关责任主体应当按照《证券法》等有关规定赔偿投资者损失，或者根据信息披露文件中的公开承诺内容或者其他协议安排，通过回购股份等方式赔偿投资者损失。

依据法理分析，在挂牌公司因虚假陈述或者其他重大违法行为强制摘牌时，主要责任人包括挂牌公司及其董监高、控股股东或者实际控制人、主办券商等证券服务机构，本文将展开详细分析。

一、挂牌公司及其董监高的责任

挂牌公司是具有独立人格的法律主体，即使其在控股股东等主体的操纵下实施了欺诈挂牌、虚假陈述等重大违法行为，也不影响挂牌公司为此独立承担法律责任。按照《证券法》第八十五条，挂牌公司若未按规定披露信息，致使投资者遭受损失的，需要承担赔偿责任，这是一种无过错责任。另外，依据《证券法》第二十四条，股票发行人在招股说明书等证券发行文件中隐瞒重要事实或者编造重大虚假内容，已经发行并上市的，国务院证券监督管理机构可以责令发行人回购证券。新三板的精选层挂牌公司是可以进行公开发行的，该条规定自然也可适用。

除了承担民事责任以外，《证券法》修订时大幅提高了违法行为人的行政处罚力度。不按规定履行信息披露义务的罚款金额上限从 60 万元变为 500 万元；欺诈发行的罚款金额上限则为 2000 万元或者非法所募资金金额的一倍。

但是，民事赔偿也好，行政罚款也罢，早已有人指出，针对上市公司的经济责任追究，实际上由投资者来承担，这等于让股民为违法行为埋单。[①] 随着新三板市场投资者数量逐渐增多，还需要在经济责任之外更多运用其他的责任形式。

除了投资者可以主张的民事责任，以及中国证监会可以采取的行政处罚，全国股转公司也可以采取自律监管或者纪律处分措施。按照全国股转公司《信息披露规则》第 69 条的规定，挂牌公司无正当理由，未在规定期限内披露年

---

① 参见金泽刚．上市公司造假亟待重罚和真赔［EB/OL］．［2019－08－18］．https：//pl. ifeng. com/a/20170617/51268231_0. shtml。

度报告或者中期报告的，全国股转公司将给予挂牌公司及相关责任主体公开谴责的纪律处分。如果是其他类型的信息披露违规，全国股转公司也可以采取自律监管措施或纪律处分。客观地说，证券市场多年实践表明，如果不捆绑其他制裁措施，单纯地公开谴责对一些诚信和守法意识淡漠的公司没有太大的约束作用。

《上海证券交易所上市规则》第 14. 5. 3 条和第 14. 5. 4 条规定，因欺诈发行被实施重大违法强制退市，原则上不得申请重新上市。因其他违法行为被实施重大违法强制退市，其股票被终止上市后五年才可以申请重新上市。这一做法在性质上属于市场禁入措施，但有上市规则作为法理基础，对遏制违法有一定的约束效果。早在十几年前，中国证监会就发布了《证券市场禁入规定》，该规定也可适用于新三板市场。对因挂牌公司违法行为导致强制摘牌的，中国证监会可对公司采取市场禁入措施，全国股转公司也完全可以借鉴证券交易所的做法，在自律规则中限制挂牌公司在一定年限乃至永远不得参与新三板市场的发行和挂牌上市。

至于挂牌公司董监高的责任。在《公司法》上，董监高对公司承担忠实义务和勤勉义务，应当尽心尽责，确保公司按时披露定期报告并对其内容负责，也应确保公司不发生其他重大违法行为。否则，即可认定董监高违反义务，需要对公司承担赔偿责任。此外，董监高的行为损害股东利益的，股东有权请求赔偿。而在《证券法》中，董监高需要就信息披露违法行为承担连带赔偿责任，但能够证明自己没有过错的除外。中国证监会同样可以采取包括市场禁入在内的行政处罚，全国股转公司在自律监管措施之外，也可以根据《证券法》的规定提起代表诉讼和代表人诉讼，本文对此不再展开。

二、挂牌公司控股股东、实际控制人的责任

新三板挂牌公司股权结构高度集中，一般都有控股股东或实际控制人，他们对挂牌公司具有极大的影响力。法理上，各国《公司法》现在普遍认可控股股东对中小股东负有诚信义务。[①] 我国《公司法》第二十条和第二十一条也明文规定：股东不得滥用股东权利损害公司或者其他股东的利益；控股股东、实际控制人等不得利用其关联关系损害公司利益。因此，挂牌公司的控股股东或实际控制人对挂牌公司的经营与合规等应当承担更多的义务与更大的责任。

《关于改革完善并严格实施上市公司退市制度的若干意见》强调要明确重大违法公司及相关责任主体的民事赔偿责任。上市公司存在重大违法行为时，公司及其控股股东、实际控制人、董事、监事、高级管理人员等相关责任主体应当按照《证券法》《国务院办公厅关于进一步加强资本市场中小投资者合法权益保护工作的意见》的规定赔偿投资者损失；或者根据信息披露文件中的公开承诺内容或者其他协议安排，通过回购股份等方式赔偿投资者损失。

新《证券法》的一个亮点就是针对欺诈发行和虚假陈述等违法行为加重了发行人的控股股东和实际控制人的法律责任。在民事责任方面，从过错责任转变为过错推定责任；在欺诈发行的场合，证监会可以责令负有责任的控股股东、实际控制人买回证券。在行政责任方面，针对信息披露违规，增加规定“发行人的控股股东、实际控制人组织、指使从事上述违法行为”这一处罚情节。

参考上述规定，挂牌企业的控股股东、实际控制人在企业强制摘牌中的责任主要体现在两个方面。

第一，如果控股股东、实际控制人对于强制摘牌负有责任，并且投资者希望退出公司的，控股股东或实际控制人应当回购投资者手中的股份。一旦遭受强制摘牌，公司股份的流动性将大大降低，其投资吸引力将受到严重影响，股份转让的机会随之降低。即使设置了摘牌整理期，也可能有部分投资者难以通过转让股份的方式退出公司。在此情形下，对强制摘牌负有责任的控股股东、实际控制人应当通过股份回购的方式为投资者提供退出公司的路径。当然，这是控股股东、实际控制人的义务而非权利，如果投资者不愿出售其所持有的股

① 参见朱慈蕴．资本多数决原则与控制股东的诚信义务［J］．法学研究，2004（4）。

份，控股股东、实际控制人无权强制购买。

实施股份回购时的核心问题在于如何确定回购价格。德国法院的观点是，回购的价格要充分反映股份的全额价值，如果少数股东认为回购价格不适当，可以请求法院审查回购价格的合理性。[①] 德国学者认为，应以退市决定公布之前一段时间内的平均股价为基础来确定股份的回购价格。[②] 这种回购价格的确定方式要以公司退市前的一段时间内股票交易具有一定的活跃度为前提，如果退市前该股票交易的频次和数量都很少，那么交易的平均价格也无法反映股份的价值。

我们认为，既不能以原价或买入价格为标准确定回购价格，因为这种方式完全忽视了投资市场的正常风险，有违风险自负的投资市场原则；也不能以最终确定强制摘牌时该等股份最后的市场价格为标准确定回购价格，因为这种价格确定方式忽视了发生强制摘牌的情形时，摘牌公司股份的市场价格可能因为未来摘牌的预期已然下跌。因此，在确定股份回购价格时，既要考虑股票的投资风险，也要考虑强制摘牌及强制摘牌原因行为对股份价值的影响。具体而言，对于流动性较强的挂牌公司，如精选层公司，应以强制摘牌及强制摘牌原因行为披露之前的股份市场价格作为回购价格；至于流动性不强、市场价格不具公允性的挂牌公司，应倾向于以股份的净资产价格作为回购价格。之所以作此区分，是因为目前我国的新三板市场交易并不活跃，交易的频次和交易量都不是很高，所以完全以股份的市场交易价格作为回购价格可能并不是非常合适。

第二，如果控股股东、实际控制人对于强制摘牌负有责任，投资者因公司被强制摘牌遭受损失的，控股股东或实际控制人应当向投资者承担损害赔偿责任。通常来讲，在强制摘牌的情形发生后，股份交易价格将会下降，此时投资者无论是转让股份还是继续持股都将遭受损失，投资者的该等损失应当得到赔偿。同样，在确定投资者因强制摘牌而遭受的损失时，要区分正常的投资风险

① 德国联邦最高法院 2002 年 11 月 25 日判决 – II ZR 133/01。

② 参见王东光．上市公司退市时小股东利益之保护［J］．证券市场导报，2006（5）。

与遭受的不当损害两种成分因素。具体而言，如果投资者在强制摘牌披露后转让股份的，应以强制摘牌及强制摘牌原因行为披露之前的公允市场价格与实际转让价格的差额作为损害赔偿标准。如果投资者没有实施转让而是继续持有股份，或者虽然意欲转让，但因强制摘牌的预期导致买家不足而无法退出，投资者的损失应当是强制摘牌及强制摘牌原因行为披露之前的公允市场价格与净资产价格之间的差额。

上述计算得出的结果还需要扣除系统性风险造成的损失，才是投资者因为违法行为所受的真正损失。理论上，对一家挂牌（上市）公司来说，不按规定披露信息的行为将导致股价下跌，但如果公司同时发生产品研发失败、重大投资亏损等经营风险，也会造成股价下跌。此外，如果同期大盘指数或者行业指数是下跌的，该公司也不可能独善其身。因此，真正应由违法当事人负责的损失，不应包括系统性风险和公司自身经营风险。然而，证券价格的形成机制具有复杂性和不确定性，一般情况下，我们很难将每个因素作用到股价上的影响逐一剥离。最高法院2002年关于证券虚假陈述的司法解释，将投资者在虚假陈述揭露日或者更正日及以后因卖出该证券或者因持续持有该证券而产生的亏损推定为投资者因虚假陈述遭受的损失。如果被告举证证明投资者的损失或者部分损失是由证券市场系统风险等其他因素所导致，人民法院应当认定虚假陈述与损害结果之间不存在因果关系。据此，在国内诸多虚假陈述民事赔偿案中，法院一般只是扣除系统性风险，而不扣除本应由投资者承担的经营风险。

例如，在“亚太实业”再审案①中，最高院裁定认为，“所谓证券市场系统风险是指由于某种全局性的共同因素引起的投资收益的可能变动，这种因素以同样的方式对所有证券的收益产生影响。在司法实践中，通常以大盘、行业板块等指数的波动情况作为判断系统风险因素是否存在以及影响大小的参考依据。……亚太实业为深圳证券交易所上市公司，从案涉虚假陈述揭露日2015年6月6日后的第一个交易日2015年6月8日至基准日2015年9月1日，深证成

① （2017）最高法民申4532号。

指和深证 A 指跌幅分别为 41.77% 和 43.11%，而亚太实业股价跌幅为 43.14%，跌幅与大盘基本一致……结合揭露日至基准日期间亚太实业个股指数和深证大盘指数的下跌幅度看，系统风险对亚太实业个股的影响比例近于 100%，故原审认定刘锦的案涉股票投资全部损失均由证券市场系统风险所致，并无不当。”

又如，在“李高陆与恒天海龙股份有限公司等证券虚假陈述赔偿纠纷”案①中，法院在计算损害赔偿数额时就从原告的投资差额损失中扣除了系统风险损失。法院选取与恒天海龙相关的深市 A 股指数与化学纤维 A 股指数进行综合计算。自揭露日至基准日，深市 A 股流通总市值下跌 10%，化学纤维 A 股流通总市值下跌 23%，恒天海龙股票流通总市值下跌了 30%。以行业板块“化学纤维 A 股总市值”为参照对象，按照揭露日至基准日期间化学纤维 A 股的下跌幅度/揭露日至基准日期间恒天海龙的下跌幅度计算，系统风险的影响因素为 76.67%（23%/30%）；以大盘“深市 A 股流通总市值”为参照对象，揭露日至基准日期间深市 A 股的下跌幅度/揭露日至基准日期间恒天海龙的下跌幅度计算，影响因素为 33.33%（10%/30%）。如果综合考虑化学纤维板块和大盘的影响因素，系统风险的影响比例约为 55%［（33.33% +76.67%）/2］。在该案中，法院认定原告投资股票的损失与恒天海龙公司的虚假陈述行为存在一定的因果关系，但应同时考量化学纤维板块和大盘对恒天海龙股票的影响，将上述证券市场系统风险的因素进行扣除。

我们认为，仅仅扣除系统性风险而不扣除经营性风险的做法，在法理上可能会受到质疑，但对惩治证券违法行为、保护投资者利益有积极效果。对经营性风险，可以考虑采取“原则不认、例外扣除”的做法。即在一般情况下，仅以三板成指和所属行业的指数为基础，综合考量之后确定系统性风险的影响比重和系统性风险损失。如果控股股东或实际控制人认为以三板成指和行业指数为基础生成的系统性风险无法反映公司的实际经营变化，即系统性风险损失与

① （2014）济商初字第 197 号。

公司正常经营遭受的损失严重不符，那么控股股东或实际控制人应当举证证明该种情形的客观存在以及正常经营亏损的范围，法院根据举证情况作出裁决。如果根据控股股东或实际控制人的举证情况，法院认定公司的经营性损失严重偏离市场平均水平，系统性风险损失无法反映公司的实际经营情况，法院在认定投资者损失时应当扣除经营性风险。控股股东或实际控制人的举证可以包括公司经营业绩、市场份额、净资产、利润等方面的变化，以及这些经营性风险涉及事项是否已被披露，以证明它们确实影响了股价。

三、主办券商等证券服务机构的责任

不按规定披露定期报告，虽然也是虚假陈述司法解释中的虚假陈述行为，但这是一种“不作为”，与财务造假等“作为”还是存在很大不同。在司法实践中，基本没有发生过因上市公司不披露定期报告而追究承销商、保荐人民事责任的案例。新三板市场应当同理，当挂牌公司不按期披露定期报告时，主办券商通常不需要承担民事责任。

但是，主办券商应持续督导所推荐挂牌公司诚实守信、规范履行信息披露义务、完善公司治理机制。新三板市场将无主办券商督导作为挂牌公司终止挂牌的原因之一，这样的规定与挂牌公司自律管理的制度环境相适应，彰显持续督导的重要性，[①] 如果主办券商及其从业人员未按规定履行持续督导职责，对挂牌公司及其他信息披露义务人的信息披露违规行为负有责任的，全国股转公司可以对其采取自律监管措施或纪律处分。

若将强制摘牌的处罚情形扩展至欺诈发行、财务造假以及其他重大违法行为，则上述结论将有所变化。按照《证券法》第八十五条，信息披露义务人公告的证券发行文件、定期报告、临时报告及其他信息披露资料存在虚假记载、误导性陈述或者重大遗漏，致使投资者在证券交易中遭受损失的，保荐人、承销的证券公司及其直接责任人员应当承担过错推定责任。此外，律师事务所、会计师事务所等其他证券服务机构制作、出具的文件有虚假记载、误导性陈述

---

① 参见张金松．挂牌公司摘牌制度：主办券商的风险与机遇［N］．上海证券报，2016 11 10。

或者重大遗漏，给他人造成损失的，也应当依照《证券法》第一百六十三条的规定承担过错推定责任。在民事责任外，上述责任主体及其直接责任人员还应受到行政处罚和纪律处分。

在此，还需要再次强调一下主办券商的先行赔付责任。《终止挂牌实施细则（征求意见稿）》第22条针对强制摘牌提出，“挂牌公司或者挂牌公司的控股股东、实际控制人，以及挂牌公司的主办券商可以设立专门基金，对股东进行补偿。”这一规定存在的不足前文已经指出，这里不再重复。先行赔付具有实施效率高、成本低、操作便捷、投资者参与面广等优势，是近年来投资者损害赔偿救济渠道的新形式，有效破解了证券民事侵权案件耗时长、覆盖面小、维权成本高等难题。[①] 随着新三板合格投资者的门槛大大降低，并且精选层将实行公开发行和竞价交易，参与新三板市场的投资者将会增加，投资者的自我保护能力相对降低。在此背景下，先行赔付制度在投资者保护上可以发挥重要作用。而且，新三板挂牌公司在规模和实力上通常都逊于上市公司，控股股东和实际控制人的民事赔偿能力也相对有限，如果投资者直接向挂牌公司或其控股股东等主张损害赔偿，不一定能够实现。相比之下，主办券商最适合承担先行赔付责任，这既是因为其有雄厚的资金实力，由其先行赔付可以有效保障投资者的赔偿请求，也是因为这样可以促使主办券商更加勤勉谨慎，更好地发挥新三板市场“看门人”作用。由于《证券法》关于先行赔付责任的规定并非强制性，可以借鉴交易所市场的现有做法，由中国证监会发布规定；也可以立足于全国股转公司自律监管组织的地位，通过相关规则或者与主办券商的协议，将主办券商承担先行赔付责任落实下来。

① 参见深交所投教中心．扎牢退市过程中的投资者“保护网”［N］．中国证券报，2017－09－29。

第三篇

新三板自律监管机制研究

——以全国股转公司对挂牌公司的自律监管为中心*

---

* 本课题承接方为中央财经大学。课题负责人：邢会强。课题组成员：杜晶、李敏、董新义、肖可、陈茜、张晓月。

引　言

全国中小企业股份转让系统（以下简称全国股转系统或新三板）是经国务院批准，依据《证券法》设立的全国性证券交易场所，是我国多层次资本市场的重要组成部分。新三板是我国资本市场的一项重大的自主创新。① 自2012年9月设立、2013年1月正式运营以来，挂牌公司总数高达一万家左右，已经形成一个海量市场。实践已经证明，新三板对于缓解中小微企业融资难，壮大直接融资比例，推进供给侧结构性改革，促进大众创业、万众创新，推动资本市场改革和监管转型，都具有重要的战略意义。新三板已经是一个场内市场、独立市场、公开市场、独特市场。②

新三板已经建立了五位一体的监管框架：一是全国股转公司的自律监管；二是以主办券商、会计师事务所、律师事务所为主的中介机构的督导服务；三是证监会及其派出机构的行政监管及相关政府部门、地方政府的监管配合；四是各级法院、各仲裁委员会等司法机构发挥作用；五是包括媒体、挂牌公司股东、投资者及其他市场关注者在内的公众监督。③ 相比于其他证券交易所，全国股转公司更加注重自律监管。全国股转公司的自律监管一方面是通过自己的监管而实施，另一方面主要是通过主办券商来实施，且更加强调主办券商的作用。

---

① 参见邢会强．新三板市场的合格投资者制度及相关制度改革［J］．环球法律评论，2018（6）。

② 参见邢会强．新三板市场的法律定位［J］．证券法律评论，2017。

③ 参见全国股转系统市场功能日益显现　服务实体经济能力不断提升［EB/OL］．［2014－05－22］（2019　11　15）．http．//www. csrc. gov. cn/pub/newsite/hdjl/zxft/lsonlyft/201405/t20140523_249424. html。

但由于各方面的原因，在一些案例中，全国股转公司的自律监管效果不尽如人意。如何发挥好全国股转公司的自律监管的作用，促进挂牌公司规范运作，切实保护好投资者的利益，是摆在我们面前的一大重要课题。

本文首先分析新三板自律监管的基本理论，然后梳理全国股转公司自律监管的现状，挖掘其存在的问题，再通过对新三板与境外证券交易场所的自律监管相比较，发现其可资借鉴的经验或有益的启示。在此基础上，根据新三板市场的特点，提出完善新三板自律监管的对策建议。

第一章　新三板自律监管的理论基础

第一节　自律的概念与新三板自律监管的权力来源

市场自律是指某类市场主体通过自发成立组织的形式来实现自我管理和自我约束。[①] 一般认为，证券市场上的自律监管是由特定范围的组织成员通过制定规范性文件方式设立的，凭借组织成员赋予的适当权力，对组织成员与证券发行、交易及相关活动进行监督、检查和处理的管理性行为，此即市场自律组织的自律监管。[②] 证券交易（场）所的自律监管对象大致可以分为两类，一类是会员，另一类是非会员。证券交易（场）所对会员（主要是券商）的自律监管更为常见和主流，但对于非会员的自律监管，尤其是对挂牌上市公司的监管也非常重要。本文主要研究的是全国股转公司对挂牌公司及其董事、监事、高级管理人员、控股股东、实际控制人的自律监管。

证券交易（场）所具有自律监管功能，这起始于证券市场最初发展，是一种自发的制度设计。最初的证券交易（场）所都是会员制的，会员们自己制定规则并自我执行，才促成了证券市场的形成和发展。因此，证券市场最初仅有自律监管。政府介入证券市场进行监管是证券市场出现严重危机之后的事，因此，在证券市场上，政府监管晚于自律监管。会员制的证券交易（场）所的自律规则在性质上属于社团法。

---

① 参见李志君．证券市场政府监管论［M］．长春：吉林人民出版社，2005。

② 参见邢会强．新三板市场建设法律问题研究［M］．北京：中国法制出版社，2015。

但是，最近二十年来，会员制的证券交易（场）所纷纷改制，成为公司，甚至发行上市，成为上市公司。会员变成了股东。作为上市公司的证券交易（场）所自律监管其股东以及其服务的对象——在该证券交易（场）所上市的公司，在逻辑上是存在矛盾的。尽管如此，但不可否认的是，即使改制为公司，甚至上市，证券交易（场）所也不是一般意义上的私人公司，而具有相当程度的公共性。其公共性体现在，证券市场不是一般的市场，而是一个关系到国家战略发展、国家经济安全、国民经济“晴雨表”的特殊市场，它关涉一个国家的资源优化配置、产业结构调整、居民财富增值，甚至是国际关系战略，其所承载的功能非一般私人公司所能比拟。在资本主义国家，证券交易（场）所尽管可以私人控股，但该等“私人”一般是主导该国的资本家财团，其所控制的，远非一个证券交易（场）所，甚至可能是这个国家的中央银行，甚至总统选举。在中国，证券交易（场）所即使改制为公司，也不会允许私人控制，而只能是国家控股和控制。此外，无论一国奉行的市场理念如何，都不会允许证券交易（场）所像注册一般私人公司那样自由设立，而只能是“特许”，这就具有了“特许权价值”，这来自公共领域，并被国家权力机关所赋予，因此，证券交易（场）所的公共性便有了其存在的理论基础。①

证券交易（场）所尽管是以公司制存在着，但仍然保留了自律监管的功能。但是，其法律基础发生了变化。自律规则的效力来源由社团法变成了契约，即市场参与人与证券交易（场）所、上市公司与证券交易（场）所、投资者与交易（场）所之间的契约。此外，证券交易（场）所行使权利的另外两个来源依旧没变：法律的授权或行政机关的委托。

全国股转公司自设立之时就是公司制，自其设立之时便具有自律监管职能，即全国股转公司对挂牌公司、有关中介机构甚至是投资者的自律监管。

全国股转公司的自律监管的法理基础主要有：

一是主办券商等中介机构与全国股转公司、挂牌公司与全国股转公司、投

---

① 参见邢会强．商业银行的公共性理论——兼论商业银行收费法律问题［J］．现代法学，2012（1）。

资者与全国股转公司之间的契约。在具体的实践中，主办券商与全国股转公司的契约体现为《证券公司参与全国中小企业股份转让系统业务协议书》，全国股转公司与（拟）挂牌公司之间的契约体现为《挂牌协议》，而投资者与全国股转公司之间的契约则体现为主办券商与投资者之间的《买卖挂牌公司股票委托代理协议》以及主办券商与全国股转公司之间的《证券公司参与全国中小企业股份转让系统业务协议书》。换言之，投资者与全国股转公司之间的契约是间接契约。

二是法律法规的授权。《全国中小企业股份转让系统有限公司管理暂行办法》(中国证券监督管理委员会令第89号）第二十八条规定："全国股转公司应当督促主办券商、律师事务所、会计师事务所等为挂牌转让等相关业务提供服务的证券服务机构和人员，诚实守信、勤勉尽责，严格履行法定职责，遵守法律法规和行业规范，并对出具文件的真实性、准确性、完整性负责。"在没有契约的场合，如全国股转公司与律师事务所及会计师事务所之间，其自律监管的基础为法律法规的直接授权。

值得说明的是，中国证监会委托全国股转公司审查拟挂牌公司公开转让的授权已经被取消。2012年制定、2013年修改的《非上市公众公司监督管理办法》第三十三条、第三十四条曾规定，申请其股票向社会公众公开转让的公司，应当按照中国证监会有关规定制作公开转让的申请文件，公司持申请文件向中国证监会申请核准。中国证监会受理申请文件后，依法对公司治理和信息披露进行审核，作出是否核准的决定，并出具相关文件。在实践中，是否同意公开转让的审核实际上是由全国股转公司承担的，但最终的核准通知书却是以中国证监会的名义出具的。这一"服务外包"实际上就是中国证监会的委托授权。但是，该办法在2019年修改时，相关条文已被第三十七条所取代，即股东人数未超过200人的公司申请其股票挂牌公开转让，中国证监会豁免核准，由全国股转系统进行审查。这就意味着，中国证监会的委托审查公开转让的授权这一自律监管基础已不再存在。

总之，由于全国股转公司是公司制，且其与挂牌公司、主办券商、投资者之间存在着契约关系，因此，可以认为，全国股转公司自律监管的主要依据是契约。但在没有契约的场合，由于相关规章对全国股转公司进行了法律授权，尤其是当全国股转公司与有关主体（如律师事务所、会计师事务所）不存在契约关系时，全国股转公司自律监管的依据是法律授权。①

第二节　交易场所自律监管的市场力量理论

如果一个证券交易市场缺乏足够有效性，不具备足够的市场力量，那么该市场就不是真正的自律管理组织（Self－regulatory Organizations，SROs）。

“自律管理的概念就是以证券交易所为管理目的而具备实施市场力量的能力为前提的，这种能力主要表现为证券交易所可以‘威胁’会员券商和发行人或上市公司——如果其不遵守证券交易所规则的话，证券交易所就会终止跟他们的合同关系。”② 自律管理成功的关键在于自律管理组织市场力量（Market Power）的多寡。如果自律管理组织拥有市场力量，那么只要该行业本身能为会员产生盈利，自律管理就能实现；一旦盈利下降或市场力量下降，自律管理就会落空。③

第三节　新三板自律监管与行政监管的关系

交易（场）所的自律监管和一线监管与证券监管机构的行政监管之间是一种什么关系呢？新三板是不是一个以自律监管为主，以行政监管为补充的市场呢？抑或新三板是一个以行政监管为主，以自律监管为补充的市场？

在新三板设立之初，由于脱胎于“老三板”，我们秉承的是第一种观点。

① 参见邢会强．新三板市场建设法律问题研究［M］．北京：中国法制出版社，2015。

② 参见 Onnig H. Dombalagian，Demythologizing the Stock Exchange：Reconciling Self－Regulation and the National Market System，39 U. Rich. L. Rev. 1069，1091（2005）。

③ 参见 Jonathan Macey & Caroline Novogrod，Enforcing Self－Regulatory Organization's Penalties and the Nature of Self－Regulation，40 Hofstra L. Rev. 963（2012）。

因此，在制度设计上，新三板主要依托主办券商对挂牌公司实施自律监管。新三板没有依托各地证监局对数量庞大的新三板挂牌公司进行执法监管。这是一个重要的、有益的探索，其主要理由有二：一是新三板是一个由机构投资者构成的市场，它们具有自我保护能力，它们不需要公共保护。新三板更类似于一个私募证券的公开转让市场。[①] 二是新三板挂牌公司数量庞大，各地证监局力量有限，难以实施有效监管。当时，对于新三板的挂牌公司数量究竟多少为宜，是没有明确答案的，在新三板发展初期，出现了挂牌标准的低门槛和“井喷式”的挂牌公司数量增长的现象。随后，监管机构意识到新三板自律监管能力和主办券商的服务能力有限，通过抬高了挂牌门槛，从而控制了挂牌公司数量的激增。对比境外的证券交易（场）所，上市挂牌数量最多的也不过万家左右。对于在此共识的挂牌公司数量，各地证监局对属地挂牌公司进行行政监管是在能力范围之内的。因此，在实践中，各地证监局才开始对挂牌公司进行现场检查和行政执法。如中讯邮电披露了实际上并不存在的北京永拓会计师事务所的审计报告，就是由江苏证监局在现场检查过程中发现的。

新三板其实是离不开行政监管的，尤其是在精选层推出和投资者门槛降低的情况下。“投资者能够自我保护”的假设是不成立的，即便是机构投资者也需要公权的执法保护。“金融市场的自律管理是指基础设施作为独立的主体，对市场自身的参与者及其相应的市场行为，实行自我规范、自我约束、自我控制，是相对于行政监管而言的，并且对行政监管形成重要补充。”[②] 新三板是一个公开市场，是一个实施强制信息披露制度的市场。由于证券市场强制信息披露义务蕴含了公共利益考虑和公众投资者保护，这就决定了超脱于一般市场参与者、立场最为中立的证券行政监管部门是监督强制信息披露制度实施的“最佳人选”。[③] 因此，由证券行政监管部门对挂牌公司信息披露义务履行的统一监管，是强制信息披露义务得以实施的保证。

---

① 参见邢会强．新三板市场的合格投资者制度及相关制度改革［J］．环球法律评论，2018（6）。

② 参见卢文道．证券交易所自律管理论［M］．北京：北京大学出版社，2008。

③ 参见杜晶．我国注册制改革的具体路径探析［J］．财经法学，2017（3）。

基于此，我们认为，新三板的自律监管和行政监管，二者是相辅相成，互为依赖，相互补充的关系。仅凭行政监管，肯定是力所不逮；仅凭自律监管，也将难以震慑严重的违法违规行为。行政监管具有强制性、权威性、严肃性严格性等特点。自律监管具有专业性、及时性等特点。这决定了行政监管与自律监管需要相互分工，紧密合作，各有侧重，并建立有机的衔接关系。

第四节　新三板自律监管的制度性规定

《全国中小企业股份转让系统业务规则（试行）》及《全国中小企业股份转让系统自律监管措施和纪律处分实施细则》对全国股转公司的自律监管作出较为细致的规定。

1. 全国股转公司的监管对象

全国股转公司的监管对象包括以下几类：

（1）申请挂牌公司、挂牌公司。

（2）申请挂牌公司、挂牌公司的董事、监事、高级管理人员、股东、实际控制人。

（3）收购人、破产管理人及其相关人员。

（4）申请挂牌公司、挂牌公司聘请的主办券商、会计师事务所、律师事务所、其他证券服务机构及其相关人员。

（5）投资者。

（6）全国股转公司业务规则规定的其他机构和人员。

2. 全国股转公司自律监管工具的分类

全国股转公司的自律监管工具分为两类：自律监管措施和纪律处分。

自律监管措施主要包括：

（1）口头警示，即以口头形式将有关违规事实或风险状况告知监管对象，要求其及时补救、改正或者防范。

（2）约见谈话，即要求监管对象在指定的时间和地点就有关违规行为接受质询和训诫，并要求其作出解释说明，采取措施及时补救、改正或者防范。

（3）要求提交书面承诺，即要求监管对象提交在规定时间内为或不为一定行为的书面承诺。

（4）出具警示函，即以书面形式将有关违规事实或风险状况告知监管对象，并要求其及时补救、改正或者防范。

（5）责令改正，即要求监管对象停止违法违规行为或者限期改正。

（6）要求公开更正、澄清或说明，即要求监管对象对信息披露中的错漏事项进行公开更正，或者对有关事项或风险情况予以公开澄清或说明。

（7）要求公开致歉，即要求监管对象对违规事项以公告形式向投资者公开致歉。

（8）要求限期参加培训或考试，即要求监管对象限期参加指定机构组织的专业培训或考试，督促其提升守法意识、职业操守和执业能力。

（9）要求限期召开投资者说明会，即要求监管对象限期召开说明会，就特定事项公开向投资者作出解释或者说明。

（10）暂停解除股票限售，即在一定期限内不办理相关人员所持挂牌公司股份的解除限售申请。

（11）建议挂牌公司更换相关任职人员，即建议挂牌公司更换董事、监事或高级管理人员，并及时选聘符合资格的董事、监事或高级管理人员。

（12）暂不受理相关证券公司、证券服务机构或其相关人员出具的文件，即在一定期限内不受理前述监管对象在全国股转公司的部分或者全部业务。

（13）暂停证券账户交易，即对于存在异常交易的投资者，盘中紧急暂停其名下证券账户当日的全部或者特定证券交易。

（14）限制证券账户交易，即对于存在严重异常交易或者其他违规交易行为的投资者，限制其名下证券账户在一段时期内的全部或者特定证券交易。

（15）全国股转公司规定的其他自律监管措施。

自律监管措施由全国股转公司或指定的业务部门（以下简称业务部门）决定并实施。决定实施自律监管措施的，应当向监管对象发送自律监管措施决定书。实施口头警示、约见谈话和要求提交书面承诺等措施的，可以口头方式通知，无须发送自律监管措施决定书。

纪律处分主要包括：

（1）通报批评，即在一定范围内或以公开方式对监管对象进行批评。

（2）公开谴责，即以公开方式对监管对象进行谴责。

（3）认定其不适合担任公司董事、监事、高级管理人员，即以公开方式认定监管对象三年及以上不适合担任挂牌公司董事、监事、高级管理人员。

（4）限制、暂停直至终止其从事相关业务，即对存在严重违规的证券公司、会计师事务所、律师事务所、资产评估机构等专业机构或者其相关人员，限制、暂停直至终止其从事全国股转系统相关业务。

（5）全国股转公司规定的其他纪律处分。

纪律处分由全国股转公司根据纪律处分委员会的意见作出决定并实施。纪律处分委员会通过会议形式对纪律处分事项进行审议，形成审议意见。根据纪律处分委员会审议意见，拟实施纪律处分的，应当向监管对象发送纪律处分事先告知书。全国股转公司认为违规事实清楚且情况紧急，需要立即实施纪律处分的除外。全国股转公司根据纪律处分委员会的审议意见，作出纪律处分决定，向监管对象发送纪律处分决定书。

自律监管措施和纪律处分可以单独或合并实施。全国股转公司将对监管对象实施的纪律处分和相关监管措施记入诚信档案，并可根据情况通报中国证监会及其派出机构、地方政府和行业自律组织。

第五节　新三板的自律监管工具体系

目前新三板的自律监管工具（包括自律监管措施和纪律处分）从轻到重如表 1 所示。

由表 1 可知：

（1）全国股转公司的自律监管工具数量并不少。

（2）资格罚的种类并不少，至少有六种之多。

（3）全国股转公司目前缺乏财产罚。

（4）全国股转公司的补救类措施不多，目前仅有一种。

表 1　　新三板自律监管工具力度排序（按轻重排序）

力度	自律监管工具	性质
轻 ↑ ↓ 重	（1）口头警示 （2）约见谈话 （3）要求提交书面承诺 （4）出具警示函 （5）责令改正 （6）要求公开更正、澄清或说明 （7）要求限期召开投资者说明会 （8）要求公开致歉 （9）通报批评 （10）公开谴责	声誉类
	（11）要求限期参加培训或考试	补救类
	（12）暂停解除股票限售 （13）建议挂牌公司更换相关任职人员 （14）暂停证券账户交易、限制证券账户交易 （15）认定其不适合担任挂牌公司董事、监事、高级管理人员 （16）暂不受理中介机构及其从业人员出具的文件 （17）限制、暂停直至终止中介机构及其从业人员从事相关业务	资格类

第六节　挂牌公司的多元化与新三板自律监管之难

新三板市场的主要服务对象是“创新型、创业型、成长型”的中小微企业，它们具有规模小、资产轻、盈利弱、风险高的特点，较难得到以银行贷款为代表的传统融资渠道的支持，只能借助于资本市场，通过风险投资（VC）、创业投资（PE）等方式完成融资。“《证券法》的一个经久不衰的难题是如何公平对待小企业。”① 遗憾的是，我国的主板和创业板都没有很好地解决中小微企业的融资难问题，但新三板市场却为中小微企业提供了挂牌的机会、融资的平台和股权投资退出的渠道。

立足于服务“创新型、创业型、成长型”中小微企业的市场定位，根据市场发展的现状和需求，新三板暂将市场分为基础层与创新层，目前正在筹备设立精选层。挂牌公司可在市场内部不同层次之间升降转板。内部分层具有信号显示的功能，有助于揭示公司质量差异，缓解由于信息不对称导致的逆向选择问题。由于新三板市场挂牌准入的门槛低，因此挂牌公司数量庞大，这扭转了我国多层次资本市场“倒金字塔”结构。但是，当新三板市场挂牌公司数量庞大时，就对监管，包括政府监管和自律监管提出了挑战。以2018年末的数据为例，在新三板挂牌公司中，50人以下的公司占比高达82%，200人以上的公司仅占3.42%。（见表2）鉴于全国股转公司监管力量和手段的限制，要监管好这8000多家（股东）小规模的挂牌公司，的确不是一件容易的事。

表2　　挂牌公司股东人数分布情况

股东人数（人）	2018年末		2017年末	
	挂牌公司数（家）	占比（%）	挂牌公司数（家）	占比（%）
2	661	6.18	742	6.38
3～10	3957	37.01	4454	38.30
10～50	4138	38.71	4529	38.94
50～100	1037	9.70	953	8.19
100～200	532	4.98	551	4.74
200以上	366	3.42	401	3.45
合计	10691	100.00	11630	100.00

资料来源：全国中小企业股份转让系统2018年度统计快报。

注：采用上组限不在内原则，如100～200中不包含200。

① 参见［美］路易斯·罗思，乔尔·赛里格曼．美国证券监管法基础［M］．张路，译．北京：法律出版社，2008．

第二章　全国股转公司自律监管的现状与存在的问题

第一节　新三板对违规行为的自律监管现状

2018—2019 年，被采取自律监管措施的新三板挂牌公司的违规行为类型主要有 17 种。此外，还有中介机构的违规行为。为了解全国股转公司对挂牌公司（含其股东、董事、监事、高级管理人员等）的违规行为和中介机构（主办券商、律师事务所和会计师事务所等）的违规行为采取的自律监管措施的基本情况，我们对 2018—2019 年发生的常见的违规行为，每种选取 1 到多个案例进行分析，共 97 个案例。（见表 3）

表 3　　抽样违规案例情况

序号	违规行为类型	抽样数	选取的案例公司名称
1	挂牌公司未按规定披露季报、年报	12	精英智通、倍通检测、东方誉源、和兴隆、康沃动力、无人机、时光科技、大族能源、华夏明科、道隆软件、圣保堂、鸣哩科技
2	挂牌公司虚假披露审计意见	1	中讯邮电
3	挂牌公司未及时披露重大事件（股权质押冻结、重大诉讼未予披露等）	10	股权冻结质押：北京清芝、环渤海、牧宝车居、维信科技、正兴玉、中讯邮电；重大诉讼未予披露：都市牧歌、亨达股份、亚太能源、三信防务

续表

序号	违规行为类型	抽样数	选取的案例公司名称
4	挂牌公司对赌协议未及时披露	3	华索科技、丹海生态、智派优能
5	挂牌公司股权代持未披露	3	芒冠科技、紫竹慧、奥盖克
6	挂牌公司的控股股东、实际控制人及其控制的企业占用挂牌公司资金，挂牌公司未履行信息披露义务	14	博能科技、江川金融、同益股份、ST白兔湖、霍普金斯、易电通、盛达电机、瀚丰矿业、中广股份、苏美材料、国际物流、金森源、乐宝股份、天利和
7	收购人未及时编制及披露收购报告书等文件、在收购过渡期间挂牌公司对收购人等相关信息披露主体未履行承诺的行为未主动问询	2	鲁信睿浩、三清国旅
8	挂牌公司对外提供担保，未经内部程序审议且未及时披露	12	荣宝科技、宇航重工、劭达微波、ST凯路仕、大汉股份、王者之风、彩虹光、精湛光电、宝达股份、飞达股份、力合节能、三信防务
9	关联交易未及时履行审议程序及信息披露义务	3	金森源、兆威股份、新生飞翔
10	在全国股转系统挂牌之前未在区域股权市场摘牌	1	文祥渔业
11	挂牌公司募集资金管理及使用违规	2	嘉东光学、乐恒动力
12	挂牌公司披露的年报存在重大会计差错	6	大地电气、建研信息、美光源、微点生物、品今股份、金龙腾
13	未按规定回复问询函	4	ST雷蒙德、奥吉特、塑聚科技、仁者股份
14	权益分派违规	2	津通报关、水石设计
15	股东违规增减持挂牌公司股份	10	光慧咨询、安徽仁创、眸曦医疗、傅豫科技、茗越安裕、恒尊实业、艾亿新融、金鹏健康、卓越能源、天津天恒
16	并购重组违规	3	欧耐新材、亚洲生态、鸿铭科技
17	挂牌公司财务造假	3	ST鑫秋、亨达股份、银都传媒

续表

<table>
<tr><th>序号</th><th colspan="3">违规行为类型</th><th>抽样数</th><th>选取的案例公司名称</th></tr>
<tr><td rowspan="3">18</td><td rowspan="3">中介机构违规</td><td rowspan="2">主办券商</td><td>关注到挂牌公司有实施违规行为的可能但未继续深入了解</td><td>2</td><td>安信证券、国都证券</td></tr>
<tr><td>未保持应有的审慎态度，未能及时发现挂牌公司的违规行为</td><td>2</td><td>万联证券、中泰证券</td></tr>
<tr><td>会计师事务所</td><td>未执行检查验收等特定审计程序、未获取审计证据</td><td>2</td><td>瑞华会计师事务所、兴华会计师事务所</td></tr>
<tr><td>合计</td><td>—</td><td>—</td><td>—</td><td>97</td><td>—</td></tr>
</table>

按主体分，新三板市场上常见的违规行为可以分为挂牌公司（含其股东、董事、监事、高级管理人员等）的违规行为和中介机构（主办券商、律师事务所和会计师事务所等）的违规行为。挂牌公司的违规行为按行为性质分，大致可以分为信息披露违规行为和其他规范运作违规行为。① 当然，也存在既不规范运作也不按规定进行信息披露的行为。

一、新三板采取自律监管措施的常见违规行为种类

（一）挂牌公司的违规行为

1. 信息披露违规行为

主要包括：第一，挂牌公司未按规定披露定期报告。第二，虚假披露审计意见。第三，未及时披露重大事件。第四，对赌协议未如实披露。第五，股权代持未披露。第六，挂牌公司的控股股东、实际控制人及其控制的企业占用挂牌公司资金，挂牌公司未履行信息披露义务。第七，收购人未及时编制及披露收购报告书等文件、在收购过渡期间挂牌公司对收购人等相关信息披露主体未履行承诺的行为未主动问询。第八，对外提供担保，未经内部程序审议且未及时披露。第九，关联交易未及时履行审议程序及信息披露义务。第十，挂牌公司披露的年报存在重大会计差错。第十一，权益分派时信息披露违规。第十二，并购重组时信息披露违规。

① 信息披露是规范运作的一项重要内容。正因为其重要，我们将违规行为做如上分类。

2. 其他规范运作违规类

主要包括：第一，在全国股转系统挂牌之前未在区域股权市场摘牌。第二，挂牌公司募集资金管理及使用违规。第三，未按规定回复问询函。第四，股东违规增减持挂牌公司股份。

（二）中介机构的违规行为

在中介机构违规行为中，目前主要是主办券商违规及会计师事务所违规，律师事务所违规比较少见。它们的违规行为主要是未勤勉尽责。针对主办券商、会计师事务所等中介机构未尽责的行为，全国股转公司一般对其采取出具警示函的自律监管措施。

1. 主办券商的主要违规行为

对主办券商而言，未勤勉尽责的情形如发现挂牌公司关联交易未予核查、主办券商发现挂牌公司违规担保未充分履行审慎核查义务（未在 15 个工作日内实地考察）、主办券商发现底稿异常情况未实施独立核查程序、主办券商在披露文件审核中存在明显疏漏，从而未发现文件造假：第一，关注到挂牌公司有实施违规行为的可能但未继续深入了解。第二，未保持应有的审慎态度，未能及时发现挂牌公司的违规行为。

2. 会计师事务所的主要违规行为

对会计师事务所而言，未勤勉尽责的情形如未在审计中实施恰当的审计程序（未执行检查验收等特定审计程序、未获取审计证据等）。

二、新三板进行纪律处分的常见违规行为种类

被采取纪律处分措施的挂牌公司涉及违规行为的类型，大多在自律监管措施部分已有提及。与被采取自律监管措施的案件不同的是，被采取纪律处分措施的挂牌公司一般涉及多种违规行为，换言之，纪律处分措施对应的往往是挂牌公司的多种违规行为。从具体的违规行为类型上看，被采取纪律处分措施的挂牌公司，涉及的违规行为大多集中在诸如资金占用、关联交易、对外担保未履行内部审议程序并披露、财务造假（虚增营业收入）等涉及公司财务方面的违规行为。

被采取纪律处分措施的挂牌公司信息披露类违规主要包括：第一，财务造

假；第二，未披露年报、季报；第三，重大诉讼未及时披露。第四，股份代持未如实披露。被采取纪律处分措施的挂牌公司其他规范运作类违规主要包括：一是违规担保；二是资金占用；三是并购重组违规。

三、新三板对违规行为采取的自律监管现状

对于挂牌公司及相关责任主体的违规行为，全国股转公司在自律监管措施中多倾向于选择适用“出具警示函”（48 次）（见图 1）。其次是要求提交书面承诺（7 次）（见图 1）。在纪律处分措施的选取范围限于“通报批评”（11 次）（见图 2）和“公开谴责”（9 次）（见图 2）。

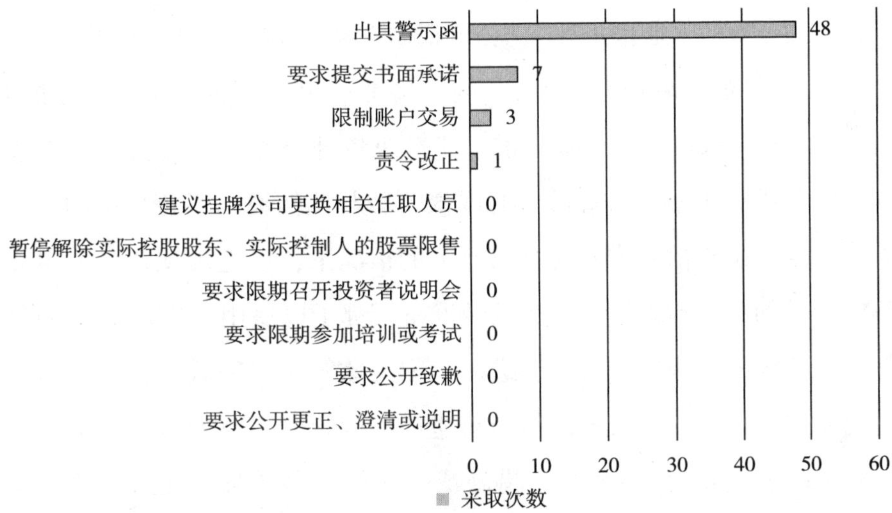

图 1　2018—2019 年全国股转公司对样本挂牌公司违规行为采取的自律监管措施

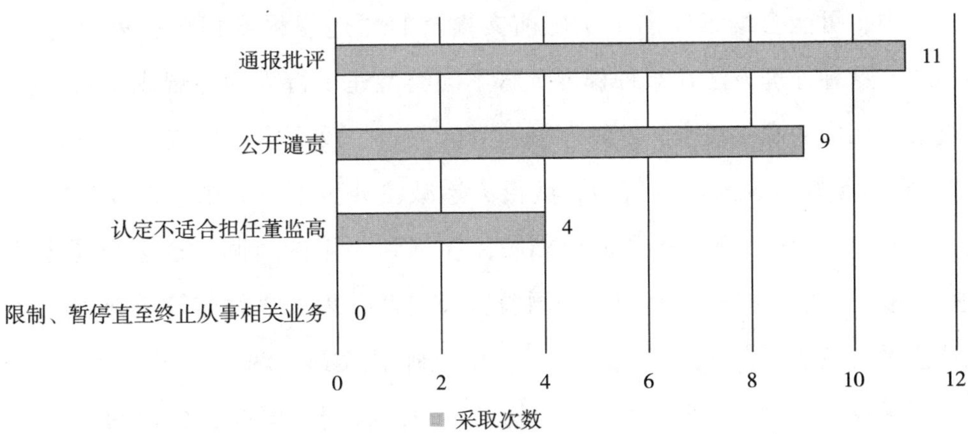

图 2　2018—2019 年全国股转公司对样本挂牌公司违规行为采取的纪律处分

第二节　全国股转公司自律监管存在的问题

一、多采用声誉罚，处罚力度有限，效果欠佳，与比例原则不符

由前文可知，全国股转公司多倾向于选择适用“出具警示函”“要求提交书面承诺”“通报批评”和“公开谴责”四种工具。无论是“警示函”的自律监管措施，还是“通报批评”“公开谴责”的纪律处分，都是针对挂牌公司及相应责任主体采取的“声誉罚”。其中存在的问题有：

一是“警示函”“通报批评”“公开谴责”等措施的威慑力有限。

二是如果不同类型的违规行为最终大多都适用如“警示函”“通报批评”“公开谴责”等相同的处理措施，很可能造成各种类型违规行为的违规成本趋同的现象，并进一步影响监管措施的威慑力，与比例原则不符。例如，在不论是挂牌公司仅仅出现信息未及时披露行为的情况下，还是出现资金占用或违规担保等较严重的公司治理违规行为的情况下，都予以适用“警示函”的自律监管措施。在这样的处理下，可能会进一步削弱监管措施的威慑力。因为从挂牌公司的角度看，违规程度较轻的行为与违规程度相对更重的行为，都将适用相同的、“声誉罚”性质的自律监管措施或是纪律处分措施。在这样的情景预设下，只要该违规成本在挂牌公司的接受范围内，那么挂牌公司在后续的经营管理过程中，可能会继续倾向于实施前文提及的“违规程度相对更重的行为”。换言之，这种处理方法在某种程度上将不同类型违规行为的违规成本划定在了相近甚至相同的水平线上，这对于被监管者而言，反而容易形成一种“违规激励”。它对屡教不改的违规行为，威慑力递减，甚至不再有效。例如，中讯邮电（836710），从挂牌转让到退市摘牌，在不到3年的时间，这家公司先后5次被采取自律监管措施。其中，全国股转公司对其采取自律监管措施4次，当地证监局对其采取自律监管措施一次；中讯邮电收到了两份“警示函”，董事长陆正明收到了3份“警示函”。当公司第一次收到全国股转公司的自律监管决定书（被出具警示函）时，还信誓旦旦要“高度重视、认真整改，杜绝类似

问题再次发生”。但后来再收到全国股转公司的自律监管决定书后，公司已经麻木，甚至习以为常，“警示函”已经不起作用了，更是暴出披露的审计报告虚假的更大的违法违规行为，直至公司退市摘牌。颇具讽刺意味的是，在该公司摘牌退市前的前一个月（2019 年 2 月），全国股转公司还在对其出具警示函。可见，全国股转公司可以动用的自律监管措施很有限。

典型案例剖析：中讯邮电（836710）

张家港中讯邮电科技股份有限公司，股票简称：中讯邮电，证券代码：836710；主办券商：万联证券。自 2016 年 4 月 13 日起，股票开始在全国股转系统公开转让。

挂牌刚刚一周，中讯邮电的 1 名董事辞职。挂牌刚满 3 个月，即 2016 年 7 月 30 日，公司又收到财务总监兼董事会秘书夏良秋递交的辞职报告。公司于 2016 年 8 月 9 日同意了该财务总监兼董事会秘书的辞职。不久，监事会监事刘佳慧辞职。

2017 年 3 月 24 日，主办券商万联证券发布《关于张家港中讯邮电科技股份有限公司的风险提示性公告》称，公司存在经营业绩大幅下滑的风险，税务补交及处罚风险，应收账款回款风险，以及偿债风险。

2017 年 4 月 14 日，万联证券发布《关于张家港中讯邮电科技股份有限公司不能按时披露 2016 年年度报告的风险提示性公告》称，其在督导期间发现，中讯邮电原定于 2017 年 4 月 26 日在全国中小企业股份转让系统信息披露平台上披露《2016 年年度报告》，因公司筹划变更会计师事务所，年度审计工作仍未开展，公司编制年度报告的时间不充裕，公司《2016 年年度报告》将延期披露。

2017 年 5 月 19 日，公司董事会又收到董事潘怀清递交的辞职报告。

2017 年 6 月 23 日，公司收到全国股转系统《关于对未按期披露 2016 年年度报告的挂牌公司及相关信息披露责任人采取自律监管措施的公告》〔股转系统公告 184 号〕，公司未在 2016 年会计年度结束之日起四个月内完成 2016 年年度报告的披露工作，时任公司的董事长、董事会秘书未能及时促进及完成2016年年度报告的披露工作。股转系统作出对公司采取出具警示函的自律监管措施，对公司时任董事长、董事会秘书采取出具警示函的自律监管措施。该公司董事会于2017年6月27日发布的公告称，公司高度重视本次收到自律监管措施的情况，并将立即进行整改。今后公司将按照《业务规则》等规定严格履行信息披露义务，完善公司治理，诚实守信，规范运作。公司将进一步健全内控制度，提高全员合规意识和风险意识，在信息披露和公司治理中遵守相关法律法规和市场规则。我公司在此向投资者表示歉意，今后将更加充分地重视定期报告披露问题并吸取教训，杜绝类似问题再次发生。①

2017年6月28日，中讯邮电终于发布了2016年年报。该年报称，北京永拓会计师事务所（特殊普通合伙）对公司出具了标准无保留审计报告，并附有完整的审计报告。

2017年11月，董事会秘书顾晓红辞去董事会秘书职务，监事唐勇也递交了辞职报告。

2018年2月28日，全国股转公司作出《关于对张家港中讯邮电科技股份有限公司采取自律监管措施的决定》（股转系统发〔2018〕238号），经查，中讯邮电有以下违规事实：2017年11月9日，中讯邮电股东陆正明所持公司股份17800000股被司法冻结，占总股本比例89%，累计被司法冻结股数占总股本比例89%。2017年12月15日，公司补充披露上述股权司法冻结信息。中讯邮电自事实发生之日起未能及时披露以上司法冻结信息。全国股转公司作出对中讯邮电采取要求提交书面承诺的自律监管措施。

2018年5月，江苏证监局在现场检查时发现，北京永拓会计师事务所未承接中讯邮电的年报审计业务，未曾出具中讯邮电提供的北京永拓审会字〔2017〕第305196号审计报告，中讯邮电披露的2016年审计意见虚假。江苏

① 《张家港中讯邮电科技股份有限公司关于收到全国中小企业股份转让系统有限责任公司采取自律监管措施的决定的公告》（公告编号：2017－018）。

证监局要求公司提交书面整改报告。①

2018年5月11日，中讯邮电收到全国股转系统《关于对未按期披露2017年年度报告的挂牌公司及相关信息披露责任人采取自律监管措施的决定》（股转系统〔2018〕997号），因此公司未在2017年会计年度结束之日起四个月内编制并披露年度报告，违反了《全国中小企业股份转让系统挂牌公司信息披露细则》的规定，构成信息披露违规。全国股转公司作出决定：对挂牌公司采取责令改正的自律监管措施。对挂牌公司的时任董事长、董事会秘书/信息披露负责人采取责令改正的自律监管措施。因未如期披露年报，中讯邮电股票自2018年5月2日起暂停转让。

从公开资料来看，中讯邮电早已劣迹斑斑。公司员工数量大幅减少，其中财务人员除了实际控制人兼任财务总监外，其余已全部离职，公司目前已无法正常开展生产经营活动；② 截至2018年11月16日，中讯邮电及陆正明存在多起诉讼事项被执行，需要支付金额共计2185万元。同时存在7起诉讼未履行判决结果，被法院纳入失信人名单。

2018年12月，江苏证监局出具《关于对陆正明采取出具警示函措施的决定》（〔2018〕78号），对陆正明采取出具警示函的监管措施，记入证券期货市场诚信档案。并对陆正明提出整改要求，要求陆正明提交书面整改报告。

2019年2月26日，全国股转公司又对中讯邮电作出自律监管措施：对中讯邮电采取出具警示函的自律监管措施；对陆正明采取出具警示函的自律监管措施。

因中讯邮电未能按照规定时间披露2017年年度报告，全国股转公司现决定自2019年3月20日起终止其股票挂牌。

三是不利于规范挂牌公司的高频率的违规行为。对于发生频率较高的违规

① 参见佚名．中讯邮电虚假披露2016年审计意见 实控人陆正明8成股份被冻结［EB/OL］．［2019-11-15］．http：//finance. eastmoney. com/a/201812201010518559. html。

② 参见江芬芬．活久见！中讯邮电捏造年报审计意见［EB/OL］．［2018-12-21］（2019-11-15）．http://stock. eastmoney. com/a/201812211010894763. html。

行为，在违规成本已然相对固定的情况下，诸如“警示函”“通报批评”“公开谴责”等措施可能不足以起到规范和引导作用。

二、资格罚较少使用，威慑力度有限

针对责任主体较为严重的违规行为，全国股转公司也会选择适用“三年内不适合担任挂牌公司董事、监事、高级管理人员”“五年内不适合担任挂牌公司董事、监事、高级管理人员”（4次）（见图2），这是资格罚，但这种资格罚较少使用。

除此之外，全国股转公司还有以下资格罚可以对挂牌公司及其董监高和大股东动用：要求限期参加培训或考试、暂停解除股票限售、建议挂牌公司更换相关任职人员。但在样本案例中，没有发现动用过此类措施。

三、正向激励工具缺乏

目前，无论是对于挂牌公司及其董监高、控股股东和实际控制人，或是对于主办券商等中介机构，新三板的自律监管主要以惩罚、约束为主，缺乏正向的激励工具。而且，从实践情况看，新三板对于挂牌公司及其董监高、控股股东和实际控制人的自律监管措施和纪律处分，多是声誉罚。这种做法只惩罚“坏人”，没有奖励“好人”。如果“坏人”不珍惜其声誉，违法违规的成本实际上趋于零，这就意味着“好人”实际上在受损，因为“好人”的收益也是零。

四、全国股转公司自律管理的范围较宽

通过以上全国股转公司对挂牌公司采取的自律管理措施的违规行为的梳理可知，这些违规行为主要有十七种，有没有本不该由全国股转公司处理的行为呢？这值得反思。

从证券法理上讲，无论是政府监管，还是交易场所的自律监管，其主要任务是反欺诈（反虚假陈述、反内幕交易、反操纵市场等），以维护公开证券市场的公共利益，而不是进行无所不包的“婆婆式”监管。政府和自律监管者对投资者的“父爱式”监管也是应该值得反思的。“父爱”的目的应该是有助于投资者的健康成长和最终自立，而不是将其育成事事都靠“父亲”的温室中的

"花朵"。一些本属于公司自治范畴的事项，全国股转公司可不可以不对其进行自律监管，而是告知股东（投资者）应该去法院提起民事诉讼？毕竟，新三板市场的投资者，都是"合格投资者"，新三板市场是不完全等同于沪深证券交易所的公开市场，而是一个类似于私募市场的、由合格投资者进行公开股票交易的特殊市场。[①] 对"合格投资者"，不能完全等同于对散户投资者的保护。尽管新三板改革后，投资者门槛已经降下来了，但对于证券资产超过100万元的这部分合格投资者的保护，力度还是应有所弱化的，而不能将全国股转公司神话为无所不包的自律监管者。全国股转公司应该有所为，有所不为。

五、新三板的自律监管效果受市场绩效的影响

根据第一章第一节提出的自律监管组织的"市场力量"理论，新三板自律监管的效果受新三板市场绩效的影响。当新三板融资、交易、定价等基本功能严重受损时，一些新三板挂牌公司一心想摘牌离场，有时甚至故意违反规则（如不披露年报）来达到摘牌退市的目的。新三板想要提高自律监管的效果，减少违规行为，就只能加大处罚。当新三板的融资、交易、定价等基本功能运行得比较好时，新三板挂牌公司为了实现这些基本功能，会格外在意新三板的自律监管措施和纪律处分，生怕因一点点小小的错误而影响今后的发展，此时，一个很小的自律监管措施就能起到作用。在这样的背景下，要提升自律监管工具的效果，除了监管工具的丰富性、科学性外，更重要的是激活新三板的融资、交易、定价等基本功能，也就是说，要提升新三板的"软实力"，进而提高新三板的"市场力量"。

① 参见邢会强．新三板市场的合格投资者制度及相关制度改革［J］．环球法律评论，2018（6）。

第三章　自律监管工具的境内外比较与借鉴

第一节　世界主要证券交易所自律监管概述

证券交易具有参与主体不特定、交易频率较高、交易规则复杂、风险性突出的特点，其需要处于监管一线的证券交易所来行使即时、高效、便捷的维护证券交易秩序的市场监管权。相对于实施成本较高、手段刚性、程序复杂、反应相对迟缓的行政机关，作为证券市场组织者的证券交易场所，直接面对上市（挂牌）公司、投资者和广大中介机构，能够对证券交易进行实时监控与管理，这一先天因素决定了其比行政机关更加熟悉行业内的运作，更加容易掌握市场的真实情况，由其监管证券交易更具效率。

从世界主要证券交易场所的实践情况来看，此类市场管理职权一般被认为属于证券交易场所的固有权利，纳入自律管理的范畴；从历史起源上看，传统的证券交易场所的自律管理正是由证券经纪、交易商等市场主体自发组织形成自律组织并实施的自我管理；从现实操作来看，证券交易场所通过与市场参与者签订上市协议、会员章程，接受交易场所的监管和处罚，以协议方式获得市场主体所让渡的权利。

总体上看，世界各国交易所自律监管工具所针对的情形可划分为：公司信息披露违规、证券交易违规和中介机构违规，分别对应交易所的公司监管、交易监管和会员监管。此外，各国交易所可采取的自律监管工具具体种类与其国家的金融监管体制、证券市场的发展及其监管的历史路径等息息相关，所以在借鉴时要结合新三板的市场发展实践和诉求“因地制宜”；相较于主板市场，与新三板在多层次资本市场中定位趋同的域外交易（场）所的自律监管措施更具借鉴意义。

第二节 纽约证券交易所的自律监管

一、自律监管工具及其考量因素

纽约证券交易所（NYSE）自律监管的对象，包括上市公司、会员、会员组织或其相关人员。NYSE 对上市公司的监管主要集中在信息披露及违规处罚。对会员（组织）及其相关人员则实施全方位的监管，包括信息披露违规和二级市场交易违规等，相应的监管措施更为全面，还匹配了具体的程序要求。

NYSE 与上市公司发行证券的上市协议（NYSE Listing Agreement for Domestic Company Equity Securities）约定：发行人须如期提供所要求的定期报告（年报和半年报）；遵循联邦证券法和 SEC 制定的规则；违反约定义务可能会导致交易所基于公共利益保护而对发行人实施警告、暂停交易（证券）和退市决定（Delisting）。NYSE 的《公司指引》第 4 部分（401 ~ 404 条），专门对上市公司的信息披露予以规定。

NYSE 的 8301 规则[①]对会员及其相关人员的违规处罚措施予以规定，若会员、会员组织或其相关人员违反《联邦证券法》、证券监管规定或交易所规则，或者作出任何忽视或拒绝执行依据交易所规则的命令、指引或决定，交易所将有权采取下述一项或多项惩罚措施：（1）谴责；（2）罚款；（3）暂停会员资格；（4）取消会员资格；（5）暂停或禁止加入会员组织协会；（6）施加临时或永久性的禁令；（7）其他适当的惩罚措施。

对于会员及其相关人员的前述违法违规行为作出的惩罚措施，NYSE 规定

① 参见 NYSE，Rule 8310. Sanctions for Violation of the Rules。

了相应的程序要求，具体为476规则，[①] 即针对会员、会员组织、首席执行官、获得授权的个人、职工或他人的控告的程序规范。其适用的前提：交易所已经向听证委员会（Hearing Board）提出了控告备忘录（Charge Memorandum）。其中，第（a）款对8301号规则所述的违法违规行为进一步具体化，包括：（1）违反《1934年证券交易法》及此后的监管规范和规则；（2）违反与交易所签订的协议；（3）违反纽交所董事会制定的规则；（4）向交易所进行重大虚假陈述；（5）通过操纵、欺骗等手段进行证券买卖交易；（6）未能遵守商业信誉、公平公正交易原则的高标准要求；（7）危害交易所的利益；（8）故意或协助他人压低、抬高市场价格而进行证券交易；（9）在向交易所提交的会员申请、会员（授予）资格、财务报告或其他文件中进行错误陈述或遗漏事实；（10）拒绝或未能遵守向交易所提交账簿和财务记录。

二、比较与启示

证券监管的基础在于全面信息披露；信息披露向来被认为维护公正、透明的证券市场秩序，平等保护投资者的利器。NYSE对上市公司的自律监管以信息披露要求为核心，交易所根据发行人披露违规的程度来施以警告、暂停股票交易或最严厉的退市决定。

NYSE是会员制股票交易所，历史传统延续下来的对会员严格约束立场和丰富的约束措施，都使NYSE对会员的监管更像是对内的“家法严厉”，从而维持证券市场的交易秩序。因此，当会员（组织）及其相关人员违反联邦证券法、证券监管规定或交易所规则，或者作出任何忽视或拒绝执行依据交易所规则的命令、指引或决定，NYSE均有权对其采取如下监管措施：（1）谴责；（2）罚款；（3）暂停会员资格；（4）取消会员资格；（5）暂停或禁止加入会员组织协会；（6）施加临时或永久性的禁令；（7）其他适当的惩罚措施。

此外，从NYSE的“执法”实践看，其主要针对的是会员，矛头并非指向上市公司。背后的原因包括，美国有发达的私人诉讼（集团诉讼）市场，上市

① 参见NYSE，Rule 476. Disciplinary Proceedings Involving Charges Against Members，Member Organizations，Principal Executives，Approved Persons，Employees，or Others。

公司稍有不慎，即可能卷入旷日持久、费神耗时的集团诉讼，这对上市公司形成了巨大的威慑，从而减轻了交易所对上市公司进行自律监管的负担，从而使交易所对上市公司进行自律监管的工具和实践不发达。

NYSE 前述自律监管工具中的“谴责”比较常见，新三板也有“公开谴责”这一纪律处分措施。至于“罚款”，按理说是境外交易所的通例，但在我国实施却面临着较大困难。不过，我国的证券交易（场）所可以实施惩罚性违约金。“暂停会员资格”“取消会员资格”和“暂停或禁止加入会员组织协会”主要针对市场参与人（主要是券商）的，由于本文主旨所限，此处不论。“施加临时或永久性的禁令”与新三板的“认定其不适合担任公司董事、监事、高级管理人员”“限制、暂停直至终止其从事相关业务”颇为近似。总之，NYSE 的自律监管工具中能够为新三板所借鉴的并不多。

第三节　纳斯达克的自律监管

一、自律监管工具

纳斯达克基于其目标定位，依据上市规则对上市公司进行监管。总体上，通过上市条件和持续上市标准的设定，以及对违反上市要求的处罚来实现；纳斯达克对上市公司有权采取的自律监管措施包括四类：（1）退市；（2）要求公司提交合规计划；（3）限期改正；（4）公开谴责。对前述自律监管措施的适用，除了要知悉上市规则专款规定的适用情形、自由裁量时应考量的因素，以及遵循的程序要求，还需结合纳斯达克的首次及持续上市条件来理解，方能掌握纳斯达克自律监管措施的应用全景。

（一）纳斯达克对上市公司的监管权

纳斯达克被授权保护和加强其市场质量及公众对其市场的信心。纳斯达克主张诚信和道德的商业行为，以增强投资者的信心，从而促进经济的健康发展并支持资本形成过程。纳斯达克市场的上市公司，从新上市公司到国际知名公司，都被公认为具有这些重要日标。因此，纳斯达克除了采用规则 5000 系列规定的列举标准外，还对纳斯达克市场的首次和持续上市拥有广泛的自由裁量权，以维持其市场质量和公众对其市场的信心、防止欺诈和操纵行为、促进公正公平的交易原则，并保护投资者和公众利益。纳斯达克可依据其自由裁量权拒绝特定证券的首次上市，或对首次上市和持续上市采用额外的或更严格的标准，或当任何事件、条件或情况致使交易所认为证券在纳斯达克市场初次或持续上市不可取或不合理时，有权对特定证券进行暂停交易或退市处罚，即使该证券符合在纳斯达克首次或持续上市的所有列举标准。在所有情况下，上市资格部门（根据细则 5805 的规定）行使其根据细则 5101 的授权时，应根据细则 5810（c）（1）发出退市决定；并且在任何情况下，当裁判机构（细则 5805 中的界定）行使退市权力时，应在书面决定中说明其权力的行使。

根据纳斯达克上市规则，5000 规则系列（由规则 5000～5999 组成）规定纳斯达克市场上的公司资格、上市和退市。其中，

规则 5100 系列（由规则 5100～5199 组成）是对纳斯达克一般监管权的概述。规则 5200 系列（由规则 5200～5299 组成）规定了在纳斯达克股票市场上市的程序和前提条件，以及上市公司的披露义务。[①] 规则 5300、5400 和 5500 系列（分别由规则 5300～5399、5400～5499 和 5500～5599 组成）包含分别在全球精选、全球市场和资本市场中上市的特定量化上市要求。适用于所有公司的公司治理要求包含在规则 5600 系列（由规则 5600～5699 组成）中。普通股或优先股和认股权证以外的证券的特殊上市要求包含在规则 5700 系列（由规则 5700～5799 组成）中。未达到纳斯达克上市标准的后果包含在规则 5800 系列（由规则 5800～5899 组成）中。最后，公司上市费用在规则 5900 系列（由规则 5900～5999 组成）中进行了规定。

纳斯达克行使的对上市公司重要的其他权力规定在“市场规则”（Marketplace Rules）中。例如，纳斯达克可以应 SEC 的要求闭市（见规则 4121）；它

---

① 《纳斯达克上市规则》5250 规定的在纳斯达克股票市场上市的公司的义务：（1）向纳斯达克提供信息的义务；（2）公开披露的义务；（3）提交定期财务报告的义务；（4）提供年度报告和中期报告；（5）通知纳斯达克的要求；（6）支付费用的义务。

还可能在某些情况下按照既定程序暂停公司证券的交易（见规则 4120 和 IM－5250－1 和 IM－5810）。这些权限主要由市场监察部门（Market Watch Department）行使，并包含在规则 4000 系列中。这部分内容属于交易监管的内容，不是本文研究重点。此外，纳斯达克对会员的监管权通过监管合同授予了金融业监管局（FINRA）行使。

（二）纳斯达克对上市公司可采取的自律监管措施

不符合上市规则 5000 系列规定的上市条件的公司证券，会被退市或被拒绝其首次在纳斯达克股票市场上市。规则 5800 系列规定了在不满足首次或持续上市的一个或多个标准时，对这类“未达标”上市公司进行独立审查、中止和退市的程序。

规则 5800 系列的结构如下：（1）上市资格部门负责识别可能导致上市退市或被拒绝上市申请的“未达标”情形；通知公司未满足上市标准或被拒绝上市；发布职员退市决定和公开谴责信。规则 5810 包含有关上市资格部门通知公司不同类型的“未达标”情形及其相应结果的程序规定。（2）根据公司的及时请求，听证小组将在口头或书面听证会上审查职员退市决定、拒绝上市申请或公开谴责信；并作出授予纳斯达克上市标准的“例外”或维持退市的决定。规则 5815 包括有关听证程序的规定。（3）纳斯达克上市和听证审查委员会，在公司及时提出上诉或其主动发起后，可以审查听证小组的决定。规则 5820 包含与上市委员会上诉程序有关的规定。（4）纳斯达克董事会可以行使自由裁量权，要求审查上市委员会的决定。规则 5825 包含与此相关的程序规定。（5）规则 5830 中规定了与 SEC 通知纳斯达克最终退市决定有关的程序；规则 5835 中提供了适用于裁决人和顾问的规则；规则 5840 中提供了与裁决程序有关的一般信息。

1. 针对上市公司违规，纳斯达克的自律监管措施类型

当上市资格部门确定某公司不符合规则 5000 系列中规定的上市标准时，它

将立即通知公司“未达标”情形,[①] 共有四种类型：

（1）职员退市决定：除非提出上诉，否则该“未达标”通知将使公司立即被中止和退市。

（2）公司可以提交合规计划供职员审查的“未达标”通知。

（3）授予公司自动补救或合规期限的“未达标”通知。

（4）公开谴责函，除非这类“未达标”通知不适合未解决的缺陷，即根据以下规则确定的标准：规则 5250（c）｛定期财务报告的义务｝，5615（a）（4）（D）｛有限合伙的合伙人会议｝和 5620（a）｛股东会议｝。

对于允许提交合规计划或授予自动补救或合规期的“未达标”通知，在审查合规计划或自动补救或合规期限截止后，会作出职员退市决定或发布公开谴责信。

收到“未达标”通知、职员退市决定或公开谴责信的公司必须发布公告，披露收到该通知及“未达标”通知作出的规则依据，并描述纳斯达克认定该公司不符合上市标准的每个具体依据和关注点。如果“未达标”通知或职员退市决定与规则 5250（c）（1）或（2）所要求的提交定期报告有关，公司需要发布新闻公告，并依据 SEC 规则提交 8 – K 表格。在其他情形下，公司可以根据 SEC 规则的要求，通过提交 8 – K 表格或发布新闻来进行公告。IM – 5810 – 1 提

① “未达标”通知和退市决定中包含的信息：（1）告知公司交易所职员作出“未达标”或退市决定的事实依据，以及公司未能满足的定量或定性标准。（2）向公司提供有关根据纳斯达克上市规则披露“未达标”通知的指示。（3）通知公司：（A）在职员退市决定情形下，该公司的证券将自某个日期起被中止；公司有权要求听证小组审查退市决定；公司 7 天内提出审查要求［根据《规则》第 5815（a）（1）条的规定］将延缓执行证券中止决定；（B）在公司可以提交合规计划供职员审查的“未达标”通知情形下，则必须提交计划的截止日期；（C）在授予公司自动补救或合规期限的“未达标”通知情形下，则须明确该补救或合规期限的终止日期；（D）对于公开谴责函，应说明职员认为发出该函适当的原因，以及公司有权要求听证小组审查该函。

供了有关此公开义务的其他信息。[①]

根据规则 5250（b）（1）和 IM－5250－1 的规定，公司必须通过 www. nasdaq. net 的电子披露提交系统，将“未达标”公告通知纳斯达克市场监察部，但在紧急情况下可以通过电话或传真通知。如果在纳斯达克市场交易时段发布公告，则公司必须至少在公告前十分钟通知市场监察部门。如果在纳斯达克市场交易时间以外发布公告，则公司必须在美国东部时间 6：50 之前通知市场监察部门。公司应在收到通知后尽快发布公告，但不得超过 4 个工作日。

2. 各类自律监管措施的适用情形

“未达标”的类型决定了公司股票是否将立即被中止和退市，或者在作出职员退市决定前，提交合规计划供职员审查或被授予自动补救或合规期限。

（1）立即导致职员退市决定的“未达标”情形

在以下情况下，职员决定通知公司其证券将立即中止和退市：①公司未能及时征集代理投票权；②权益投资跟踪股票不符合规则 5222（c）的额外持续上市要求，或者该权益投资跟踪股票的跟踪对象已被作出职员退市决定；③根据第 5226 条列出的配对股份单位，房地产投资信托基金的普通股与母公司的普通股分开交易；④在纳斯达克上市的不可转换债券的发行人未能履行规则 5702（b）（2）条规定的其对不可转换债券的义务；⑤根据细则 5520 列出的认购收

① IM－5810－1 披露职员决定书。规则 5810（b）要求公司在 SEC 规则要求的情况下，通过提交 8－K 表格来发布公开公告，或通过发布包含（i）公司不符合上市要求的通知的新闻稿来发布公告规则 5000 系列中规定的标准，（ii）因公司未遵守持续上市要求而导致的根据公司细则 5810 限制或禁止公司证券持续上市的员工退市决定，或（iii）公众人士谴责信；但是，前提是，如果通知涉及不符合规则 5250（c）（1）或（2）的要求，则公司必须通过发布新闻发布公告。此类公告应在收到通知，员工退职决定或公开谴责信（如适用）后尽快发布，但不得超过四个工作日。除了包含表格 8－K 要求的所有披露之外，如果适用，公开公告还必须描述纳斯达克在确定公司不符合上市标准时所确定的每个具体基础和关注点，并确定存在缺陷的规则。例如，如果上市资格部门根据规则 5101 的酌处权决定将公司退市，则该公司必须在其公开公告中包括《员工退市决定》中提及的特定问题。此外，公司可以对员工退职决定中提出的问题提供自己的分析。如果公司未在规定的时间内发布公告或未包含所有要求的信息，则即使公司对员工退市决定或公开谴责提出上诉，其证券的交易也应中止（如果尚未中止）。根据规则 5815 的规定，纳斯达克可以公开发布要求的信息。如果公司未能发布此公告是暂停交易的唯一依据，那么如果纳斯达克发布公告，纳斯达克通常会恢复交易。如果公司在听证小组发布决定之前未能发布公告，则该决定还将确定是否由于未能发布公告而将公司证券除牌。规则 5810（b）并未免除公司在《联邦证券法》下的披露义务，也不应解释为根据《联邦证券法》提供安全港。建议公司在根据联邦证券法评估其披露义务时咨询公司/证券顾问。

入不符合细则5565中的持续上市要求，或者已就认购收入所置换的证券作出了职员退市决定。⑥职员根据其在5100系列规则中的自由裁量权决定，公司的持续上市引发了公共利益问题。

（2）公司可以提交合规计划供职员审查的“未达标”情形

第一，适用情形。除非公司目前正在由裁判机构审查职员退市决定，当公司未达到下述第（i）至（vi）项中所列的标准时，上市资格部门可以接受并审查公司提交的恢复合规计划。根据规则5810（c）（2）（C），依据下述第（i）至（iv）和（vi）项所提交的计划，必须在45天之内作出；根据规则5810（c）（2）（F），依据下述（v）项所提交的计划，必须在60天之内作出。如果公司的计划涉及从纳斯达克全球市场或全球精选市场转移到纳斯达克资本市场，则公司应在提交恢复合规计划的同时，提交申请书和相应的申请费。

（i）未达到设定的量化指标，且该标准没有规定合规期限。

（ii）违反规则5605条｛董事会和委员会｝或5615（a）（4）（C）｛有限合伙制的独立董事/审计委员会｝的规定；前述规则没有适用的矫正期限。

（iii）违反规则5620（a）｛股东会议｝，5620（c）｛法定人数｝，5630｛关联交易审查｝，5635｛股东批准｝，5250（c）（3）｛审计师注册｝，5255（a）｛直接注册计划｝，5610｛行为准则｝，5615（a）（4）（D）｛有限合伙人会议｝，5615（a）（4）（E）｛有限合伙企业法定人数｝，5615（a）（4）（G）｛有限合伙企业的关联方交易｝或5640｛投票权｝。

（iv）没有按照规则5250（b）（3）的要求进行披露。

（v）没有按照规则5250（c）（1）或（2）的要求提交定期报告。

（vi）不符合规则5700系列中的持续上市要求。

本条规则相当于纳斯达克要求公司提交合规计划以供审查，IM－5810－2对此项自律监管措施的适用情形予以详细规定。具体来讲，当上市公司违反的标准本身没有明确的合规期限时，工作人员可以接受公司提交恢复合规的计划。前述标准包括：规则5550（b）（1）｛股东权益｝和5550（b）（3）｛持续经营净收入｝；细则5550（a）（3）｛公共持有人｝；细则5550（a）（4）｛公开持有的股份｝；规则 5350（b）（1）（B）｛公开持有的股份｝，5450（b）（1）（A）｛股东权益｝和 5450（a）（2）｛总持有人｝；规则 5450（b）（3）（A）｛总资产/总收入｝，5450（b）（2）（B）｛公开持有的股份｝和 5450（a）（2）｛总持有人｝；规则 5460（a）（1）｛公开持有的股份｝和 5460（a）（4）｛公众持有｝。

第二，审查上市公司合规计划后，纳斯达克职员的选择。交易所工作人员可以要求公司提供作出决定所必需的其他信息。如果公司"未达标"的情形不是规则 5810（c）（2）（F）规定的提交文件违规及 5810（c）（2）（G）规定的年度会议违规，那么职员在审查公司提交的恢复合规计划之后，可以作出以下决定：（i）从工作人员初次通知之日起，允许公司在不超过 180 天内恢复合规，除非公司目前正在由裁决机构审查交易所职员作出的退市决定。如果员工批准延期，它将书面通知公司授予延期的依据和延期条款；（ii）发出职员退市决定书，内含拒绝延期的依据说明；（iii）依据规则 5805（j）发出公开谴责信。

第三，上市公司提交合规计划的时间要求。除了违反规则 5250（c）（1）或（2）的情形，职员作出的允许公司提交合规计划以供审查的"未达标"通知，将告知公司可在 45 天内提交达到纳斯达克上市标准的恢复合规计划。存在合理理由时，职员可将前述期限延长最多 5 天，并可以要求公司提供必要的其他信息，以确定是否准予这种延长。

第四，对某些"未达标"合规计划的限制。工作人员将不会接受一项计划来实现持续经营净收入或总资产和总收入未达标的合规，因为合规要求针对的是完整会计年度内的净收入或资产和收入的水平，因此只能通过经审计的财务报表进行证明。同样，公司不得提交依赖部分年度绩效的计划以证明其符合前述标准。但公司可以提交一项计划，表明其当前或近期符合与股东权益或上市证券市值有关的上市要求。

第五，未能满足交易所工作人员授予延期的规定。如果公司在交易所职员授予的延期内未能恢复合规，职员将立即作出职员退市决定，列明公司证券被中止交易的日期，除非公司提请听证小组进行审查。

第六，违反提交文件的要求。如果公司违反规则 5250（c）（1）或（2）的规定：（i）职员通知书应告知公司在60 日内提交恢复上市标准的计划；但如果公司正在根据第5800 系列规则提请审查已经做出的职员退市决定，则其不得提交前述计划。在有充分理由的情况下，工作人员可以将截止期限延长最多 15 天，并可以要求公司提供必要的其他信息，以确定是否准予这种延长。（ii）工作人员依据上述第（i）款规定而授予的恢复合规期限，所有例外规定的最长额外时间是自第一次未按时提交定期报告的到期日起 180 天（如适用，根据该法案第 12b－25 条的规定予以延长）。在确定是否准予例外及例外的期限时，工作人员将考虑并且公司应在其合规计划中说明公司的具体情况，包括可以在例外期内提交报告的可能性，公司既往的合规历史，未按期提交报告的原因，在例外期内可能发生的公司事件，公司的总体财务状况以及公司对市场的信息披露。工作人员的审核将基于各种来源的信息而作出判断，比如审计委员会，外部审计师，SEC 的工作人员和其他监管部门。

第七，违反年会召开规定。如果违反规则 5620（a）和 5615（a）（4）（D）的规定：（i）职员通知书应告知公司在45 日内提交恢复上市标准的计划；但如果公司正在根据第5800 系列规则提请审查已经作出的职员退市决定，则其不得提交前述计划。在有充分理由的情况下，工作人员最多可以将截止期限延长 15 天，并可以要求公司提供必要的其他信息，以确定是否准予这种延长。（ii）工作人员授予的恢复合规期限，所有例外规定的最长额外时间是自召开年度会议的截止日期（公司会计年度结束后的一年）起 180 天。在确定是否准予例外及例外的期限时，工作人员将考虑并且公司应在其合规计划中说明公司的具体情况，包括可以在例外期内召开年度会议的可能性，公司既往的合规历史，未及时召开年会的原因，在例外期内可能发生的公司事件，公司的总体财务状况以及公司对市场的信息披露。工作人员的审核将基于各种来源的信息而做出判断，比如审计委员会，外部审计师，SEC 的工作人员和其他监管部门。

（3）公司违反了内含具体矫正或合规期限的规则时，纳斯达克会要求公司

限期改正

公司违反下述第一至六项所列标准，交易所工作人员的通知将告知公司规则所要求的矫正或合规期限。如果公司未在规定的矫正或合规期限内达标，上市资格部门将立即发出《职员退市决定书》。

第一，违反竞价要求。只有在连续30个工作日内持续未达标的情况下，才能认定公司存在未满足最低竞价的持续上市条件。在此情形下，公司会被立即通知，并须自通知之日起180天内达到合规。只要在合规期内连续至少10个工作日符合适用标准，即被认定达到合规要求，除非工作人员根据规则5810（c）（3）（G）的规定行使自由裁量权延长前述10天的期限。

Ⅰ. 全球精选市场和全球市场

在纳斯达克全球市场上市的公司，在180天合规期届满前未被视为合规的，可以转移到纳斯达克资本市场，只要根据公司最新的公开文件和市场信息，其满足纳斯达克资本市场公开发行股票的市值要求和其他适用的首次发行条件（竞价要求除外），并通知纳斯达克其拟通过转板而达到合规的意图。转移到纳斯达克资本市场后，依据规则5810（c）（3）（A）（ii），公司将被授予剩余的合规期限，除非纳斯达克认为这于事无补。公司还可以根据规则5800系列申请听证以留在纳斯达克全球市场。听证程序所用时间不会延长纳斯达克资本市场根据本规则所适用的剩余合规期限。

Ⅱ. 资本市场

在纳斯达克资本市场上市的公司，在180天合规期届满前未被认定为合规的，还将增加180天合规期，前提是根据公司最新的公开文件和市场信息，公司在第一个合规期的第180天达到了持续上市所需的公开发行股票市值标准，以及其他适用的资本市场首次发行条件（竞价要求除外），并通知纳斯达克其拟通过宽限期而达到合规的意图。如果公司未表示这种意图，或者在纳斯达克看来于事无补，则公司将无资格获得第二个宽限期。如果公司已公开发布的信息（如收益披露）表明其不再满足适用的上市标准，则该公司不能被授予本规则规定的额外合规期限。

第二，违反做市商数量要求。如果公司连续10个工作日未能符合持续上市所要求的做市商数量条件，则会被确认违规。发生此类情况后，公司会被立即通知，并且须在自通知之日起30天内达到合规。在30天的合规期内，公司至少连续10个工作日达标，则视为达到合规。

第三，违反上市证券的市值要求。只有在连续30个工作日内持续未达标的情况下，才能认定公司存在未满足上市证券市值的持续上市条件。在此情形下，公司会被立即通知，并须自通知之日起180天内达到合规。只要在合规期内连续至少10个工作日符合适用标准，即被认定达到合规要求，除非工作人员根据规则5810（c）（3）（G）的规定行使自由裁量权延长前述10天的期限。

第四，违反公开发行股票的市值要求。只有在连续30个工作日内持续未达标的情况下，才能认定公司存在未满足公开发行股票市值的持续上市条件。在此情形下，公司会被立即通知，并须自通知之日起180天内达到合规。只要在合规期内连续至少10个工作日符合适用标准，即被认定达到合规要求，除非工作人员根据规则5810（c）（3）（G）的规定行使自由裁量权延长前述10天的期限。

第五，违反独立董事及审计委员会规则。如果上市公司由于空缺一名独立董事或者一名董事因为自己不可控的原因变得不再独立，而违反规则6055（b）（1）的董事会多数成员具有独立性的要求，上市资格部将立即通知该公司，并告知其须在以下两者中更早的时点达标：下一次年度股东大会召开时或引发违规事件发生之日起一年内。但如果公司的下一次年度股东大会将在引发违规事件发生之日起180天内举行，那么公司拥有自违规事件发生之日起180天的时间来达到合规标准。

如果上市公司基于一名审计委员会成员因其不可控的原因变得不再独立，从而违反规则5605（c）（2）中的审计委员会组成要求，上市资格部将立即通知该公司，并告知其须在以下两者中更早的时点达标：下一次年度股东大会召开时或引发违规事件发生之日起一年内。如果公司因为空缺一名审计委员会委员而违规，并且公司未能在矫正期内另聘委员，上市资格部将立即通知该公司，并告知其须在以下两者中更早的时点达标：下一次年度股东大会召开时或引发违规事件发生之日起一年内。但如果公司的下一次年度股东大会将在引发违规事件发生之日起180天内举行，那么公司拥有自违规事件发生之日起180天的时间来达到合规。

第六，违反不可转换债券的市值/流通本金余额要求。只有在连续30个工作日内持续未达标的情况下，才能认定公司存在未满足不可转换债券的持续上市条件（不可转换债券的市值或流通本金余额至少不低于40万美元）。在此情形下，公司会被立即通知，并须自通知之日起180天内达到合规。只要在合规期内连续至少10个工作日符合适用标准，即被认定达到合规要求，除非工作人员根据规则5810（c）（3）（G）的规定行使自由裁量权延长前述10天的期限。

纳斯达克工作人员与价格相关的自由裁量权。如果公司未能满足上市证券的市值、公开发行股票的市值、竞价或市价/本金余额要求，前述违规均与公司的证券价格有关，因此被统称为“与价格相关的要求”。通常，只要连续至少10个工作日符合适用标准，公司就会被认定达到合规要求。但工作人员在判断公司有能力保持长期合规之前，可以根据自由裁量权延长前述10天的期限（通常不超过20个连续工作日）来认定公司是否达标。在作出是否延长的决定时，工作人员可以考虑所有相关事实和情形，包括但不限于：

（i）合规保证金（公司超过所适用基于价格的要求之金额）。

（ii）交易量（交易量不足可能表明缺乏按公布的买入价交易的真正市场兴趣）。

（iii）做市商蒙太奇（报价等于或高于1.00美元或满足其他基于价格的要求所必需的最低价格的做市商数量；以及做市商报价的体量）。

（iv）证券价格的趋势（上升还是下降）。

（4）公开谴责信

如果公司违反了纳斯达克上市标准中的公司治理或告知要求（法案第10A-3条规则所要求的标准除外），工作人员认为退市并非适当的制裁方式，则其可以发布公开谴责书。上市资格部门在作出是否发布公开谴责书时将考虑如下因素：违规是否因疏忽造成；该违规是否对股东利益产生重大不利影响；违规是否已被纠正；公司是否合理地依赖独立顾问，以及公司是否存在违规范式。

（5）其他未达标情形

当上市公司被裁决机构审查时，上市资格部门将继续评估公司的合规性，并且可能发现其他违规情形；一旦发现，工作人员将向公司另行发出未达标通知，并将副本抄送裁决机构。

在以下情况下，工作人员的其他违规通知须遵循规则 5810（a）的要求：（A）裁决机构正在审查的是公开谴责信；（B）发现的其他违规具有自动矫正或合规期限。

如果其他违规在正常情况下会导致公司证券立即中止和退市，或公司可以提交供职员审核的合规计划，那么工作人员的通知将告知公司在听证会上由听证小组来解决问题，除非原始违规的听证会已经举行。若听证会已举行，工作人员的通知将告知公司在裁决机构处理完结原始违规争议之前，于指定时间内书面提请裁决机构对其他违规事项一并管辖。

二、比较与启示

纳斯达克对上市公司的自律监管措施呈现一个“从紧到松”的递进谱系，其中退市和公开谴责处于这一谱系的两端，中间内嵌着“要求公司提交合规计划”和“限期改正”这两个由严密规则构建起来的自律监管手段。这两类监管措施分别对应于：上市公司违反的监管规则或标准是否带有明确的合规期限。当上市公司违反的是内含明确合规期限要求的监管规则时，则可以向纳斯达克提交合规计划；如果上市公司所违反的是本身就有期限要求的监管规则时，纳斯达克则会要求上市公司限期改正。此种做法符合实践理性。此外，由于内含合规期限的监管规则往往是于纳斯达克内部各个板块之间设定的对应上市标准相关联的，比如公司市值和做市商数量要求等，而且各个板块之间上市标准级差的设置，就使“限期改正”这一措施对应的后果更具弹性。比如，当“全球精选市场”和“全球市场”板块的上市公司违规被处以限期改正自律监管措施后，在规定期限仍未达到合规要求的，还可以通过降级到“资本市场”这一要求相对较低的板块来实现合规，从而留在纳斯达克市场内，不至于直接退市。贯穿其中的是交易所在运用自律监管措施上的自由裁量权，以及交易所内各分层市场之间监管标准的差异化设置与有效衔接。

纳斯达克授予公司自动补救或合规期限的“未达标”通知，即当上市公司违反了内含具体矫正或合规期限的规则时，纳斯达克会要求公司限期改正。这对应了新三板责令改正的自律监管措施。纳斯达克的公开谴责函对应了新三板的公开谴责的纪律处分。纳斯达克的“公司可以提交合规计划供职员审查的‘未达标’通知”则是可以为新三板所借鉴的。该措施的适用情形主要有三种：在股东分布、股票价格方面未达标，在公司治理方面未达标，以及在信息披露方面未达标等。允许上市公司提交合规计划为上市公司提供了补救机会。在此过程中，纳斯达克享有广泛的自由裁量权。新三板虽然有“要求提交书面承诺”这一自律监管措施，但力度较弱，如果提交了书面承诺后不予履行，新三板缺少进一步的惩罚性措施。但如果纳斯达克上市公司提交的合规计划不被纳斯达克接受，则要招致退市这一严厉的惩罚。相比之下，新三板的相应自律监管措施弱了很多。因此，建议新三板进一步增加和完善补救类的自律监管措施，引入“要求挂牌公司提交合规计划”的自律监管措施。详见第四节的分析。

总之，尽管纳斯达克对上市公司的自律监管虽然也是围绕信息披露，但更具实质性。具体来讲，纳斯达克对上市公司的自律监管内容，不仅是信息披露和上市条件，以及维持上市条件的要求，还有更实质的层面，比如公司治理上的要求和财务要求等。如果达不到前述要求，都被视为不符合上市标准（Deficient with Respect to the Listing Standards），从而会招致交易所的自律监管措施。纳斯达克上市规则对交易所可以采取哪些监管措施，在什么情形下采取，甚至具体的时限要求都规定得很清楚，这对新三板自律监管措施的制度细化完善有借鉴意义。

第四节　OTCBB 的自律监管

一、自律监管工具

拥有 OTCQX、OTCQB 和粉红市场（Pink Markets）等市场板块的美国场外交易集团（OTC Markets Group Inc.）就不是自律管理组织，其不对该三个市场板块进行自律管理，同时其也不受 SEC 和 FINRA 的监管。[①]

场外柜台市场布告栏（OTCBB）是为 FINRA 的做市商提供报价服务，而不是为发行人上市服务的，因此 OTCBB 无须满足发行人的上市要求。相应地，OTCBB 既没有财务要求，也没有最低竞价要求。这也奠定了在 OTC 市场报价的公司与交易所上市的公司存在显著差异。具体来讲，交易所（如纳斯达克和纽约证券交易所）有上市及上市后维持的具体定量和定性指标，并受到严格的监管和执行；在交易所上市的公司负有报告义务，并且交易所与上市公司之间存在持续的监管关系。而 OTCBB 是为了便于未上市证券的报价，其本身与发行人之间的监管关系相对有限或根本不存在。

FINRA 的规则仅对报价活动和 OTCBB 证券的报价显示方式有资格要求和其他监管要求。在前述背景下，并结合本文研究需要，OTCBB 对其市场上报价的公司的约束，恐怕就落在了证券报价资格的管控上。具体内容主要体现在 FINRA 规则 6530 关于“符合 OTCBB 资格的证券”（OTCBB – Eligible Securities），这个可以结合 OTCBB 官网上的“常见问题答疑”[②] 部分统合理解，详述如下。

（一）OTCBB 的报价资格

若要使证券在 OTCBB 市场上被做市商报价，该证券必须在美国证券交易委员会（SEC）或其他有管辖权的联邦监管机构注册，并且发行人必须及时向联邦监管者提交要求的文件。在 OTCBB 上报价的国内发行证券仅限于以下几

① 参见 https：//www. otcmarkets. com/learn/investor – protection。

② 参见 OTCBB Frequently Asked Questions，https：//www. finra. org/filing – reporting/market – transparency – reporting/otcbb/faq。

类：(1) 发行人是根据1934年《证券交易法》第13或15 (d) 条的规定报送文件的证券；(2) 无须根据《证券交易法》报送文件，但基于所受监管约束而提交公开报告的储蓄机构证券；(3) 注册的封闭式投资公司证券；(4) 根据《证券交易法》第12 (g) (2) (G) 豁免注册的保险公司证券。

(二) OTCBB的提交文件要求

在OTCBB上被报价的证券发行人均应向SEC、银行或保险监管者定期报告财务信息。通过EDGAR（电子化数据收集、分析及检索系统）向SEC提交文件的发行人，无须向OTCBB或FINRA提交纸质文件。但未通过EDGAR提交文件或未向其他监管机构提交文件的发行人必须向OTCBB提交纸质文件。

(三) 公司从OTCBB被除名的情形及程序规定

OTCBB的发行人若未按监管规定提交文件，其证券将被从OTCBB中除名。此外，所有在OTCBB的发行必须至少有一个注册做市商在OTCBB为其证券提供报价。当最后一个做市商不再为该股票报价时，根据规则15c2－11，该证券将在4天后从OTCBB中被移除。发行人不得主动从OTCBB撤回报价，只有做市商可以主动撤回OTCBB的报价。如果OTCBB证券在交易所上市，它将不再符合在OTCBB报价的资格，将会被从OTCBB中除名。在实践中，OTCBB公司未按监管规定提交文件而被除名的具体运作如下。

首先，根据FINRA规则6530 (e)，任何发行人在24个月内3次违反报告义务，或在24个月内因2次未提交文件而被除名的，则丧失一年在OTCBB报价的资格。为了使证券能够在OTCBB上报价，FINRA规则6530要求证券发行人必须向SEC提交报告，或者当发行人是银行或储蓄协会（或此类实体的控股公司）时，其无须向SEC而是向主管机构提交报告。此外，证券发行人必须及时履行报告义务，适用于30～60天的期限。如果发行人到期未提交要求的文件或提交的文件不完整，则OTCBB发行人将被视为违反报告义务。为了报告义务的全面履行，所提交的文件须包含所有规定的认证，并且已由注册会计师审计。

其次，FINRA判定OTCBB发行人的定期财务报告是否及时提交的标准。为了确定发行人是否在规定期限内及时提交定期财务报告，或提交的定期财务报告在宽限期内（发行人未在初始提交截止日期前提交），报告必须在截止日期或宽限期的最后一天于美国东部时间下午5点30分前收到，并由SEC的EDGAR系统加盖时间戳。为了确定发行人是否具备在OTCBB报价的资格，上述下午5点30分的“时间点”将不会有例外，如有特殊情况，SEC工作人员将依自由裁量权判断。

1. 初次未按期提交文件示例：如果OTCBB的发行人未能在文件提交截止日期的美国东部时间下午5点30分前提交定期财务报告，即使其第二天提交了报告，也会收到一次“警告”，如果本次警告为第三次警告，该发行人证券将被OTCBB除名。如果公司对除名决定提出听证申请，在听证官作出决定之前，听证请求将暂缓发行人证券从OTCBB除名，但前提是发行人提供了4000美元的电汇转账的证据。如果发行人确实未按期提交文件，那么在听证官作出决定之前的暂缓除名，并不会给予发行人额外的期限来恢复报价资格。

2. 未在宽限期内提交文件示例：OTCBB发行人未能如期提交定期财务报告，且随后未能在宽限期最后一天的美国东部时间下午5：30前提交定期财务报告（在一次或二次警告的情况下），那么其证券将被OTCBB除名。如果公司对除名决定提出听证申请，在听证官作出决定前，听证请求将暂缓发行人证券从OTCBB除名，但前提是发行人提供了4000美元的电汇转账的证据。如果发行人确实在宽限期截止前未能提交文件，那么在听证官作出决定前的暂缓除名，并不会给予发行人额外的期限来恢复报价资格。

最后，公司被除名之后的申诉程序。证券在OTCBB上被报价的发行人可以就证券被除名向听证官申诉，该听证官是FINRA听证官办公室依据FINRA规则9700系列的规定而任命。上诉听证的请求应至少在计划的证券除名日前两天向听证办公室提出，同时发行人还要提交其已经按要求支付听证费的证据。在听证官作出决定前，听证请求将暂缓发行人证券从OTCBB除名。除非听证官另有指示，否则听证将通过电话进行。除非发行人放弃该等通知时限要求，听证官办公室将向发行人提前至少5个工作日发出听证通知。

在电话听证会上，听证官将决定公司的证券是否有资格在OTCBB报价。

听证官只会考虑发行人的证券当前是否有资格在 OTCBB 报价和/或发行人是否在规定的期限内提交了完整的报告（考量依 SEC 规则 12b－25 规定的各种延期）。听证官无权对丧失资格的证券延期以使其恢复资格。

此外，发行人不得就听证官决定向 FINRA 提出上诉，但在听证官的决定发布之前，可以提请全国裁决委员会（National Adjudicatory Committee，NAC）审查。如果听证官的决定被要求进行审查，则由 NAC 作出决定，这将构成 FINRA 的最终行动。否则听证官的决定将被发布，并构成 FINRA 的最终行动。发行人可以就 FINRA 最终行动（适用的听证官的决定或国家审判委员会的决定）向 SEC 提出上诉。

（四）公司证券被暂停交易或报价

根据 FINRA 规则 6440，出于保护投资者和公众利益的必要，FINRA 在下述情况下可以要求成员对 OTC 权益证券暂停交易或报价。

（1）场外权益证券或美国存托凭证的底层证券为场外权益证券（OTC ADR），同时在国外证券交易所或市场上市或注册，国外证券交易所、市场，或监管发行人、交易所或市场的监管机构，基于公众利益考量暂停前述证券交易（以下简称国外监管暂停）。但如果国外监管暂停仅因重大新闻、提交监管文件违规或经营原因作出，不会引发 FINRA 对相关证券的暂停交易和报价。

（2）OTC 权益证券或 OTC ADR 的基础证券是衍生品或在全国性证券交易所或国外证券交易所上市或注册的证券，全国性证券交易所或国外证券交易所对上市证券实施暂停交易。

（3）FINRA 认为已发生或正发生的异常事件已对场外权益证券市场产生了严重影响，或者已经引发或可能引发对市场的重大破坏，并对证券交易的结算和清算过程带来重大不确定性。

（4）可根据 SEC 的指令或其他合法的政府命令，暂停场外权益证券的交易和报价。

（五）OTC 市场集团对粉单市场内较高层次市场公司的自律监管①

全国性证券交易所的自律管理权限来源于《证券交易法》，包括管理会员的准入、强制会员及其关联人员遵守法律法规和交易所规则，以及以作出纪律处分为后盾。而粉单市场则情况不同，OTC 市场集团与 OTC Link 公司均不享有证券交易法赋予的上述权力。OTC 市场集团甚至不能强制报价公司退出粉单市场，因为公司只要有经纪交易商继续为其在粉单市场报价，就可以继续出现在粉单市场。OTC 市场集团也不能像自律管理组织 FINRA 一样对其会员经纪交易商作出纪律处分。

不过，随着 OTC 市场集团从传统的粉单市场中分出了较高层市场 OTCQB 和 OTCQX，OTC 市场通过协议与较高层市场规则获得了对较高层市场报价公司的监管权限。由于较高层市场采取申请制，申请进入较高层报价的公司需要向 OTC 市场集团提交申请材料，由 OTC 市场集团依据事先制定的各层市场规则进行审查，审查通过的公司需要和 OTC 市场集团签订协议。根据协议和各层市场规则，OTC 市场集团获得了对报价公司进行监管的权限。

1. 通过推荐人制度实现对较高层市场报价公司的间接监管

OTC 市场集团在粉单市场的 OTCQX 层（针对所有申请报价公司）和 OTC-QB 层（仅针对外国申请报价公司）中引入推荐人制度，通过推荐人实现对报价公司的间接监管。

正如 OTC 市场集团所认为，OTCQX 市场的信誉（Integrity）取决于推荐人所提供指导的公司的质量，推荐人的职责主要体现在推荐适格公司来 OTCQX/OTCQB 层报价和持续辅导公司合规与获取融资两个方面。当然，如果公司刚刚或正在从全国性证券市场退市，或者公司一部分流通股同时在全国性证券交易所上市流通，公司可以豁免聘请并维持一名推荐人的义务，因为此时可以推定公司资质较好，且对美国资本市场较为熟悉。

在报价推荐方面，推荐人要辅导公司，使其了解市场规则；推荐人还要代

---

① 参见洪艳蓉，等．公众公司的制度机理与监管规则研究［M］//谢庚，徐明．新三板研究——全国股转系统课题成果选编 2018，北京：中国金融出版社，2019。

表公司向 OTC 市场集团出具有关公司的申请方式和所有申请文件符合规则要求的介绍信（Letter of Introduction）。

在持续督导方面，推荐人最基本的工作是要协助报价公司履行信息披露义务，具体包括协助报价公司识别须披露的重大信息、审查公司是否充分信息披露、指导公司回复 OTC 市场集团的问询、事先审核报价公司披露的信息等。此外，推荐人还应当指导报价公司吸引持续融资。

为了便于推荐人履行职责，OTCQX/OTCQB 规则规定，公司负有向推荐人提供公司有关信息的义务，包括涉密信息和公司的产权信息，公司股东、董事与高级管理人员等人事任免情况，推荐人要求提交的信息或文件，以及其他与公司相关的实质信息。公司须承担不履行上述义务导致公司信息披露违规而造成 OTC 市场采取的监管措施。

OTC 市场集团允许三类主体申请从事粉单市场的推荐人业务，分别为投资银行、公司经纪人、律师。OTC 市场集团向申请从事该业务的推荐人收费，申请费与后续年费均为 1000 美元。

2. 对较高层市场报价公司的直接监管

基于 OTCQX 规则对报价公司的准入和维持要求，OTC 市场集团享有对层内报价公司进行直接监管的权力，可以决定将报价公司从该层中移除、决定将公司从 OTCQX 精选层降至 OTCQX 普通层，以及作出临时暂停公司证券在粉单市场报价交易的决定。被移除出较高层的公司将回到 OTC Pink 层报价，公司直到不再有经纪交易商通过 OTC Link ATS 系统为公司报价才彻底退出粉单市场。报价公司也可以提前一天以上向 OTC 市场集团书面申请从 OTCQX/OTCQB 层退出。

OTC 市场集团将报价公司从 OTCQX/OTCQB 层移除有两类情形，一类是因不符合维持条件而被移除，另一类是因涉及公共利益而被移除。在第一类情形中，报价公司通常享有一定的恢复期（Curing Period），有机会在出现不符合维持条件情形后的一定期限内，因重新符合条件并持续一定期限而继续维持在该层。恢复期通常为自收到 OTC 市场集团给予的通知之日起的连续 30 个自然日，OTC 市场集团也可以自主决定是否给予额外的恢复期。

OTCQB层中因信息披露不全、收盘报价连续过低、公众持股或受益股东人数不足而引发的恢复期在期限长度或起算时点上有特殊规定。此外，被移除出OTCQB的公司可以在满足一定条件的情况下简化手续恢复在OTCQB市场挂牌。在第二类情形中，OTC市场集团若认为公司证券的持续报价将损害OTC市场集团的声誉或信誉，或者损害投资者利益，可以无须事先通知就决定立即将报价公司从OTCQX市场移除。

二、比较与启示

OTCBB是为FINRA的做市商提供报价服务的，而不是为发行人上市服务的，因此股票能够在OTCBB市场上交易，不是基于发行人满足通常所理解的“上市条件”，而是因为有做市商愿意为该公司提供OTCBB市场报价。这就意味着，OTCBB与报价公司之间的监管关系相对有限或根本不存在。此外，做市商为公司股票在OTCBB市场上提供报价，需要遵守FINRA对报价活动的规则，聚焦于报价公司提交信息披露文件方面（主要是财务报告，不涉及公司治理等其他方面）。OTCBB的报价公司若未按监管规定提交文件，其证券将被从OTCBB中除名。在特定情形下，FINRA可以基于公共利益要求或SEC的指令，要求做市商对报价公司的股票暂停交易或报价。因此，OTCBB市场上对报价公司行为约束，是通过FINRA对做市商证券报价的管控来间接实现的。此外，SEC对公众公司强制信息披露义务的行政监管，以及公众公司股东集团诉讼的外部监督，也是对OTCBB报价公司规范行事的有力约束。

此外，对于粉单市场内部的高层次市场，OTC市场集团通过协议获得了监管权力，一是通过推荐人制度实现对较高层市场报价公司的间接监管，二是对较高层市场报价公司的直接监管，但监管工具也主要是降层、摘牌。

美国OTC市场的报价公司约为一万多家，与新三板相当；但其自律监管工具并不比新三板丰富。其中，OTCBB市场中报价公司的行为约束主要是通过FINRA对做市商的报价管控要求来实现的，这与OTCBB自身服务定位有关，即并非像场内交易市场那样提供上市服务，而是为FINRA的做市商提供报价服务。而粉单市场对挂牌公司的监管主要通过分层来实施，其较为严厉和有效的措施是降层。这可以为新三板所借鉴。详见本文第四部分的论述。

第五节　伦敦证券交易所AIM的自律监管

一、自律监管工具

（一）伦敦证券交易所转制对其监管权的影响

伦敦证券交易所（London Stock Exchange）是受英国《金融服务和市场法》（Financial Services and Markets Act，FSMA）认可的投资交易所（RIE）。伦敦证券交易所转制所衍生的利益冲突由2001年实施的FSMA来化解和平衡，因此形塑了伦敦证券交易所对上市公司的自律监管权限范围及措施。

1999年7月，伦敦证券交易所宣布准备实现股份化，成为一家营利性上市公司；2000年3月，伦敦证券交易所成功上市。伦敦证券交易所的商业性质与利益最大化目标，股权结构的转换带来新的利益冲突，即伦敦证券交易所的监管职能与趋利目标之间存在的冲突。① 因此，如果伦敦证券交易所继续保留监管上市的权力，而不是将上市标准的制定和执行交给交易所之外的机构，则有可能造成交易所在商业压力下降低上市的标准或者执行上市规则不严，导致交易所或客户利益受损。② 但由外部机构制定上市标准与核准上市，则必然要考虑外部机构的专业性问题，否则标准设置不当会造成许多上市申请人上市困难，损害到交易所的利益。③ 因此，为平衡上述利益，2001年12月1日FSMA

---

① 伦敦证券交易所的上市、证券交易与结算费用为主要收入来源，占据总收入的67%以上，而这些收入来源主要依靠交易所的主要参加者（发行人、券商与中介机构）。因此，为了满足利润需求，股份化后的交易所可能会怠于对主要参加者实施较为严格的监管职能，甚至有可能被迫降低监管、上市或披露标准，以更好地与其他交易所进行竞争，吸引更多的金融参与者。参见Worthington，A.，Higgs，H.. Market risk in demutualized self-listed stock exchanges：An international analysis of selected time-varying betas［J］. Global Economic Review，2006，35，239-257。

② 参见International Organization of Securities Commissions（IOSCO），Technical Committee（2001）. Issues paper on exchange demutualization，Madrid，June。

③ 参见台湾证券交易所，英国证券市场相关制度2017，资料来源：台湾证券交易所网站。

正式取代 1986 年金融服务法。[①]

在 FSMA 出台以前，伦敦证券交易所有两个主要职能：（1）监管伦敦证券交易所的两个市场——主要市场和另类投资市场（AIM）的交易活动；（2）通过英国上市管理局（the UK Listing Authority，UKLA）监管一级市场的上市活动。[②] 而在 FSMA 出台以后，伦敦证券交易所作为一级市场监管机构的角色转移给了金融服务局（Financial Services Authority，FSA），[③] 不再作为上市主管机构，但伦敦证券交易所在交易所监管新闻服务（RNS）和 UKLA 的协助下，继续监管二级市场。伦敦证券交易所仍然保留制定监管证券交易活动规则的权力，同时根据伦敦证券交易所的规则，交易所也负责对会员进行监管。[④] FSA 负责制定与修改上市或披露规则，有权接受上市申请人证券上市的申请，并有权根据上市规则决定证券的暂停交易或停止交易。[⑤] 虽然伦敦证券交易所制定相应规则并保证证券交易活动按照 FSA 的规定进行，但 FSA 对发行人具有广泛的监管权，同时也有权对伦敦证券交易所进行监管。2008 年国际金融危机爆发，人们认为 FSA 在金融危机期间监管失灵，因此英国政府经过审慎考虑于 2010 年 6 月决定取消原先设置的金融监管一元化体系，即撤销 FSA 并将其监管职能分拆给许多新机构与英格兰银行。[⑥] FSA 对证券市场的监管权由此后的金融行为监管局（Financial Conduct Authority，FCA）承袭。

（二）伦敦证券交易所对主板市场的监管

由于伦敦证券交易所与 FCA 在证券发行和交易监管权限上的划分，伦敦证券交易所主板市场的规则（Rules of London Stock Exchange）只规定了交易所对会员的自律监管措施，没有针对上市公司的内容。而 FCA 手册中的上市规则

---

① 参见孙昌兴，温云爱．非政府组织在英美证券监管中的作用及对我国的启示［J］．江淮评论，2006（4）。

② 参见 Financial Services Act 1986。

③ 参见 Financial Services and Markets Act 2000，Part Ⅴ，Section 72。

④ 参见 Rules of London Stock Exchange，12 January，2004。

⑤ 参见 Financial Services and Market Act 2000，Part Ⅴ，Section 74，75，76，77。

⑥ 参见 Vina，Gonzalo. U. K. Scraps FSA in Biggest Bank Regulation Overhaul Since 1997，Bloomberg Business Week. Bloomberg. Retrieved 16 June 2010。

（Listing rules – FCA Handbooks）对上市公司的监管措施有相应规定，主要体现在第5章第1节“暂停上市”和第2节“终止上市”部分。其中，关于FCA暂停上市和终止上市权限的规定，与欧洲议会和理事会《关于允许证券进入正规证券交易所上市和公布有关证券信息的指令（第2001/34/EC号）》（Consolidated Admissions and Reporting Directive，CARD）第18条第1款和第2款的内容保持一致。

1. 暂停上市

FCA手册中的上市规则5.1.1规定，如果市场的稳定运行受到（或可能暂时受到）损害或出于保护投资者的必要，FCA可以依其确定的时间而暂停任何证券的上市（CARD第18条第1款）[①]。同时，被暂停证券上市的发行人必须继续遵守所有适用的上市规则。

FCA上市规则5.1.2规定了FCA认为应暂停证券上市的情形，包括但不限于：（1）发行人未履行持续上市义务；（2）发行人未按照上市规则公布财务信息；（3）发行人不能准确评估其财务状况并向市场报告；（4）市场上有关拟议交易的信息不足；（5）发行人的证券在其他地方被暂停上市；（6）发行人已经指定管理人或者接管人，或者是投资信托，并且正在进行清算；（7）基于单一基础投资工具的证券衍生品，该基础投资工具被暂停；（8）对与多个基础投资工具挂钩的证券衍生品，其中一个或多个基础投资工具被暂停；（9）对于具有购买或认购另一种证券的权利的各类权证，其享有购买或认购权的证券已被暂停。

2. 终止上市

FCA手册中的上市规则5.2.1规定，FCA认为存在特殊情况而无法正常进行证券交易，则可以终止该证券的上市（CARD第18条第2款）[②]。

FCA上市规则5.2.2规定了FCA认为应终止证券上市的情形，包括但不限

① CARD article 18（1）：如果市场的稳定运行受到或可能暂时受到损害，或者确有必要保护投资者，主管机关可以决定暂停该证券的上市。

② CARD article 18（2）：如果主管机关认为，存在特殊情况而不可能再进行正常的证券交易，则可以决定中止该证券的上市。

于：(1) 该证券不再按照 FCA 上市规则的规定进行交易；(2) 发行人不再履行持续的上市义务，如公众持股比例低于 25% 或经 FCA 许可的较低比例（但 FCA 一般会要求在合理时间内恢复 25% 的公众持股比例，因维持市场平稳运作或保护投资者而不能恢复者除外）；(3) 证券被暂停上市六个月以上；(4) 当证券为投资主体发行的依标准上市的股票，而该投资主体不再有优先上市的股票时。

（三）伦敦证券交易所另类投资市场的监管

另类投资市场（Alternative Investment Market，AIM）由伦敦交易所根据 FSMA 2000 第 XVIII 部分的授权运营和监管。AIM 是侧重依靠自律监管而非政府监管的现代证券交易所。伦敦证券交易所通过 AIM 监管规则和市场监管团队对 AIM 进行监管；AIM 监管规则规范并约束 AIM 上市公司及其保荐人（指定顾问），而市场监管团队负责监督受伦敦证券交易所交易规则约束的成员公司在 AIM 的证券交易。

《AIM 公司规则》和《AIM 指定顾问规则》构成了伦敦证券交易所对 AIM 上市公司和指定顾问进行监管的基础。《AIM 规则》包含了更广泛的监管和法律职责，这些职责与向主板市场上市公司及其投资者提供的保护大致相似。因此，伦敦证券交易所对 AIM 上市公司的职责范围仅限于遵守其规则手册；与更广泛的法律职责和义务相关的公司和董事的行为则属于相关主管机构或监管机构的职权范围。基于本文研究需要，本部分聚焦于《AIM 公司规则》（AIM Rules for Companies），其规定了公司在向 AIM 申请期间和向 AIM 提出申请时应承担的义务，以及在公司被批准进入 AIM 时应承担的持续义务；前述规则包括 AIM 上市公司有义务及时披露价格敏感信息，并确保其通知的任何信息均正确。此外，AIM 监管小组对 AIM 上市公司可能违反 AIM 规则的行为进行调查，并采取惩罚措施。①

① 参见 AIM'S REGULATORY LANDSCAPE [EB/OL]. [2019 - 11 - 18]. https://www.londonstockexchange. com/companies - and - advisors/aim/regulatory - landscape/regulatorylandscape. htm。

1.《AIM 公司规则》的规定

《AIM 公司规则》第 40～45 条规定了伦敦证券交易所对 AIM 上市公司证券的暂停、终止、违规处罚及其申诉程序。具体如下：

第一，暂停上市。伦敦证券交易所在下述情形下，可以暂停 AIM 证券的交易：(1) 证券交易不规范；(2) 认为 AIM 上市公司未遵守《AIM 公司规则》；(3) 出于对投资者保护的需要；(4) 相关证券的交易已经或可能损害市场的完整性和声誉。

第二，终止上市（包括公司自愿和被强制）。如果 AIM 上市公司希望伦敦证券交易所撤销其 AIM 证券的准入，必须通告预期注销证券的事实，并在该日期前至少 20 个工作日单独通知伦敦证券交易所，除非经伦敦证券交易所同意，否则取消应以股东在股东大会上获得不少于 75% 的投票表决通过为条件。如果已暂停交易六个月，伦敦证券交易所将终止该 AIM 证券的准入资格。

第三，对 AIM 上市公司的处罚。伦敦证券交易所认为 AIM 上市公司违反《AIM 公司规则》的，可以对其采取下列一项或者多项措施：(1) 发出警告通知；(2) 罚款；(3) 谴责；(4) 终止公司证券在 AIM 上市；(5) 公布其被罚款或谴责的事实以及采取该种措施的原因。

第四，自律处罚程序（Disciplinary Process）。依《纪律程序和上诉手册》的规定，交易所将据此对 AIM 上市公司作出自律处罚，公司有权据此提起上诉。

2. AIM 自律监管机制运作有效性

尽管 AIM 必须遵守某些政府法律法规，如根据 FSMA 的要求，FCA 审查每家公司的招股说明书，且 AIM 上的公司仍可以被政府起诉，但由于 AIM 被归类为交易所监管市场，许多欧盟指令与英国公司治理联合守则并不适用。[①] AIM 并非由政府决定基本的上市要求，而是将这些决定权交由被称为指定顾问（Nominated Advisers）或指定保荐人（Nomads）的自律监管组织，利用其声誉机制进行自律监管。

---

① 参见 Mendoza, J. M. Securities Regulation in Low – Tier Listing Venues: The Rise of the Alternative Investment Market [J]. Fordham Journal of Corporate & Financial Law 2008, 8, 257 – 328。

（1）指定顾问①

AIM 的一个关键特征是指定顾问的设置。指定顾问是指在 AIM 方面提供具有特定专业知识的公司财务建议，并经伦敦证券交易所批准或希望其证券获准在 AIM 进行交易的公司。指定顾问就伦敦证券交易所 AIM 规则手册规定的持续义务向公司提供建议和指导。获准进入 AIM 的公司必须拥有一名指定顾问，同时其证券必须被允许交易。指定顾问将在考虑 AIM 规则中规定的所有相关事项后，评估公司是否适合 AIM。被指定的顾问还将就公司的认可文件是否符合相关规则提出意见。指定顾问就此向伦敦证券交易所作出声明。指定顾问还必须了解公司的业务，以便在向公司提供有关 AIM 规则遵守方面的持续支持，如在持续披露事项等方面的持续支持。尽管这种支持对于 AIM 上市公司的规模和性质而言很重要，但应注意的是，AIM 上市公司始终负有遵守 AIM 上市公司规则的主要义务。

《指定顾问规则》规定了指定顾问仅对伦敦证券交易所所承担的义务。这些规则不涉及指定顾问可直接提供给客户的服务，如通过与 AIM 上市公司的合同规定的服务。指定顾问与 AIM 上市公司之间的服务通常将在合同中列出。被指定的顾问公司很可能会为客户公司担当其他角色，如销售或经纪。尽管这些并不受伦敦证券交易所监管，但《AIM 指定顾问规则》包含有关独立性和利益冲突的规定。

（2）AIM 简便但高效的自律监管机制②

尽管其他证券市场对公司的上市要求有许多政府性法规，但 AIM 的要求更为灵活。AIM 没有最低市值，没有交易记录要求，没有规定符合上市的股份数量，没有要求需经过大多数股东的同意，也不需要经由伦敦证券交易所和英国

① 参见 AIM'S REGULATORY LANDSCAPE［EB/OL］.［2019－11－18］. https：//www. londonstockexchange. com/companies－and－advisors/aim/regulatory－landscape/regulatorylandscape. htm。

② 参见 Edward Peter Stringham and Ivan Chen. The Alternative of Private Regulation：the London Stock Exchange's Alternative Investment Market as a Model，Economic Affairs（Institute of Economic Affairs），Vol. 32，No. 3，10/2012。

上市局（UKLA）的预审核。[①] 一个无限制进入、没有任何规章制度的市场可能会引发众多的欺诈性问题。为了防止这种情况发生，指定保荐人基本上被作为自律性“看门人”（Gatekeeper），以决定有上市需求的公司是否符合上市要求；指定保荐人还负责监督 AIM 上市公司，以确保符合交易所要求的公司治理标准。AIM 简便但高效的自律监管机制运作如下。

首先，指定保荐人通常是具有帮助公司上市丰富经验的投资银行或其他金融服务公司，[②] 包括德勤和 Touche、普华永道、摩根大通、摩根士丹利和汇丰银行等。尽管这些指定保荐人的薪酬（由公司直接支付，但由投资者间接支付）是为了确保公司在被批准上市之前是合法的；如果公司不合法，这将损害认可该公司的指定保荐人的声誉。指定保荐人通过长期为客户提供服务来建立自己的声誉资本，并最终维持这一高价值声誉资本，以保证 AIM 上市公司的市场适合性和向市场披露的准确性。指定保荐人在这些公司中的每一家都有其不想冒险的巨额声誉资本。最重要的是，如果一个指定保荐人名声不好，公司在上市时不会达到一个较高的价格，因此有在 AIM 上市需求的公司会尽可能避免雇用名声不好的指定保荐人。

其次，尽管是公司本身雇用指定保荐人，但这些自律监管组织都是经过伦敦证券交易所批准的。根据伦敦证券交易所规则，要想成为指定保荐人必须满足以下条件：至少在过去两年内进行过公司融资；两年内至少进行过三次相关交易；雇用了至少四名资深高级主管人员等。也就是说，伦敦证券交易所是第一个“看门人”，当指定保荐人不适当履行职责时，伦敦证券交易所可以取消该指定保荐人资格。AIM 的另一个看门人是投资者，他们中的许多人都属于机构投资者，与指定保荐人有多重业务关联和交易经验。虽然对于投资者而言，对于上千家上市公司的股票进行尽职调查存在着困难，但调查指定保荐人则显得容易得多。因为一旦指定保荐人玩忽职守的行为被披露，这一名声很容易就会传到投资者耳中。

---

① 参见 London Stock Exchange (2010a) A Guide to AIM, London: London Stock Exchange。

② 参见 London Stock Exchange (2010b) AIM Rules for Companies, London: London Stock Exchange。

最后，为了不断完善其监管，伦敦证券交易所成立了AIM咨询小组，为指定保荐人、经纪人、顾问和市场参与者提供意见。[①] 通过这种方式，AIM可以不断收到来自其市场的反馈，以鼓励和发展其运营效率和完善规则。

二、比较与启示

伦敦证券交易所对其主板市场的监管与国际主流交易所的监管并无太大差异，对上市公司的监管都是基于信息披露要求的股票暂停交易或终止交易。然而，伦交所对于AIM市场上市公司的监管更具自律监管特色，其通过保荐人制度设计，以监管保荐人的抓手，并结合保荐人的声誉机制，从而借助保荐人实现对AIM市场众多上市公司的有效监管。因此，伦交所AIM市场对上市公司的自律监管措施更具借鉴意义。具体阐述如下。

与政府规则相比，自律性监管规则的一个优势在于，自律监管组织可以权衡投资者对规则的预期遵守（如要求提供信息）与投资者成本。一个自律性监管制度是可行的，并允许各方当事人最大限度地看到一个成功的市场需要哪些必要性监管规则。摆脱政府集中监管体系，允许自律监管组织进行监管，从而发现能够保护投资者、对投资者最有利的一套规则和条例。

大多数人都承认，竞争推动了创新，降低了其他领域的成本，AIM表明，市场规则和条例也应该如此。AIM的制度表明，适度的自律监管可以比政府集中监管更好地为公司和投资者服务。由于自律型监管者是为帮助公司上市成功而获得报酬的市场参与者，因此他们的专业水准和激励措施与政府官员完全不同。AIM自成立以来发展极快，其中的大部分因素可以归功于其自律的、灵活的和低成本的监管体系。这一制度允许更多的公司获得融资，并为投资者提供了更多的选择。尽管（或许是因为）AIM属于自律监管而非政府监管，但它并不比任何其他监管壁垒更高的市场更容易出现问题。AIM表明，监管规则可以成功地“从市场中来，并到市场中去”。

AIM开创了“伦敦证券交易所管保荐人，保荐人管上市企业”，以“终身

① 参见London Stock Exchange（2012a）AIM Advisory Group，London：London Stock Exchange。

保荐人”为核心的监管制度。[①] 我国证券市场广泛推行的发行保荐制以及持续督导制，就是借鉴 AIM 的保荐人制度而来。但我们需要进一步追问的是：为什么 AIM 的保荐人制度非常有效，而我国的保荐人制度以及新三板市场持续督导制似乎不那么有效？是保荐人（主办券商）太多，还是上市挂牌公司太多？是保荐人（主办券商）声誉资本不足，还是过多透支了其声誉资本，导致“声誉资本充足率”严重不足？是投资者没有发挥好其“看门人”作用？抑或是其他？我们不再予以置评，但相信每位读者都有自己的答案。

正因为 AIM 的保荐人制度非常有效，这大大减轻了伦敦证券交易所的自律监管负担。尽管 AIM 的某些自律监管工具，如罚款为新三板所缺乏，但 AIM 并没有追求其工具箱中的工具越多越好，而是找到了一个特别好使的工具（保荐制度）并将其运用到了极致。[②]

第六节　澳大利亚证券交易所的自律监管

一、自律监管工具

澳大利亚证券交易所（Australia Securities Exchange，ASX）（以下简称澳交所）与发行人签订的上市协议并未规定交易所可以对上市公司采取何种自律监管措施，其内容更多地像上市公司表明要遵守监管法规和交易所各项要求的单方承诺书。澳交所的《上市规则》第 3 章和第 4 章分别规定了“持续信息披露”和“定期信息披露”；第 14 章对暂停、中止交易和退市做了规定。结合起来看，中止交易的相关情形包括：当上市公司不能或不愿遵守上市规则或违反上市规则（Rule 17. 3. 1 the entity is unable or unwilling to comply with，or breaks，a listing rule.）；上市公司未能按照要求及时提交信息披露文件；未能支付上市

① 参见何晓斌，孙修远．中国新三板资本市场研究（2015 年）［M］．上海：复旦大学出版社，2016。

② 关羽爱使刀，张飞爱使矛；程咬金善使斧，尉迟恭善使锏；岳飞会使枪，岳云会使锤……习武之人其实不需要十八般武器样样精通，找到一件适合自己的武器，就使自己成为常胜将军。证券交易所何尝不是如此？追求工具箱的完善是必要的，但这不是问题的根本，不能舍本而逐末。问题的根本是如何提高市场的有效性以及特定监管工具的有效性。

年费（Rule 17.6）。强制退市的情形包括：当上市公司不能或不愿遵守上市规则或违反上市规则（Rule 17.12）；未能支付上市年费（Rule 17.15）。

二、比较与启示

澳交所与我国的上交所或深交所地位类似，目前有上市公司约2200家；澳交所对上市公司的自律监管也主要以信息披露为抓手，以暂停、中止交易和退市为主要手段。股票能否在澳交所正常交易，不仅关系上市公司股票的流动性、市值等，还涉及与上市公司相关联的各利益主体方，因此上市公司的合规意愿强烈，即便澳交所只有与股票交易资格关联的三种自律监管措施，也能够促使上市公司规范行事。所以，澳交所对上市公司的自律监管工具还不及新三板那样丰富，可借鉴的工具不多。

第七节　韩国交易所的自律监管工具

韩国于2005年将之前存在的证券交易市场、期货交易市场、科斯达克统合为韩国证券期货交易所。随着2009年2月4日韩国《资本市场法》的正式施行，韩国也将韩国证券期货交易所改名为韩国交易所（Korea Exchange，KRX）。目前，韩国交易所是对证券、期货等交易市场的开设及管理，负责有价证券上市等的业务的统合交易所。韩国交易所主要以信息披露为抓手监管上市公司，并以扣分制为监管手段和特色。

一、信息披露违规扣分制[①]

根据韩国交易所《有价证券市场信息披露规定》（以下简称《信披规定》），若上市公司被发现存在虚假信息披露事实，交易所将通过事前通知及异议申请程序最终确定虚假信息披露公司。虚假信息披露公司的认定程序如下：（1）在发生虚假信息披露事实时，交易所进行预告并将拟认定该公司为虚假信

① 参见董新义．论上市公司信息披露监管的制度完善——以韩国制度为借鉴［M］//证券法苑（第11卷），北京：法律出版社，2014。

息披露公司的事实通知涉嫌虚假信息披露的公司；（2）该公司接到通知后，可在7日内（以交易日为基准）向交易所提出不服的异议申请，提交异议申请时，须向交易所有价证券市场上市信息披露委员会（以下简称委员会）[①] 提交异议理由等资料；（3）在异议申请期限结束之日起10日内，委员会召开会议进行审议，并从审议之日起3日内决定是否应将该公司认定为虚假信息披露公司。

若该上市公司被认定为虚假信息披露公司时，交易所可对其采取以下处罚措施：

1. 暂停交易

被认定为虚假信息披露公司的当日暂停交易一天。但是，如果扣分不足5分时，可作出不暂停交易的处罚。

2. 公布虚假信息披露行为及被扣分的事实

第一，根据《信披规定》，交易所可在证券市场期刊及证券信息终端上标注“不”或“虚假信息披露公司”字样，以对外表明该公司为虚假信息披露公司。

第二，实施扣分制，按照该公司被扣分数的多少，在媒体上予以公告的时间也会不同。若扣分不足5分的，在媒体上公告的期间为一周；若扣分在5～10分的，在媒体上公告的期间为两周；若扣分在10分以上的，在媒体上公告的期间为一个月。

第三，公告认定虚假信息披露公司的事实。按照《信披规定》，应将该公司名称、认定理由及所扣分数在韩国统一的电子信息披露系统（http://kind.krx.co.kr）上刊登一年。

3. 扣分处罚

对于虚假信息披露公司，应采取扣分处罚。作出扣分处罚时，应经过预扣

① 根据韩国交易所的相关规定，委员会由8人组成，包括外部专家（包括专业投资者、上市公司代表、上市公司协会）、会计专家、法律专家、证券市场及信息披露专家各1人以及韩国交易所的信息披露负责人和法律顾问。

分和最终扣分两个阶段。

第一个阶段是预扣分。它是指按照信息披露违规内容的严重程度处以不同的预扣分；如果相同的信息披露违规情形在 2 次以上的，预先通知将从重处罚。但是，超过信息披露义务违规发生之日起 3 年以上才被认定为虚假信息披露公司的，免除扣分处罚。预扣分标准如下：

第一，对于重大违规的，即指关于退市、被确定为管理对象及暂停交易的信息披露义务违规的，预扣分为 7 分。

第二，对于一般违规的，即非暂停交易对象的临时披露义务、公平披露、信息披露规则细则规定的自律披露违规的，预扣分为 5 分。

第三，对于轻微违规的，即未满足义务比例的自律披露的，预扣分为 3 分。

第二个阶段是最终扣分。在此阶段，将以预扣分数为基础，按照虚假信息披露公司违规动机（故意或过失等）的程度决定最终扣分分数，最终扣分数在预扣分数上上下浮动 3 分（±3）。对于日常信息披露业务诚实履行的上市公司，减轻处罚；对于经常性违规、虚假报告等的上市公司，加重处罚，加减幅度在预扣分基准上上下浮动 2 分（±2 分）。最终扣分处罚审议的标准如表 4 所示。

表 4　　韩国证券交易所的最终扣分处罚标准

违规动机 / 违规严重程度	故意	重大过失	预扣分	过失	失误
重大违规	10 分	8 分	7 分	6 分	4 分
一般违规	8 分	6 分	5 分	4 分	2 分
轻微违规	6 分	4 分	3 分	2 分	0 分

同时，《信披规定》还对虚假信息披露公司加重或减轻处罚的判断标准作出详细的规定，加、减分标准如表 5 所示。

表 5　　韩国交易所加重或减轻扣分标准

类别	适用情形	加分或减分
加重处罚	被认定为虚假信息披露公司的次数，一年在两次以上的	+1 分
	因不履行信息披露义务（以交易日为基准），信息披露违规的时间在一周以上的因推翻披露、变更披露的，超出信息披露时限进行公告的	+1 分
	提交虚假资料或拒绝提交资料的	+1 分
	信息披露违规内容达到信息披露义务内容的 3 倍以上的	+1 分
	未建立内部控制部门	+1 分
	提交虚假信息整改计划后一年内被再次要求提交信息披露整改计划的	+1 分
	委员会认定的有必要加重扣分的其他情形	+1 分
减轻处罚	自动申报的	-1 分
	因不履行信息披露义务（以交易日为基准），信息披露违规时间不足 3 日的因推翻披露、变更披露的，在信息披露时限内披露的	-1 分
	最近一年内无信息披露违规，或者最近 3 年内获得信息披露业务或企业推介会相关奖励的	-1 分
	执行信息披露义务的一部分，且只在初期进行信息披露的	-1 分
	最近 3 年内无信息披露违规行为的	-1 分
	最近 1 年内举办 2 次以上企业推介会的	-1 分
	最近 1 年内无传闻或报道澄清公告的	-1 分
	最近 1 年内英文信息披露比例在 10% 且为 10 次以上的，或者最近 1 年内自律披露比例在 10% 以上或者在 5 次以上的	-1 分
	归责事由较轻，对市场影响较小的	-1 分
	委员会认定的有必要减轻扣分的其他事由	-1 分

同时，对于上述违规动机的判断，根据韩国相关法律和《信披规定》的规定，故意是指意识到发生违规或有可能违规仍然放任的主观状态；重大过失是指明显缺乏注意义务的主观状态；过失是指对一般注意义务或善良管理者注意义务予以懈怠的主观状态；失误是指虽尽注意义务，但误解了事实或者未能意识到违规可能性的主观状态。

4. 罚款①处罚

在对虚假信息披露予以扣分处罚的同时，若因故意、重大过失或习惯性违

① 《信披规定》将其称为信息披露违反制裁金。

反信息披露义务，还可并处罚款或单处罚款，罚款的基准为每扣 1 分处以 500 万韩圆（约 3 万元人民币），但最高不超过 1 亿韩圆（约 60 万元人民币）。若因虚假信息披露最终扣分不足 5 分，或者并非故意和重大过失时，可由上市公司提出申请，用缴纳罚款的方式替代扣分处罚，替代处罚的基准为每分 200 万韩圆（约 1.2 万元人民币）。

5. 强制接受教育和提交整改计划

根据《信披规定》的规定，被认定为虚假信息披露公司的上市公司，交易所要对该公司的信息披露责任人及信息披露业务的承办人进行虚假信息披露预防教育，该教育对象不得拒绝。同时，对于累积扣分在 15 分以上的虚假信息披露公司，交易所还可要求该上市公司提交关于预防信息披露义务违规行为发生的改善计划书。

韩国交易所还推出了虚假信息披露违规有奖举报制度。该制度由韩国交易所于 2011 年 6 月 15 日制定并于同年 8 月 1 日起正式施行。按照韩国交易所的介绍，该制度出台的根本目的是防止投资者损害的发生，引导企业进行诚实的信息披露，依靠投资者等的力量对信息披露进行监督，以根除虚假信息披露行为。从奖励形式和对象来看，对于所有的举报人，均采取奖金的奖励形式；对于优秀的举报人，还将由韩国交易所理事长给予表彰。对于奖励时间，若奖励形式为奖金的，则在一年中的任何时间均可进行；由韩国交易所理事长给予表彰的，则在韩国交易所建所纪念日进行。奖金的标准为举报人举报虚假信息披露公司的每扣分处罚 1 分，举报人就相应获得 1 个奖励积分，每积分奖励 10 万韩圆（约 600 元人民币），全年每人最高奖励为 200 万韩圆（约 1.2 万元人民币）。同时，针对同一上市公司的虚假信息披露行为的举报，若获得奖励积分在 10 分以上的，对于超过 10 分的积分将不再累计奖励，按 10 积分的上限予以奖励。

二、比较与启示

韩国交易所实施的信息披露违规扣分制在各大交易所中是颇富特色的。通过扣分制，实施了量化管理和处罚的标准化、客观化，预期性强，激励与约束的力度较大，能对上市公司信息披露合规起到很好的激励作用。

通过区分主观状态，是故意还是重大过失，抑或是一般过失，并给予不同的分值，使处罚较为细化。通常，无论是行政处罚还是自律监管，都是不区分主观状态的，只要行为人违反了法律或规则，通过这一客观行为，就推定其主观上存在过错。但实际上，行政法学界最近也在反思，这种不考察主观过错的做法是存在偏颇的，执法是不够精细的。而韩国交易所的这种做法，非常值得我们借鉴。本文第四部分还将对此进行借鉴，并主张新三板也要引入得扣分制度，使新三板的自律监管能够量化、标准化、精细化，使激励与约束相结合，更好地引导新三板挂牌公司合规经营，提高挂牌公司质量。

在此基础上，韩国交易所对上市公司的自律监管工具，包括罚款、强制接受教育和提交整改计划等，而不仅是谴责等声誉罚。根据扣分多少，在媒体上进行时间不等的披露，本身就是声誉罚。

据了解，在境外的很多交易所，都可以对其自律监管的对象实施罚款。而在我国，仅有行政机关才可以实施罚款，并限制了私人主体的罚款，虽有点矫枉过正，但近期引入罚款的难度较大。不过，新三板可引入违约金以达到基本相同的效果。

第八节　香港联交所的自律监管工具

一、制度规定

香港联合交易所有限公司（以下简称香港联交所）《主板上市规则》（本部分以下简称《上市规则》）第十三章规定了股本证券发行人（以下简称发行人）的持续责任。要求发行人须遵守并须根据其上市申请承诺：一旦其任何证券获准上市，即须遵守不时生效的《上市规则》。

发行人的持续责任，主要是为了确保维持一个公平及有秩序的证券市场，以及所有市场人士可同时获悉相同的信息。如发行人不遵守持续责任，这可能导致香港联交所对发行人证券停牌或除牌，以及采取纪律行动。

如香港联交所就发行人上市证券的价格或成交量的异常波动、其证券可能出现虚假市场或任何其他问题向发行人查询，发行人须及时响应：(1) 向香港联交所提供及应香港联交所要求公布其所知悉任何与查询事宜有关的信息，为市场提供信息或澄清情况；或 (2) 若（及仅若）发行人董事经作出在相关情况下有关发行人的合理查询后，并没有知悉有任何与其上市证券价格或成交量出现异常的波动有关或可能有关的事宜或发展，也没有知悉为避免虚假市场所必须公布的资料，而且也无任何须根据内幕消息条文披露的任何内幕消息，以及若香港联交所要求，其须发表公告作出声明。

若出现下列情况致使上市公司未能及时发出公告，发行人必须在合理切实可行的情况下尽快申请短暂停牌或停牌，但这样并不影响香港联交所可指令发行人的上市证券短暂停牌、停牌及恢复交易之权力：(1) 发行人拥有根据《上市规则》第13.09条必须披露的信息。或 (2) 发行人合理地相信有根据内幕消息条文必须披露的内幕消息。或 (3) 若出现情况致使发行人合理相信下述内幕消息的机密或已泄露或合理认为有关消息相当可能已泄露：(a) 涉及向证监会申请豁免的内幕消息；或 (b) 属于根据《证券及期货条例》内幕消息条文第307D (2) 条须披露内幕消息的责任的任何例外情况。

如公众人士持有的百分比跌至低于指定的最低水平，香港联交所有权要求发行人的证券停牌，直至发行人已采取适当步骤，以恢复须由公众人士持有的最低百分比为止。就此而言，香港联交所一般会在发行人的公众持股量跌至低于15%时（如属上市时根据《上市规则》第8.08 (1) (d) 条获准遵守较低公众持股量的发行人，这比率则为10%），要求发行人的证券停牌。

在不影响《上市规则》第13.46、13.47、13.48及13.49条的一般性原则下，若有发行人未能按照《上市规则》规定如期发表定期的财务数据，香港联交所一般会要求该发行人的证券停牌，直至发行人按照《上市规则》第2.07C条的规定发表了公告公布所规定的财务资料为止。

如发行人的证券市价接近港元0.01元或港元9995.00元的极点，香港联交所保留要求发行人更改交易方法，或将其证券合并或分拆的权利。如发行人分拆股份或红股发行后的经调整股价低于1港元（按分拆股份或红股发行公布前六个月股份最低每日收市价计算），发行人不得进行该股份分拆或红股发行。

如资本结构有所变动（如合并股份）或交易单位有所更改，香港联交所保留要求发行人作出适当安排的权利，使不足一手的零碎证券持有人可将其零碎证券出售或集成一手交易单位。

《上市规则》第十四章也有自律监管的规定。如属反收购行动，发行人的证券必须继续停牌，直至发行人已就有关资料作出充分公布为止。香港联交所会按个别情况决定有关公告所披露的资料是否足够。任何股东如在交易中有重大利益，香港联交所会要求该股东及其紧密联系人在股东大会表决有关议决事项时放弃表决权。香港联交所也不会接受股东以书面方式批准该宗交易。非常重大的出售事项及非常重大的收购事项须在股东大会上获股东批准后方可进行，香港联交所将要求任何在有关交易中有重大利益的股东及其紧密联系人在股东大会表决有关议决事项时放弃表决权。

《上市规则》第2A.09条详细规定了“纪律程序”：除停牌或除牌的职权外，如上市委员会发现《上市规则》第2A.10条所列的任何各方违反《上市规则》即可：

（1）发出私下谴责；

（2）发出载有批评的公开声明；

（3）作出公开指责；

（4）向监察委员会或另一监管机构（如财政司、银行监理专员或任何专业团体）或海外的监管机构申报违反规则者的行为；

（5）禁止专业顾问或由专业顾问委聘的个别人士在指定期间就上市科或上市委员会规定的事宜代表某指定一方；

（6）要求在指定期间内修正违反规则的事宜或采取其他补救行动，包括（在适当情况下）为少数股东委派一名独立顾问；

（7）如上市发行人的董事故意或持续不履行其根据《上市规则》应尽的责任，则本交易所可公开声明香港联交所认为该董事继续留任将会损害投资者的权益；

（8）如董事在根据上文第（7）段发出公关声明后仍留任，则香港联交所可停牌或取消发行人的证券或其任何类别证券的上市地位；

（9）如上市发行人故意或持续不履行其根据《上市规则》应尽的责任，则香港联交所可指令在指定期间禁止该发行人使用市场设施，并禁止证券商及财务顾问代表或继续代表该发行人行事；

（10）酌情采取或不采取其他行动，包括公开根据上文（4）、（5）、（6）、（8）或（9）段所采取的行动。

2017 年 2 月 17 日，香港联交所对《规则执行政策声明》作出多项行政修订。《规则执行政策声明》指出，若有需要，香港联交所将毫不犹豫地对有关人士采取适当行动。监管措施的程度及是否应该启动纪律行动按下列因素决定：

- 可能违规事宜的性质及严重程度；
- 导致可能违规事宜行为的情况及方式；
- 董事及高级管理人员的行为，譬如他们是否在故意、鲁莽或疏忽或其他过分情况下行事；
- 可能违规事宜对市场的影响及对投资者的损害（或可能造成的损害）；
- 须对可能违规事宜负责的人士所得的任何个人利益及利益的多寡；
- 有关人士违规后的行为；
- 董事及高级管理人员有否实施及维持足够及有效的内部监控；
- 可能违规事宜有否揭露发行人程序中存在严重或系统性的弱点或缺陷；
- 调查行为期间发行人及其董事的合作程度；
- 发行人及其董事过往的违规记录；
- 任何其他减轻或恶化事件的因素。

上市部负责调查可能违反《上市规则》的事宜，主要方法是请上市发行人及其董事提交书面陈词，解释所涉及的行为及提供相关数据和文件。倘若上市部认为与发行人董事或职员会晤可帮助及加快调查程序，也会安排会面。

调查结束时，上市部将决定须采取何种纪律行动（如需采取纪律行动），也可能只发出警告。

然而，若采取纪律行动，上市部将作为“检控方”而将个案提呈上市委员会裁决。

若采取纪律行动，将由上市委员会决定涉及纪律行动的人士是否如指控所述违反《上市规则》，以及所须施加制裁（如决定施加制裁）。

香港联交所遵循自然公正以及正当程序的原则，确保有关人士有陈词的权利。纪律程序主要为交换书面陈词，再由上市委员会进行纪律聆讯，届时各方有权作口头申述作为补充，并有责任回答上市委员会可能提出的任何问题。

为提高纪律程序的效率，确保及时有效地达到监管结果，并平衡对于涉及纪律行动的人士有公平的对待，上市委员会已修改其程序。现行程序的核心是加强上市（纪律）委员会主席对个案的管理权力，使主席可为公平及加快处理事宜而就聆讯程序作出任何指令。现行程序省略了纪律程序中一般须提交的书面陈词，并鼓励提前聆讯日期，不得延误提交陈词及无理押后聆讯日期。一般情况下均不会批准延期，只有在特殊情况下并为公平起见方可获批。上市委员会不会容许过分或过长的延迟以致影响其有效和及时作出监管裁决，因为上市委员会认为这并不符合投资大众及市场的利益。

上市委员会作出违规裁决后可以施加的制裁主要包括：分两种严重程度的声誉公开制裁（公开谴责及载有批评的公开声明）；如董事故意或持续不履行其根据《上市规则》应尽的责任，联交所可发出公开声明指出若该董事继续留任会损害投资者的权益。

上市委员会也会指令采取补救行动，以及如发行人故意或持续不履行其根据《上市规则》的责任，则禁止该发行人使用市场设施。该两条规则授权上市委员会在适当情况下指令停牌及在特殊情况下取消发行人的上市地位。

上市委员会可以使用制裁惩罚发行人过去的行为，但同样重要的，是要确保发行人日后能有所改善及提升企业管治：

- 为惩治过往的行为，委员会可（其中包括）施加声誉制裁；

• 为确保日后情况得以改善及提升企业管治，委员会指令补救行动，譬如内部监控检讨、委任合规顾问就日后遵守《上市规则》的事宜作出咨询，以及董事参加有关《上市规则》责任及董事职责的培训。

对违反《上市规则》厘定制裁时，上市委员会致力前后贯彻一致，也可以参考现行纪律程序所附的制裁指引。

2007 年，香港联交所网站刊发的声明鼓励就纪律或潜在纪律行动达成和解。

二、实施情况

2017 年和 2018 年，香港联交所分别处理 426 份和 405 份有关《上市规则》诠释及相关事宜的书面查询。

上市部每年均对一些可能导致违反《上市规则》的行为进行调查。上市部会收到多方面的转介个案，包括其他监管或执法团体，公众人士投诉，在监察合规程序中发现而作内部转介。

在追究任何可能违反《上市规则》的情况时，上市部会集中资源于最明显及严重的行为上。若上市部展开调查，即表示有关行为性质严重，需由上市委员会施加公开制裁。

若有关情况并不适合由上市委员会进行聆讯的纪律程序，联交所可能会发出警告或告诫信，并将之记录在案，作为有关人士合规记录的一部分。

表 6　　香港联交所执行工作统计

	2018 年	2017 年
调查	111 起	86 起
公开谴责	21 起	9 起
警告／告诫信	14 起	9 起

数据来源：香港交易及结算所有限公司 2018 年年报。

2018 年，上市部展开了 46 宗新调查（不包括 2017 年已展开但尚在调查中的个案），数目与 2016 年及 2017 年展开的新调查（分别为 41 宗及 44 宗）大致相当。上市部还完成了 46 宗调查，完成一宗调查平均需时 9 个月（2017 年 9.4 个月；2016 年 8.2 个月）。①

① 香港联交所《2018 年上市委员会报告》。

上市部继续按主题进行其调查工作。现有主题如下：（1）董事履行诚信责任，尤其是须按《上市规则》规定以谨慎、技能和勤勉履行职责。（2）财务汇报——延迟或内部监控及管治事宜。（3）公司通信中出现不准确、不完备及/或具误导性的披露。（4）未能遵守有关须予公布/关联交易的程序规定。（5）屡次违反《上市规则》。（6）延迟复牌。（7）发行人及董事未能配合上市部的调查。任何违反《上市规则》的情况均会被上市部追究，但在 2018 年进行的调查中，91% 均涉及上述一个或以上的规则执行主题。

经调查并适合采取纪律行动时，上市委员会会依循刊登于香港联交所网站的纪律程序行事。2018 年，共有 21 宗纪律行动审结（此数包括委员会已进行聆讯且已公布结果的个案）。相比之下，2014 年、2015 年、2016 年及 2017 年审结的纪律行动分别为 5 宗、6 宗、8 宗及 9 宗。

上市委员会有权在采取纪律行动后对相关人士施加若干制裁。2018 年，由上市部处理及委员会完成审结的 21 宗纪律个案中全部取得公开制裁。

2018 年，上市部对董事采取行动的数量如表 7 所示。

表 7　　受制裁董事人数

董事类别	2018 年	2017 年	2016 年
执行董事	71	17	23
非执行董事	10	4	4
独立非执行董事	39	3	5
合计	120	24	32

除制裁违反《上市规则》事项外，上市部也取得多项执行指令，要求上市发行人及其董事积极采取补救行动纠正违反《上市规则》事项以及改善内部监控及企业管治方面整体表现，其中包括培训要求、委任外聘专家协助处理内控方面的不足及持续提供合规意见等。表 8 为上市部于 2018 年的指令概要。

表 8　　香港联交所上市部 2018 年指令概要

指令类别	2018 年	2017 年	2016 年
内部监控检讨指令	2	0	0
委聘合规顾问指令	8	1	3
董事培训指令	12	4	4
合计	22	5	7

调查及纪律行动可经由上市委员会批准以和解的方式处理。

上市部会将上市发行人及其董事有涉嫌违法行为的个案视有关情况适当转介予香港证监会及其他执法机构（如廉政公署及香港警察商业罪案调查科）。上市部会协助提供文件或信息及证词（其中涵盖有关《上市规则》应用的技术意见），配合检控程序。2018 年，上市部在这方面持续支持证监会及其他执法机构，处理了 72 项（2017 年 55 项）文件或信息要求，并提供了 7 份（2017 年 9 份）证词。

三、相关案例

（一）香港联交所谴责融创中国及两名执行董事

2017 年 10 月 26 日，香港联交所发布新闻稿，谴责融创中国控股有限公司（01918. HK）及两名现任执行董事孙宏斌和汪孟德分别违反《上市规则》和《董事承诺》。违规事项主要包括两部分：执行董事孙宏斌和汪孟德在 2015 年与佳兆业签订购买协议时，向香港联交所和市场隐藏了补充协议，因而融创未能确保联合公告和终止公告的准确完成和没有误导性，三者均违反了香港联交所《上市规则》第 2. 13（2）条的规定。两位执行董事同时还违反了对执行董事须有及应有程度的技能、谨慎和勤勉履行其董事职责的义务规定。孙宏斌个人还有一个单独的违规行为：未遵守该公司有关使用公司印章的内部监控程序。

香港联交所认定融创及孙宏斌和汪孟德的违规情况属于“情况严重”。给予的制裁包括：（1）孙宏斌和汪孟德各自须于 26 日起计 90 日内，完成由上市部认可的其他课程机构（如香港特许秘书公会、香港董事学会）所提供有关《上市规则》合规事宜、董事职责及企业管治事宜的 24 小时培训，以及 2 小时有关《上市规则》第二章披露要求（特别是第 2. 13 条）的培训，共计 26 小时。完成培训两星期后，向上市部提供培训机构的书面证明。（2）融创须在孙、孟二人完成培训后两星期内发布公告，确认已全面遵守有关指令。（3）融创须向上市部提交公告的拟稿供其给予意见，并仅可在上市部确认再无其他意见后才能刊发。

（二）香港联交所上市委员会谴责汉唐国际控股及数名现任与前任董事

2017 年 11 月，联交所上市委员会谴责该公司未有就项目转让协议及购股权协议遵守公告、通函及取得股东批准的规定，违反《香港联合交易所有限公司证券上市规则》（《上市规则》）第 14.34、14.38A、14.48、14.49、14A.21、14A.45、14A.47、14A.48 及 14A.49 条；未有就有条件发行（构成对先前公布并经股东批准的投资协议条款的重要改动）发出公告及取得股东批准，违反《上市规则》第 14.36 条；未能确保 4 月公告准确、完备及没有误导，违反《上市规则》第 2.13（2）条。

此外，谴责该公司前非执行董事兼前主席吴南华及该公司前执行董事吴南洋未有向该公司披露二人于 Pacific 购股权协议中的权益，也未就该事宜放弃投票，以致未能避免实际及潜在利益冲突，违反《上市规则》第 3.08（d）条；未有向该公司披露购股权协议，根据《上市规则》合理地考量有条件发行或构成对投资协议的重要改动，及确保 4 月公告准确完备，未能以须有及应有程度的技能、谨慎和勤勉履行其董事职责，违反《上市规则》第 3.08（f）条；未有尽力促使该公司遵守《上市规则》，个人也未有尽力遵守《上市规则》，违反以《上市规则》附录五 B 表格所载形式向联交所作出的《承诺》所载的责任。

上市委员会谴责该公司前独立非执行董事及前非执行董事杨时润违反《上市规则》第 3.08（f）条及其《承诺》；谴责该公司前独立非执行董事及执行董事王书杰未能以须有及应有程度的技能、谨慎和勤勉确保有条件发行、补充协议及项目转让协议妥善公布，违反《上市规则》第 3.08（f）条；未有遵守其《承诺》的条款。

上市委员会进一步批评该公司非执行董事徐雷及前独立非执行董事刘红军未能以须有及应有程度的技能、谨慎和勤勉采取合理步骤保障该公司的资产，违反《上市规则》第 3.08（f）条；未有遵守其尽力承诺的条款。

（三）香港联交所长虹佳华前执行董事

2018 年 2 月，香港联交所 GEM 上市委员会谴责长虹佳华（08016）前执行董事唐云、前执行董事容东、执行董事赵勇，并批评执行董事祝剑秋、执行董事石平、前执行董事向朝阳、前执行董事吴向涛、前执行董事余晓、独立非执行董事陈铭燊、独立非执行董事叶振忠、独立非执行董事孙东峰、独立非执行董事郑煜健，各自未有尽力遵守《香港联合交易所有限公司 GEM 证券上市规则》，违反《GEM 上市规则》及其以附录六 A 所载形式向联交所提交的《董事的声明及承诺》。（上述 12 位董事全部统称为相关董事）上市委员会已于 2018 年 1 月 23 日就相关董事的行为及其在《GEM 上市规则》第 5.01（6）条、第 5.20 条及《董事承诺》下的有关责任进行聆讯。相关董事没有对纪律程序提出抗辩，并接纳上市部的裁定及建议制裁、指令。上述事项涉及长虹佳华附属长虹海外发展有限公司（海外发展公司）一名雇员在大概于 2013—2015 年，通过未经授权的销售及伪造文件挪用海外发展公司的资产。

（四）香港联交所上市委员会谴责华融国际前执行董事傅骥文不配合查问

2018 年 4 月，香港联交所上市委员会谴责华融国际金融控股有限公司（股份代号：993）（该公司）前执行董事傅骥文没有配合联交所的调查，违反其以《香港联合交易所有限公司证券上市规则》（以下简称《上市规则》）附录五 B 表格向联交所作出的《董事的声明及承诺》（以下简称《董事承诺》）所载的责任；并指出，若傅骥文日后欲出任联交所上市发行人的董事，上市委员会根据《上市规则》第 3.09 条评估其合适程度时，会将今次事件列入考虑因素。

香港联交所尝试调查傅骥文是否违反《上市规则》。上市部为此向傅骥文寄发查询函件，其中有部分未见退回，视作送达。尽管上市部多次提醒并尝试以电话联络傅骥文，但傅骥文一直没有响应上市部提出的查问。

上市委员会裁定傅先生的行为违反《董事承诺》，不配合上市部的调查。根据《董事承诺》，不配合联交所调查即违反《上市规则》。

上市委员会认为傅骥文的违规情况严重，因为联交所能够进行有效调查对其履行维护及监管市场秩序的职能至关重要。傅骥文没有响应上市部的查询，阻碍了上市部调查并评估与傅骥文行为及其遵守《上市规则》情况相关的事宜。

经裁定上述违规事项及违规情况极其严重后，上市委员会决定谴责傅骥文没有配合联交所调查，违反其《董事承诺》。若傅骥文日后欲出任香港联交所上市发行人的董事，香港联交所在评估其合适程度时，会根据《上市规则》第 3.09 条将今次事件列入考虑因素。

（五）GEM 上市委员会谴责万泰企业并谴责或批评该公司数名前任董事

2018 年 5 月 29 日，香港联合交易所有限公司 GEM 上市委员会（以下简称 GEM 上市委员会）谴责：万泰企业股份有限公司［前称泰盛国际（控股）有限公司］（股份代号：8103）没有及时刊发 9 份财务业绩及报告，违反了《香港联合交易所有限公司 GEM 证券上市规则》（以下简称《GEM 上市规则》）第 18.03、18.48A、18.49、18.50C、18.53、18.54、18.66、18.67、18.78 及 18.79 条；谴责该公司 16 名前执行董事、前非执行董事及前独立非执行董事，并批评 1 名前独立非执行董事陈怡仕，谴责和批评他们没有运用其作为该公司董事所需有的谨慎、技能和勤勉行事，违反《GEM 上市规则》第 5.01（6）条的规定，也违反其以《GEM 上市规则》附录六 A 所载形式向香港联交所作出的《董事的声明及承诺》所载责任，没有尽力遵守并尽力促使该公司遵守《GEM 上市规则》（以上董事合称相关董事）。

GEM 上市委员会进一步谴责该公司三名前监察主任黄先生、陈润生先生及刘先生各自违反《GEM 上市规则》第 5.20 条。

GEM 上市委员会于 2017 年 8 月 22 日就该公司及相关董事的行为是否符合《GEM 上市规则》及《承诺》的有关责任进行聆讯。GEM 上市委员会于 2018 年 3 月 27 日就该公司的申请进行纪律（复核）聆讯，复核 GEM 上市委员会对其施加的制裁及指示。

经裁定上述违规事项而有关违规极其严重后，GEM 上市委员会决定：

（1）谴责该公司在核心期间违反《GEM 上市规则》第 18.03、18.48A、18.49、18.50C、18.53、18.54、18.66、18.67、18.78 及 18.79 条；

（2）谴责 12 名相关董事各自违反《GEM 上市规则》第 5.01（6）条、其《尽力承诺》及尽力遵守《GEM 上市规则》的《承诺》；

（3）批评一名独立董事违反《GEM 上市规则》第 5.01（6）条、其《尽

力承诺》及尽力遵守《GEM 上市规则》的《承诺》;

(4) 谴责三名前监察主任黄先生、陈润生先生及刘先生违反《GEM 上市规则》第 5.20 条。

GEM 上市委员会表示,虽然所有相关董事均已辞任,但以联交所的角度而言即使他们仍在任,其留任会损害投资者的利益。日后若需评估相关董事是否适合委任为已于或将于联交所上市发行人的董事时,联交所会将今次事件中各人的违规及行为列入考虑因素。

GEM 上市委员会又作出以下指令:

(1) 在本新闻稿刊发后的四星期内,委聘一名上市部满意的独立合规顾问,于往后两年持续就遵守《GEM 上市规则》提供意见。该公司须在委聘合规顾问前向上市部呈交聘约的建议职责范围供其过目。合规顾问须向该公司的审核委员会汇报。

(2) 任何相关董事其后若被视为适合获委任为已于或将于联交所上市公司董事,其可接受该等委任前,必须先 (i) 完成由香港特许秘书公会、香港董事学会,或上市部认可的其他课程机构所提供有关《GEM 上市规则》合规事宜、董事职责及企业管治事宜的 24 小时培训,以及 4 小时有关《GEM 上市规则》第十八章及附录十五(企业管治守则)合规事宜的培训(共 28 小时);以及 (ii) 向上市部提供培训机构发出的培训合规证书。

(3) 该公司须于完成上文第 (1) 段所述指令后两星期内刊发公告,确认已全面遵守有关指令。

(4) 该公司须呈交上文第 (3) 段所述的公告拟稿予上市部过目,并须待上市部确定没有进一步意见后方可刊发。

(5) 刊发本新闻稿后,上文第 (1) 至 (4) 段所列载的任何指令的管理及运作中可能出现的任何必需变动及行政事宜,均须提交上市部考虑及批准。如有任何值得关注的事宜,上市部须转交 GEM 上市委员会作决定。

四、比较与启示

以我们的标准,香港联交所的自律监管也可以分为自律监管措施和纪律处分。

香港联交所的自律监管措施：(1) 向发行人查询；(2) 要求发行人发布公告；(3) 指令发行人的上市证券短暂停牌、停牌及恢复交易；(4) 要求发行人更改交易方法，或将其证券合并或分拆；(5) 要求发行人作出适当安排，不足一手的零碎证券持有人可将其零碎证券出售或集成一手交易单位；(6) 要求股东在股东大会表决有关议决事项时放弃表决权；(7) 要求发行人及其董事提交书面陈词，解释所涉及的行为及提供相关数据和文件；(8) 上市部与发行人董事或职员会晤、会面。

香港联交所的纪律处分可以分为以下几类：(1) 声誉类。包括发出私下谴责，发出载有批评的公开声明，作出公开指责，公开声明香港联交所认为该董事继续留任将会损害投资者的权益。(2) 信息通报类。如向监察委员会或另一监管机构或海外的监管机构申报违反规则者的行为。(3) 资格类。如禁止专业顾问或由专业顾问委聘的个别人士在指定期间就上市科或上市委员会规定的事宜代表某指定一方，在指定期间禁止该发行人使用市场设施，并禁止证券商及财务顾问代表或继续代表该发行人行事；被谴责人日后欲出任香港联交所上市发行人的董事，香港联交所在评估其合适程度时会考虑本次谴责因素。(4) 补救类。如要求在指定期间内修正违反规则的事宜或采取其他补救行动，包括（在适当情况下）为少数股东委派一名独立顾问；内部监控检讨，委任外聘专家协助处理内控方面的不足及持续提供合规意见，要求董事参加有关《上市规则》责任及董事职责的培训。(5) 停牌。(6) 取消发行人的上市地位。此外，香港联交所鼓励纪律处分的对象就纪律或潜在纪律行动与香港联交所达成和解。

由此可见，在香港联交所的自律监管工具箱里，工具丰富，种类繁多。从实践情况看，香港联交所并不仅限于声誉类处罚的运用，还经常运用资格类、补救类的纪律处分工具，且程序严谨（有听证程序，由上市委员会作出），公信力强，有力地震慑了发行人及其董事、高管的违规行为。

香港联交所将自律监管的重心放在了董事身上。香港联交所认为，董事共同及个别承担遵守《上市规则》的责任是现行《上市规则》执行机制的基石。

董事须向联交所作出个人承诺，促使上市发行人遵守《上市规则》。这项承诺要求董事确保的是实质遵守《上市规则》及创造遵守《上市规则》的条件。联交所已在有需要时按规则执行主题对董事采取行动。香港联交所不但运用谴责董事的声誉罚，还经常同时威胁说如果被谴责人日后出任香港联交所上市发行人的董事，香港联交所在评估其合适程度时会考虑本次谴责因素，以及完成相关培训的情况，可谓“三连发”的纪律处分措施，力度很大。新三板尽管有时也会认定相关违规董监高在未来一段时间内不适宜担任挂牌公司的董监高，但由于这种纪律处分措施力度太大，不能经常使用，而没有香港联交所声称的可能考虑本次谴责因素富有弹性。新三板尽管在规则上写有可责令董监高参加相关培训，但在实际中几乎没有实施，几乎不具可操作性。但香港联交所的责令培训却具有可操作性，因此经常使用。如何使责令培训具有可操作性，是新三板下一步应该考虑的问题。

香港是国际金融中心。在香港联交所上市的公司遍布全球，除了中国内地以及不少离岸地之外，俄罗斯、东南亚、中东地区也有很多公司来香港联交所上市。香港联交所却能足不出户，自律监管好这些上市公司，其经验很值得我们认真总结和学习。我们认为其经验在于：一是市场绩效。全球资金盘踞香港，香港联交所不缺资金，在这里上市，企业估值不会被低估。二是抓手找得准：保荐人和董事。通过保荐人来督导上市公司，通过董事来管理上市公司。由于董事的责任大，因此香港上市公司董事的年薪较高，权威较大。权责比较一致。《证券法》修订后，董事的责任在加大，处罚额度得以提高，希望这能倒逼上市公司和挂牌公司提高董事的薪酬，提高公司治理。建议新三板在找准承办券商这一抓手的基础上，再找准董事这一抓手，从而促进挂牌公司规范运作，提高治理能力。

第九节　台湾证券柜台买卖中心对上柜公司的自律监管

一、自律监管重心与处罚措施

台湾证券柜台买卖中心（柜买中心）对上柜公司的监管重心集中在信息披

露监管，信息披露的违规处罚措施主要体现在柜买中心出台的两个文件中。其内容各有针对，覆盖了对上柜公司信息披露在内容、形式以及程序的要求，并规定了违反之后的处罚措施。

首先，柜买中心“对有价证券上柜公司重大讯息之查证暨公开处理程序”对上柜公司信息披露的内容和形式做了全面规定，包括应予披露的重大信息范围（第2章第4条，包括53项具体列举；第5条，包括26项具体列举）、披露的方法（包括披露的时间节点和在哪以何种方式披露；召开说明会与记者会的相应约束），以及披露违规的监管措施（对应第4章的部分规定和第5章内容）。该规则第4章是关于上柜公司证券暂停及恢复交易的内容，其中，第13条第2款，规定柜买中心有权在“大众传播媒体报道或其他信息显示对上柜公司股东权益或证券价格有重大影响，且上柜公司无法对该重大情事完整说明”时，基于交易市场或保护股东权益的必要而暂停上柜公司的有价证券；暂停的时间为一至三个营业日，必要时可以延长。

该规则第5章规定的是柜买中心的“抽查及罚则”。依据第14条，柜买中心可以不定期方式依下列抽查标准选定上柜公司，要求其报送财务、业务相关数据或其复印件，以查证重大讯息揭露的及时性、正确性与完整性，必要时可以进行实地查核。具体的抽查标准包括：（1）经公布交易注意信息的有价证券，当月累积较多次数者；（2）当月甚少发布重大讯息或所发布的重大讯息性质特殊者；（3）经检举未发布、迟延发布或发布不实重大讯息者；（4）营运情形显有重大异常现象者；（5）其他有必要查证之情事者。另外，报送的财务、业务数据包括但不限于：①董事会议事录；②交易凭证、传票、账册等相关资料；③佐证重大讯息内容的相关数据。

依据第15条，上柜公司出现以下情形，上柜中心可以对个案处以三万元新台币（以下同）的违约金；若其于最近一年内累计被罚次数达两次及以上、个案情节出于故意或重大缺失，或对股东权益或证券价格具重大影响，柜买中心可处以五万元以上五百万元以下的违约金；如需补办信息披露的，应于柜买中心指定时限内办理；如再未依限办理者，得按次处以五万元以上五百万元以下违约金，至办理之日为止。前述情形包括：（1）违反规则关于重大信息或法人说明会相关规定；（2）重大信息的内容有夸张性或类似广告宣传文字的描述；（3）任意发布尚未确定的消息或公开数据与事实不符；（4）发布与上柜公司治理实务守则第 2 条所规定的公司治理原则不符的信息且影响股东权益；（5）未于柜买中心规定期限内提出所须抽查的相关资料。此外，上柜公司违反该规则关于重大信息说明记者会或暂停及恢复交易的相关规定，柜买中心可对每一个案处以五万元违约金；当其于最近一年内累计课处次数达两次及以上的，该次处以十万元的违约金；相关违规情况经柜买中心评估对股东权益或证券价格具有重大影响的，最高处以五百万元违约金；如需补办的，应于柜买中心指定时限内办理；若再未依限办理，得按次处以十万元以上五百万元以下的违约金，至办理之日为止。

上柜公司因前述违规被柜买中心按次处以违约金，仍未依限办理且个案情节重大者，或上柜公司于接获柜买中心通知应办理记者会或应申请暂停及恢复交易仍未依限办理且个案情节重大的，柜买中心得依业务规则对其上柜有价证券采预收款券交易、停止其买卖或终止柜台买卖。

其次，柜买中心“对有价证券上柜公司信息申报作业办法”对上柜公司信息申报及违规处罚进行了规定。其中，第 6 条规定：上柜公司违反该作业办法或申报的信息有错误，柜买中心可处以新台币一万元违约金；但其错漏如果是由主管机关、柜买中心或投资人发现且查证属实的，可处以新台币三万元违约金。上柜公司有前项应处以违约金的情形，依个案情节，柜买中心得按具体情节依下述规定处以违约金：（1）最近一年内累计课处次数达两次的，处新台币五万元违约金；（2）最近一年内累计课处次数达三次以上或个案情节出于故意或重大缺失的，直接处以新台币五万元以上二十万元以下违约金；（3）经柜买中心评估对股东权益或证券价格具重大影响性的，最高可处以新台币一百万元违约金。前述违规事项应于柜买中心函知后两个营业日内补正；未按期限补正者，每逾一营业日处以新台币一万元违约金，至补正日为止；另外，有价证券上柜公司违反本作业办法情节重大的，柜买中心有权根据业务规则对其上柜有价证券停止买卖或终止柜台买卖。上柜公司根据本作业办法申报的信息，同时违反了柜买中心制定的“对有价证券上柜公司重大讯息之查证暨公开处理程序”，依该规则的第 15 条处理。

二、比较与启示

台湾柜买中心对上柜公司的处罚以征收违约金为特色。征收违约金的额度以行为性质和违规程度各异，且可以按日征收违约金。虽没有列明是惩罚性违约金，但征收的力度也是非常大的。不但台湾柜买中心对上柜公司可以征收违约金，台湾证券交易所也可以对上市公司征收违约金，这是台湾地区的通例。这一点可以为新三板所借鉴，详见本文第四章的论述。

第四章　新三板自律监管的改进建议

第一节　进一步完善新三板的自律监管工具

“工欲善其事，必先利其器。”新三板自律监管工具的完善是非常重要和必要的。

一、进一步完善资格类监管工具

建议全国股转系统引入弹性考虑，即借鉴香港联交所的经验，对于违规的挂牌公司董事、监事和高级管理人员，记入诚信档案，其任职的其他公司今后如拟申请挂牌或申板，全国股转公司会将本次违规记录作为考虑因素之一。

二、进一步完善补救类监管工具

建议全国股转系统进一步完善挂牌公司董事、监事和高级管理人员的合规培训制度，给因违规而被采取责令参加培训的挂牌公司董事、监事和高级管理人员实实在在地“办学习班”。建议新三板引入“要求挂牌公司提交合规计划”的自律监管措施。

（一）完善合规培训制度

1. 董秘资格考试与培训

进入创新层的挂牌公司应当按照《全国中小企业股份转让系统挂牌公司分层管理办法（试行）》（以下简称《分层管理办法》和《挂牌公司董事会秘书任职及资格管理办法（试行）》（以下简称《董秘管理办法》）的规定，设立董事会秘书。董事会秘书应当在规定时间内取得资格证书。

《董秘管理办法》规定，全国股转公司规范挂牌公司董事会秘书的任职管理，开展挂牌公司董事会秘书的资格管理工作。全国股转公司可以委托有关单位组织挂牌公司董事会秘书的培训及考试工作。尽管可以委托培训与考试，但鉴于全国股转系统挂牌公司监管体系的特殊性，同时根据《董秘管理办法》第14条有关规定，全国股转公司不接受、不认可由其他机构或组织出具的董秘资格考试成绩或认证。

《董秘管理办法》规定，已通过资格考试的人员应当参加全国股转公司组织的后续培训。后续培训采取课时制。挂牌公司董事会秘书应当于通过资格考试后每年参加不少于8个课时的后续培训。通过资格考试的人员被全国股转公司采取自律监管措施或纪律处分，或者被中国证监会及其派出机构采取行政监管措施或行政处罚的，应当在处罚后6个月内至少参加8个课时的后续培训。

在实践中，全国股转公司董秘资格考试不对社会开放。全国股转公司只接受挂牌公司、申请挂牌公司董事会推荐报名，不接受其他组织推荐或个人报名。

全国股转公司的培训和考试大多数不收取培训费、材料费。但是，特殊情况下也收取低廉的成本费。如挂牌公司、申请挂牌公司首次推荐人员报名参加董事会秘书资格考试的，由全国股转公司承担每家公司一人次的考试费用。挂牌公司、申请挂牌公司非首次推荐人员报名参加董事会秘书资格考试的，需自行负担考试费用（每人次42元）。

2. 董事和高级管理人员培训

为提升公司挂牌后的规范发展意识，提高治理水平，防范违规风险，全国股转公司大约每两个月开展一次申请挂牌公司高管培训会。培训面向挂牌申请正式受理（已获取受理函）但尚未参加此类培训，或曾参加往期培训但考试未通过的申请挂牌公司开放。各公司可安排董事长、总经理、财务负责人、董事会秘书中的1～2名人员参加培训，尚未任命董事会秘书的可以安排信息披露负责人参加。如已挂牌公司等其他市场主体（以下统称非申请挂牌公司）有意参加培训，也可报名参加培训。

为进一步夯实非上市公众公司事中事后监管机制，提高挂牌公司合规意识和规范运作水平，全国股转系统对挂牌公司开展了“监管第一课”的培训工作。申请挂牌公司应在取得挂牌函之日起10个工作日内向辖区证监局报备，由辖区证监局安排挂牌公司参与“监管第一课”培训。若未按要求参加培训，辖区证监局、全国股转公司将根据具体情况对挂牌公司、公司董监高采取监管措施。

3. 存在问题及进一步完善

全国股转公司对董事会秘书的资格取得培训与后续培训都有明确的规定，但对董事、监事和高级管理人员的培训尽管有实践和固定的做法，但尚未有正式的制度对外公布。而针对上海证券交易所和深圳证券交易所的上市公司，中国证监会于2005年专门制定和发布了《上市公司高级管理人员培训工作指引》及《上市公司董事长、总经理培训实施细则》《上市公司董事、监事培训实施细则》《上市公司独立董事培训实施细则》《上市公司财务总监培训实施细则》《上市公司董事会秘书培训实施细则》。让中国证监会专门为全国股转系统再制定和发布一次挂牌公司董事、监事和高级管理人员的培训工作指引似不可行，全国股转公司完全可以自行制定和发布挂牌公司董事、监事和高级管理人员培训管理办法。

除了董事会秘书、独立董事的任职资格取得需要参加培训外，被采取“要求其参加培训”自律监管措施的挂牌公司董事、监事和高级管理人员也需要现场参加相应的培训，即合规培训。全国股转系统应专门设立一种合规培训，并定期举行（如每两个月举行一次，或每季度举行一次，或每半年举行一次），被采取“要求其参加培训”自律监管措施的挂牌公司董事、监事和高级管理人员必须在限定的期限内来现场参加一次合规培训，并考试合格。培训和考试收取工本费（具体标准由价格主管部门核定），现场培训时间不短于3天（实际培训学时不短于24个学时）（香港联交所要求是28小时）。一般来讲，即使上午、下午和晚上都上课的话，一天最多培训9~10小时（1小时为1学时）。不短于24小时的培训需要被培训人至少学习3天。对于这一阶层的人士来说，让其付出金钱代价并不能起太大作用，让其付出时间代价的作用反而更加显著。其他领域（如社会治安领域、驾驶证领域）的经验表明，给违规人员“办学习班”的效果还是非常显著的。

（二）要求挂牌公司提交合规计划

当挂牌公司在公司治理、信息披露和股东人数分数、股票价格等方面违反挂牌标准或分层标准时，全国股转公司可要求挂牌公司提交合规计划，全国股转公司可视合规计划的可行性和科学性而决定是否予以接受，如不接受，该挂牌公司应该降层或者退市。当然，它可以结合挂牌公司得扣分制予以实施。

三、进一步完善财产类处分

建议全国股转系统引入违约金制度。这种违约金的征收无须事先收取，只需要在挂牌协议中订立相关条款，明确收取触发事由和收取标准、认定机制、执行机制即可。违约金是事后惩罚措施，当然存在执行不了的问题，但其威慑力也是不容否定的。

2004 年以前，我国证券交易所（以下简称交易所）曾经将惩罚性违约金作为一种重要的自律监管措施。但是在后来的监管实践中，由于种种客观原因，交易所取消了这一监管措施。[①] 2016 年以来，当证券交易所的一线监管职能被强化后，沪深两大证券交易所又纷纷修改其制度规则，重新引入惩罚性违约金。

交易所对上市公司征收违约金或课加罚款是比较常见的。[②] 除了我国台湾地区的证券交易所和柜买中心可以对上市上柜公司征收违约金外，日本证券交易所也可以对上市公司征收违约金或罚款。根据东京证券交易所《证券上市规则》（Securities Listing Regulations）第 5 章“保证（市场）有效性”的规定，违反上市协议的罚金（Listing Agreement Violation Penalty）主要适用于两类情形，一是违反了第 4 章“上市监管”第 2 节“及时披露公司信息”的规定，

---

① 蒋学跃，《关于证券交易所创设违约金监管制度的研究》（深证综研字第 0162 号）。

② 交易所对其会员即券商进行罚款，在国外证券交易所更加常见。香港联交所可以对市场参与人（主要是券商）进行罚款，但不对上市公司进行罚款。

二是违反了第4章第4节“公司行为法典（Code of Corporate Conduct）”中的第一小节“必须遵守的事项”。如果东京证券交易所认定上市公司因为未能进行及时的信息披露或未能完善公司治理而损害了公司股东或市场投资者的信心，交易所可向上市公司收取违反上市协议的罚金。相关规定如表9所示。

表9　　东京证券交易所的违约罚金

规则	内容
《证券上市规则》第4章第2节“及时披露公司信息”（从Rule 402到Rule 420）	主要涉及：公司重大信息披露的要求；子公司信息披露的要求；盈利报告的披露要求；预估价值修正的披露要求；外国上市公司信息披露的要求；退市信息披露的要求；控制股东相关事项信息披露的要求；信息披露的方式；公司是否进行信息披露的自检；将公司信息向交易所进行解释；已变化信息的更正披露；公司治理报告的披露；公司结构风险报告的披露等
《证券上市规则》第4章第4节“公司行为法典”第一小节“必须遵守的事项”（从Rule 432到Rule 444）	主要涉及：境内上市公司的组织机构要求；股票分割事项；（股东）行使书面表决权事项；独立董事或审计人员的设置；聘请注册会计师；外部审计应由上市审计事务所进行审计；应对敌意收购时采取反收购措施的注意事项；管理层收购的注意事项；公司与控制股东进行重大交易时的注意事项；禁止内幕交易；禁止与反社会势力有关联；禁止损害二级市场股东利益等

另外，东京证券交易所《证券上市规则实施细则》的Rule 504条，以发行人市值（Listed Market Capitalization）和公司所处不同板块为标准，对违反上市协议的罚金的收取金额进行了明确规定。

由于证券交易场所“督促”公众公司履行信息披露义务、完善公司治理的权力来源于契约（上市协议/挂牌协议），而一旦缺失真正意义的违约责任，这种来源于契约的“督促”作用就会被虚化。从这个角度来看，违约金制度的设置非常有必要。

我国《证券交易所管理办法》（中国证券监督管理委员会令第136号）第五十八条规定，上市协议中应包含“（四）违反上市协议的处理，包括惩罚性违约金等内容”。但是，目前我国尚未有任何适用情形。“一方面，市场对境内自律组织收取罚款或违约金的法律性质、权利来源等问题尚存在不同理解，且这一手段将直接导致当事人经济利益减损，容易引发矛盾和纠纷，导致自律组织在适用时较为谨慎；另一方面，部分自律组织关于违约金或罚款的收取情形、标准等规定过于原则，可操作性较弱，实践中难以执行。”①

建议全国股转系统在其挂牌协议中加入“违约金”条款；同时，明确违约金的适用范围，即仅适用于未能及时信息披露和未能完善公司治理的两大情形。还可根据挂牌公司的注册资本、市值等因素，确定违约金的收取标准。

当触发违约金条款时，全国股转系统可向其发出催交违约金通知单，列明触发事项、收取标准、收取总金额、缴纳期限、滞纳金标准等。对于逾期不缴纳的，全国股转系统可以向仲裁机构提起仲裁（因为挂牌协议中列有仲裁条款）。全国股转公司凭生效裁决，可以向法院申请强制执行。这与美国证监会（SEC）对违法者课加的民事罚款（Civil Penalty）有异曲同工之妙。②

四、关于全国股转系统对挂牌公司的现场检查权

全国股转系统与挂牌公司之间存在契约，全国股转系统对挂牌公司的监管权源是契约。

《全国中小企业股份转让系统挂牌协议》（2018 年版）第二条规定：“甲方（全国中小企业股份转让系统有限责任公司）有权依据甲方发布的业务规则以及本协议，对乙方在全国股转系统的证券交易、证券发行、并购重组、信息披露等活动实施自律管理。……甲方有权根据业务规则和监管需要，要求乙方对有关问题作出解释说明，对乙方进行公开问询，对乙方进行现场检查。”因此，既然挂牌协议中约定了全国股转公司对挂牌公司具有现场检查权，则全国股转公司是可以对签署2018 年版挂牌协议的挂牌公司进行现场检查的。挂牌公司如果拒绝全国股转公司的检查，或不予配合、不提供相关资料的，就构成了对契约的违反。

我们同时注意到，《全国中小企业股份转让系统挂牌协议》（2013 年版）

① 参见谭婧，邹思思．证券交易所收取惩罚性违约金的法律问题探析［M］//证券法苑（第 23 卷）．北京：法律出版社，2017。

② 在美国，SEC 对违法行为人课加罚款，不能直接“开罚单”，而必须向设立在 SEC 内部的行政法官提起一个诉讼，通过两者对抗的方式，最终由法官居中裁断，裁决是否同意处罚。法官同意处罚的，由法院作出民事罚款。设立在 SEC 内部的行政法官并不隶属于 SEC，而是隶属于联邦法院系统。

没有直接规定全国股转公司有权对挂牌公司进行现场检查。但是，该协议同时有以下条款："乙方同意接受甲方的日常监管及管理。乙方承诺遵守法律、法规、规章等规范性法律文件。乙方进一步承诺遵守甲方业务规则，履行包括但不限于规范公司治理、信息披露等义务。""本协议未尽事宜，双方应依照有关法律、法规、规章及甲方业务规则执行。""双方一致同意，本协议生效后，如适用的法律、法规、规章等规范性法律文件及甲方业务规则发生变化，导致本协议相关条款内容与修订或颁布的上述法律、法规、规章、甲方业务规则等内容相抵触，协议该部分条款将自动变更，并以修订或新颁布的相关法律、法规、规章、甲方业务规则内容为准。"因此，只要全国股转公司制定了现场检查的有关业务规则，则全国股转公司就可以对签署2013 年版挂牌协议的挂牌公司进行现场检查。

第二节　鼓励股东崛起与自治

挂牌公司作为公众公司，其法律地位所蕴含的意义主要体现在两个方面：一是承担针对公开市场的持续信息披露义务；二是维持良性公司治理结构。

证券交易场所存在的目的是为公众公司的股票公开流转、实现流通价值最大化提供交易场所，因此证券交易场所的核心职责就是提供交易服务。因此，出于以最大限度保障证券交易的实施和完成为终极目的而督促公众公司履行信息披露义务，在某种程度上也成为证券交易场所提供的"服务"之一。另外，基于维护自身市场信誉的需要，证券交易场所也要督促通过其平台进行交易的公众公司完善公司内控和公司治理。然而，要想通过证券交易场所的自律管理来达到督促公众公司履行信息披露义务、完善公司治理的作用，其实相对还是有限的。主要源于如下几个方面的原因。

第一，行政监管和投资者/股东的民事诉讼是公开市场证券法律制度实施

(Enforcement)的两大核心机制,[①] 证券交易场所及其他自律组织(SROs)的自律管理在某种程度上只是介于两者之间的一种有益“补充”。首先，从行政执法的角度来看，监督公众公司履行强制信息披露义务、监督公众公司完善内部治理的职责本质上是属于证券行政监管机关的监管范畴。基于强制信息披露制度所承载的公众投资者保护意义，通常来说监管公众公司履行信息披露义务的机构是证券行政监管机构。证券交易场所的确具有“一线”督促的优势，但“强制信息披露法制源于立法以及监管规则而非交易所规则，因此交易所在‘强制’上市公司履行信息披露义务方面的作用相对来说是非常小的。”[②] 另外，相关法律和监管规则已经对上市公司治理问题予以一定程度的解决，所以交易所的自律管理对于改进上市公司治理来说也只是一种补充。[③] 其次，从私人诉讼的角度来看，公司治理本质上属于公司内部法律事务，因不良公司治理而导致损害的利益通常属于公司或股东的私益，如果公司的公众性不强的话，这种私益侵害应由被侵权人通过私人诉讼的方式予以纠正。股东诉讼才是完善并促进公司内部治理的根本途径。因此，尽管无法忽视自律组织的“自律”对《证券法》实施的意义，但其绝非核心机制，而是有益补充。

第二，证券交易场所对券商自律管理和对公众公司自律管理的权力来源不同，后者本质上来源于上市协议/挂牌协议。以证券交易所为代表的证券交易场所的自律管理职能范围通常表现在四个方面：一是对会员券商的监管；二是对市场的监管；三是对上市与交易活动的监管；四是制裁或执行措施。传统会员制证券交易所自律管理职能首先表现为对会员券商的自律，因为会员制交易所就是由会员出资并设立的，会员制定交易所的规则，会员执行交易所的规则，会员之间的纠纷由交易所解决。[④] 由此而形成对会员券商的“自律”。除了

---

① 参见汤欣．私人诉讼与证券执法［J］．清华法学，2007（3）。

② 参见 OECD Steering Group on Corporate Governance. The Role of Stock Exchanges in Corporate Governance［EB/OL］．［2019－11－05］．http：//www. oecd. org/daf/ca/corporategovernanceprinciples/44368686. pdf。

③ 参见 Christiansen，Hans and Amico，Alissa. The Role of Stock Exchanges in Corporate Governance［EB/OL］．［2019－11－05］．https：//ssrn. com/abstract＝2384059。

④ 参见谢增毅．公司制证券交易所的利益冲突［M］．北京：社会科学文献出版社，2005。

对会员券商的自律管理外，证券交易所天然具有监管市场和交易行为的“一线”优势，因此自1895年纽约证券交易所建议上市公司定期披露财务报告后，交易所普遍开始承担上市和交易的监管职责，既对上市、交易过程进行持续的一线监管，又对上市公司信息披露、公司治理施以一定程度的监督。这种对上市公司的监管，虽然是交易所对证券交易活动监管的必然延伸，但其监管权力本质上源于上市协议。上市公司通过签署上市协议承诺遵守证券交易所的上市规则等业务规则，一旦未能遵守则构成违约。以此来看，除了公开谴责等传统纪律处分措施外，对未能遵守上市协议和交易所规则的上市公司收取违约金从法理上来看其实更为通顺。简而言之，证券交易场所对公众公司的自律管理需要违约责任的保障。当违约责任付之阙如时，上市协议中关于遵守上市规则等业务规则的承诺显然缺乏强制执行力。

第三，证券交易（场）所的自律监管工具都是有局限的。声誉罚和资格罚的缺陷前面已有详细分析。即使是财产罚，也是有局限的。例如，东京证券交易所尽管可以征收违反上市协议的罚金，但其适用并不算多。根据东京证券交易所官方网站的公开资料，截至2019年10月底，在2019年仅有2家上市公司被要求交纳违反上市协议的罚金；2018年3家；2017年1家；2016年1家；2015年5家（其中有2家JASDAQ公司目前已退市）。[①] 这从某种程度上也印证出，即使证券交易场所的“违约金”条款（以及其他纪律处分措施）有较为严厉的“威胁”效果，但其也难以成为规范公众公司治理、监督其履行强制信息披露义务的主要法律机制。完善公司治理的核心动力来自股东，而更强有力的强制信息披露义务监督主体则是证券行政监管机关。

第四，交易场所自律监管的有效性受其市场力量，即市场绩效的影响，在此意义上，交易场所自律监管也是有局限的。

新三板作为一个高门槛的市场，更应该鼓励股东崛起和诉讼。全国股转系统目前常见的违规类型大体可分为信息披露违规类和其他规范运作违规类，其

---

① 参见 https：//www. jpx. co. jp/english/listing/market - alerts/listing - agreement - violation/index. html。

他规范运作违规行为大都属于公司治理的范畴。这些行为多数都可由股东提起公司法层面的诉讼（请求权基础源于《公司法》规定的诉讼）。但对于这两类违规行为来说，股东诉讼的法律基础不尽相同，股东诉讼的动因也不相同。

首先，与信息披露相关的违规行为大多可以股东知情权为请求权基础，由股东提起直接诉讼；有的可能是公司内部人控制下的公司从事了违法、违规行为，公司本身受到经济利益的损害，股东可提起派生诉讼。如果全国股转系统针对在精选层公开发行并挂牌的公司设置了违约金条款，而相关发行人又的确由于该违规行为而被收取惩罚性违约金（有直接经济损失），股东应可提起派生诉讼。

其次，与公司治理相关的违规行为，除非明确违反了《公司法》的强行性规定或该公司章程规定，否则股东可能欠缺请求权基础。又由于公司治理本质上属于公司内部自治范畴，股东诉讼的动因也可能有一定程度的缺失。

目前全国股转系统中常见的公司治理违规行为，多数属于公司未达到证券交易场所预期的完美公司治理情形而导致的违规，这些行为虽然不符合证券交易场所的相关规定，但对于公司股东来说，未必有直接的私益损失或经济损失。在极端情形下，这种违规行为甚至可能就是来自公司股东的内部一致意见。例如，在全国股转系统挂牌之前未在区域股权市场摘牌、挂牌公司募集资金管理及使用等违规行为。或者，即使不是来自股东一致意见的违规行为，个别股东也未见得有足够的动因或激励因素向负有个人责任的控股股东、董事等提起股东派生诉讼。例如，在权益分派违规情形中，所有股东都是既得利益者，除非他的个人利益在此次违规权益分派中有损失，否则基本没有股东有动因纯粹为了纠正一次不合规的权益派发行为而去发起股东派生诉讼并放弃原本唾手可得的经济利益。另外，这些未明确违反《公司法》的公司治理类违规行为通常又属于“较轻型”的违规，在不适宜适用“违约金”条款由证券交易场所对其进行自律处分的情况下，也不会出现因被收取“违约金”而受经济损害，个别股东也没有提起派生诉讼的基础。[①] 具体分析如表 10 所示。

表 10　　新三板常见违规行为的股东诉权基础

<table>
<tr><th>违规行为类型</th><th>股东诉权的法律基础、诉讼动因</th></tr>
<tr><td>挂牌公司未按规定披露季报、年报</td><td rowspan="12">可提起诉讼的法律基础为股东知情权（《公司法》第三十三条）的直接诉讼；如因该信息披露违规行为而被收取处罚性违约金或有其他经济利益损失，可对负有个人责任的控股股东、董事、监事、高级管理人员可提起股东派生诉讼，法律基础为《公司法》第二十一条、第一百四十七条、第一百四十八条、第一百五十一条</td></tr>
<tr><td>挂牌公司虚假披露审计意见</td></tr>
<tr><td>挂牌公司未及时披露重大事件（股权质押冻结、重大诉讼未予披露等）</td></tr>
<tr><td>挂牌公司披露的年报存在重大会计差错</td></tr>
<tr><td>挂牌公司财务造假</td></tr>
<tr><td>挂牌公司对外提供担保，未经内部程序审议且未及时履行信息披露义务</td></tr>
<tr><td>关联交易未及时履行审议程序及信息披露义务</td></tr>
<tr><td>挂牌公司对赌协议未及时披露</td></tr>
<tr><td>挂牌公司股权代持未披露</td></tr>
<tr><td>挂牌公司的控股股东、实际控制人及其控制的企业占用挂牌公司资金，挂牌公司未履行信息披露义务</td></tr>
<tr><td>收购人未及时编制及披露收购报告书等文件、在收购过渡期间挂牌公司对收购人等相关信息披露主体未履行承诺的行为</td></tr>
<tr><td>并购重组违规</td><td>公司内部治理事项，个别股东诉讼动因不足</td></tr>
<tr><td>权益分派违规</td><td>股东是既得利益者，诉讼动因不足；除非个别股东的利益在此次违规权益分派中受有损失，则可能提起直接诉讼</td></tr>
<tr><td>在全国股转系统挂牌之前未在区域股权市场摘牌</td><td rowspan="2">公司内部治理事项，该行为甚至可能来自公司股东的内部一致意见，诉讼动因不足</td></tr>
<tr><td>挂牌公司募集资金管理及使用违规</td></tr>
<tr><td>未按规定回复问询函</td><td>“较轻型”的违规</td></tr>
<tr><td>股东违规增减持挂牌公司股份</td><td>股东行为，不属于公司行为。就减持行为而言，除非股东违反了限售承诺且公司怠于追责，其他股东才可提起股东派生诉讼</td></tr>
</table>

可见，对于未明确违反《公司法》、“较轻型”的公司治理类违规行为，其

---

① 根据《公司法》第一百四十九条、第一百五十一条的规定，股东派生诉讼以“给公司造成损失”为基础。

实都是公司内部自治的结果，只是这种自治未能满足证券交易场所对于完美公司治理的预期和设想。证券交易场所可以对这些“较轻型”的公司治理类违规予以规劝式管理措施，但若是内部股东执意不听规劝，证券交易场所也鞭长莫及。这正是前文所分析的证券交易场所对公众公司自律管理的天然局限所在。因此，关键在于公司内部发展异议股东，由异议股东充当公司内部治理事项的异见人士。

机构投资者尤其适宜充当异议股东的角色。“机构投资者主要通过提交股东提案、与管理层私下协商、行使股东诉讼权利以及发动行业力量联合救助公司等方式积极参与公司治理。”① 全国股转系统是面向合格投资者的交易市场，机构投资者在整体投资者中的占比较大，是适合机构投资者崛起、发挥股东能动主义的市场。我国目前已有由中证中小投资者服务中心有限责任公司（以下简称中证中小投服中心）所做的证券支持诉讼的实践，新修订的《证券法》对此有所反映，② 但中证中小投服中心目前的持股范围仅限于沪、深两市，并未扩及全国股转系统。考虑到公开发行并至精选层挂牌的未来设置，中证中小投服中心的持股行权、支持起诉制度的范围未来至少应扩及全国股转系统的精选层。

第三节　建立自律监管与行政监管的衔接机制

全国股转系统对挂牌公司的自律管理困境，除了部分源于挂牌公司股东未能崛起外，部分也源于监管机关对于挂牌公司强制信息披露义务进行统一监管的缺位。毕竟，后面二者才是监督挂牌公司履行强制信息披露义务、监督挂牌公司完善内部治理的核心机制。一旦行政监管机关负担起统一监督挂牌公司强制信息披露义务履行的职责，证券交易场所可仅作为一线“发现者”的角色，

① 参见童卫华．机构投资者与公司治理：新趋势和研究展望［J］．证券市场导报，2018（6）。

② 新《证券法》第九十四条第三款规定，“发行人的董事、监事、高级管理人员执行公司职务时违反法律、行政法规或者公司章程的规定给公司造成损失，发行人的控股股东、实际控制人等侵犯公司合法权益给公司造成损失，投资者保护机构持有该公司股份的，可以为公司的利益以自己的名义向人民法院提起诉讼，持股比例和持股期限不受《中华人民共和国公司法》规定的限制”。

在自我规范或自我控制的同时，将挂牌公司相关违规行为与行政监管机关的行政执法进行有效衔接。

一、中国证监会可查处处罚的新三板市场违法行为的法律依据

新三板的自律监管与中国证监会的行政稽查执法之间应建立有效的衔接机制。《全国中小企业股份转让系统业务规则（试行）》规定，全国股转公司发现相关当事人违反法律法规及业务规则的，可以依法采取自律监管措施，并报中国证监会备案。依法应当由中国证监会进行查处的，全国股转公司应当向中国证监会提出查处建议。《全国中小企业股份转让系统自律监管措施和纪律处分实施细则》第42条规定，全国股转公司在实施纪律处分和自律监管措施过程中，发现监管对象的行为涉嫌违反法律、行政法规或者中国证监会相关规定的，按照相关规定报告中国证监会。

新三板市场上常见的违规违法行为，一些是可以在新《证券法》中找到适用依据的，如表11所示。

表11　　新三板常见违规行为的法律适用

<table>
<tr><th>违规行为类型</th><th>对应的法律条文</th></tr>
<tr><td>挂牌公司未按规定披露季报、年报</td><td rowspan="11">新《证券法》第七十八条、第七十九条、第八十条、第一百九十七条</td></tr>
<tr><td>挂牌公司虚假披露审计意见</td></tr>
<tr><td>挂牌公司未及时披露重大事件（股权质押冻结、重大诉讼未予披露等）</td></tr>
<tr><td>挂牌公司披露的年报存在重大会计差错</td></tr>
<tr><td>挂牌公司财务造假</td></tr>
<tr><td>挂牌公司对外提供担保，未经内部程序审议且未及时履行信息披露义务</td></tr>
<tr><td>关联交易未及时履行审议程序及信息披露义务</td></tr>
<tr><td>挂牌公司对赌协议未及时披露</td></tr>
<tr><td>挂牌公司股权代持未披露</td></tr>
<tr><td>挂牌公司的控股股东、实际控制人及其控制的企业占用挂牌公司资金，挂牌公司未履行信息披露义务</td></tr>
<tr><td>收购人未及时编制及披露收购报告书等文件</td></tr>
<tr><td>并购重组违规</td><td>新《证券法》第一百九十六条</td></tr>
<tr><td>股东违规增减持挂牌公司股份</td><td>新《证券法》第一百八十六条</td></tr>
<tr><td>在收购过渡期间，挂牌公司对收购人等相关信息披露主体未履行承诺的行为未询问的</td><td>无对应法律条文</td></tr>
</table>

续表

违规行为类型	对应的法律条文
权益分派违规	无对应法律条文
在全国股转系统挂牌之前未在区域股权市场摘牌	无对应法律条文
挂牌公司募集资金管理及使用违规	新《证券法》第十四条、第一百八十五条
未按规定回复问询函	无对应法律条文

《证券法》修改后，对新三板挂牌公司的信息披露违规行为可以适用《证券法》进行行政处罚。其法律依据在于，新《证券法》第七十八条规定："发行人及法律、行政法规和国务院证券监督管理机构规定的其他信息披露义务人，应当及时依法履行信息披露义务。信息披露义务人披露的信息，应当真实、准确、完整，简明清晰，通俗易懂，不得有虚假记载、误导性陈述或者重大遗漏。证券同时在境内境外公开发行、交易的，其信息披露义务人在境外披露的信息，应当在境内同时披露。"新三板挂牌公司属于"国务院证券监督管理机构规定的其他信息披露义务人"，因为《非上市公众公司信息披露管理办法》对新三板挂牌公司的信息披露有明确规定。根据新《证券法》第七十九条第一款，上市公司、公司债券上市交易的公司、股票在国务院批准的其他全国性证券交易场所交易的公司，应当按照国务院证券监督管理机构和证券交易场所规定的内容和格式编制定期报告。根据新《证券法》第八十条第一款，发生可能对上市公司、股票在国务院批准的其他全国性证券交易场所交易的公司的股票交易价格产生较大影响的重大事件，投资者尚未得知时，公司应当立即将有关该重大事件的情况向国务院证券监督管理机构和证券交易场所报送临时报告，并予公告，说明事件的起因、目前的状态和可能产生的法律后果。新《证券法》第一百九十七条规定："信息披露义务人未按照本法规定报送有关报告或者履行信息披露义务的，责令改正，给予警告，并处以五十万元以上五百万元以下的罚款；对直接负责的主管人员和其他直接责任人员给予警告，并处以二十万元以上二百万元以下的罚款。发行人的控股股东、实际控制人组织、指使从事上述违法行为，或者隐瞒相关事项导致发生上述情形的，处以五十万元

以上五百万元以下的罚款；对直接负责的主管人员和其他直接责任人员，处以二十万元以上二百万元以下的罚款。信息披露义务人报送的报告或者披露的信息有虚假记载、误导性陈述或者重大遗漏的，责令改正，给予警告，并处以一百万元以上一千万元以下的罚款；对直接负责的主管人员和其他直接责任人员给予警告，并处以五十万元以上五百万元以下的罚款。发行人的控股股东、实际控制人组织、指使从事上述违法行为，或者隐瞒相关事项导致发生上述情形的，处以一百万元以上一千万元以下的罚款；对直接负责的主管人员和其他直接责任人员，处以五十万元以上五百万元以下的罚款。《非上市公众公司监督管理办法》（2019 年修改）第八十三条规定："信息披露义务人及其董事、监事、高级管理人员，公司控股股东、实际控制人，为信息披露义务人出具专项文件的证券公司、证券服务机构及其工作人员，违反《证券法》、行政法规和中国证监会相关规定的，中国证监会可以采取责令改正、监管谈话、出具警示函、认定为不适当人选等监管措施，并记入诚信档案；情节严重的，中国证监会可以对有关责任人员采取证券市场禁入的措施。"

对于某些挂牌公司违规使用募集资金的行为，中国证监会可以适用《证券法》第一百八十五条的规定进行行政处罚。新《证券法》第一百八十五条规定："发行人违反本法第十四条、第十五条的规定擅自改变公开发行证券所募集资金的用途的，责令改正，处以五十万元以上五百万元以下的罚款；对直接负责的主管人员和其他直接责任人员给予警告，并处以十万元以上一百万元以下的罚款。发行人的控股股东、实际控制人从事或者组织、指使从事前款违法行为的，给予警告，并处以五十万元以上五百万元以下的罚款；对直接负责的主管人员和其他直接责任人员，处以十万元以上一百万元以下的罚款。"从该条可以看出，能够适用《证券法》第一百八十五条的规定进行行政处罚的违规使用募集资金的行为需符合以下要件：（1）必须是公开发行证券所募集的资金。对于不符合《证券法》规定的"公开发行"情形的募集资金，如非公开发行所募集是资金，即使发生违规使用的情况，也不能适用新《证券法》第一百八十五条的规定进行行政处罚。（2）必须是改变用途，即与发行文件等信息披露文件披露的用途不符，即将所承诺的用于特定项目的资金实际上没有用于该项目，至于提前使用募集资金的行为，只要仍旧是用于所承诺的特定项目，就不能适用新《证券法》第一百八十五条的规定进行行政处罚。(3) 必须是擅自改变，即未履行规定的程序而改变募集资金用途，如果是按照规定的程序履行由董事会、股东大会进行了相关表决，则不构成违法。

对于重组收购中的信息披露违法行为，可以依照新《证券法》的有关条款进行行政处罚。《非上市公众公司收购管理办法》（2019 年修改）第二十八条第一款规定："公众公司实施并购重组的，相关信息披露义务人应当依法严格履行公告义务。"第八十二条规定："公司及其他信息披露义务人未按照规定披露信息，或者所披露的信息有虚假记载、误导性陈述或者重大遗漏的，依照《证券法》有关规定进行处罚。"但依照新《证券法》的哪条条款呢？

依照新《证券法》第一百九十六条进行处罚似乎不妥。因为新《证券法》第一百九十六条规定："收购人未按照本法规定履行上市公司收购的公告、发出收购要约义务的，责令改正，给予警告，并处以五十万元以上五百万元以下的罚款。对直接负责的主管人员和其他直接责任人员给予警告，并处以二十万元以上二百万元以下的罚款。收购人及其控股股东、实际控制人利用上市公司收购，给被收购公司及其股东造成损失的，应当依法承担赔偿责任。"这里明显指的是上市公司收购，而不是非上市公众公司收购。

依照新《证券法》第一百九十七条进行处罚也不妥。因为新《证券法》第一百九十七条规定："信息披露义务人未按照本法规定报送有关报告或者履行信息披露义务的，责令改正，给予警告，并处以五十万元以上五百万元以下的罚款；对直接负责的主管人员和其他直接责任人员给予警告，并处以二十万元以上二百万元以下的罚款。发行人的控股股东、实际控制人组织、指使从事上述违法行为，或者隐瞒相关事项导致发生上述情形的，处以五十万元以上五百万元以下的罚款；对直接负责的主管人员和其他直接责任人员，处以二十万元以上二百万元以下的罚款。信息披露义务人报送的报告或者披露的信息有虚假记载、误导性陈述或者重大遗漏的，责令改正，给予警告，并处以一百万元以上一千万元以下的罚款；对直接负责的主管人员和其他直接责任人员给予警告，并处以五十万元以上五百万元以下的罚款。发行人的控股股东、实际控制人组织、指使从事上述违法行为，或者隐瞒相关事项导致发生上述情形的，处以一百万元以上一千万元以下的罚款；对直接负责的主管人员和其他直接责任人员，处以五十万元以上五百万元以下的罚款。”该条中出现了“本法”字样，它显然指的是《证券法》。而《证券法》对于非公众公司的收购义务人的信息披露义务是没有规定的。

证监会要对违反信息披露义务的收购人实施处罚，不得不以《国务院关于全国中小企业股份转让系统有关问题的决定》（国发〔2013〕49号）的规定，“证监会应当比照《证券法》关于市场主体法律责任的相关规定，严格执法，对虚假披露、内幕交易、操纵市场等违法违规行为采取监管措施，实施行政处罚”为依据。显然，新《证券法》第一百九十六条是最为接近的。

根据《证券法》，能够进行行政处罚的行为仅限于信息披露违法行为。而对于收购人未履行承诺的，不能进行行政处罚，只能进行自律监管。这是因为《非上市公众公司收购管理办法》第十九条规定：“在公众公司收购中，收购人做出公开承诺事项的，应同时提出所承诺事项未能履行时的约束措施，并公开披露。全国股份转让系统应当对收购人履行公开承诺行为进行监督和约束，对未能履行承诺的收购人及时采取自律监管措施。”

对于挂牌公司股东违规增减持挂牌公司股份的，也可以比照《证券法》进行处罚。依据《国务院关于全国中小企业股份转让系统有关问题的决定》（国发〔2013〕49号）的规定，证监会可以比照《证券法》第三十六条、第一百八十六条进行处罚。之所以是比照而不是直接依据，也是因为《证券法》第三十六条直接写的是“上市公司”。

二、中国证监会可查处的新三板市场违法行为的立案标准我司目前正在与稽查局沟通稽查立案标准，作者立案标准的体系和具体金额与标准初稿相差较大，建议去掉数额比例

对于上述可以适用《证券法》进行行政处罚的行为，达到什么样的标准才能进行行政稽查和行政处罚呢？这可分行为而论。

第一，对于信息披露违法的，建议按照所涉的金额要素、时间要素、事件性质要素，与证监会磋商，共同达成信息披露违法的立案标准。（1）金额要素的立案标准最好分层实施。例如，对于创新层、精选层挂牌公司及社会公众性强的基础层挂牌公司，造假金额达到一定数额且占当期报告披露金额的一定比例以上的，就达到立案标准；对于其他挂牌公司，造假金额达到一定数额且占当期报告披露金额一定比例以上的，就达到立案标准。（2）时间要素主要是指信息披露不及时，如定期报告未在规定的期限内披露，临时报告未在事项发生之日起2个交易日内披露且造成较大影响的等。（3）事件性质要素是指事件的性质发生变化，如本来是亏损的公司披露为盈利，本来是盈利的公司披露为亏损；本来是利空的信息披露为利多，本来是利多的信息披露为利空；披露的重大信息不存在，存在的重大信息未及时披露。以上仅给出了设计思路，具体标准尚待全国股转公司与中国证监会具体磋商，通过建立谅解备忘录的形式予以确定。

第二，对于擅自改变公开发行证券所募集的资金用途的，如果符合《证券法》第一百九十六条规定的要件，且所涉金额达到一定数额且占当期报告披露金额的一定比例以上的，我们认为就达到立案标准。具体标准尚待全国股转公司与中国证监会具体磋商，通过建立谅解备忘录的形式予以确定。

第三，对于非上市公众公司收购中信息披露违法的，只有“情节严重”的，才可以进行行政处罚，而对于那些“情节不严重”的行为，则只能由全国股转公司进行自律监管。“情节严重”的标准也可按照前述信息披露违法中的立案标准予以确定。

第四，对于股东违规减持股份的，可主要看金额一项因素，转让股份收入金额达到一定标准的，才可以进行行政处罚，在此标准下，由全国股转公司进行自律监管。

第五，当然，挂牌公司还可能有其他违法行为，如非法发行证券等。对非法发行证券，只要发行证券后股东超过了二百人，就应该进行行政处罚。

第四节　进一步厘定新三板可进行自律监管的违规行为及标准

新三板自律监管作为行政监管的补充，如果新三板挂牌公司及相关主体的违规行为达到行政违法的标准，就应该由证券监管机构进行行政执法；只有在新三板挂牌公司及相关主体的违规行为未达到行政违法标准的情况下，新三板才可以实施自律监管。

前条所述的情形仅是在新三板的自律监管和证券监管机构的行政执法对违规违法者处以相同性质的“不利处分”的情况下适用。如果新三板的自律监管和证券监管机构的行政执法针对同一主体的“不利处分”在内容性质上不同，则即使证券监管机构已经实施了相关“不利处分”，全国股转公司也可实施内容性质不同的、具有补充性的“不利处分”。比如，如果证券监管机构已经对某挂牌公司实施了罚款，全国股转公司就不能再征收罚款或违约金了，因为它们都是金钱性不利处分。再如，如果证券监管机构已经对某挂牌公司的董监高实施了“证券市场禁入”的行政监管措施，全国股转系统就没有必要再实施“禁止其担任挂牌公司董监高”的自律监管措施，因为两措施内容性质相同，前者已经涵盖了后者。但如果证券监管机构仅对某挂牌公司的董监高实施了罚款的金钱处罚，而没有并处资格罚，则全国股转系统可对该挂牌公司的董监高实施资格罚。全国股转公司可实施具有补充性的“不利处分”意味着其处分在程度上一般来讲较行政处罚或行政监管措施为轻，否则，就不符合“自律监管措施一般较行政处罚为轻”的基本认知了。①

以下违规行为，因情节、金额等不够严重或不够标准而不构成行为违法，应由全国股转系统进行自律监管：

（1）信息披露违规，但金额要素、时间要素、事件性质要素均未达到信息披露违法立案标准的。信息披露违法立案标准详见“自律监管与行政监管的衔

① 尽管事实上有的资格罚给相关主体带来的损失实际上远远大于罚款处罚。

接”部分的论述。全国股转系统对信息披露违规的扣分表和对应的自律监管工具见表12。

（2）擅自改变公开发行证券所募集的资金用途，所涉金额未达到行政违法的立案标准的。行政违法的立案标准详见“自律监管与行政监管的衔接”部分的论述。挂牌公司擅自改变公开发行证券所募集的资金用途的，如属故意的，则出具警示函并视情况责令改正，扣3分；如属重大过失的，则要求提交书面承诺并视情况责令改正，扣2分；如属过失的，则约见谈话并视情况责令改正，扣1分；造成无法改正的后果的，则出具警示函扣4分。

（3）非上市公众公司收购中信息披露违规，但情节不严重的。“情节严重”的标准详见“自律监管与行政监管的衔接”部分的论述。不构成“情节严重”的标准就是“情节不严重”。如属挂牌公司的过错的（如未主动问询相关情况的），全国股转公司对信息披露违规的扣分表和对应的自律监管工具见表12。如不属于挂牌公司的过错的，全国股转公司可对相关责任主体采取出具承诺函的自律监管措施。

以下违规行为，因法律和行政法规没有明确规定而不构成行政违法，但构成违反全国股转系统规则的违规行为，应由全国股转系统进行自律监管。

（1）未按规定回复问询函，以及其他漠视、不配合全国股转系统自律监管的行为。这是对新三板自律监管权威的挑战，不能纵容，应进一步采取惩罚措施，但它尚不构成违法。如属故意则出具警示函并责令改正，扣3分；如属重大过失的，则要求提交书面承诺并责令改正，扣2分；如属过失的，则约见谈话并责令改正，扣1分。该等扣分可以累计。也就是说，如果连续三次出现故意不回复全国股转系统问询函的情况，则累计扣9分，除降一层处分外，还可采取通报批评挂牌公司及相关责任人、通报批评董事长、责令董事参加培训、责令董事会秘书重新考取董事会秘书证书等自律监管措施。

（2）在全国股转系统挂牌之前未在区域股权市场摘牌。这一行为挑战了新三板对于挂牌转让的垄断性，但不构成违法。如属故意则出具警示函并责令改正，扣3分；如属重大过失的，则要求提交书面承诺并责令改正，扣2分；如属过失的，则约见谈话并责令改正，扣1分。

（3）提前使用非公开募集的资金。提前使用非公开募集的资金的常见行为主要有两类：一是在向全国股转系统公司提交股票发行备案材料前就使用了募集资金；二是在取得股票发行股份登记函之前就使用了募集资金（根据新规则，已不存在该违规行为）。对此类行为进行行政处罚没有法律和行政法规的依据。但全国股转系统在进行自律监管时应分情况处理：挂牌公司提前使用了募集资金，后来又发行成功的，仅进行口头警示，不扣分。如果故意提前使用募集资金，后来发行不成功的，如果金额在500万元以下，则出具警示函并扣3分；如属重大过失的，则要求提交书面承诺并扣2分；如属重大过失的，则约见谈话并扣1分；如果金额在500万元以上的，如属故意，则通报批评挂牌公司及相关责任人，扣4分，如属重大过失则出具警示函并扣3分，如属过失则要求提交书面承诺并扣2分。

（4）违规占用挂牌公司资金。违规占用挂牌公司资金多属于公司治理不规范。对此类行为进行行政处罚没有法律和行政法规的依据。因此，应由全国股转公司进行自律监管。

（5）收购人等相关信息披露主体未履行承诺的行为。对此类行为进行行政处罚也没有法律和行政法规的依据。只要是不履行承诺的行为，无论金额多少均构成违规，但因不可抗力不能履行的除外。

表12　　违规占用挂牌公司资金及自律监管和扣分（代试拟稿）

<table>
<tr><th>占用金额</th><th>占用时间</th><th>自律监管工具</th><th>得扣分</th></tr>
<tr><td rowspan="3">10万元以下</td><td>10日以下</td><td rowspan="2">口头警示
约见谈话</td><td>-1</td></tr>
<tr><td>10日以上，31日以下</td><td>-1.5</td></tr>
<tr><td>一个月以上</td><td rowspan="3">要求提交书面承诺</td><td>-2</td></tr>
<tr><td rowspan="3">10万元以上，50万元以下</td><td>10日以下</td><td>-2</td></tr>
<tr><td>10日以上，30日以下</td><td>-2.5</td></tr>
<tr><td>30日以上</td><td rowspan="2">出具警示函
责令改正</td><td>-3</td></tr>
<tr><td rowspan="3">50万元以上，
100万元以下</td><td>10日以下</td><td>-3</td></tr>
<tr><td>10日以上，30日以下</td><td rowspan="2">通报批评挂牌公司
及相关责任人</td><td>-3.5</td></tr>
<tr><td>30日以上</td><td>-4</td></tr>
</table>

续表

占用金额	占用时间	自律监管工具	得扣分
100 万元以上，200 万元以下	10 日以下	通报批评董事长；或要求公开致歉	-4.5
	10 日以上，30 日以下		-5
	30 日以上	令董事参加培训；责令董事会秘书重新考取董事会秘书证书	-6
200 万元以上，500 万元以下	10 日以下		-6
	10 日以上，30 日以下		-8
	30 日以上	降一层	-9
500 万元以上，1000 万元以下	10 日以下		-9
	10 日以上，30 日以下		-10
	30 日以上	责令更换相关董事、监事、高级管理人员，并可认定其为不适格人选	-12
1000 万元以上，2000 万元以下	无论时间长短	降两层处分	-15
2000 万元以上	无论时间长短	勒令退市	-18

注："以上"含本数，"以下"不含本数。"日"指自然日。

第五节　结合分层实施自律监管

一、现有分层制度及其不足

2016 年 5 月 27 日，全国股转公司发布了《全国中小企业股份转让系统挂牌公司分层管理办法（试行）》（以下简称《分层管理办法》），并宣告自 2016 年 6 月 27 日起，全国股转公司正式对挂牌公司实施分层管理。全国股转公司结合其立足于服务"创新型、创业型、成长型"中小微企业的市场定位，根据市场发展的现状和需求，将市场分为基础层与创新层，并设置三套并行的创新层标准，它分为分层标准和维持标准。未进入创新层的挂牌公司进入基础层。通过分层管理，一方面以差异化的制度安排，对挂牌公司实现分类服务、分层监管，满足中小微企业不同发展阶段差异化需求，合理分配监管资源；另一方面从盈利能力、成长性和市场认可三个维度划设创新层，对进入创新层的企业提出更高的信息披露及规范性要求，对挂牌公司形成引导效应，为投资人遴选标的及投研决策提供更充分的信息和更大便利。

全国股转公司本来拟针对创新层和基础层挂牌公司采取差异化的制度安排：一方面推动创新层挂牌公司进一步规范公司治理，切实加强信息披露、发行融资和并购重组的监管，提升创新层挂牌公司整体规范化水平，在此基础上为市场的后续制度创新和服务创新打开空间。另一方面对基础层挂牌公司加强服务和引导，针对基础层挂牌公司大部分处于初创期、股权集中、融资交易不活跃的特点，引导基础层挂牌公司主动规范公司治理，优化基础层挂牌公司信息披露制度，加强基础层挂牌公司资本市场监管规则的培训，提供针对性培育孵化和融资对接、并购服务。但是，在实践中，创新层的挂牌公司监管严，而没有相应的激励措施；基础层的挂牌公司监管宽松，享受的权利和创新层的挂牌公司是一样的。因此，我们在调研中了解到，有的创新层挂牌公司故意让董事会秘书辞职，以不再符合创新层的标准为由，降低到基础层以享受宽松的监管环境。

二、结合未来分层的差异化自律监管

挂牌公司差异化制度的构建是一个持续的过程，需要在分层实践基础上不断推进。新三板挂牌公司分层的总体思路是“多层次，分步走”。未来新三板将由多个层级的市场组成，每一层级市场分别对应不同类型的公司。起步阶段将挂牌公司划分为创新层和基础层，随着市场的不断发展和成熟，再对相关层级进行优化和调整。如今，新三板已设立精选层。对于精选层，精选层的挂牌公司的监管更严，当然，权利和待遇更为优惠。

我们一直主张，从逻辑上讲，新三板宜以中层（基础层）为基准，好的、透明度高的进入上层（创新层，甚至精选层），差的、透明度低的打入下层（警示层），以实现优胜劣汰的竞争。因此，我们建议新三板再设立一个警示层，以惩罚那些违规比较严重，或屡次违规又不至于达到退市标准的挂牌公司。

此外，针对公众性比较弱的挂牌公司，可以再设立一个自治层。在自治层挂牌的公司主要具有展示功能。只要公众性低于一定程度，其就可以自主选择信息披露“重大性”的标准。全国股转公司提供几套披露标准供挂牌公司选择。

2019年新修订的《证券法》第八十条规定：

发生可能对上市公司、股票在国务院批准的其他全国性证券交易场所交易的公司的股票交易价格产生较大影响的重大事件，投资者尚未得知时，公司应当立即将有关该重大事件的情况向国务院证券监督管理机构和证券交易场所报送临时报告，并予公告，说明事件的起因、目前的状态和可能产生的法律后果。

前款所称重大事件包括：

（1）公司的经营方针和经营范围的重大变化；

（2）公司的重大投资行为，公司在一年内购买、出售重大资产超过公司资产总额百分之三十，或者公司营业用主要资产的抵押、质押、出售或者报废一次超过该资产的百分之三十；

（3）公司订立重要合同、提供重大担保或者从事关联交易，可能对公司的资产、负债、权益和经营成果产生重要影响；

（4）公司发生重大债务和未能清偿到期重大债务的违约情况；

（5）公司发生重大亏损或者重大损失；

（6）公司生产经营的外部条件发生的重大变化；

（7）公司的董事、三分之一以上监事或者经理发生变动，董事长或者经理无法履行职责；

（8）持有公司百分之五以上股份的股东或者实际控制人持有股份或者控制公司的情况发生较大变化，公司的实际控制人及其控制的其他企业从事与公司相同或者相似业务的情况发生较大变化；

（9）公司分配股利、增资的计划，公司股权结构的重要变化，公司减资、合并、分立、解散及申请破产的决定，或者依法进入破产程序、被责令关闭；

（10）涉及公司的重大诉讼、仲裁，股东大会、董事会决议被依法撤销或者宣告无效；

（11）公司涉嫌犯罪被依法立案调查，公司的控股股东、实际控制人、董事、监事、高级管理人员涉嫌犯罪被依法采取强制措施；

（12）国务院证券监督管理机构规定的其他事项。

公司的控股股东或者实际控制人对重大事件的发生、进展产生较大影响的，应当及时将其知悉的有关情况书面告知公司，并配合公司履行信息披露义务。

该条文中的重大性标准，如果涉及金额或比例，而法律条文还没有给出具体数额和具体比例，在制定全国股转系统挂牌公司的信息披露细则时，[①] 就可以制定至少三套标准供自治层挂牌公司选择。

严格标准：数额和比例较低，比如200万元、20%；即使是自治层最严格的标准，也宽松于基础层挂牌公司的信息披露标准，以示区分。

中等标准：数额和比例中等，比如300万元、30%。

宽松标准：数额和比例较高，比如500万元、50%。

或者干脆交由自治层挂牌公司自主制定具体的数额和比例，经股东大会决议后生效，欲改变该具体数额和比例，也必须经股东大会决议。

我们也曾设想过允许自治层挂牌公司选择不披露临时信息。[②] 但受制于新《证券法》的硬约束，短期内我们认为暂时可以在重大性标准上做文章。

挂牌公司的公众性程度视社会公众股东的持股比例而定。比如，如果一个挂牌公司的公众股东持股比例少于10%，且持股总数低于100万股，则可认定为公众性较弱。公众股东是指除以下股东之外的挂牌公司股东：（1）持有公司10%以上股份的股东及其一致行动人；（2）公司董事、监事、高级管理人员及其关系密切的家庭成员，公司董事、监事、高级管理人员直接或间接控制的法

---

① 2019年修改后的《非上市公众公司监督管理办法》第二十七条规定："中国证监会对公众公司实行差异化信息披露管理，具体规定由中国证监会另行制定。"

② 在OTC Pink即粉单市场，按照报价公司信息披露的程度再分为正常信息（Current Information）、有限信息（Limited Information）、无信息（No Information）3个层次。此3个层次汇集的公司超过6300家。正常信息披露层报价公司包括处于发展阶段但无实际运营的公司、无审计的公司和壳公司等。公司根据OTC Markets指定的标准或国际报告标准进行信息披露，要求在每个财务年度结束后的90天内披露年报，每个财务季度结束后的45天内披露季报，财务报告必须符合国际会计或美国会计准则，可以不审计。有限信息披露层报价公司有两种情况，一是运转不良、经济窘迫、财务报告有问题或陷入破产边缘的公司，二是不愿意遵守相关信息披露制度而正常经营的公司。这里的报价公司，仅需披露6个月内的财务信息。财务报告符合美国国会准则要求，无须提供现金流量表，无须审计。无信息披露层的公司在管理、经营和信息披露上都有问题，或者是已经停止经营的公司。这些公司不能或者不愿意向监管机构、OTC Markets提供公开的市场信息，即使披露，也是至少6个月前的信息。OTC Pink对其标注"Stop"标识以警示投资者。

人或者其他组织。关系密切的家庭成员，包括配偶、子女及其配偶、父母及配偶的父母、兄弟姐妹及其配偶、配偶的兄弟姐妹、子女配偶的父母。[①]

表 13　　新三板未来分层标准及层级（代试拟稿）

层级	进入基本标准	备注
精选层	（1）市值不低于 2 亿元，最近两年净利润均不低于 1500 万元且加权平均净资产收益率平均不低于 10%，或者最近一年净利润不低于 2500 万元且加权平均净资产收益率不低于 10%；（2）市值不低于 4 亿元，最近两年营业收入平均不低于 1 亿元且增长率不低于 30%，最近一年经营活动产生的现金流量净额为正；（3）市值不低于 8 亿元，最近一年营业收入不低于 2 亿元，最近两年研发投入合计占最近两年营业收入合计比例不低于 8%；（4）市值不低于 15 亿元，最近两年研发投入合计不低于 5000 万元。 创新层挂牌公司完成公开发行并进入精选层时应当符合下列条件：（1）最近一年期末净资产不低于 5000 万元；（2）公开发行的股份不少于 100 万股，发行对象不少于 100 人；（3）公开发行后，公司股本总额不少于 3000 万元；（4）公开发行后，公司股东人数不少于 200 人，公众股东持股比例不低于公司股本总额的 25%；公司股本总额超过 4 亿元的，公众股东持股比例不低于公司股本总额的 10%；（5）中国证监会和全国股转公司规定的其他条件	标准参见《全国中小企业股份转让系统分层管理办法（征求意见稿）》。参照上市公司享受权利，参照上市公司标准进行监管
创新层	挂牌公司进入创新层，应当符合下列条件之一：（1）最近两年净利润均不低于 1000 万元，最近两年加权平均净资产收益率平均不低于 8%，股本总额不少于 2000 万元；（2）最近两年营业收入平均不低于 6000 万元，且持续增长，年均复合增长率不低于 50%，股本总额不少于 2000 万元；（3）最近有成交的 60 个做市或者集合竞价交易日的平均市值不低于 6 亿元，股本总额不少于 5000 万元；采取做市交易方式的，做市商家数不少于 6 家。 挂牌公司进入创新层，同时还应当符合下列条件：（1）公司挂牌以来完成过定向发行股票（含优先股），且发行融资金额累计不低于 1000 万元；（2）符合全国股转系统基础层投资者适当性条件的合格投资者人数不少于 50 人；（3）最近一年期末净资产不为负值；（4）公司治理健全，制定并披露股东大会、董事会和监事会制度、对外投资管理制度、对外担保管理制度、关联交易管理制度、投资者关系管理制度、利润分配管理制度和承诺管理制度；设立董事会秘书，且其已取得全国股转系统挂牌公司董事会秘书任职资格；（5）中国证监会和全国股转公司规定的其他条件	标准参见《全国中小企业股份转让系统分层管理办法（征求意见稿）》。权利低于精选层，高于基础层；监管低于精选层，高于基础层

① 《全国中小企业股份转让系统分层管理办法（征求意见稿）》第十六条。

续表

层级	进入基本标准	备注
基础层	公众股东持股比例不少于10%，且持股总数不低于100万股，且不符合创新层、精选层、警示层条件的	一般权利，一般监管
自治层	公众股东持股比例少于10%，或持股总数低于100万股的	权利更少。按挂牌公司的选择进行监管
警示层	公司治理不健全短期内不能纠正的；信息披露不合规或其他规范运作不合规被多次采取自律监管措施的	以累计得扣分达到一定分数为标准。权利最少，严格监管

这一再分层可以结合扣分制度予以实施。对于扣分达到一定分数的挂牌公司，可以从精选层降低到创新层，从创新层降到基础层，从基础层降到警示层；甚至对于扣分较多的，也可以越级降层，即从精选层降低到基础层甚至直接降低到警示层，或从基础层直降到警示层。扣分制度详见后文论述。

第六节　结合信用机制实施自律监管

社会信用体系是社会主义市场经济体制和社会治理体制的重要组成部分。它以法律、法规、标准和契约为依据，以健全覆盖社会成员的信用记录和信用基础设施网络为基础，以信用信息合规应用和信用服务体系为支撑，以树立诚信文化理念、弘扬诚信传统美德为内在要求，以守信激励和失信约束为奖惩机制，目的是提高全社会的诚信意识和信用水平。

一、资本市场诚信数据库建设

2008 年，中国证监会启动诚信档案建设并开通诚信档案数据库。经过多年的努力、完善和优化，在原有诚信档案数据库的基础上，中国证监会资本市场诚信信息数据库于 2014 年 7 月正式启动运行。

资本市场诚信数据库，全称证券期货市场诚信档案数据库，是全国统一的资本市场诚信信息数据库，全面归集市场主体的诚信记录。

记入诚信数据库的信息包括市场参与主体的基本信息、正面信息和负面信息。其中，负面信息主要包括中国证监会及其派出机构的案件调查、行政处罚、市场禁入、监管措施等监管执法信息，市场主体公开承诺未履行的信息，自律组织的纪律处分措施信息，以及其他机关在行政执法、司法活动中产生的相关信用信息。

所涉及的人员和机构包括证券基金期货从业人员，发行人、上市公司、非上市公众公司、证券公司（保荐机构）、基金管理公司、期货公司、律师事务所、会计师事务所、非公开募集基金管理人、合格境外机构投资者等市场机构，以及上述机构的董事、监事、高级管理人员、主要股东、实际控制人等。

根据《证券期货市场诚信监督管理办法》的规定，中国证监会建立发行人、上市公司、全国中小企业股份转让系统挂牌公司、证券公司、期货公司、基金管理人、证券期货服务机构、证券期货基金从业人员等主要市场主体的诚信积分制度，实行诚信分类监督管理。

发行人、上市公司、全国中小企业股份转让系统挂牌公司、证券公司、期货公司、基金管理人、证券期货服务机构拟聘任董事、监事、高级管理人员以及从业人员的，应当查询拟聘任人员的诚信档案，并将其诚信状况作为决定是否聘任的依据。

证券公司、证券服务机构受托为发行人、上市公司、全国中小企业股份转让系统挂牌公司等提供证券服务的，应当查询委托人的诚信档案，并将其诚信状况作为决定是否接受委托、确定收费标准的依据。

中国证监会及其派出机构审查行政许可申请，应当查阅申请人以及申请事项所涉及的有关当事人的诚信档案，对其诚信状况进行审查。中国证监会及其派出机构审查行政许可，可以在同等条件下对诚信积分较高的申请人优先审查。

中国证监会及其派出机构在对公民、法人或者其他组织进行行政处罚、实施市场禁入和采取监督管理措施中，应当查阅当事人的诚信档案，在综合考虑当事人违法行为的性质、情节、损害投资者合法权益程度和当事人诚信状况等因素的基础上，依法作出处理。

二、新三板实施信用监管的可行性与具体方案

（一）可行性

1. 新三板实施信用监管有政策依据

2014 年，国务院印发《社会信用体系建设规划纲要（2014—2020 年）》（以下简称《纲要》），部署加快建设社会信用体系、构筑诚实守信的经济社会环境。《纲要》指出，当前我国社会信用体系存在的主要问题包括覆盖全社会的征信系统尚未形成，社会成员信用记录严重缺失，守信激励和失信惩戒机制尚不健全，守信激励不足，失信成本偏低；社会诚信意识和信用水平偏低，履约践诺、诚实守信的社会氛围尚未形成。《纲要》指出建立健全社会信用体系的意义。现代市场经济是信用经济，建立健全社会信用体系，是整顿和规范市场经济秩序、改善市场信用环境、降低交易成本、防范经济风险的重要举措，是减少政府对经济的行政干预、完善社会主义市场经济体制的迫切要求。《纲要》认为，社会信用体系建设包括政务诚信、商务诚信、社会诚信和司法公信建设四个方面。其中，商务诚信包括金融领域信用建设、中介服务业信用建设和企业诚信管理制度建设等多个方面。《纲要》提出以下重点领域的信用建设内容：（1）金融领域信用建设。加大对披露虚假信息等金融失信行为的惩戒力度，规范金融市场秩序。加强金融信用信息基础设施建设，进一步扩大信用记录的覆盖面，强化金融业对守信者的激励作用和对失信者的约束作用。（2）中介服务业信用建设。建立完善中介服务机构及其从业人员的信用记录和披露制度，并作为市场行政执法部门实施信用分类管理的重要依据。（3）企业诚信管理制度建设。强化企业在发债、借款、担保等债权债务信用交易及生产经营活动中诚信履约。（4）自然人信用建设。依托国家人口信息资源库，建立完善自然人在经济社会活动中的信用记录，实现全国范围内自然人信用记录全覆盖。加强重点人群职业信用建设，建立企业法定代表人、律师、会计从业人员、注册会计师、统计从业人员、证券期货从业人员、上市公司高管人员等人员信用记录。在新三板领域实施信用监管，《纲要》提供了政策依据和指引。

2016 年，《国务院关于建立完善守信联合激励和失信联合惩戒制度加快推

进社会诚信建设的指导意见》（国发〔2016〕33 号）（以下简称《意见》）提出，通过信用信息公开和共享，建立跨地区、跨部门、跨领域的联合激励与惩戒机制，形成政府部门协同联动、行业组织自律管理、信用服务机构积极参与、社会舆论广泛监督的共同治理格局。坚持问题导向，着力解决当前危害公共利益和公共安全、人民群众反映强烈、对经济社会发展造成重大负面影响的重点领域失信问题。逐步将守信激励和失信惩戒机制推广到经济社会各领域。新三板的自律监管属于行业组织自律管理，纳入守信联合激励和失信联合惩戒制度体系是没有异议的。

《意见》还提出，对严重失信主体，各地区、各有关部门应将其列为重点监管对象，依法依规采取行政性约束和惩戒措施。从严审核行政许可审批项目，从严控制生产许可证发放，限制新增项目审批、核准，限制股票发行上市融资或发行债券，限制在全国股份转让系统挂牌、融资。这就将新三板明确纳入了守信联合激励和失信联合惩戒制度体系的“联合体”。

2. 新三板实施信用监管有法规依据

根据《证券期货市场诚信监督管理办法》第七条的规定①，在新三板市场上进行相关活动的市场主体，包括证券公司、证券服务机构，投资者、交易者，证券发行人、全国中小企业股份转让系统挂牌公司及其董事、监事、高级管理人

① 《证券期货市场诚信监督管理办法》第七条规定：“下列从事证券期货市场活动的公民、法人或者其他组织的诚信信息，记入诚信档案：（一）证券业从业人员、期货从业人员和基金从业人员；（二）证券期货市场投资者、交易者；（三）证券发行人、上市公司、全国中小企业股份转让系统挂牌公司、区域性股权市场挂牌转让证券的企业及其董事、监事、高级管理人员、主要股东、实际控制人；（四）区域性股权市场的运营机构及其董事、监事和高级管理人员，为区域性股权市场办理账户开立、资金存放、登记结算等业务的机构；（五）证券公司、期货公司、基金管理人、债券受托管理人、债券发行担保人及其董事、监事、高级管理人员、主要股东和实际控制人或者执行事务合伙人，合格境外机构投资者、合格境内机构投资者及其主要投资管理人员，境外证券类机构驻华代表机构及其总代表、首席代表；（六）会计师事务所、律师事务所、保荐机构、财务顾问机构、资产评估机构、投资咨询机构、信用评级机构、基金服务机构、期货合约交割仓库以及期货合约标的物质量检验检疫机构等证券期货服务机构及其相关从业人员；（七）为证券期货业务提供存管、托管业务的商业银行或者其他金融机构，及其存管、托管部门的高级管理人员；（八）为证券期货业提供信息技术服务或者软硬件产品的供应商；（九）为发行人、上市公司、全国中小企业股份转让系统挂牌公司提供投资者关系管理及其他公关服务的服务机构及其人员；（十）证券期货传播媒介机构、人员；（十一）以不正当手段干扰中国证监会及其派出机构监管执法工作的人员；（十二）其他有与证券期货市场活动相关的违法失信行为的公民、法人或者其他组织。”

员、主要股东、实际控制人等，都可根据该办法将其诚信信息记入诚信档案。

根据《证券期货市场诚信监督管理办法》第八条的规定①，全国中小企业股份转让系统挂牌公司及其主要股东、实际控制人，董事、监事和高级管理人员，重大资产重组交易各方，及收购人所做的公开承诺的未履行或者未如期履行、正在履行、已如期履行等情况；中国证监会及其派出机构作出的行政处罚、市场禁入决定和采取的监督管理措施；证券期货市场行业组织实施的纪律处分措施和法律、行政法规、规章规定的管理措施；因涉嫌证券期货违法被中国证监会及其派出机构调查及采取强制措施；等等；都应记入诚信档案。

（二）资本市场诚信数据库存在的问题及其解决

《证券期货市场诚信监督管理办法》第八条没有明确规定证券交易所和全国股转公司对上市公司、挂牌公司的自律监管措施和纪律处分信息记入诚信档案。对此问题的解决方法是中国证监会行使解释权，将该条第一款第（六）项的证券期货市场行业组织解释为证券交易所和全国股转公司也包括在内。但这只是权宜之计，建议在下次修改《证券期货市场诚信监督管理办法》时，明确规定

① 《证券期货市场诚信监督管理办法》第八条规定："本办法所称诚信信息包括：（一）公民的姓名、性别、国籍、身份证件号码，法人或者其他组织的名称、住所、统一社会信用代码等基本信息；（二）中国证监会、国务院其他主管部门等其他省部级及以上单位和证券期货交易场所、证券期货市场行业协会、证券登记结算机构等全国性证券期货市场行业组织（以下简称证券期货市场行业组织）作出的表彰、奖励、评比，以及信用评级机构、诚信评估机构作出的信用评级、诚信评估；（三）中国证监会及其派出机构作出的行政许可决定；（四）发行人、上市公司、全国中小企业股份转让系统挂牌公司及其主要股东、实际控制人，董事、监事和高级管理人员，重大资产重组交易各方，及收购人所做的公开承诺的未履行或者未如期履行、正在履行、已如期履行等情况；（五）中国证监会及其派出机构作出的行政处罚、市场禁入决定和采取的监督管理措施；（六）证券期货市场行业组织实施的纪律处分措施和法律、行政法规、规章规定的管理措施；（七）因涉嫌证券期货违法被中国证监会及其派出机构调查及采取强制措施；（八）到期拒不执行中国证监会及其派出机构生效行政处罚决定及监督管理措施，因拒不配合中国证监会及其派出机构监督检查、调查被有关机关作出行政处罚或者处理决定，以及拒不履行已达成的证券期货纠纷调解协议；（九）债券发行人未按期兑付本息等违约行为、担保人未按约定履行担保责任；（十）因涉嫌证券期货犯罪被中国证监会及其派出机构移送公安机关、人民检察院处理；（十一）以不正当手段干扰中国证监会及其派出机构监管执法工作，被予以行政处罚、纪律处分，或者因情节较轻，未受到处罚处理，但被纪律检查或者行政监察机构认定的信息；（十二）因证券期货犯罪或者其他犯罪被人民法院判处刑罚；（十三）因证券期货侵权、违约行为被人民法院判决承担较大民事赔偿责任；（十四）因违法开展经营活动被银行、保险、财政、税收、环保、工商、海关等相关主管部门予以行政处罚；（十五）因非法开设证券期货交易场所或者组织证券期货交易被地方政府行政处罚或者采取清理整顿措施；（十六）因违法失信行为被证券公司、期货公司、基金管理人、证券期货服务机构以及证券期货市场行业组织开除；（十七）融资融券、转融通、证券质押式回购、约定式购回、期货交易等信用交易中的违约失信信息；（十八）违背诚实信用原则的其他行为信息。"

将证券交易所和全国股转公司的自律监管措施和纪律处分信息也记入诚信档案。

根据《国务院关于建立完善守信联合激励和失信联合惩戒制度加快推进社会诚信建设的指导意见》以及《国家发展改革委 人民银行关于加强和规范守信联合激励和失信联合惩戒对象名单管理工作的指导意见》（发改财金规〔2017〕1798 号），新三板应根据相关主体的诚信度，分别实施不同类型、不同程度的联合奖惩措施。具体而言，要建立 4 份名单：红名单、白名单、黑名单和灰名单，容后详述。

第七节 对挂牌公司进行评价与激励

由于针对公众公司传统自律管理措施仅有少数能产生“威胁”效应（如暂停解除挂牌公司控股股东、实际控制人的股票限售），其他大多数都是规劝式的，如口头警示、约见谈话、要求提交书面承诺、出具警示函、责令改正、要求公开更正、澄清或说明、要求公开致歉、要求限期参加培训或考试、要求限期召开投资者说明会、建议挂牌公司更换相关任职人员等。[①] 在既不能产生负面“威胁”后果、又无正面激励效应的情况下，规劝式自律管理措施很容易落空。因此，对于有效性相对欠缺的证券交易场所来说，尤应考虑设置激励型管理措施。

一、建立挂牌公司奖励与扣分制度

建议全国股转系统根据挂牌公司常见的违规行为（不包括股东违规、中介机构违规），并区分违规是故意、重大过失或过失，进行不同程度的扣分。故意是指意识到发生违规或有可能违规仍然放任的主观状态；重大过失是指明显缺乏注意义务的主观状态；过失是指对一般注意义务予以懈怠的主观状态。

该扣分制度与既有的对违法违规行为的惩处措施之间的关系是：这是一个行为性质恶劣程度的量表，出现表中的行为，就给出其恶劣程度的分值。按照这些分值，再选取不同的自律监管工具。目的是使新三板的自律监管工具呈现

① 《全国中小企业股份转让系统自律监管措施和纪律处分实施细则》第十四条。

层次，也更具有可预期性。

除了扣分之外，还应该有奖励分。新三板可加大对相关主体的正向激励措施，对连续在不同时间内守法合规的守信主体奖励不同的分数，如本年度守法合规的挂牌公司奖励 +3 分，以后每年守法合规的挂牌公司，每年奖励 +3 分，可以连续累计三年，即最高累计 +9 分。该奖励分可以与表 11 中所扣的分数相互抵消。

所得扣分数对应不同的名单和惩戒处分，如表 14 所示。表 14 是按照新三板设四层，再往上设立一个精选层，再往下设立一个警示层的基础上设计的。在没有警示层的情况下，相关降层处分暂不适用。

表 14　　　得所扣分数对应的激励与约束措施（代试拟稿）

最近 36 个月内累计所得扣分数	处分措施	名单类型
+9 及以上	免收挂牌费	红名单
+6、+7、+8	挂牌费减半征收	
+1 至 +5	—	白名单
0	—	灰名单
-1、-2	以下处分措施中的一项或若干项：口头警示，约见谈话，要求提交书面承诺，出具警示函，责令改正	
-3、-4	通报批评挂牌公司及相关责任人；或要求公开更正、澄清或说明	
-5	通报批评董事长；或要求公开致歉	
-6、-7、-8	责令董事参加培训；责令董事会秘书重新考取董事会秘书证书要求挂牌公司提交合规计划	黑名单
-9、-10、-11	降一层	
-12、-13、-14	责令更换相关董事、监事、高级管理人员，并可认定其为不适格人选	
-15、-16、-17	降两层处分：即从精选层降到基础层或从创新层降到警示层或基础层挂牌公司直接退市	
-18 及以下	勒令退市	
	累计扣分达到某个分值的，可同时适用前面的处分措施中的一项或若干项。	

对于“红名单”挂牌公司，新三板除提供挂牌费减免外，还应加大正向激励措施，建立“绿色通道”，优先提供服务便利，优化诚信企业行政监管安排，降低市场交易成本，大力推介诚信市场主体。对于“白名单”挂牌公司，新三板保持中立态度，既无优待，又无歧视。对于“灰名单”挂牌公司，新三板在监管方面予以重点监管。对于“黑名单”挂牌公司，新三板应实施市场性、行业性、社会性约束和惩戒。

之所以考察最近36个月内累计所扣分数是因为：最近36个月内的违规行为对投资者的影响较大；《民法总则》规定的一般诉讼时效也是三年，对三年前的行为不再追究了；《行政处罚法》第二十九条规定：“违法行为在二年内未被发现的，不再给予行政处罚。法律另有规定的除外。”我们认为该二年时效对标的是《民法通则》的一般诉讼时效两年，它应该改为三年以与《民法总则》对标。如果一个公司连续36个月不再违规，说明该公司已经改正了，以前的扣分也就清零了，这给挂牌公司一个改过自新的机会。同时，考察36个月而不是12个月，意味着挂牌上市不是短期博弈而是长期博弈，有利于抑制挂牌公司的机会主义行为。

需要说明的是，以上制度设计尚需进一步讨论、细化和调整，这里仅给出一个设计思路供大家讨论。及时调整和细化后的制度，也需要经常修订、细化，以囊括最新的违规行为类型，并使扣分制度更加科学。

二、激励型管理措施

挂牌公司得分为正的，激励型措施主要表现：减免挂牌费用和提供便利升板服务。

（一）挂牌费用减免

对于中小企业来说，挂牌费用是一笔不小的成本支出。例如，不少全国股转系统挂牌公司在其摘牌公告中表明，其摘牌是为了降低运营成本，节约费用。[①] 从国际证券交易所实践来看，减免上市费用也是交易所增进服务、加强

① 参见吴志．新三板公司为何纷纷摘牌？仅督导费一年就20万元，企业直呼太贵！［N］．证券时报，2019-03-12。

竞争实力、吸引并挽留优质发行人资源的常用手段之一。[①] 在我国的实践中，上市费用/挂牌费用的减免通常带有某种政策性的扶持性质。例如，2008 年我国汶川地区地震后，深圳证券交易所免收四川地区 33 家上市公司（主板 28 家，中小板 5 家）2008 年的上市年费，以及 2008 年将在深交所上市的四川公司的上市初费及上市年费；[②] 又如，出于减少中小企业融资成本的需要，上海证券交易所目前暂免总股本 4 亿股（含）以下的上市公司上市初费和上市年费，该优惠政策执行至 2020 年 12 月 31 日；[③] 全国股转系统则自 2015 年 1 月 1 日起，暂免征收注册在内蒙古、广西、西藏、宁夏和新疆 5 个民族自治地区的挂牌公司挂牌费用（包括挂牌初费和挂牌年费）。[④]

我国目前暂未见将上市费用/挂牌费用的减免适用于激励或鼓励上市公司/挂牌公司履行信息披露义务、完善公司治理的场合。对于全国股转系统来说，可以结合挂牌公司的前述奖励与扣分机制，酌情考虑对得扣分为 6 分以上的挂牌公司实施年费减半收取，对于得扣分为 9 分以上的挂牌公司免收年费。

（二）便利升板服务

从国际证券交易场所的实践来看，发行人能够在同一交易系统或同一证券交易场所的高、低市场板块之间进行“绿色通道”式升板，正是拥有高、低层次不同市场板块划分的交易系统或证券交易场所的最大优势和吸引力所在。当然，发行人也可以选择“降板”。例如，NASDAQ 资本市场的发行人可以向交易所申请自主选择转至 NASDAQ 全球市场或全球精选市场，而 NASDAQ 全球市场和全球精选市场的发行人也可以选择转至/降至 NASDAQ 资本市场进行交易。[⑤]

---

① 参见 OECD Steering Group on Corporate Governance. The Role of Stock Exchanges in Corporate Governance. [EB/OL]. [2019-11-05]. http://www.oecd.org/daf/ca/corporategovernanceprinciples/44368686.pdf。

② 参见元平．沪深交易所：灾区上市公司酌情减免年费 [N]. 国际金融报，2008-07-02。

③ 参见关于上海证券交易所减免部分收费项目的通知．（上证发〔2018〕56 号）[EB/OL]. [2019-11-05]. http://www.sse.com.cn/lawandrules/sserules/charge/c/c_20180731_4604180.shtml。

④ 参见全国中小企业股份转让系统有限责任公司《关于暂免征收民族自治地区挂牌公司挂牌费用的公告》[EB/OL].（2015 年 4 月 1 日）[2019-11-05]. http://www.neeq.com.cn/class_a/1223.html.

⑤ 参见 NASDAQ. Continued Listing Guide [EB/OL]. [2019-11-05]. https://listingcenter.nasdaq.com/assets/continuedguide.pdf。

全国股转系统可以根据精选层公开挂牌的条件，结合基础层和创新层挂牌公司的评级情况，对符合精选层挂牌条件且得分为一定分数（如9分）以上的创新层挂牌公司，在升板进入精选层时给予更多优惠和便利。

第八节　对主办券商进行评价与激励

一、其他对证券公司评价的经验

（一）证券公司分类监管中的评价

中国证监会《证券公司分类监管规定》（2017年修订）对证券公司的评价及其相应的激励约束措施做了规定。该证券公司分类是以证券公司风险管理能力为基础，结合公司市场竞争力和持续合规状况，评价和确定证券公司的类别。

设定正常经营的证券公司基准分为100分。在基准分的基础上，根据证券公司风险管理能力评价指标与标准、市场竞争力、持续合规状况等方面情况，进行相应加分或扣分以确定证券公司的评价计分。在评价期内，证券公司因违法违规行为被中国证监会及其派出机构实施行政处罚、监管措施或者被司法机关刑事处罚的，给予相应扣分。证券公司市场竞争力靠前的，给予相应加分。证券公司持续合规状况符合条件的，给予相应加分。中国证监会及其派出机构可以根据证券公司在评价期内落实专项监管工作情况，对证券公司的评价计分进行调整，每项最高可加或扣3分。

中国证监会根据证券公司评价计分的高低，将证券公司分为A（AAA、AA、A）、B（BBB、BB、B）、C（CCC、CC、C）、D、E五大类11个级别。被依法采取责令停业整顿、指定其他机构托管、接管、行政重组等风险处置措施的证券公司，评价计分为0分，定为E类公司。评价计分低于60分的证券公司，定为D类公司。中国证监会每年根据行业发展情况，结合以前年度分类结果，事先确定A、B、C三大类别公司的相对比例，并根据评价计分的分布情况具体确定各类别、各级别公司的数量，其中B类BB级及以上公司的评价计分应高于基准分100分。证券公司在评价期内存在挪用客户资产、违规委托理财、财务信息虚假、恶意规避监管或股东虚假出资、抽逃出资等违法违规行为的，将公司分类结果下调3个级别；情节严重的，将公司分类结果直接认定为D类。

中国证监会按照分类监管原则，对不同类别证券公司规定不同的风险控制指标标准和风险资本准备计算比例，并在监管资源分配、现场检查和非现场检查频率等方面区别对待。证券公司分类结果将作为证券公司申请增加业务种类、新设营业网点、发行上市等事项的审慎性条件。证券公司分类结果将作为确定新业务、新产品试点范围和推广顺序的依据。中国证券投资者保护基金公司根据证券公司分类结果，确定不同级别的证券公司缴纳证券投资者保护基金的具体比例。

（二）企业债券主承销商信用评价

国家发展改革委委托中央国债登记结算有限责任公司组织开展对企业债券主承销商和信用评级机构信用评价工作。该信用评价指标体系的设置按照客观公正、科学规范、定量与定性相结合的原则，具体分为信用行为指标（50分）、业务指标（35分）和专家及机构评价指标（15分）三个板块。

国家发展改革委鼓励和支持评价结果优良的主承销商积极参与企业债券工作，在政策研究、品种创新、业务培训等方面提供更多机会和条件。对于评价结果靠后的主承销商，国家发展改革委要求各省级发展改革部门配合国家发展改革委加强日常监管，对其承销的项目加大检查力度。对各主承销商相关不诚信、不专业行为，发展改革委将记入企业债券信用档案，对于突出问题，将及时采取暂停承销或信用评级业务资格、公开通报、出具监管函、约谈公司负责人等监管措施。鼓励企业在遴选主承销商的过程中，充分运用信用评价结果，发挥优胜劣汰的市场机制作用。

二、新三板对主办券商的评价建议

新三板可以借鉴以上经验，建立一套独立的对主办券商的评价体系，该评价体系中不但有扣分项，还有加分项。扣分项主要依据主办券商违法违规的情况来扣分。加分项主要依据主办券商对新三板的业务贡献和合法合规经营情况而加分。主办券商对新三板的业务贡献主要包括做市资金规模、主办的定向发行融资金额（尤其是中小微企业的定向融资）发行融资金额等。这两个指标应成为核心指标，因为它考察了主办券商对新三板以及中小微企业的支持力度。评价的结果可以作为创新业务试点券商的参考，并鼓励拟挂牌公司在选聘主办券商时参考新三板对主办券商的评价结果。当然，也可以有一些经济激励。"国际上的常见方式是在每月结束后对做市商的做市行为进行评估，对符合要求的做市商给予手续费返还，对不符合要求的做市商进行警告或者取消资格，以此刺激做市商加强做市能力，推动市场流动。"①

第九节　探索运用大数据进行自律监管

近几年，随着大数据、云计算等科技手段日臻成熟，资本市场基础设施日益完善，围绕资本市场的监管科技手段也日益丰富。基于大数据、云计算、人工智能等科技手段，实现了对证券市场交易活动的实时监控、智能监控和穿透监控。监管科技已然在提升线索发现能力，提高线索质量方面发挥越来越重要的作用。② 基于云计算的证券业大数据挖掘可以保持信息的完整性、客观性和一致性，大数据应用可以在整个数据集中查找出符合可疑交易分析结论的数据，而非抽样分析，保证了监管机构对可疑交易监测的全面性、完整性。③

在国外，基于大数据、人工智能的监管越来越重要。例如，美国的自律监管机构——金融业监管局（FINRA）建立的SONAR系统收集资本市场、新闻舆论数据，用于检测内幕交易和误导交易者行为；澳大利亚证券投资委员会（ASIC）建立的MAI系统，提供市场异常监测和实时报警；英国金融行为监管

---

① 参见李正全，邢会强，张晓春，张河生，惠宇．多层次资本市场建设比较研究［M］//金融服务法评论，第10卷．北京：法律出版社，2019。

② 参见邢会强．证券法学［M］．北京：中国人民大学出版社，2019。

③ 参见郭锋．数字科技对证券市场及其监管的影响——基于大数据、人工智能、区块链的视角［M］//证券法律评论（2019年卷）．北京：中国法制出版社，2018。

局（FCA）利用机器学习（ML）的监督学习工具对每天接收到的超过2000万笔市场交易信息进行大数据处理，以发现市场操纵行为。[①]

中国证监会2018年8月印发《监管科技总体建设方案》明确要求在加强电子化、网络化监管基础上，通过大数据、云计算、人工智能等科技手段，为证监会提供全面、精准的数据和分析服务，特别提出积极应用大数据、云计算等科技手段进行实时数据采集、实时数据计算、实时数据分析，实现对市场运行状态的实时监测，强化市场风险的监测和异常交易行为的识别能力，及早发现、及时处置各类证券期货违法违规行为。[②]

在我国的证券执法前端，证监会通过电子预警、统计分析、数据挖掘等数据分析系统，实现了交易行为与交易数据的实时监控和市场主体精准画像，使内幕交易、市场操纵、“老鼠仓”等违法违规行为无处遁形。监管科技在及时发现证券违法线索，高效打击证券违法行为过程中发挥着至关重要的作用。

在执法实践中，中国证监会主要依托交易所的证券交易监控系统来发现案件线索。目前，上海证券交易所和深交所均建有成熟的证券交易监控系统，系统会集成证券交易、登记结算、上市公司、证券公司等相关信息，并按照不同违法行为特征，设置不同的监控模型、异动指标、预警提示，对个股异动、可疑账户、可疑交易进行实时监控、实时预警。深交所大数据智能监控平台，全天可实现超过1亿笔成交记录的模型化处理与数据深度分析，并在此基础上识别异常交易，发现违法线索。近几年，证监会查处“老鼠仓”案件数量急剧攀升，且成案率颇高，很大原因是证监会依靠交易所的大数据智能监控平台，建立了“老鼠仓”违法行为所具有的典型“趋同”交易行为特征的筛选模型，让一只只硕鼠无处藏身。[③]

2019年4月19日，全国股转公司的技术子公司——中证股转科技有限公

① 参见巩海滨，王洪伟，华龙．大数据在我国证券行业风险监测上的运用问题研究［M］//证券法律评论（2019年卷）．北京：中国法制出版社，2018。

② 参见证监会正式发布实施监管科技总体建设方案［EB/OL］．［2019－08－15］．http://www.csrc.gov.cn/newsite/zjhxwfb/xwdd/201808/t20180831_343433.html。

③ 参见邢会强．证券法学［M］．北京：中国人民大学出版社，2019。

司（以下简称股转科技公司）正式成立。设立中证股转科技公司是全国股转公司贯彻落实党中央、国务院关于“增强金融服务实体经济能力，深入推动金融业高质量发展”相关要求的重要举措之一，旨在进一步提高对科技手段的运用，夯实新三板改革创新发展的基础，不断加强科技监管，优化市场服务。据介绍，在当前阶段，股转科技公司将着力做好四方面工作：一是做好深化新三板改革的技术保障，适应新三板市场深化改革的需求，夯实市场发行、交易、分层、投资者管理等功能创新的技术支持。二是加强市场风险控制的技术支撑，完善业务支持，整合市场内外部数据，提高对市场运行分析和风险研判的科技支持。三是服务科技监管，搭建高效信息披露技术平台，充分运用结构化监管数据打造智能化监管平台，增强市场监管的针对性和有效性，提升市场监管效率。四是创新市场服务，为市场参与者提供投融资对接、更深度的信息资讯以及更高效安全的技术服务，以技术创新提升新三板市场服务实体经济的能力。①

其中的第三项工作——充分运用结构化监管数据打造智能化监管平台，有助于利用大数据和人工智能技术发现新三板市场上的违规行为线索，及时进行查处，以维护新三板的市场秩序。但大数据技术是一项极为昂贵的投入，甚至短期内难以见效，但作为一种发展方向，全国股转公司不能坐等技术的成熟，而只能加强投入、持续投入，在不断试错中，开发和发展大数据和人工智能技术，使大数据和人工智能技术服务于监管。

---

① 参见中证股转科技有限公司今日成立，加强市场建设科技支撑［EB/OL］.［2019－11－15］. http://www.neeq.com.cn/release/200005770.html。

第四篇

中小市值股票期货、期权产品研究*

---

* 本课题承接方为北京金融衍生品研究院。课题组负责人：刘玄。课题组成员：李帆、李自然、吴长凤、鹿波、王元斌、郭孟旸、陈建伟。

第一章　世界股票期货、期权产品发展研究

第一节　股票期货、期权产品发展历程

一、全球股票期货、期权产品整体发展情况

根据世界交易所联合会（WFE）的统计数据，2018 年全球交易所衍生品市场成交量约为 301 亿手，创历史新高，同比增长 20.9%。股权类衍生品成交量的同比增长率超过交易所衍生品的整体增长率，达到 33.8%，其中个股期权、个股期货成交量的同比增长率为 27.8%，如表 1 和图 1 所示。个股期权是成交量最大的交易所金融衍生品类别，在 WFE 划分的 16 个产品线中仅次于商品期货的整体成交量。

表 1　　股票期货和股票期权成交情况　　单位：百万手（百万张合约）、%

权益类衍生品		2017 年	2018 年	同比增长
股票期权	个股期权	3485	4452	27.8
	ETF 期权	1611	1889	17.2
股票期货	个股期货	1138	1455	27.8
	ETF 期货	1.9	2.1	7.7

资料来源：世界交易所联合会（WFE）2018 年衍生品报告。

WFE 衍生品报告总结了 2018 年个股期权成交量前 10 位的交易所。新兴资本市场的交易所在前 10 位中占据两席，分别是巴西交易所和印度国家证券交易所。成熟资本市场占据 8 个位置，除了欧洲期货交易所和香港交易所外，都是美国的交易所。其中，CBOE 全球市场和 BATS 全球市场同属于 CBOE 集团，NASDAQ（美国市场）和 ISE 同属于 NASDAQ 集团，NASDAQ（美国市场）的

数据是 NASDAQ 旗下多家期权交易所合计报告的数据。巴西交易所的成交量位列第一，但是由于各交易所合约规模差别较大，再考虑到汇率因素，巴西交易所的名义成交金额并不是最高的，如表 2 所示。

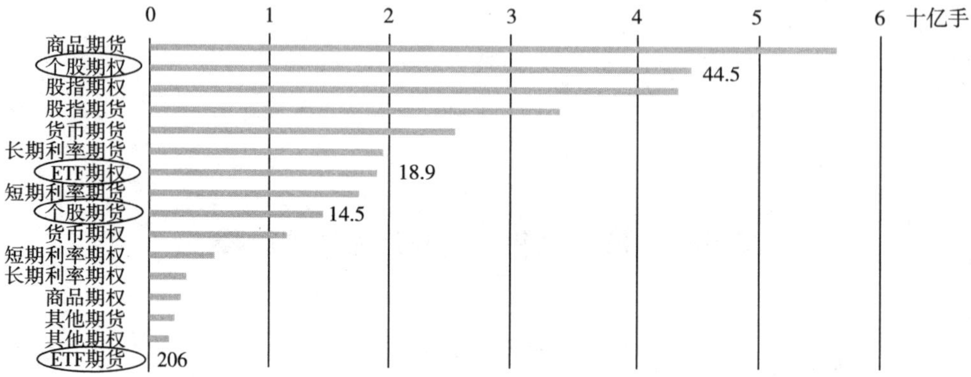

资料来源：世界交易所联合会（WFE）2018 年衍生品报告。

图 1　2018 年 WFE 各产品成交情况

2018 年个股期货成交量前 10 位的交易所名单与个股期权完全不同，体现出这两个产品不同的发展格局。个股期货成交量前 10 名的交易所当中，大多为新兴市场国家的交易所，如表 3 所示，设立在传统国际金融中心的只有法兰克福的欧洲期货交易所和伦敦的洲际交易所（ICE）欧洲市场。

表 2　2018 年个股期权成交量前 10 位的交易所

排名	交易所	成交量（手）	增长率	名义金额（百万美元）	增长率	年底持仓量（手）	增长率
1	巴西交易所	1194676265	75%	595757	37%	13355071	-20%
2	NASDAQ（美国市场）	702389037	17%	NA	NA	NA	NA
3	CBOE 全球市场	466114487	13%	6456424	58%	178673000	-6%
4	NYSE 衍生品市场	444946374	40%	145493	106%	NA	NA
5	NASDAQ 旗下 ISE	326935159	8%	NA	NA	NA	NA
6	BATS 全球市场	314506027	15%	NA	NA	NA	NA
7	Eurex	188891931	12%	889362	6%	47077055	12%
8	印度国家证券交易所	170098254	46%	1742411	26%	282037	19%
9	MIAX 期权交易所	122530187	6%	NA	NA	NA	NA
10	港交所	125683652	22%	428612	42%	7111350	-12%

资料来源：世界交易所联合会（WFE）2018 年衍生品报告。

表 3　　2018 年个股期货成交量前 10 位的交易所

排名	交易所	成交量（手）	增长率	名义金额（百万美元）	增长率	年底持仓量（手）	增长率
1	韩国交易所	501723576	79%	336846	33%	3071030	42%
2	印度国家证券交易所	252932988	25%	2421406	6%	1750520	3%
3	莫斯科交易所	235942570	17%	63909	9%	148639	-20%
4	Eurex	176257731	74%	624164	41%	5960187	58%
5	ICE（欧洲）	102738408	25%	3557262	0%	290094	-71%
6	泰国期货交易所	55332444	17%	NA	NA	2134800	-11%
7	伊斯坦布尔交易所	54692782	197%	NA	NA	741946	-13%
8	台湾期货交易所	22812494	22%	174002	54%	115116	-24%
9	雅典证券交易所	13212566	-29%	1848	-2%	242066	-39%
10	西班牙期货期权交易所	11175006	-7%	6695	-26%	1274822	-7%

资料来源：世界交易所联合会（WFE）2018 年衍生品报告。

二、股票期货发展历程

早在 17 世纪初，个股期货的交易出现在荷兰的阿姆斯特丹。进入 20 世纪后，1970 年远期股票交易出现在巴西，1986 年 10 只股票期货首次在澳大利亚墨尔本股票交易所进行场内交易。但直至 20 世纪末，场内股票期货的交易量并未显著增加。截至 1999 年末，全世界只有 8 个国家或地区上市了个股期货合约。21 世纪后，股票期货发展的速度有所加快。2002 年，上市个股期货产品的交易所达到了 15 个，到了 2018 年上市个股期货产品的交易所已经增加到 24 个（见表 4）。

表 4　　具有股票期货产品的交易所

美洲地区
哥伦比亚交易所
墨西哥衍生品交易所
蒙特利尔交易所（TMX Group）
亚太地区
澳大利亚交易所
孟买交易所

续表

亚太地区
香港交易所
韩国交易所
印度国家交易所（NSE）
台湾期货交易所（中国台湾地区）
泰国期货交易所
欧洲、中东和非洲地区
雅典交易所
伊斯坦布尔交易所
布达佩斯交易所
迪拜黄金和大宗商品交易所（DGCX）
欧期所（Eurex）
泛欧交易所（Euronext）
洲际交易所欧洲市场（ICE Futures Europe）
约翰内斯堡交易所
西班牙期货期权交易所（MEFF）
莫斯科交易所
纳斯达克北欧市场
奥斯陆交易所
华沙交易所
伦敦交易所集团

资料来源：世界交易所联合会（WFE）2018 年衍生品报告。

2002 年，全球股票期货交易最活跃的市场是当时的伦敦国际金融期货期权交易（LIFFE）。LIFFE 于 2001 年 1 月 29 日首次推出了 25 只 USFs（Universal Stock Futures），即全球性股票期货。其 25 只现货股票标的均为全球范围内的知名公司，来自 8 个欧洲国家。因为合约设计优越、避险效果好，交易成本低，套期保值功能好，且不征收印花税，USFs 立即受到中小投资者的普遍欢迎，机构投资者也迅速将其作为投资组合的重要部分，交易量迅速增加，成为 LIFFE 所有衍生产品中增长最快的品种。LIFFE 在 2001 年全年共成交了 240 万份合约，在当时是很高的交易量。LIFFE 股票期货的现货标的按照交易活跃度和市值的原则，主要集中在电信、石化、银行、保险、食品饮料、科技、汽车、传媒、制药等领域，这些行业是当时市值占比较大的行业。2013 年，LIFFE 被 ICE 收购，目前在世界交易所联合会（WFE）的统计数据库里对应 ICE 洲际交易所欧洲市场。

1982 年的《期权交易法案》使美国 SEC 和 CFTC 之间关于衍生品管辖权的“约翰逊—夏德协议”成为法律。由于当时无法确定个股期货的管辖权，该法案禁止了个股期货交易。这项禁令直到 2000 年《商品期货现代化法案》生效后才被废除。在新法案下，SEC 和 CFTC 共同负责监管个股期货，个股期货开始在美国交易。虽然 2002 年 CBOE、CME 和 CBOT 组成了联盟形式的 OneChicago，NASDAQ 也与 LIFFE 合作成立了 NASDAQ - Liffe 市场来交易个股期货，但由于起步较晚，交易量并不活跃。至今，股票期货在美国的股权衍生品体系中仍处于边缘地位。目前，股票期货交易量比较大的市场均为新兴市场国家的交易所。

三、股票期权发展历程

股票期权的交易中心在美国。美国股票期权的场外交易可以追溯到 18 世纪和 19 世纪之交，当时是通过松散的经纪商协会进行交易。1935 年，新成立的证券交易委员会（SEC）成为股票期权的监管机构，同时向芝加哥期货交易所（CBOT）颁发执照，允许其将期权市场注册为证券交易所业务。直到 1973 年，CBOT 才向 SEC 提出建立芝加哥期权交易所（CBOE）的申请并获批准。CBOE 在 1973 年推出了第一批标准化的股票认购期权合约，1977 年推出了股票认沽期权合约，开启了场内标准化期权交易的时代。

经济学理论的发展也为股票期权市场的发展壮大奠定了基础。费雪·布莱克（Fisher Black）和迈伦·斯科尔斯（Myron Scholes）的经典论文《期权与公司负债定价》（*The Pricing of Options and Corporate Liabilities*）发表于 CBOE 成立的 1973 年，攻克了期权定价难题，促进了不同标的、不同类型期权的发展。

场内期权诞生后，市场对于期权的经济意义存在质疑，但第三方研究机构和监管机构的调研报告得出了关于期权市场功能的正面结论。其中比较重要的包括：南森公司（Robert R. Nathan Associates Inc.）于1974年完成的名为《芝加哥期权交易所股票期权上市交易评估》的研究报告（《南森报告》），以及美联储、SEC和商品期货委员会（CFTC）历时三年联合调研，于1984年形成的《期货和期权交易对经济影响研究报告》（以下简称《三方报告》）。特别是《三方报告》充分肯定了期权的经济功能，统一了美国各界对期权价值的认识。

1997年，全球第一只ETF期权在美国证券交易所（AMEX，现已并入纽交所）上市交易。目前，美国股票期权的标的数以千计，包括近3000只个股和500多只ETF。

美国从事股票期权交易的交易所有15家（见表5）。2003年以前，CBOE最早推出股票期权，且一直是股票期权交易量最大的交易所，其间CBOE、AMEX和费城交易所（PHLX）占据主要市场份额，PSE的市场份额不足10%。2003—2007年，国际证券交易所（ISE）成为股票期权交易量最大的交易所。ISE成立之前，各交易所上市的股票期权不存在交叉。ISE成立后，增加了交易所之间的竞争机制，同一股票期权可在多家交易所挂牌。股票期权市场竞争的壁垒被打破，参与成本大为降低，ISE依托领先的全电子化交易平台迅速抢占市场。2007—2010年，以CBOE、ISE为代表的衍生品交易所的股票期权市场份额被纳斯达克、纽约股票为代表的股票交易所蚕食。纳斯达克作为以证券交易所为主的交易所集团，多年来通过并购获得了6家期权交易所，市场份额不断上升，于2010年起成为全美股权类期权交易量最大的交易所。

表5　　美国期权市场情况

交易所	股权类期权日成交量	股权类期权日成交量占比	全部期权品种日成交量	全部期权品种日成交量占比
CBOE	2678575	14.2%	4177558	20.2%
PHLX	3111261	16.5%	3247886	15.7%
AMEX	1877730	9.9%	1922216	9.3%
BATS	1779759	9.4%	1782819	8.6%
ARCA	1746945	9.2%	1773216	8.6%

续表

交易所	股权类期权日成交量	股权类期权日成交量占比	全部期权品种日成交量	全部期权品种日成交量占比
NOM	1659206	8.8%	1659617	8.0%
ISE	1532127	8.1%	1547382	7.5%
MPRL	923990	4.9%	924504	4.5%
C2	858302	4.5%	863355	4.2%
GEMX	834673	4.4%	835527	4.0%
MIAX	708902	3.7%	709136	3.4%
EDGX	604919	3.2%	605860	2.9%
BOX	498563	2.6%	500721	2.4%
MRX	57421	0.3%	57422	0.3%
BXOP	38538	0.2%	38539	0.2%
总计	19049968	100.00%	20785017	100.00%

资料来源：NASDAQ 官网转引 The Options Price Reporting Authority（OPRA），2019 年 9 月 11 日。

四、股票期权和股票期货发展历程总结

2018 年，股票期货成交量前 10 位的交易所名单与个股期权完全不同，个股期货排名前 10 的均为新兴市场，个股期权排名前 10 的主要为成熟市场。这是发展路径与历史背景导致的，与产品内在特征并无明显关系。美国的个股期货市场没能发展起来，主要是因为 1982 年的《期权交易法案》使美国 SEC 和 CFTC 之间关于衍生品管辖权的“约翰逊—夏德协议”成为法律，但当时无法确定个股期货的管辖权，该法案禁止了个股期货交易。这项禁令直到 2000 年《商品期货现代化法案》生效后才被废除，个股期货才开始在美国交易。欧洲大陆并无此类法律，因此处在欧洲的莫斯科交易所、欧洲期货交易所和原 LIFFE 现 ICE 洲际交易所欧洲市场的成交量名列前茅。

个股期货排名前二的韩国交易所和印度交易所发展路径则有所区别。韩国的金融衍生品市场就是典型的政府主导的演进模式。政府在建设衍生品市场时，优先发展交易定价与策略相对简单、监管相对容易、抗操纵性强的产品。1999 年，韩国成立了期货交易所，并同时推出了外汇期权等金融衍生品。2002 年，韩交所推出股票期权，2008 年推出股票期货。目前，韩国已成为世界上最

活跃的期货和期权交易市场之一。印度市场上一直以来都有强烈的期货交易需求。在场内交易股票期货产品推出之前，印度以及巴基斯坦市场上一直有着类似股票期货的 Badla 交易机制，该机制多年的存在培养了大批对股票期货合约规则十分熟悉的投资者，也使印度交易所的股票期货交易量排名靠前。

第二节　股票期货、期权产品统计分析和经验案例

一、股票期权代表性交易所

本文综合考虑股票期权发展历程和当前各交易所的成交量，选取美国纳斯达克、CBOE 交易所和巴西（B3）交易所，分别作为发达国家和发展中国家交易所来进行剖析。由于这两类交易所产品特征有一定区别，本文分别进行介绍。

（一）美国期权市场

美国两大重要的个股期权市场分别是 CBOE 和纳斯达克期权市场。CBOE 是场内期权的开创者，一直保持着美国期权市场的领先地位，股权类期权的日成交量占全美市场约为 15%。CBOE 的个股期权一般每手合约代表 100 股标的股票。由于美股的百元股、千元股数量众多，CBOE 个股期权合约名义金额可达数万美元，甚至超过十万美元。为了增加交易和投资的灵活性，CBOE 于 2013 年 3 月推出实物结算的新的 Mini 期权合约，每手期权代表 10 股标的股票。NASDAQ 是以证券交易所为主的交易所集团，其中，费城交易所是 NASDAQ 旗下最重要的期权交易所。根据 NASDAQ 官网转引的美国所有期权交易所的日成交量数据，费城交易所的全部期权品种的日成交量占比仅次于 CBOE，股权类期权的日成交量占比则超过 CBOE，位居第一。费城交易所虽然是纳斯达克旗下的交易所，但其个股期权标的并不限于 NASDAQ 上市公司股票，也包括纽交所等其他证券交易所的上市公司股票，甚至有一只期权的标的是在美国 OTC 市场挂牌的意大利公司 ADR（美国存托凭证）。

在 NASDAQ 旗下的期权交易所中，除费城交易所同时提供电子交易和大厅

交易外，其他5家都是全电子化交易的交易所，采用了不同的订单分配和撮合机制，从而满足投资者不同的交易需求。

由于在美国同一股票期权可在多家交易所挂牌，CBOE和纳斯达克的个股期权标的均有3000多只股票，而这3000多只股票重合程度较高。数据库仅收录了这些个股期权在全美市场上的交易量，而未区分交易所，因此针对美国市场，本文首先对选出中小市值期权的现货标的进行专门统计分析，然后对个股期权现货标的整体特征进行研究，最后对比两者的区别。

全美交易所交易的上市公司有6975家，另有OTC市场交易的股票15000余只。个股期权描述统计如表6所示。

表6　　美国个股期权标的现货股票基本情况

	市值（亿美元）	现货日均成交量（手）	期权日均成交量（手）	流通股占比（%）	总股本（百万股）	现货年化波动（%）
平均	135.0600	1674254	3638	87	5895	46
中位	21.7722	654042	265	95	0.49	39
最小	0.0037	11075	0	7	0.11	12
25%分位数	5.4295	281614	47	82	0.34	28

1. 中小市值股票期权统计分析

美国市场是唯一一个中小市值股票期权数量相对较多的市场。美国资本市场整体呈现多层次资本市场的特征，OTC挂牌公司和上市公司合计上万家，由于数据可得性的约束，我们把"中小市值股票"定义为与"美国中小板"罗素2000指数成分股市值中位数以下的公司的股票，这些公司的股票期权即中小市值股票期权。罗素2000指数成分股中市值最大的是177亿美元，最小的仅1600万美元，平均市值和市值中位数分别是12亿美元和8亿美元。我们将市值8亿美元以下的公司，定义为中小市值公司。按照上述定义筛选，美国中小市值股票期权共有935家。这些股票期权的运行统计分析如表7所示。

表 7　　美国中小市值个股期权标的现货股票基本情况

	市值（亿美元）	现货日均成交量（手）	期权日均成交量（手）	流通股占比（%）	总股本（百万股）	现货年化波动（%）
平均	3.09	662222	447	81	9.91	67.93
中位	2.62	300488	62	87	0.12	60.82
最小	0.00	11075	0	16	0.11	12.05
25%分位数	1.02	124516	13	72	0.34	44.49

从表 7 可以看出，中小市值的股票期权的股本较小，日均成交量相比全口径来说偏小。虽然这 935 只个股期权中期权日均成交量最大的也能达到 28580 手，但日均成交量一万手以上的仅 4 只，1000 ~ 10000 手的仅 87 只。中小市值股票期权对应的平均现货成交量也比全样本小了一个数量级。此外，中小市值股票期权标的现货的波动明显较大，平均年化波动率和年化波动率中位数都在 60% 以上。

（1）股票期权成交相对集中

日均成交量在 1 万手以上的 4 只股票期权占全部近 1000 只股票期权成交的比例为 18.2%，但这 4 只股票的市值和现货成交占比仅为 1% 和 3.4%。大部分股票期权日均成交量在 800 手左右。如图 2 所示。

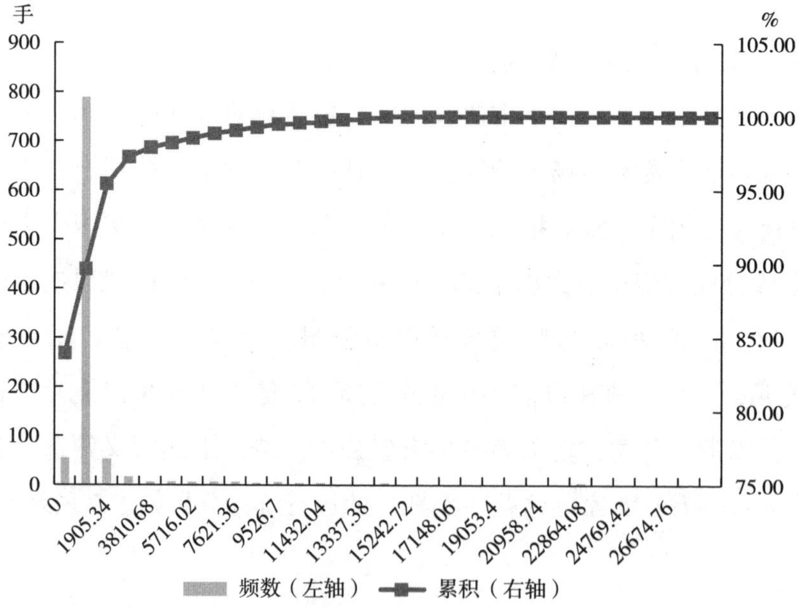

注：本部分所有频率直方图中，横轴为接收、纵轴为频数，下同。

图 2　中小市值股票期权成交频率直方图

进一步分析市值与期权日均成交量以及现货日均成交量和期权日均成交量的关系可发现，现货日均成交较低的期权日均成交也较低，但在中小市值股票的内部，市值与期权日均成交的分布则没有那么极端，市值水平在20%～50%分位点，每个分位点的成交量分布差距并不明显，如表8、表9所示。

表8　　市值与期权成交量的二元分布

						MKTCAP				
Count		[0, 1]	[1, 2]	[2, 3]	[3, 4]	[4, 5]	[5, 6]	[6, 7]	[7, 8]	Total
	[0, 5000]	231	151	131	102	88	78	71	68	920
	[5000, 10000]	0	1	2	3	2	0	2	1	11
OPT	[10000, 15000]	0	0	0	0	0	0	0	2	2
	[20000, 25000]	0	0	0	0	0	0	1	0	1
	[25000, 30000]	0	0	0	0	0	0	0	1	1
	Total	231	152	133	105	90	78	74	72	935

表9　　现货与期权成交量的二元分布

					VOL			
Count		[0, 2000000]	[2000000, 4000000]	[4000000, 6000000]	[6000000, 8000000]	[8000000, 10000000]	[12000000, 14000000]	Total
	[0, 5000]	871	31	13	1	2	2	920
	[5000, 10000]	4	3	2	0	2	0	11
OPT	[10000, 15000]	0	0	2	0	0	0	2
	[20000, 25000]	0	1	0	0	0	0	1
	[25000, 30000]	0	0	1	0	0	0	1
	Total	875	35	18	1	4	2	935

从标的现货的频率直方图也很容易观察出，成交量分布并不均匀，大部分股票日均成交量在45万手以下（见图3）。

（2）能源行业成交相对活跃，各行业成交活跃程度相对平均

在中小市值期权中，周期或非周期性消费行业的公司最多，但成交最活跃的是能源行业公司的个股期权，期权日均成交量在一万手以上的四家公司里有

两家能源行业的公司（见表11）。其他行业的成交和市值较为相近，差距不大。

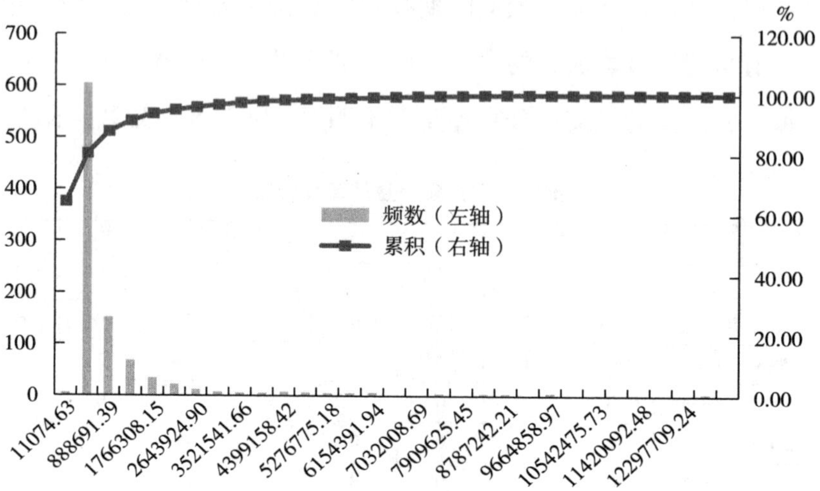

图3　标的现货成交频率直方图

表10　各行业具有中小市值股票期权的公司数量

单位：家

基础材料类	49
通信类	91
消费类周期	125
消费类非周期	283
多元类	1
能源类	98
金融类	93
工业类	119
科技类	69
公共事业类	7

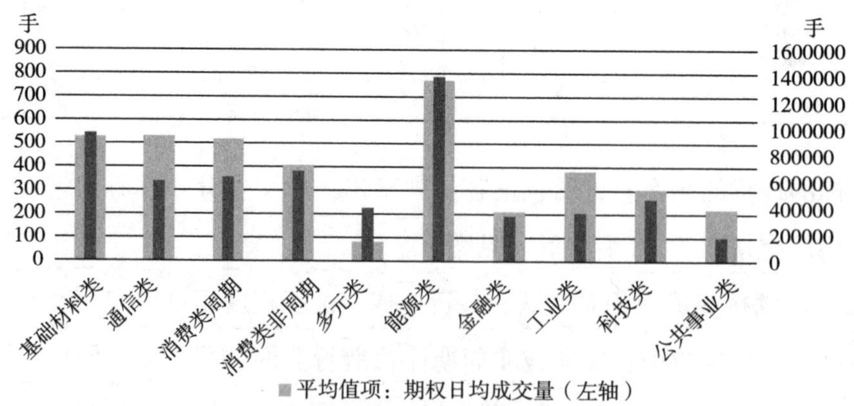

图4　分行业期权和标的现货日均成交量

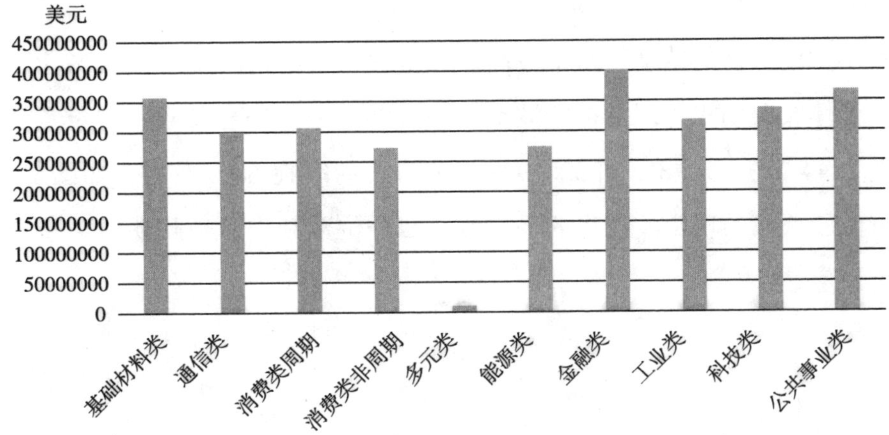

图 5　标的现货股票分行业平均市值

表 11　期权日均成交量在一万手以上的四家中小市值公司

公司名称	期权日均成交量（手）	行业
MC DERMOTT INTL	28580. 1	能源类
OVERSTOCK COM INC DEL	21922. 6	通信类
FITBIT INC.	14147. 6	工业类
WHITING PETROLEUM CORP	11325. 1	能源类

（3）美国公司的流通股比例较高

与新兴市场国家和我国的情况不同，即便是中小市值公司，其流通股比例绝大部分在 90% 以上（见图 6）。

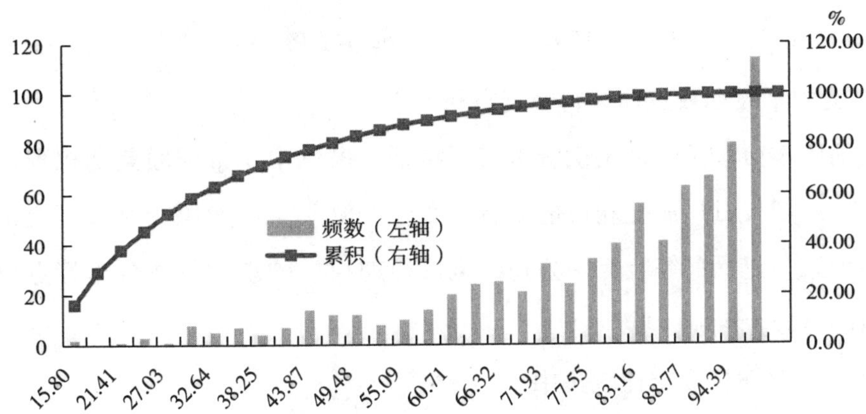

图 6　流通股比例频率直方图

（4）年化波动率水平相对较高

中小市值股票的波动率水平较高。大多数股票年化波动率在60%上下，明显大于全体股票期权的现货标的波动分布。波动率的四分位数、中位数和最大值分别为44.5%、60.8%和325.9%，平均波动率在68%左右，如图7所示。中小市值股票标的现货波动率的平均数、四分位数和中位数均明显大于全口径下的统计值。

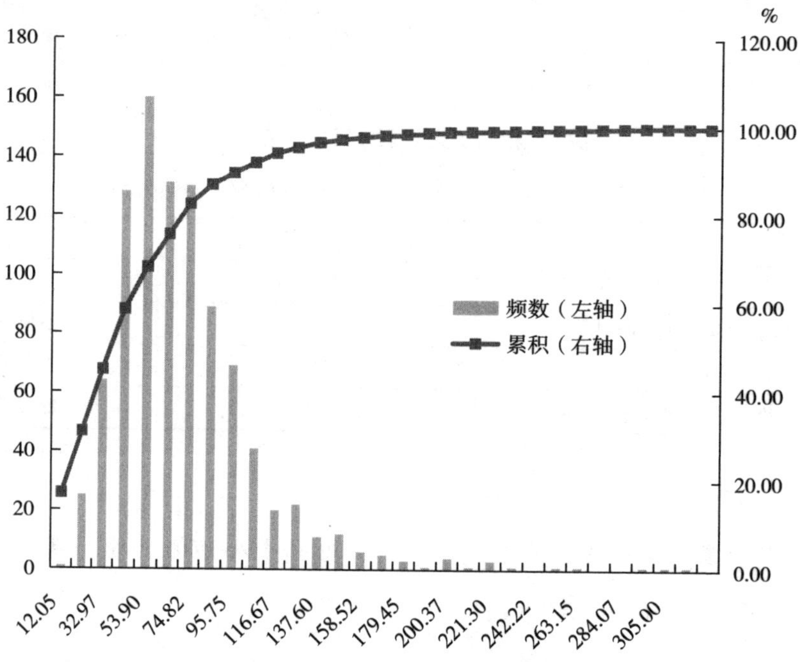

图7　现货波动率频率直方图

2. 美国个股期权总体运行情况分析

美国资本市场呈现多层次资本市场特征。虽然中小市值股票期权数量相对较多，但从期权日均成交和市值来看，“二八现象”仍然比较显著，交易量都集中在苹果、亚马逊等巨无霸公司。全口径期权标的现货行业分布特点也与中小市值的有较大区别。

（1）股票期权成交比较集中

日均成交量在10万手以上的15只股票期权占全部3000多只股票期权成交的比例高达32.5%，这15只股票的市值和现货成交占比也分别为12%和

7.7%。大部分股票期权日均成交量在一万手左右。如图8所示。

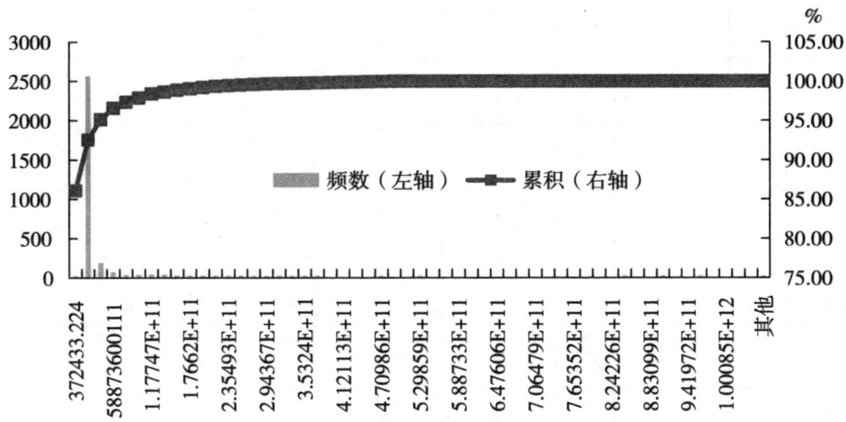

图8　美国股票期权成交频率直方图

进一步分析市值与期权日均成交量以及现货日均成交量和期权日均成交量的关系可发现，大部分小市值股票的期权日均成交量也较小；现货日均成交较低的期权日均成交也较低。

表12 市值与期权成交量的二元分布

	[0, 10000)	[10000, 20000)	[20000, 30000)	[30000, 40000)	[40000, 50000)	[50000, 60000)	[60000, 70000)	[70000, 80000)	[80000, 90000)	[90000, 100000)	[100000, 110000)	[110000, 120000)	[120000, 130000)	[140000, 150000)	[170000, 180000)	[190000, 200000)	[220000, 230000)	[240000, 250000)	[270000, 280000)	[300000, 310000)	[390000, 400000)	[590000, 600000)	Total
[0, 20000000000)	2515	32	15	6	6	2	0	1	0	1	0	0	0	0	0	1	0	0	0	0	0	0	2579
[20000000000, 40000000000)	152	20	4	1	1	1	0	1	1	1	0	1	0	0	0	0	0	1	0	0	1	0	185
[40000000000, 60000000000)	56	11	4	3	1	0	1	0	0	1	0	0	1	0	0	0	0	0	0	0	0	0	78
[60000000000, 80000000000)	34	0	3	1	0	0	0	0	0	0	0	0	0	0	0	0	0	0	0	1	0	0	39
[80000000000, 100000000000)	11	4	2	1	2	1	0	0	0	0	0	0	0	0	0	0	0	0	0	0	0	0	21
[100000000000, 120000000000)	16	3	0	1	0	1	0	0	0	0	0	0	0	1	0	0	0	0	0	0	0	0	22
[120000000000, 140000000000)	5	3	0	1	2	0	0	0	0	0	0	0	0	0	0	1	0	0	0	0	0	0	12
[140000000000, 160000000000)	3	2	1	0	0	0	0	1	0	0	0	0	0	0	0	0	0	0	0	0	0	0	7
[160000000000, 180000000000)	3	0	2	0	0	0	0	0	0	0	0	0	0	0	0	0	0	0	0	0	0	0	5
[180000000000, 200000000000)	1	1	0	0	1	0	0	1	1	0	0	0	0	0	0	0	0	0	0	0	0	0	5
[200000000000, 220000000000)	1	1	0	0	0	0	0	0	2	0	0	0	0	0	0	0	0	0	0	0	0	0	4
[220000000000, 240000000000)	2	2	1	2	0	0	0	0	0	0	0	0	0	0	0	0	0	0	0	0	0	0	7
[240000000000, 260000000000)	0	0	0	1	0	0	0	0	0	1	1	0	0	0	0	0	0	0	1	0	0	0	4
[280000000000, 300000000000)	0	0	2	1	0	0	0	0	0	0	0	0	0	0	0	0	0	0	0	0	0	0	3
[300000000000, 320000000000)	0	0	0	0	1	0	0	0	0	0	0	0	0	0	0	0	0	0	0	0	0	0	1

续表

	[0, 10000)	[10000, 20000)	[20000, 30000)	[30000, 40000)	[40000, 50000)	[50000, 60000)	[60000, 70000)	[70000, 80000)	[80000, 90000)	[90000, 100000)	[100000, 110000)	[110000, 120000)	[120000, 130000)	[140000, 150000)	[170000, 180000)	[190000, 200000)	[220000, 230000)	[240000, 250000)	[270000, 280000)	[300000, 310000)	[390000, 400000)	[590000, 600000)	Total
[3400000 00000, 36000000 0000)	0	0	1	0	1	1	0	0	0	0	0	0	0	0	0	0	0	0	0	0	0	0	3
[4400000 00000, 46000000 0000)	0	0	0	0	0	0	0	0	0	0	0	0	0	0	0	1	0	0	0	0	0	0	1
[5200000 00000, 54000000 0000)	0	0	0	0	0	0	0	0	0	0	0	0	0	0	0	0	0	1	0	0	0	0	1
[8200000 00000, 84000000 0000)	0	0	0	2	0	0	0	0	0	0	0	0	0	0	0	0	0	0	0	0	0	0	2
[9000000 00000, 92000000 0000)	0	0	0	0	0	0	0	0	0	0	0	0	0	0	1	0	0	0	0	0	0	0	1
[9600000 00000, 98000000 0000)	0	0	0	0	0	0	0	0	0	0	0	0	0	0	0	0	0	0	0	0	0	1	1
[1.04e+12, 1.06e+12)	0	0	0	0	0	0	0	0	0	0	0	0	0	0	0	0	1	0	0	0	0	0	1
Total	2799	79	35	20	15	6	1	4	4	4	1	1	1	1	1	3	1	2	1	1	1	1	2982

注：此表面积较大，难以清晰显示，可向课题组索要原图。

表13　现货与期权成交量的二元分布

	[0, 10000)	[10000, 20000)	[20000, 30000)	[30000, 40000)	[40000, 50000)	[50000, 60000)	[60000, 70000)	[70000, 80000)	[80000, 90000)	[90000, 100000)	[100000, 110000)	[110000, 120000)	[120000, 130000)	[140000, 150000)	[170000, 180000)	[190000, 200000)	[220000, 230000)	[240000, 250000)	[270000, 280000)	[300000, 310000)	[390000, 400000)	[590000, 600000)	Total
[0, 1000000)	1848	2	0	0	0	0	0	0	0	0	0	0	0	0	0	0	0	0	0	0	0	0	1850
[1000000, 2000000)	541	11	1	3	0	0	0	0	0	0	0	0	0	0	0	0	0	0	0	0	0	0	556
[2000000, 3000000)	178	13	5	1	0	0	0	0	0	0	0	0	0	0	0	0	0	0	0	0	0	0	197
[3000000, 4000000)	82	11	3	1	0	0	0	0	0	0	0	0	0	0	1	0	0	0	0	0	0	0	98
[4000000, 5000000)	72	12	1	3	0	0	0	1	0	0	0	0	0	0	0	0	0	0	0	0	0	0	89
[5000000, 6000000)	21	8	1	1	2	0	0	0	0	0	0	0	0	0	0	1	0	0	0	0	0	0	34
[6000000, 7000000)	22	6	6	0	4	0	0	0	1	0	0	0	0	0	0	1	0	0	0	0	0	0	40
[7000000, 8000000)	9	2	4	0	1	0	0	0	0	0	0	0	0	0	0	0	0	0	0	0	0	0	16
[8000000, 9000000)	3	1	2	3	0	1	0	0	0	0	0	0	0	0	0	0	0	0	0	0	0	0	10
[9000000, 10000000)	8	2	6	1	0	0	1	0	1	0	0	0	0	0	0	0	0	0	0	0	0	0	19
[10000000, 11000000)	3	3	2	0	0	0	0	0	0	0	0	0	0	0	0	0	0	1	0	0	0	0	9
[11000000, 12000000)	5	1	1	1	2	1	0	0	0	0	1	0	0	1	0	0	0	0	0	0	0	0	13
[12000000, 13000000)	2	0	0	1	0	0	0	0	0	1	0	0	0	0	0	0	0	0	0	0	0	0	4
[13000000, 14000000)	1	1	1	2	0	0	0	0	0	0	0	0	0	0	0	0	0	0	0	0	0	0	5
[14000000, 15000000)	2	2	0	0	0	0	0	1	0	1	0	0	0	0	0	0	0	0	0	0	0	0	6
[15000000, 16000000)	0	0	1	1	0	0	0	0	0	0	0	0	0	0	0	0	0	0	0	0	0	0	2
[16000000, 17000000)	0	0	0	1	1	1	0	1	0	1	0	0	0	0	0	0	0	1	0	0	0	0	6
[17000000, 18000000)	0	2	0	0	0	1	0	0	0	0	0	0	0	0	0	1	0	0	0	0	0	0	4
[18000000, 19000000)	1	0	0	0	0	0	0	0	0	0	0	0	0	0	0	0	0	0	0	0	0	0	1
[19000000, 20000000)	0	0	0	1	1	0	0	0	0	0	0	0	0	0	0	0	0	0	0	0	0	0	2
[20000000, 21000000)	0	0	0	0	1	0	0	0	0	0	0	0	0	0	0	0	0	0	0	0	0	0	1
[21000000, 22000000)	0	0	1	0	1	0	0	0	1	0	0	0	0	0	0	0	0	0	0	0	0	0	3
[22000000, 23000000)	1	0	0	0	0	0	0	0	1	0	0	0	0	0	0	0	0	0	0	0	0	0	2
[23000000, 24000000)	0	1	0	0	0	0	0	0	0	0	0	0	0	0	0	0	0	0	0	0	0	0	1
[24000000, 25000000)	0	0	0	0	0	0	0	1	0	0	0	0	0	0	0	0	1	0	0	0	0	0	2
[25000000, 26000000)	0	1	0	0	1	0	0	0	0	0	0	0	0	0	0	0	0	0	0	0	0	0	2
[26000000, 27000000)	1	0	0	0	0	0	0	0	0	0	0	0	0	0	0	0	0	0	0	0	0	0	1
[27000000, 28000000)	0	0	0	0	0	0	0	0	0	0	0	1	0	0	0	0	0	0	0	0	0	1	2
[28000000, 29000000)	0	0	0	0	0	0	0	0	0	0	0	0	1	0	0	0	0	0	0	0	0	0	1
[29000000, 30000000)	0	0	0	0	0	0	0	0	0	1	0	0	0	0	0	0	0	0	0	0	0	0	1
[32000000, 33000000)	0	0	0	0	0	1	0	0	0	0	0	0	0	0	0	0	0	0	0	0	0	0	1
[39000000, 40000000)	0	0	0	0	0	1	0	0	0	0	0	0	0	0	0	0	0	0	0	0	0	0	1
[47000000, 48000000)	0	0	0	0	1	0	0	0	0	0	0	0	0	0	0	0	0	0	0	0	0	0	1
[53000000, 54000000)	0	0	0	0	0	0	0	0	0	0	0	0	0	0	0	0	0	0	1	0	0	0	1
[69000000, 70000000)	0	0	0	0	0	0	0	0	0	0	0	0	0	0	0	0	0	0	0	0	1	0	1
[70000000, 71000000)	0	0	0	0	0	0	0	0	0	0	0	0	0	0	0	0	0	0	0	1	0	0	1
Total	2800	79	35	20	15	6	1	4	4	4	1	1	1	1	1	3	1	2	1	1	1	1	2983

注：此表面积较大，难以清晰显示，可向课题组索要原图。

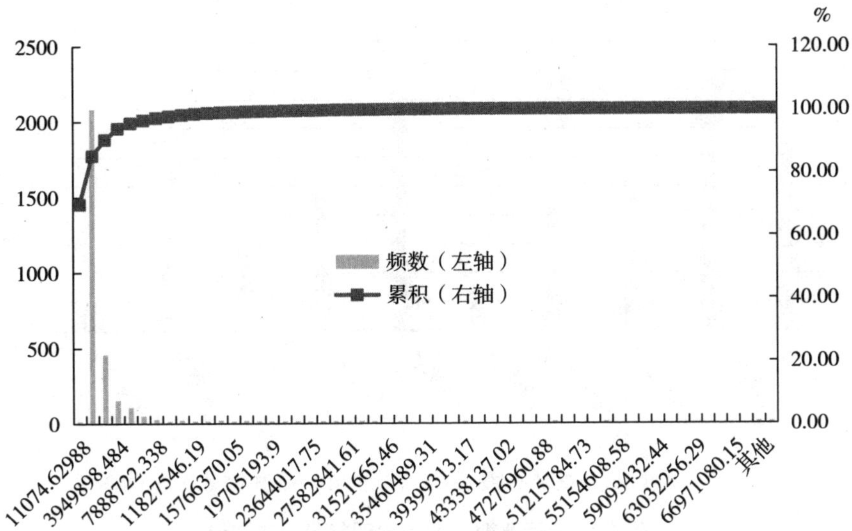

图 9　标的现货成交频率直方图

从图 9 也很容易观察出，成交量分布并不均匀，大部分股票日均成交量在一百万手以下。

（2）科技和互联网行业成交最活跃

与美国资本市场对“新经济”的支持力度最强的特点一致，虽然科技行业和互联网行业公司数量不是最多的，但这两个行业的平均市值和期、现货成交是最大的。

表 14　　各行业具有股票期权的公司数量　　单位：家

通信类	276
消费类周期	387
消费类非周期	681
多元类	1
能源类	247
金融类	505
工业类	377
科技类	295
公共事业类	63

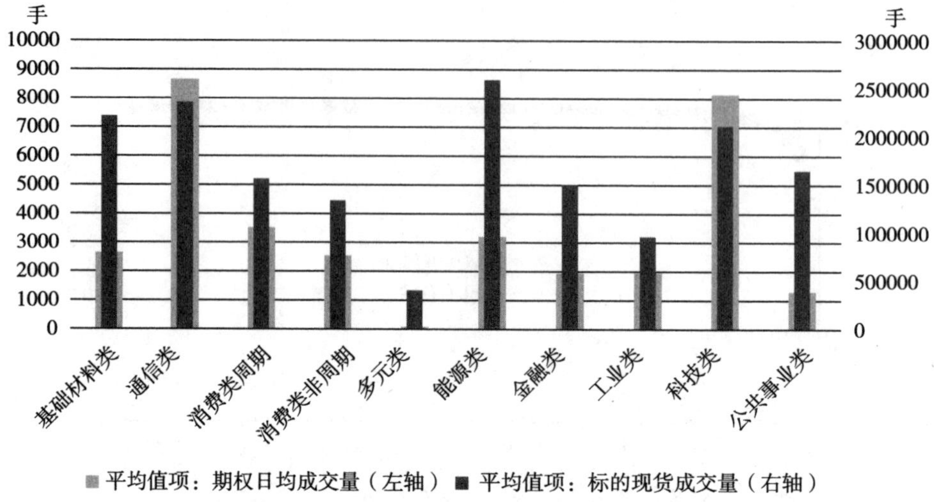

图 10　分行业期权和标的现货日均成交量

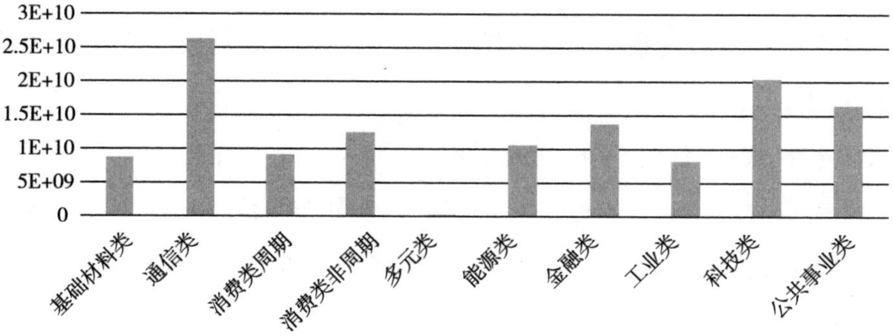

图 11　标的现货股票分行业平均市值

表 15　成交量较大的部分公司

公司名称	期权日均成交量	行业
APPLE INC COM STK	594499	科技类
ADVANCED MICRO DEVICES INC.	396088	科技类
GENERAL ELECTRIC CO.	306640	工业类
BANK OF AMERICA CORP	277769	金融类
FACEBOOK INC.	247503	通信类
TESLA INC.	241889	消费类周期
MICROSOFT CORP	226819	科技类
ALIBABA GROUP HOLDING LIMITED	194259	通信类
BEYOND MEAT INC	193064	消费类非周期

续表

公司名称	期权日均成交量	行业
NETFLIX COM INC.	190665	通信类
AMAZON COM INC.	175780	通信类
NVIDIA CORP	141832	科技类
MICRON TECHNOLOGY INC.	128486	科技类
SNAP INC.	116056	通信类
WALT DISNEY CO – DISNEY COMMON	106707	通信类

由表15可见，成交量较大的公司也是我们耳熟能详的，极具代表性的美国上市公司，如苹果、脸书、特斯拉、阿里巴巴、亚马逊等知名大型跨国公司。日均成交量较大的公司中大多是高科技、互联网行业，或类似特斯拉和人造肉等“新经济网红”公司，只有美国银行和通用电气是传统行业的公司。

（3）美国公司的流通股比例较高

与新兴市场国家和我国的情况不同，美国具有股票期权的公司的流通股比例在80%以上的较多（见图12）。

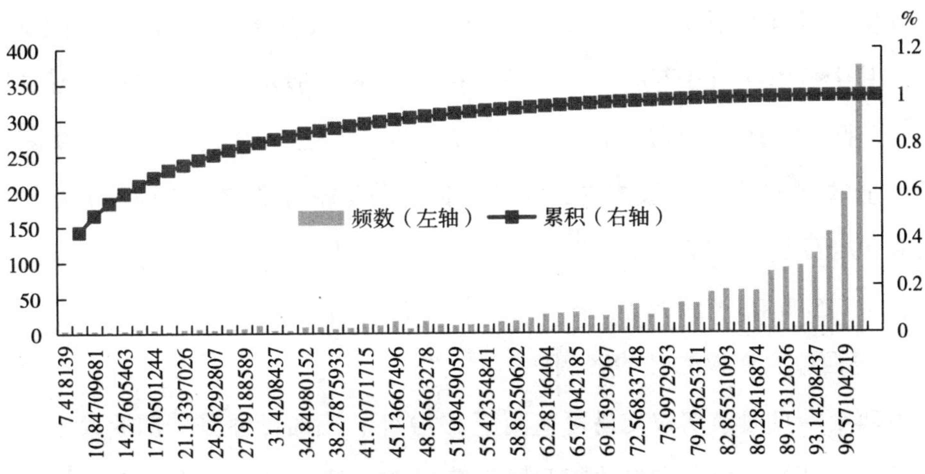

图12　流通股比例频率直方图

（4）年化波动率水平接近正态分布

具有股票期权的公司往往都具有一定的波动性，美国具有股票期权的上市公司现货年化波动基本接近正态分布，但也有少数波动极大的。大多数股票年化波动率在30%上下。波动率最小的股票年化波动率也有12%。波动率的四分位数、中位数和最大值分别为28%、39%和325.9%，平均波动率在46%左右，如图13所示。

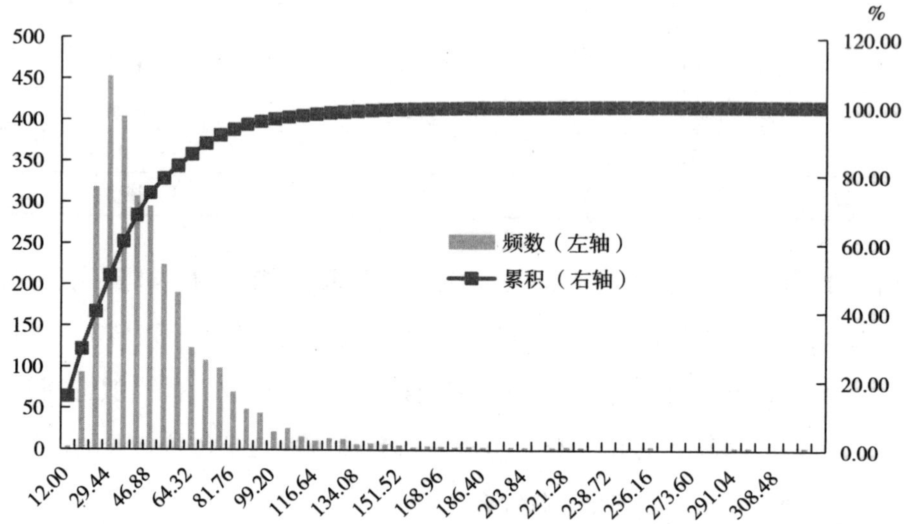

图13 现货波动率频率直方图

（5）多数公司总股本较小

在美国具有股票期权的3000多家公司中，本文找到股本数据的有2503家公司，其中股本在100万股以下的公司有1533家，股本在100～1000万股的有573家，股本在1000万股～1亿股的有211家，1亿～10亿股的有129家，10亿股以上的有57家。总股本的最小值、四分位数和中位数分别为11万股、34万股和49万股。

（二）巴西B3交易所

1. 巴西股票期权的经验案例

巴西第一只股票期权交易可追溯至1979年，当时即使是美国期权市场也刚建立不久。虽然期权在交易执行和风险管理方面都较股票交易复杂，但随着时间的沉淀和投资者教育工作的贡献，经过40年的发展，巴西市场已经培育了一大批期权个人投资者。

由于巴西期权市场主要参与者是个人投资者，其交易期权的目的主要是投机，因此个人投资者会选择交易具有杠杆效应的看涨期权作为股票现货的投资替代。而巴西现货市场的主要参与者是机构投资者，机构投资者的主要策略是备兑策略，即持有股票现货的同时开仓卖出看涨期权。买方有投机需求，而卖方有策略性供给，因此看涨期权的近月到期合约是最活跃的合约种类。

从巴西经验来看，股票交易集中度高的现货市场更有利于发展个股期权。当前巴西个股期权交易主要集中于巴西石油公司和淡水河谷。这两家标的股票现货交易活跃，现货交易量占整个现货市场的比例约 20%。活跃的现货交易带动了衍生品的交易。回顾巴西期权市场的发展历史，整个期权市场的交易活跃程度都与少数股票交易活跃度息息相关。20 世纪 90 年代，巴西股票现货市场上巴西电信现货交易量占比达 50% 以上，对应的期权交易量几乎占据整个市场。

标的股票有一定程度的波动会增大对期权的需求。淡水河谷和巴西国家石油公司都属于资源类股票，年化波动率分别为 44% 和 35.4%。由于期权的价值主要体现在波动率上，一方面投机者愿意在此类期权上进行投机，另一方面持有现货的投资者需要期权作为风险管理工具对冲风险。市场对波动较大的品种需求更大，这对巴西期权市场的发展也是一种促进。由于巴西市场上期权投资的主要群体为个人投资者，为了提升交易量、促进流动性，巴西交易所期权的合约大小与现货相同，即一手一个合约。此外，巴西交易所既支持欧式合约，也支持美式合约。

适度对外开放有利于市场发展。为了提升除了淡水河谷和巴西石油公司之外的公司的流动性，巴西交易所为部分期权引入做市商，并为做市商提供免除交易费、结算费和登记费等一系列奖励措施。引入做市商计划后，巴西交易所的其他期权成交量也有所提升。此外，巴西交易所既有当地做市商，如 BTG Pactual，也有外资做市商，如瑞士信贷银行。2012 年，巴西证券交易所与美国 CME 集团宣布成为全球首选战略合作伙伴，并建立了电子交易平台，支持 CME 投资者通过 GLOBEX 平台交易巴西证券交易所各类产品，同时也支持巴西投资者通过 BMF 平台交易 CME 产品。此项互联互通举措进一步提升了巴西个股期权的交易量。适度将做市商业务对外开放有利于让外资做市商带动本土做市商的做市能力。外资做市商先进的软件开发体系和丰富的做市经验以及做市策略有望转移至本土做市商。

2. 中小市值股票期权运行情况

B3 交易所的股票期权合约大小与标的现货大小相同，即一合约一股。由于合约与美国市场一个合约 100 股相比较小，这可能是其成交量统计数值较大的原因。

B3 交易所共有 419 家上市公司，其中有 166 家上市公司有对应的股票期权。个股期权描述统计如表 16 所示。

表 16　　标的现货股票基本情况

	市值（亿雷亚尔）	现货日均成交量（手）	期权日均成交量（手）	流通股占比（%）	现货年化波动（%）
平均	300.53	3983863.18	2325983.14	59.55	37.48
中位	90.25	1582521.00	4402.50	56.35	35.36
最小	0.03	125.81	0.00	1.67	18.19
25%分位数	30.89	629940.30	0.00	37.29	28.67

交易所全部上市公司的平均市值是 78.5 亿雷亚尔，四分位数为 2.51 亿雷亚尔，中位数为 16 亿雷亚尔，而有股票期权的公司平均市值高达 300 亿雷亚尔，市值中位数为 90.25 亿雷亚尔，也远大于交易所全部上市公司的平均市值，从表 16 可看出，有股票期权的公司的市值明显偏大。如果定义中小市值公司为市值小于全部上市公司四分位数的公司，在有股票期权的公司中，市值小于 2.51 亿雷亚尔的仅 8 家，市值小于 16 亿雷亚尔的仅 15 家。可以说巴西 B3 交易所的中小市值股票期权数量非常有限。我们把这 15 家公司的情况在表 17 中展示。这 15 家公司的共同特点是，期权日均成交均为 0。

表 17　　巴西中小市值股票期权一览

	市值（亿雷亚尔）	现货日均成交量（手）	期权日均成交量（手）	流通股占比（%）	现货年化波动（%）	行业
巴西 OSX 公司	0.084682	4915.385	0	73.11	#N/A N/A	能源类
MMX Mineracao e Metalicos 股份公司	0.094079	18120	0	72.78999	41.88321	基础材料类

续表

	市值（亿雷亚尔）	现货日均成交量（手）	期权日均成交量（手）	流通股占比（%）	现货年化波动（%）	行业
PORTO SUDESTE VM SA	0. 138177	6513. 846	0	1. 23E－15	#N/A N/A	消费类非周期
PDG Realty SA Empreendimentos eParticipacoes	0. 424322	210740	0	90. 24334	96. 5101	金融类
Rossi Residencial 公司	0. 644965	103150	0	46	53. 59335	消费类周期
JOAO FORTES ENGENHARIA S. A.	1. 588578	72581. 54	0	4. 68	#N/A N/A	金融类
巴西 Brokers Participacoes 股份公司	1. 665174	72537. 7	0	97. 8	64. 24072	金融类
Alper 咨询与保险经纪股份公司	1. 82191	26037. 86	0	55. 44	50. 79952	金融类
Gafisa 股份公司	6. 528	1822356	0	68. 86214	54. 62247	消费类周期
Tecnisa 公司	8. 834308	11890710	0	74. 43999	51. 69045	消费类周期
Valid Solucoes e Servicos de Seguranca em Meios de Pagamento e Identificacao S. A	9. 45868	456593. 8	0	100	38. 42348	金融类
Restoque Comercio 服装服饰公司	10. 56785	16734. 62	0	50. 1	35. 12446	消费类周期
LPS Brasil Consultoria deImoveis 有限公司	10. 96331	489670	0	63. 49714	57. 78018	金融类
Paranapanema 股份公司	11. 93606	138737. 6	0	46. 97	57. 2745	基础材料类
International Meal 公司食品股份有限公司	12. 29003	818044. 6	0	90. 38	30. 6585	消费类周期

3. 巴西个股期权总体运行情况分析

（1）股票期权交易集中度较高

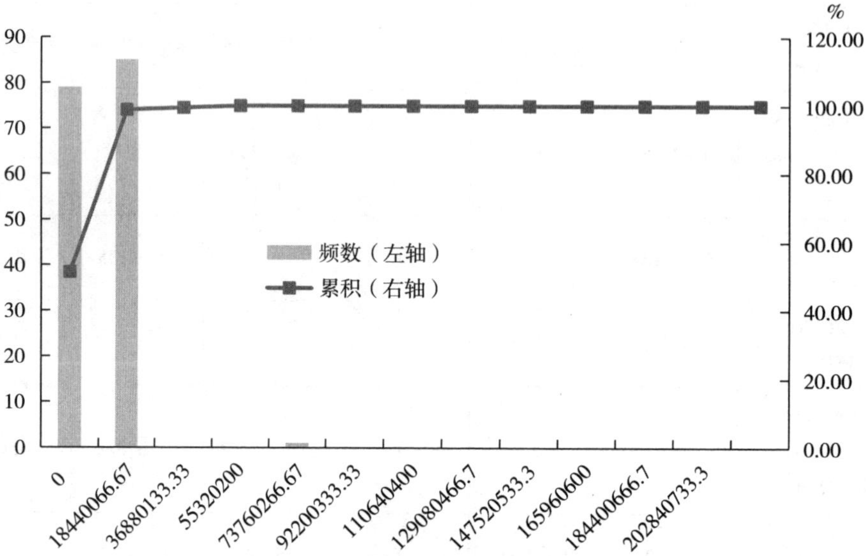

图 14　股票期权成交频率直方图

股票期权日均成交量最大的巴西石油公司，日均成交 2.2 亿手，占全部有股票期权的 166 家公司的比例高达 57.3%，其对应现货的市值和现货日均成交占比分别为 6.8% 和 8.2%。

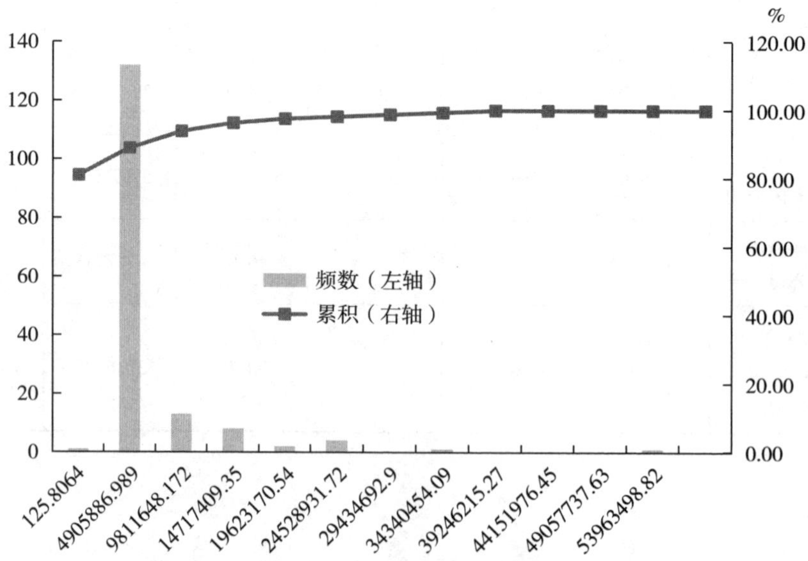

图 15　现货日均成交量频率直方图

从股票期权及其标的现货的频率直方图也很容易观察出，成交量分布并不均匀，期权、现货成交量较大的股票数量均较少。

（2）能源行业成交活跃

与巴西以大宗商品出口为特色的经济发展模式相一致，能源行业期现货成交最活跃，平均市值最大。但能源行业的公司数量不是最多的。

表 18　各行业具有股票期权的公司数量　单位：家

行业	数量
基础材料类	10
通信类	6
消费类周期	31
消费类非周期	30
能源类	11
金融类	37
基金类	8
工业类	8
工业部门类	1
科技类	2
公共事业类	23

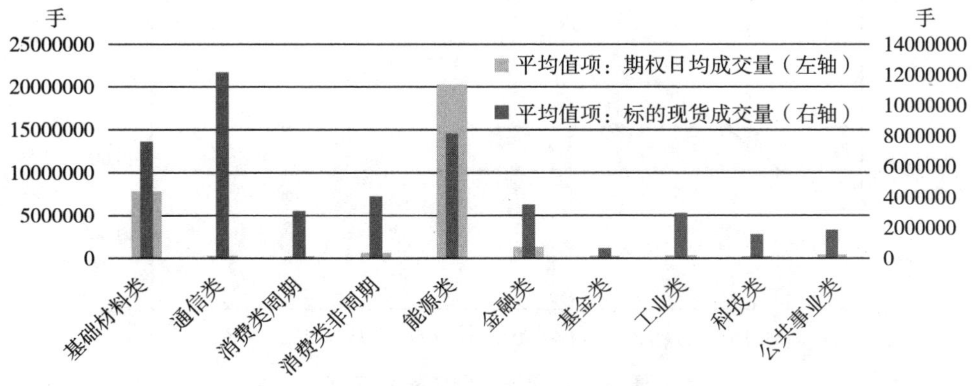

图 16　分行业期权和标的现货日均成交量

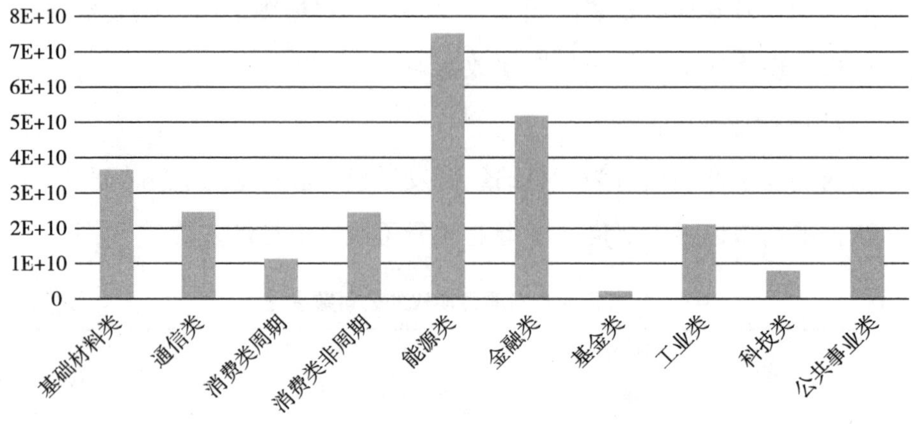

图 17　标的现货股票分行业平均市值

（3）流通股占比适中

与美国不同，而与其他新兴市场国家相似，巴西具有股票期权的公司的流通股占比集中在 50% 左右（见图 18）。

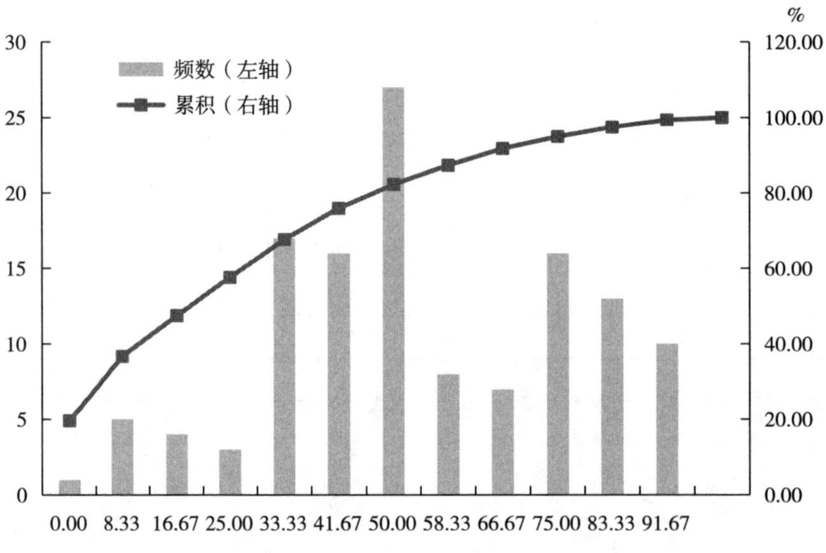

图 18　流通股比例频率直方图

（4）年化波动率水平接近正态分布

具有股票期权的公司往往都具有一定的波动性，巴西具有股票期权的上市公司现货年化波动大多在 31% ~38%。波动率最小的股票年化波动率也有 18%。波动率的四分位数、中位数和最大值分别为 28%、35% 和 99%，平均波动率在37%左右。如图19所示。

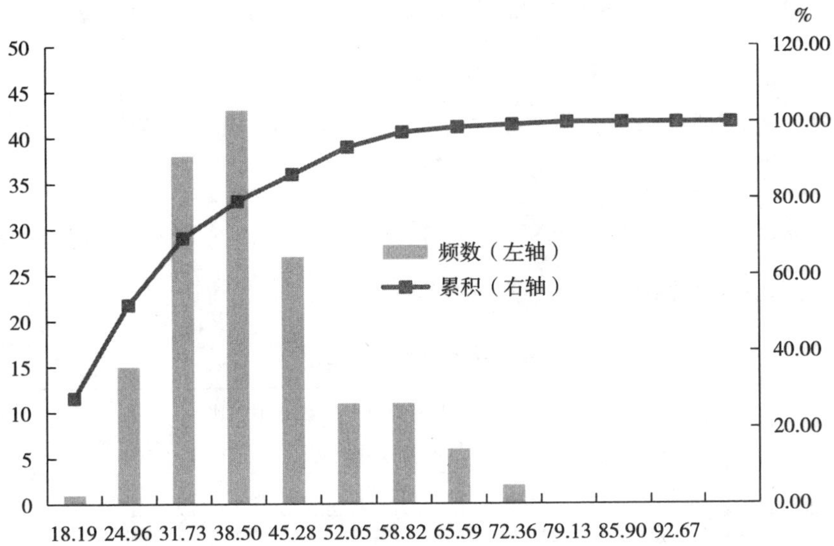

图19　现货波动率频率直方图

二、股票期货代表性交易所

成交量名列前茅的交易所均为新兴市场国家的交易所，因此本文以韩交所、印度国家交易所（NSE）和莫斯科交易所（MOEX）为例进行剖析。

（一）韩交所

1. 韩交所经验案例

与印度和巴西两国均存在相对悠久的期权或类期货交易传统不同，韩国衍生品市场是一个相对年轻的市场，但发展十分迅速。韩国的金融衍生品市场就是典型的政府主导的演进模式。金融衍生品市场的发展偏向于制度变迁引导产品推出。政府在建设衍生品市场时，优先发展交易定价与策略相对简单、监管相对容易、抗操纵性强的产品。1987年11月，在全球股市经历了“黑色星期一”的暴跌之后，韩国政府为了提供规避股市系统性风险的工具，决定开始建立本国期货市场。自1995年韩国政府颁布《期货交易法》之后，韩国于1996年推出了一个期货合约KOSPI200股指期货，紧接着于1997年推出股指期权。当时韩国尚未成立期货交易所，因此政府批准韩国证券交易所进行股指期货、股指期权交易。1999年，韩国成立了期货交易所，并同时推出了外汇期权等金融衍生品。2002 年，韩国证券交易所推出股票期权，2008 年推出股票期货。目前，韩国已成为世界上最活跃的期货和期权交易市场之一。现在韩交所已经有 138 个股票期货标的，2018 年总成交量排名世界第一。从实际情况来看，韩国基本形成了先股指期货、后股指期权、再股票期权、再股票期货的发展路径。

2. 市场运行总结

韩交所共有 2304 家上市公司，其中有 138 家上市公司有对应的股票期货。这 138 家公司的个股期货描述统计如表 19 所示。

表 19　　标的现货股票基本情况

	市值（亿元，韩圆）	现货日均成交量（手）	期权日均成交量（手）	流通股占比（%）	总股本（百万股）	现货年化波动（%）
平均	75524	492530	8090	52	847665	35
中位	29731	227281	2528	50	99762	34
最小	3940	14668	48	20	2722	16
25%分位数	13945	122145	1190	42	28752	28

韩交所所有上市公司的平均市值是 6658 亿韩圆，市值的中位数和四分位数则分别为 1256 亿韩圆和 660 亿韩圆。从表 19 可看出，有股票期货的公司的平均市值、市值四分位数和中位数都比韩交所所有上市公司平均市值大一个数量级，市值最小的也大于韩交所全部上市公司市值的中位数，无论是定义中小市值为市值小于所有上市公司市值四分位数还是中位数，韩交所都不存在中小市值股票期货。

（1）股票期货交易集中度较高

股票期货日均成交量最大的公司三星电子，期货日均成交 27.8127 万手，占全部有股票期货的 138 家公司的比高达 24%。三星电子市值和现货日均成交量占比也分别高达 25.1% 和 15.1%。

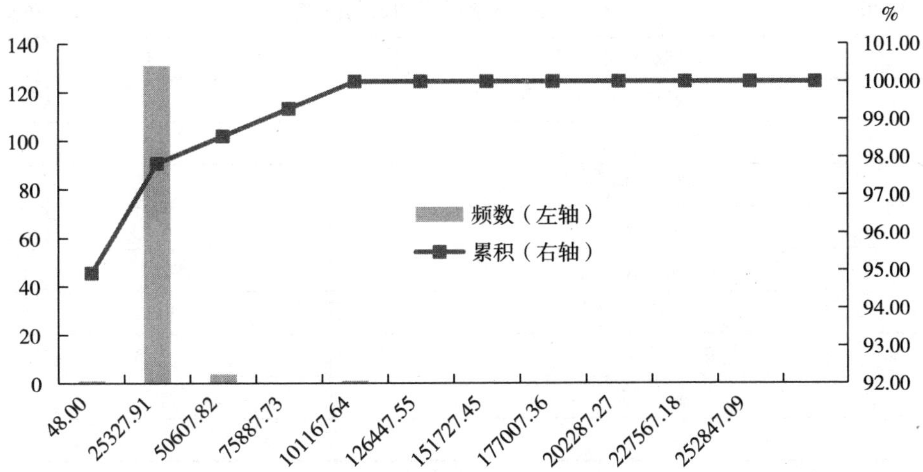

图 20　期货成交量频率直方图

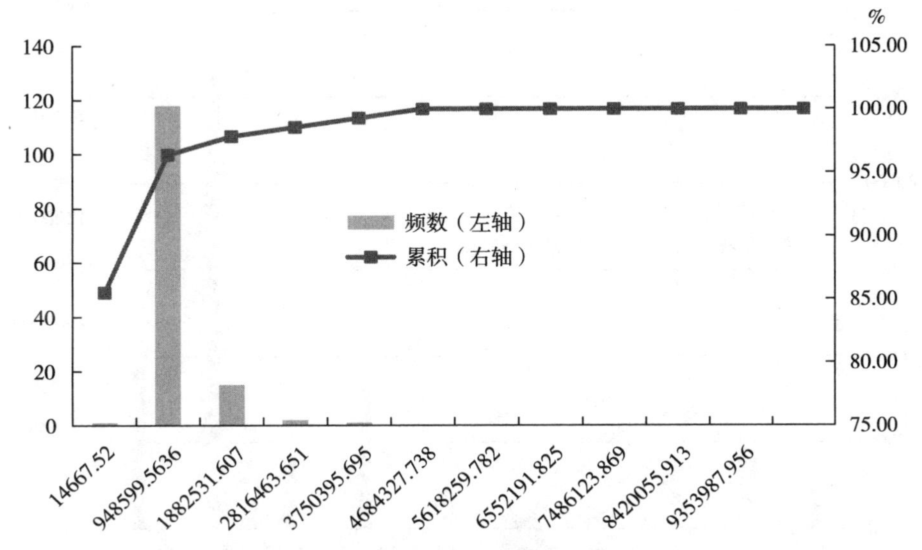

图 21　标的现货日均成交量频率直方图

从频率直方图也很容易观察出，成交量分布并不均匀，期现货成交量较大的股票数量较少。期货日均成交量大多在 25000 手以下，现货日均成交量在几十万手，见图 20、图 21。

（2）科技行业期现货成交较活跃

表 20　各行业具有股票期货的公司数量　单位：家

基础材料类	11
通信类	11
消费类周期	36
消费类非周期	22
多元类	1
能源类	4
金融类	21
工业类	23
科技类	7
公共事业类	2

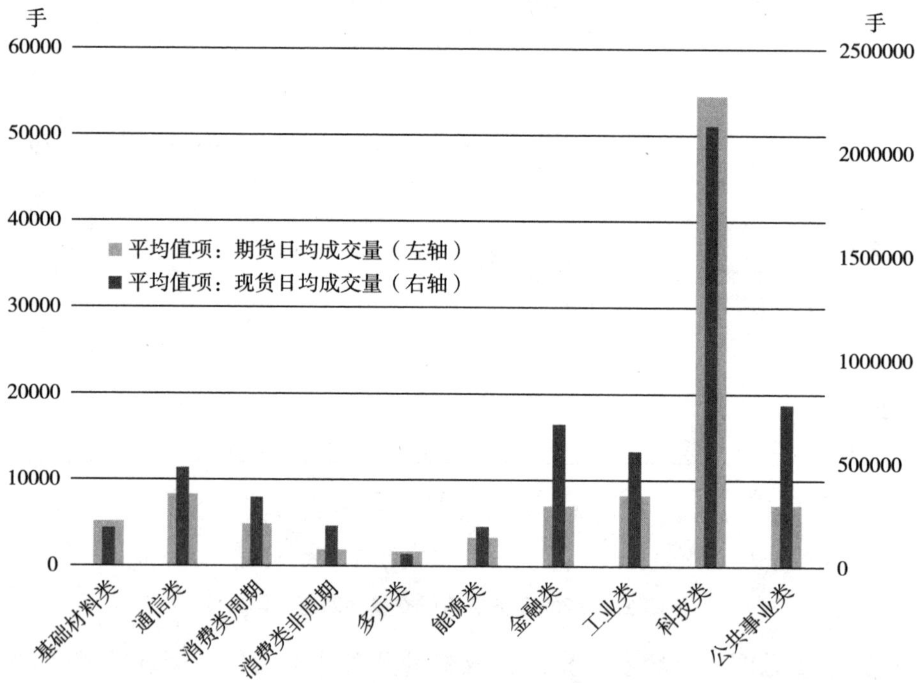

图 22　分行业期现货平均成交量

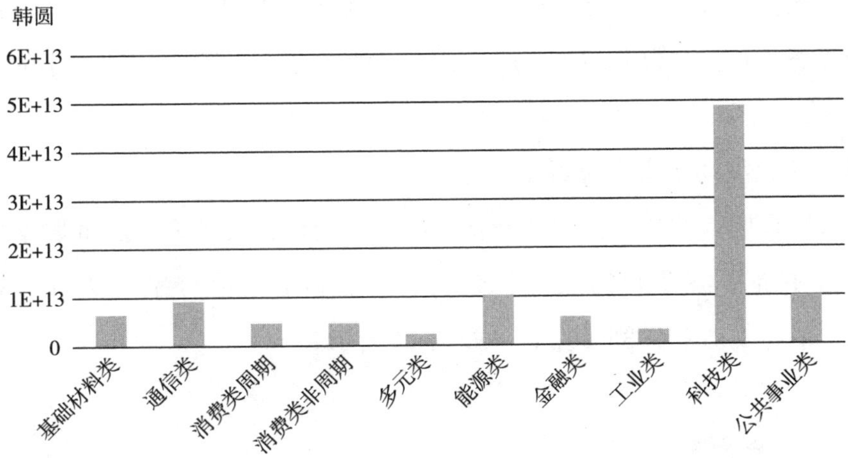

图 23　标的现货股票分行业平均市值

如图 22、图 23 和表 20 所示，科技行业的公司数量虽然不是最多的，但平均市值以及期现货成交量是最大的。7 个科技行业公司包括三星电子、WONIK、海力士等高科技半导体行业的知名企业和韩国最大的手游公司。这点与美国市场相似，反映了资本市场对高科技、新经济行业的认可。

（3）上市公司流通股占比接近正态分布

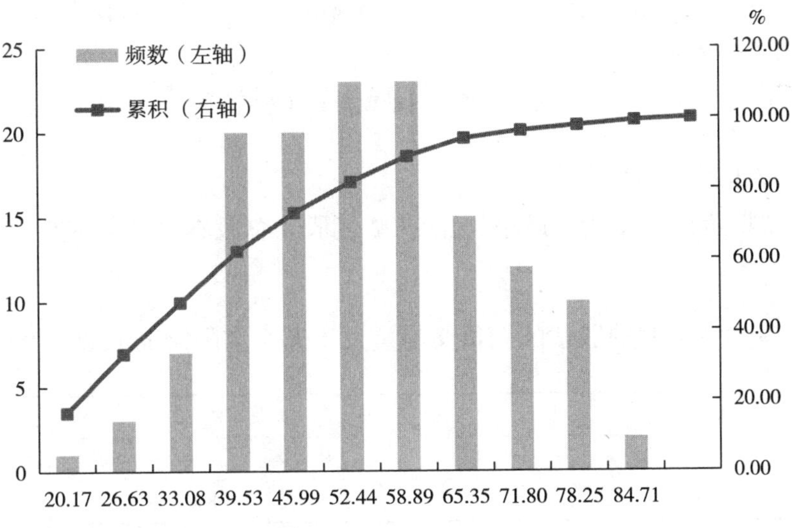

注：流通股比例接收轴单位为%，下同。

图 24　流通股比例频率直方图

与美国公司流通股占比普遍较高不同，具有股票期货的韩国公司流通股占比接近正态分布。多数公司流通股占比在50%左右，流通股占比最小的公司仅20%左右，如图24所示。

（4）年化波动率水平接近正态分布

具有股票期货的公司往往都具有一定的波动性，波动率最小的股票年化波动率也近16%。波动率的四分位数、中位数和最大值分别为28%、34%和62.7%，平均波动率在35%左右，如图25所示。

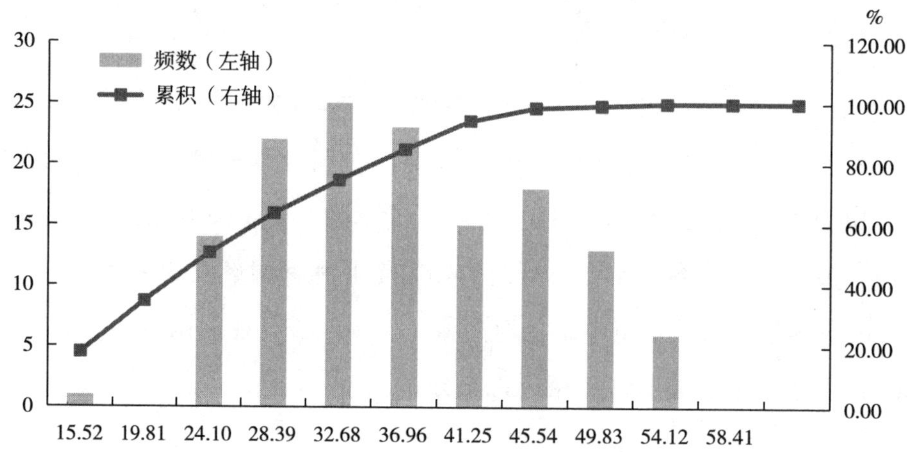

注：波动率接收轴单位为%，下同。

图25 现货波动率频率直方图

（5）股本分布比较集中

有股票期货的公司股本最小的在27.2亿股，总股本水平多数集中在5万亿股左右。

（6）有卖空限制的股票的期货交易量大于无卖空限制的股票

卖空限制	期货日均成交量（手）
无	2741.3
有	8419.7

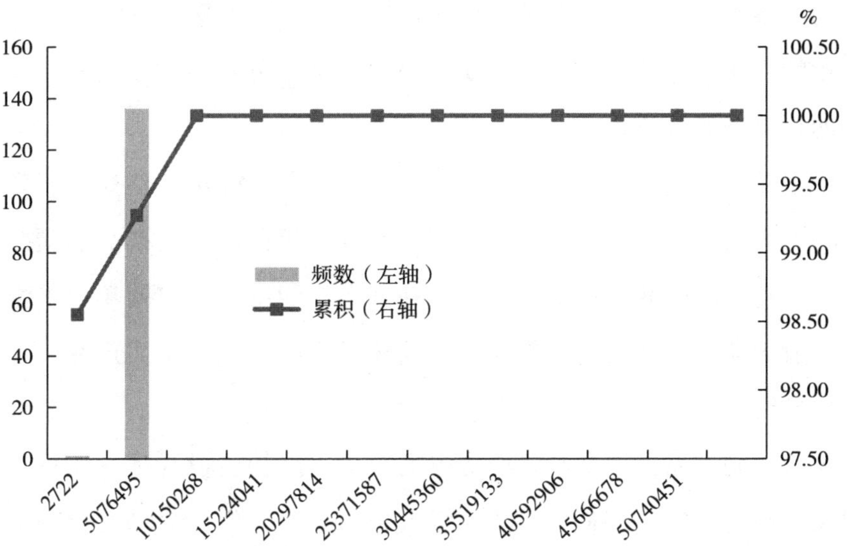

注：股本接收轴单位为百万韩圆，下同。

图 26　总股本频率直方图

对于存在卖空限制的股票，其期货提供了现货交易不具备的卖空交易功能，因而承载了现货卖空交易的需求。

（二）印度国家证券交易所

1. 印度国家证券交易所经验案例

印度国家证券交易所（NSE）2001 年 11 月推出了股票期货产品，经过将近 20 年的发展，NSE 已经成为全球最为活跃的股票期货交易所之一。在印度市场上，一直以来都有强烈的期货交易需求。在场内交易股票期货产品推出之前，印度以及巴基斯坦市场上一直有着类似股票期货的 Badla 交易机制。买方与卖方在 T1 就 X 公司股票达成交易，以价格 P 买入 1000 股，交割日为 T2。到 T2 时，买方因为缺乏可投资的现金，要求延至下个交割日 T3 交割。如卖方同意，则买方向卖方支付 T3 - T2（一般为 15 天）期间的利息，这部分利息称为 Badla。如 T2 时 X 公司的股票价格下跌至 P′，则买方除了支付 Badla 利息，还需支付 P - P才能延期交割。到下一个交割日 T3 时，只要双方同意还可继续延期。如卖方希望延后交割，卖方支付 Badla 利息给买方，这种情况称为反向 Badla（UndhaBadla/Backwardation）。与传统融资购买不同的是，在 Badla 机制下购买的股票不直接交付，而是存放在交易所，直到借款偿还后再交割。Badla机制多年的存在培养了大批对股票期货合约规则十分熟悉的投资者，助推了印度股票期货市场的繁荣。

在衍生品市场建立之前，印度证券交易委员会（SEBI）在研究规划上投入了大量的人力物力，对衍生品市场配套的制度、机制环境，产品创新与推出的路径进行了扎实的前期研究论证。在此基础上，印度得以在两年内平稳有序推出了包括股指期货和期权、股票期货和期权在内的一系列衍生产品，构建了完整的业务条线。

在风险控制方面，印度股票期货市场在建立之初就设计了一系列适合本国国情的风险控制措施。NSE 没有涨跌幅限制，但为了防止“乌龙指”造成的价格剧烈波动，交易所将期货价格的每日操作正常波动范围定为 ±10%，当会员提交的订单造成的当日价格累计波动超过这一数值时，交易成员将需要向交易所确认提交订单是真实无误的，在此基础上，交易所对订单进行批准并执行。印度股票期货仓位限制规则较复杂，需要遵守包括客户仓位限制、交易会员逐一仓位限制和市场宽度仓位限制等多方面的规定。

为了评估股票期货的流动性，印度国家期货交易所根据平均市值、“股价变动等于四分之一个标准差的订单的规模（Quarter - sigma Order Size）”和维持正常交易的时间等指标对标的股票的流动性和波动性进行评估。标的股票现货有进有出，动态调整。

印度股票市场上交易机制的设计比较符合个人投资者的偏好。印度股票期货合约的规模根据不同的合约月份和不同的标的来确定合约大小，平均合约大小约2000 股每手。在收取保证金方面，为降低投资者资金占用成本，NSE 采用 SPAN 保证金系统，实施交叉保证金，根据投资者最终净风险头寸敞口计算相应的保证金。若投资者的投资组合中不同产品不同种类的风险可相互抵消，则可降低对保证金的占用。

2. 市场运行总结

印度国家证券交易所共有 1658 家上市公司，其中 167 家上市公司的股票有对应的期货合约。这些公司的个股期货描述统计如表 21 所示。

表 21　　NSE 个股期货标的现货股票基本情况

	市值（亿卢比）	现货日均成交量（手）	期货日均成交量（手）	流通股占比（%）	总股本（百万股）	现货年化波动（%）
平均	6390. 8271	6982360. 1261	3413. 7669	46. 1060	9374. 1934	37. 2596
中位	2565. 4975	2451958. 0000	1741. 0000	44. 1903	2164. 7044	34. 2364
最小	107	6967. 5950	0. 0000	0. 0804	42. 4114	17. 0028
25% 分位数	1406. 4776	874101. 6750	912. 5000	32. 5612	846. 1136	28. 3693

NSE 所有上市公司的平均市值是 716. 72 亿卢比，上市公司市值的中位数和四分位数分别为 29. 4 亿股和 4. 1 亿卢比。从表 21 可以看出，有股票期货的公司的平均市值以及市值中位数、四分位数比平均市值大了一个数量级。有股票期货的公司中，市值最小的也有 107 亿股，说明印度国家交易所市场上没有中小市值股票期货。

（1）股票期货交易集中度较高

日均成交量 1 万手以上的 12 个股票期货占全部股票期货成交的比为 39%（见图 27），其对应现货的市值和现货日均成交占比则分别为 26. 8% 和 16. 8%（见图 28）。

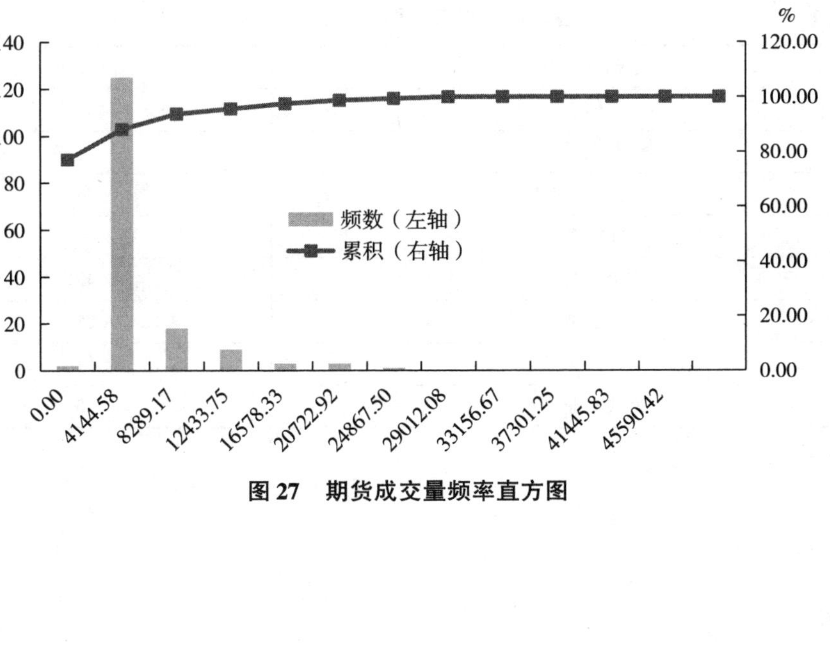

图 27　期货成交量频率直方图

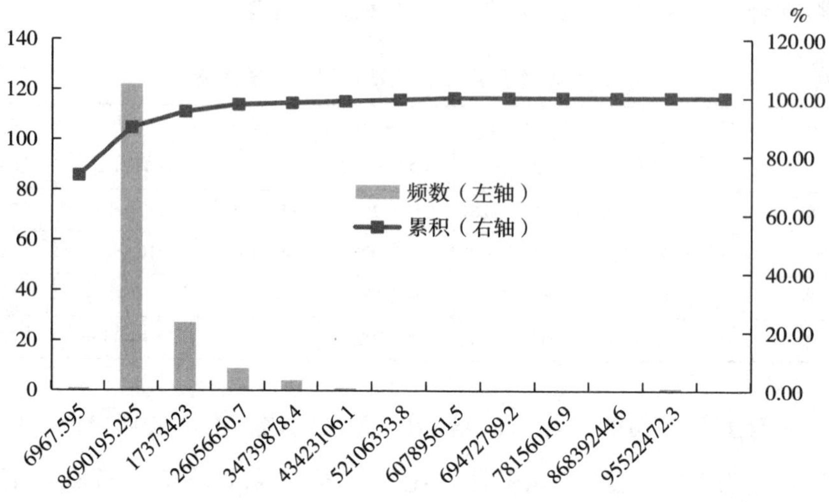

图 28　标的现货日均成交量频率直方图

从频率直方图也很容易观察出，成交量分布并不均匀，期现货成交量较大的股票数量较少。

（2）金融行业期现货成交最活跃，能源和科技行业个股期货成交相对活跃

印度的股票期货市场上金融行业公司数量最多，金融行业的股票期现货成交量也是最大的（见图 29）。金融行业并不是公司平均市值最高的行业，公司平均市值排名前三的行业分别是能源、科技和金融行业（见图 30）。

表 22　　各行业具有股票期权的公司数量　　单位：家

基础材料类	16
通信类	8
消费类周期	23
消费类非周期	24
能源类	8
金融类	42
工业类	25
科技类	11
公共事业类	10

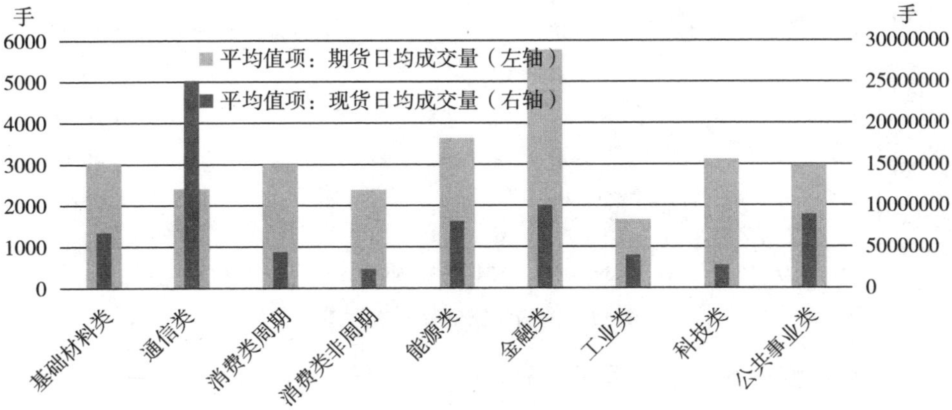

图 29　分行业期货和现货标的平均成交量

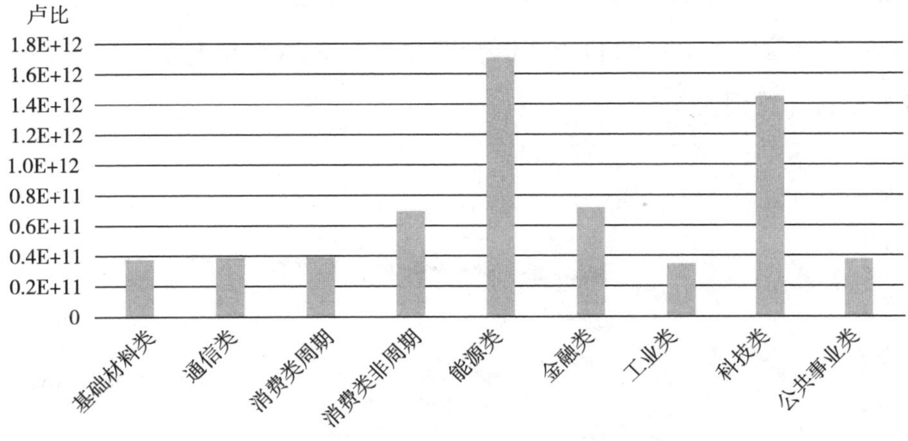

图 30　标的现货股票分行业平均市值

（3）上市公司流通股占比接近正态分布

与美国公司流通股占比普遍较高不同，具有股票期货的印度公司流通股占比接近正态分布。多数公司流通股占比在 50% 左右，流通股占比最小的公司仅 0.08% 左右（见图 31）。

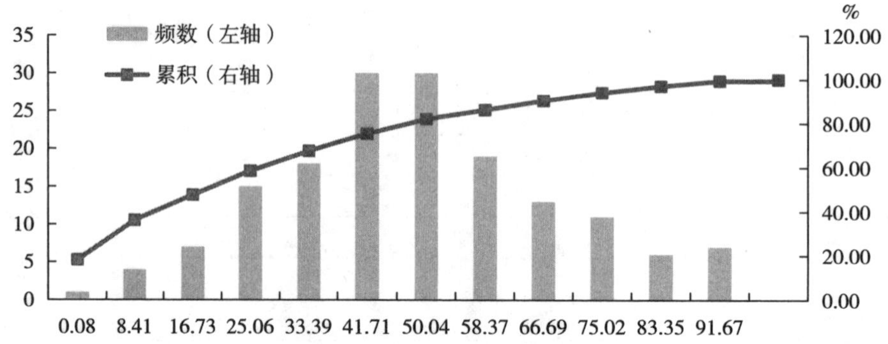

图 31　流通股比例频率直方图

（4）年化波动率水平接近正态分布

具有股票期货的公司往往都具有一定的波动性，印度具有股票期货的上市公司现货年化波动大多在 33% 左右。波动率最小的股票年化波动率也有 17%。波动率的四分位数、中位数和最大值分别为 28%、34% 和 115%，平均波动率在 37% 左右（见图 32）。

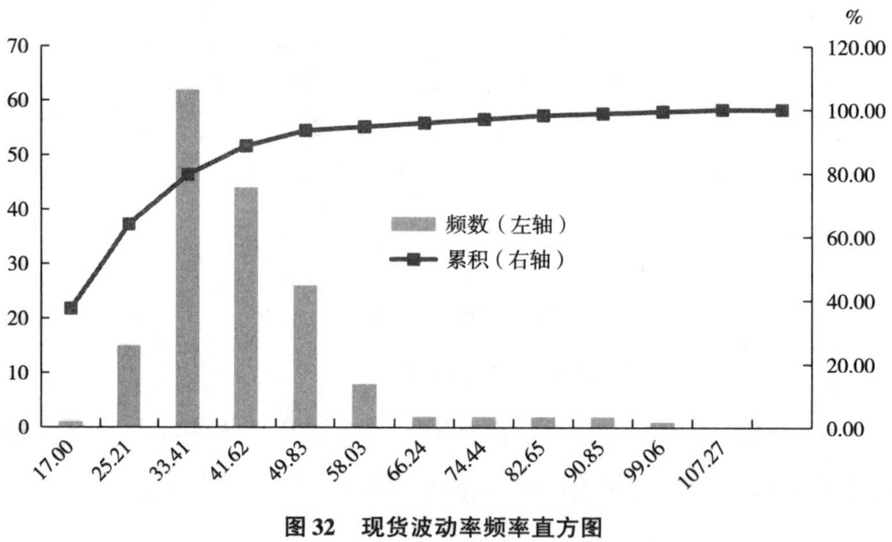

图 32　现货波动率频率直方图

（5）股本分布比较集中

有股票期货的公司股本最小的在 4200 万股，总股本水平多数集中在 157 亿股左右。

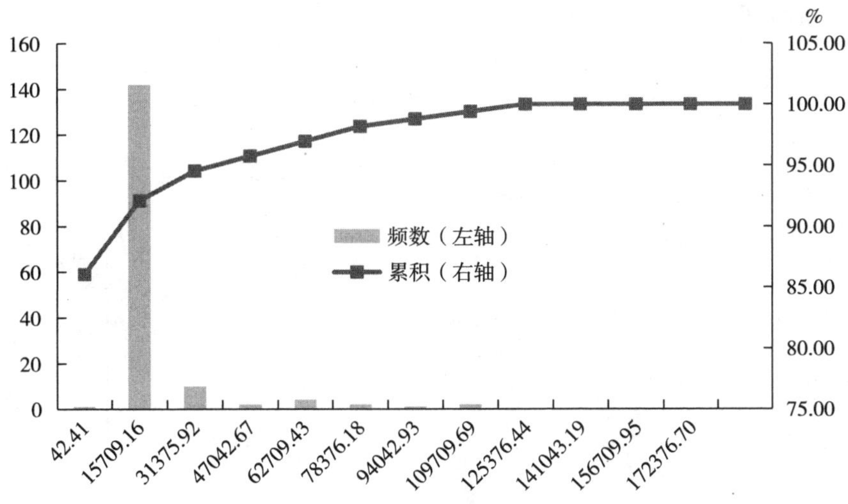

图 33　总股本频率直方图

（三）莫斯科交易所

莫斯科交易所共有 225 家上市公司，其中 27 家上市公司有对应的股票期货。个股期货描述统计如表 23 所示。

表 23　　标的现货股票基本情况

	市值（亿卢布）	现货日均成交量（手）	期货日均成交量（手）	流通股占比（%）	总股本（百万股）	现货年化波动（%）
平均	12514	982178663	1748	50	55001	23
中位	5097	3268766	89	49	1693	23
最小	131	1254	0	11	1	14
25% 分位数	2146	983617	12	21	139	21

莫斯科交易所全部上市公司的平均市值是 1867 亿卢布，市值的中位数和四分位数分别是 69 亿卢布和 10 亿卢布。从表 23 可以看出，有股票期货的公司的最小市值也大于全部上市公司的中位数市值，说明莫斯科交易所没有中小市值股票期货。

（1）股票期货交易集中度较高

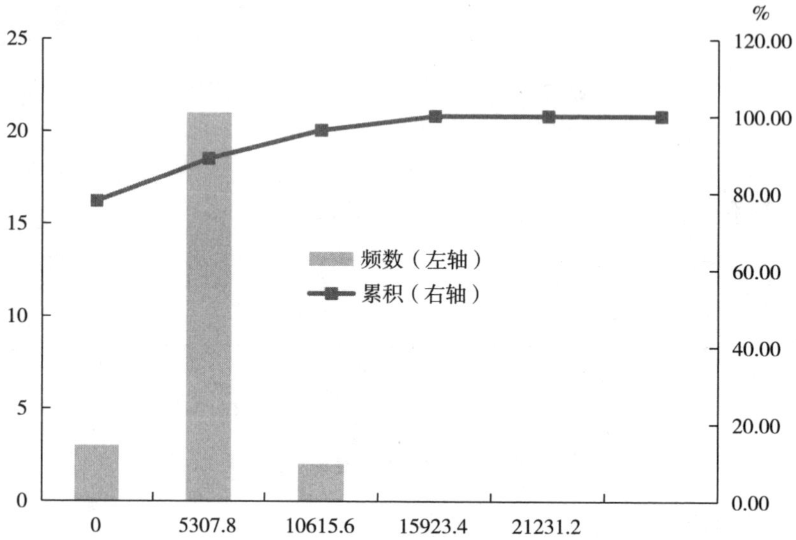

图 34　期货成交频率直方图

股票期货日均成交量最大的公司俄罗斯联邦商业储蓄银行公开股份公司，期货日均成交 26539 手，占全部有股票期货的 27 家公司的比例高达 56. 2%，其市值占比为 14%。

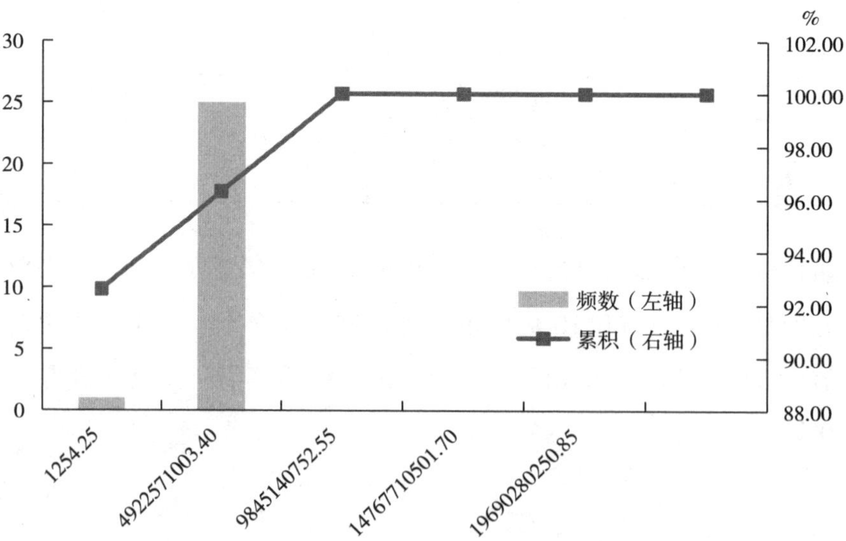

图 35　标的现货日均成交量频率直方图

从频率直方图也很容易观察出，成交量分布并不均匀，期现货成交量较大的股票数量较少。

（2）金融行业期现货成交最活跃

金融行业的股票期现货成交量最大，是公司平均市值第二高的行业，但金融行业公司数量并不是最多的。

表 24　　各行业具有股票期权的公司数量　　单位：家

基础材料类	6
通信类	2
消费类周期	4
消费类非周期	1
能源类	7
金融类	4
工业类	1
公共事业类	2

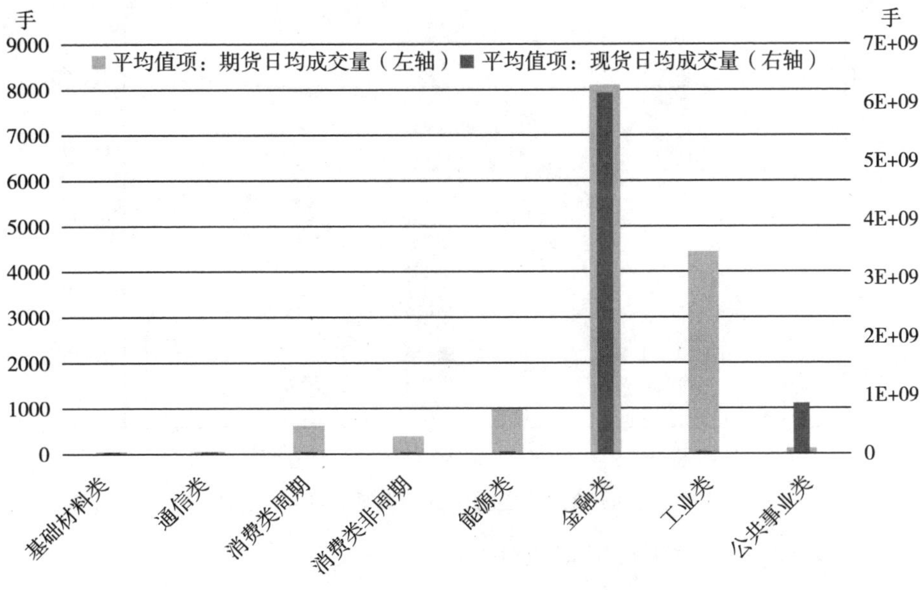

图 36　分行业期货和标的现货平均成交量

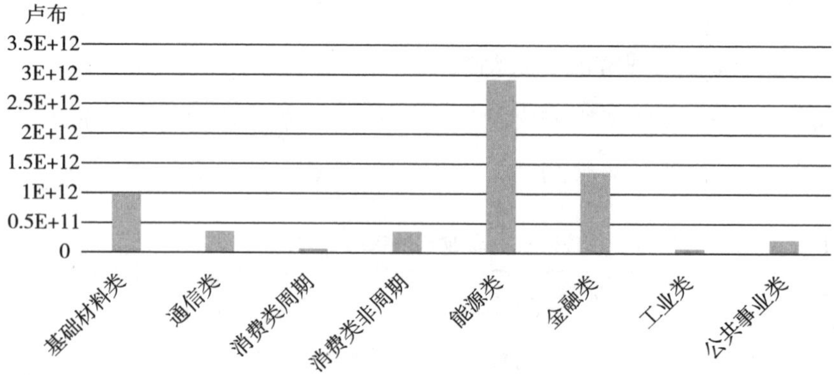

图 37　标的现货股票分行业平均市值

（3）流通股占比适中

与美国不同，而与其他新兴市场国家相似，俄罗斯公司的流通股占比集中在 28% ~62% 。

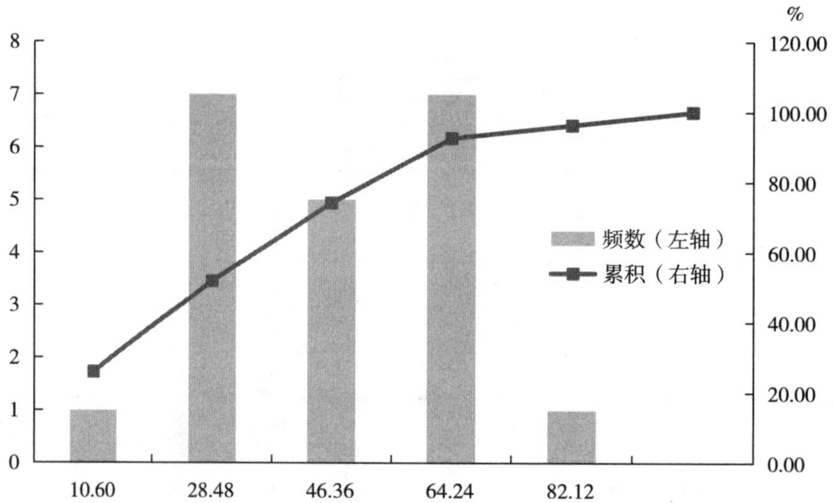

图 38　流通股比例频率直方图

（4）年化波动率水平接近正态分布

具有股票期货的公司往往都具有一定的波动性，俄罗斯具有股票期货的上市公司现货年化波动大多在 23% 左右。波动率最小的股票年化波动率也有 14% 。波动率的四分位数、中位数和最大值分别为 21% 、23% 和 37% ，平均波动率在 23% 左右。

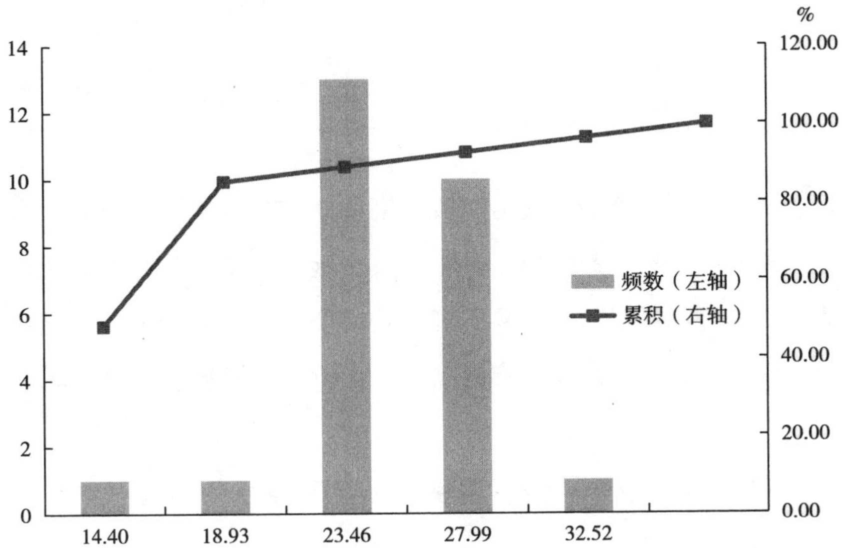

图 39　现货波动率频率直方图

（5）股本分布比较集中

有股票期货的公司股本最小的在 100 万股，总股本水平多数集中在 1260 亿股左右。

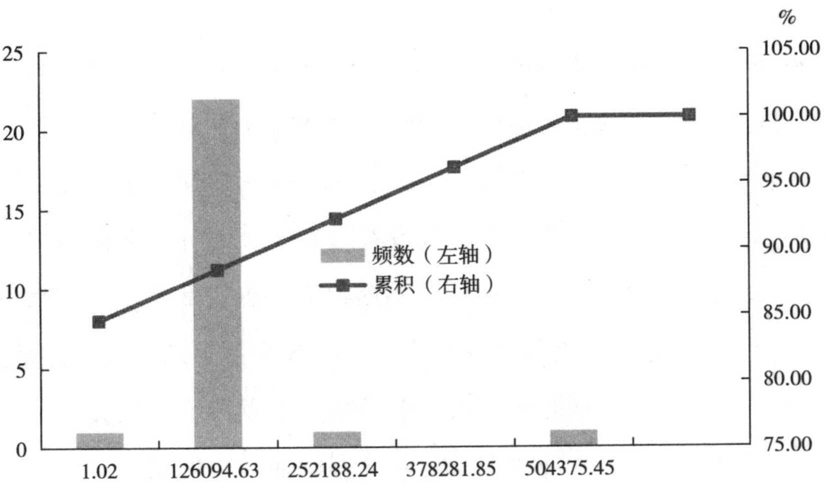

图 40　总股本频率直方图

（6）股票是否有卖空限制其股票期货交易量差距不大

卖空限制	期货日均成交量（手）
无	1810.57
有	1387.50

与韩国情况不同，莫斯科交易所股票期货标的总数较少，且是否有卖空限制对于股票期货的交易量影响似乎并不显著。这可能是因为虽然对于存在卖空限制的股票，期货提供了现货交易不具备的卖空交易功能，但现货交易机制的不完备也会导致期现套利功能发挥的障碍，从而产生不利于期货交易的因素。

第三节　股票期货、期权产品发展路径和经验总结

一、市场路径方面

（一）美国市场经验

美国期权市场发展成熟，因此其股票期权市场的诸多特征是新兴市场所不具备的。

美国股票期权市场现货标的非常丰富，多达上千家公司。高科技、互联网等新经济行业的股票期权交易活跃，中小市值股票中900多只有期权，且中小市值股票期权也有交易量。而新兴市场国家交易活跃的期权多为传统行业的大公司标的，中小市值期权非常稀少，且没有交易量。此外，美国市场上关注度高、绩优、成长性好的“网红公司”股票期权交易也较活跃，但新兴市场国家可能缺乏“网红公司”，因此股票期货和股票期权交易不具备这一特点。

由于美国期权市场发展时间较长，市场结构中以机构投资者居多，具有完备的套期保值交易体系，与现货市场的联动性较强，投机氛围相对较弱，而在新兴市场国家的股票衍生品市场上个人投资者占比较高。美国市场上股票现货的波动性小于新兴市场国家的股票。期权上市初期，机构投资者只占期权交易量的20%左右，到2013年，机构投资者已占美国期权市场交易量的70%以上。期权推出后，极大地促进了资产管理行业发展、交易策略的创新和期权产品的

创新。对公募基金、养老金、保险公司等而言，利用股票期权可减少标的资产交易时的冲击成本，可对已有投资组合进行套期保值，也可以设计与股票挂钩的结构化产品，实现更多元化的投资战略。

美国市场上的股票流通股占比较高，而新兴市场国家的股票流通股占比往往在50%左右。

（二）新兴市场国家经验

新兴市场国家股票期货和股票期权市场标的数量相对全部上市公司数量相对较少，市值普遍偏大。其中，韩国交易所、印度国家证券交易所和莫斯科交易所没有中小市值股票期货，巴西B3交易所仅有15个中小市值股票期权，而且这些中小市值股票期货和股票期权交易量几乎为零。可见，新兴市场国家中小市值的股票期货和股票期权较罕见。个股期货、期权的交易大多集中在数个该国支柱产业（多为金融或能源等传统行业）的龙头大型公司的股票上。个人投资者占比较高。不同的新兴市场国家由于其资本市场本身发展历程的区别较大，各国股票期货、股票期权市场的发展也有独特的经验。

（三）小结

总体而言，股票衍生品交易集中度高，标的现货往往具有一定波动性。美国股票期权市场现货标的数量多，是唯一具有大量中小市值股票期货和股票期权的国家，新经济行业的股票期权交易活跃；而新兴市场国家标的数量有限，中小市值股票期货和股票期权较罕见且交易量几乎为零，交易活跃的多为能源、金融等传统行业大公司标的。

从新兴市场国家经验来看，整个市场内市值最大的龙头、头部股票的个股期货和个股期权成交量最大，在巴西市场上，期权成交量最大的巴西石油公司一家的日均成交就占了全市场的一半以上。我国作为股权衍生品交易历史相对较短的新兴市场国家，股权类衍生品市场的发展路径很可能与政府主导的“韩国路径”最为相似，即优先发展交易定价简单、抗操纵性强、监管容易的产品。根据其他国家的路径经验，后续可能上市的股票期货和股票期权产品的期现货交易很可能集中在传统行业大市值股票或新经济相关行业的“网红公司”上。

二、市场运行方面

（一）股票衍生品有助于提升现货市场流动性

期权属衍生品范畴，其价格发现和风险管理等核心功能的发挥离不开期现套利行为。这种期现套利行为理论上会使股票现货价格与股票期权价格之间形成均衡关系；操作上会使股票现货头寸与股票期权头寸形成比率关系。股票期权交易越活跃，其股票标的交易也会越趋活跃，股票期权推出可以增强现货市场的流动性。

（二）股票衍生品对现货市场波动性方面存在两面性

一方面，由于期权具有风险转移和规避的功能，投资者通过支付权利金买入期权可以降低或者消除投资组合的系统性风险，进而降低标的资产的波动性。然而，期权价格是对未来市场价格水平的预期，而预期往往带有很大的不确定性，加之期权市场对信息反应更为灵敏，当期权市场出现“反应过度”的情况时，期权的价格波动往往会通过套利交易或其他渠道迅速影响到标的资产现货市场的价格，进而又增大了标的资产现货市场的价格波动。

三、市场监管方面

（一）美国对个股期货的多头监管对市场发展形成了束缚

1982 年，美国证券交易委员会（SEC）与商品期货交易委员会（CFTC）达成《约翰逊—夏德协议》，就各自监管边界进行了界定。1977 年 10 月，堪萨斯市交易所（KCBT）向 CFTC 正式提交报告，提出开发道琼斯工业平均指数期货合约。尽管 CFTC 对此报告非常重视，然而，由于 SEC 与 CFTC 在谁来监管股指期货这个问题上产生了分歧，造成无法决策的局面。SEC 对以现金结算的宽基股指期货由 CFTC 全权管辖并无异议，但认为股票期货以及窄基股指期货应属于 SEC 的管辖范畴。最终，双方达成妥协——允许宽基股指期货的推出，但禁止股票期货以及窄基股指期货的开发和交易。

18 年后，伦敦国际金融期货交易所推出股票期货的举动对美国造成严重威胁，《约翰逊—夏德协议》不得不被废除，2000 年《商品期货现代化法案》获得通过，解除对股票期货以及窄基股指期货的限制，给予 CFTC 及 SEC 共同权力，建立对单一股票相关期货的共同监管框架。

期货的交易规则和保证金制度与证券有较大的不同，相比于股票期权，股票期货具有竞争性优势，并对利润丰厚的股票贷款业务造成威胁。但与传统期货产品相比，股票期货受制于以下三点：保证金不得低于股票期权（最低保证金要求为20%）；交易须按SEC规定缴纳证券交易税；交易不享受60/40规则——期货交易利润的60%作为长期资本利得征税的税收优惠。

当股票期货刚刚诞生之际，市场对其寄予厚望。所有人都预计这一市场将会有巨大的发展空间，但未曾想，重重阻碍——软弱无力的监管和来自股票贷款业务的强有力竞争限制其快速成长。直到现在，个股期货在新兴市场国家交易更为活跃。

（二）股票期权市场监管更复杂

衍生品交易具有杠杆性，平值、虚值期权相对价格较低，资金占用少，通过操纵现货市场价格影响期权市场价格的违规行为获利空间大、成本小、操纵行为更隐蔽，在市场监管时应特别关注跨市场操纵行为。

（三）期权市场监管向着金融监管一体化的趋势发展

由于国情不同，以及所在国政府相关监管政策的差异，各国建立了不同的期权市场政府监管模式。无论哪种政府监管模式，其主要工作都是侧重于对期权市场的宏观管理，起草或制定法律、法规，指导、推动和促进期权市场健康发展，防范市场风险、打击违法违规行为，维护市场公平、效率与安全，保护投资者利益。

多机构集中监管模式以美国为代表，形成以商品期货交易委员会（CFTC）和证券交易委员会（SEC）为主的监管；单机构统一监管模式以英国、德国和日本为代表，分别由全国统一的金融监管机构——金融服务局（FSA）、金融监管局（BaFin）、金融厅实行统一监管，其他如新兴市场中的韩国金融监督委员会、加拿大金融机构监管局、新加坡金融监管局、印度证券交易委员会、中国香港证监会和中国台湾“金融监督管理委员会”等也是这种模式；单机构不完全统一监管模式以澳大利亚、巴西为代表，分别形成了以金融监管理事会为主的双峰监管模式，证券交易委员会为主的牵头监管模式；多机构分业监管模式以俄罗斯为代表，采取的是对整个金融市场的分业监管。

通过美国2007年次贷危机对全球期权市场的影响来看，统一监管或金融监管一体化的国家（如德国）能较快地摆脱危机带来的影响，而且美国自身也在此次危机后建立起金融管理监督局以统一协调其SEC与CFTC的监管职能，逐步向监管一体化过渡。可以说，目前金融监管一体化是国际上对期权市场监管的主流趋势，其能更好地体现监管效率与效果的优势。为更好地适应市场的发展需要，彼此相互借鉴，产生诸如以政府监管为主的监管模式开始加强行业自律、注重交易所监管和以行业自律为主的监管模式开始倾向于建立集中监管体制的趋同变化。这种金融监管一体化的发展趋势顺应国际金融衍生品市场发展趋势，有利于监管机构之间的协调，避免监管真空或出现混业经营状态下的多重监管，有利于政府集中精力化解局部和整体风险，维护全局金融稳定，进一步降低监管成本。

然而，由于各国期权市场发展基础的差异，交易所自律监管的类型也有不同。如在英国期权市场，交易所承担了期权市场监管的主要职责；在美国、欧洲其他国家以及我国香港，主要是通过交易所与政府监管部门的协调配合来完成期权市场监管职责。不论采取哪种自律监管方式，都是建立在法律法规的基础上，通过合理的监管分工及权力分配，使交易所一线监管更好地发挥其专业、及时和高效的特长。

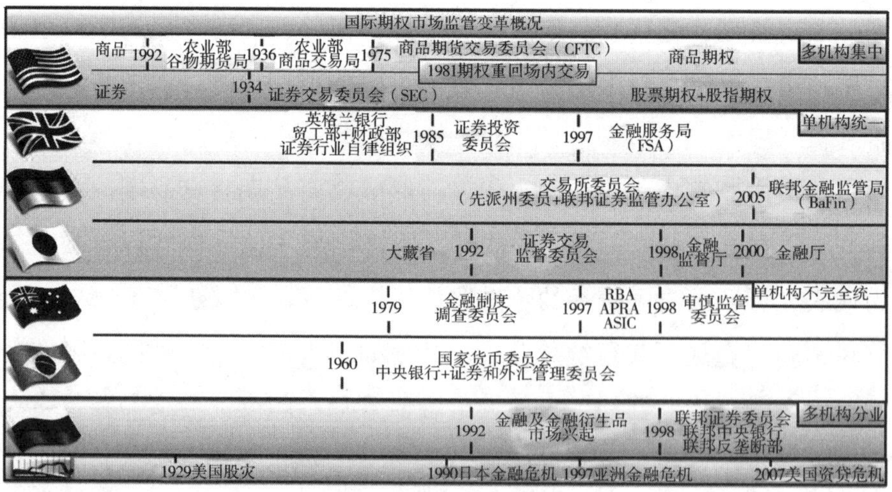

资料来源：王林，《国际期权市场监管体系分析及借鉴》。

图41　国际期权市场监管变革概况

第二章　股票期货、期权产品设计与业务规则研究

第一节　股票衍生品设计及规则体系概述

产品是交易所的生命线，合约设计是市场风险控制和功能发挥的关键。全球各交易所都致力于通过丰富产品系列、优化合约设计，来寻求自身竞争能力，并推动衍生品市场功能发挥。此外，还通过建立会员管理制度、交易结算模式、投资者适当性制度、流动性提供商制度等为市场参与者提供全方位服务，同时防范信用风险、流动性不足等风险，保护市场参与者的利益。

一、股票衍生品设计要素

金融衍生品设计包括产品报价、合约月份、结算价计算、交割方式和交易时间等各方面安排。

（一）产品报价

1. 报价单位

金融衍生品报价单位主要取决于其标的资产种类。在权益类期货产品中，指数类期货以指数点报价为主，个股期货一般以该证券的价格报价；期权类的报价单位与对应标的期货产品基本相同。

2. 最小变动价位

最小变动价位是期货期权合约每次报价变动的最小单位，投资者的报价必须是最小变动价位的整数倍。一般而言，最小变动价位的确定要考虑其对报单

积累及市场深度的影响，最小变动价位越小，报单积累越多，市场深度会相应提升；反之亦然。权益类指数期货产品的最小变动价位主要集中于0.001～10个指数点，最大的如MOEX的MIX指数期货，最小的如ICE的MSCI全球指数期货。个股期货产品的最小变动价位一般介于0.0001～1货币单位，Eurex规定以货币EUR/CHF/USD/Pence计价的个股期货最小变动价位为0.0001，但也有特例，如Lindt & Sprüngli的股票期货合约为0.001 CHF。ICE的南非约翰内斯堡证券交易所股票的个股期货最小变动价位为1 ZAr，其他交易所股票的个股期货的最小变动价位在0.1、0.01、0.001、0.0001不等，以欧元和美元计价的个股期货都为0.0001。CBOT和港交所都规定个股期货合约最小变动价位为0.01美元和0.01港元。

期权产品最小变动价位的设定，常见的做法是设置为标的期货最小变动价位的一半或相等，如ICE的MSCI指数期权最小变动价位与其指数期货相同。由于期权种类繁多，合约设计不一，其最小变动价位还包括从行权价格、权利金等维度进行分类设定。一部分权益类期权产品最小变动价位根据行权价格或权利金的大小进行区分，如E－迷你CME的S&P 500指数期权、SGX的MSCI中国指数期权、CBOE的各类指数期权。ICE的个股期权与对应个股期货的最小变动价位相等。印度国家证券交易所（NSE）的个股期货和个股期权合约的最小变动价位都为0.05 Re.。

3. 合约乘数

合约乘数是将以“点”为计价单位的股价指数或货币指数转化为以货币为计价单位的金融资产的乘数，合约乘数的确定与指数编制方法、市场投资者结构及产品主要服务对象密切相关。除Eurex的德国股指期权[①]外，权益类期权产品合约乘数与其标的期货产品合约乘数基本相同。境外主要交易所的指数类期货基于机构投资者套保套利及各类投资者日常风险管理的不同需求，设置不同大小的合约乘数。

① Eurex的德国股指期权合约乘数为5欧元/点，而德国股指期货合约乘数为25欧元。

在 CME 的代表性产品中，S&P 500 指数产品合约乘数为 250 美元，合约规模在 65 万美元左右（约合人民币 400 万元），主要服务机构投资者巨额套保套利需求；而迷你合约（如迷你 S&P 500 指数合约、迷你道琼斯指数合约、迷你纳斯达克 100 指数等）则相应小得多，其中迷你 S&P 500 指数产品合约乘数为 50 美元，合约规模在 13 万美元左右（约合人民币 80 万元），服务于各类投资者的日常风险管理需求，是全球最为活跃的股指期货品种。

个股期货的合约乘数相对指数期货较小，每只股票的市价水平不同，每手合约包括的股票数量一般也会不同。如 Eurex 个股期货的合约乘数为 10 股、100 股或 1000 股（特例：Lindt & Sprüngli 和 Sika 的股票期货合约乘数为 1 股）。目前，NSE 个股期货和个股期权平均每手合约包含 2800 股左右，最低为 10 股，最高为 45000 股，印度证券交易委员会（SEBI）规定个股期货和个股期权上市初期的合约规模不超过 50 万卢比（Rs. 5 lakhs），此后可以根据交易所的规定进行调整。我国香港交易所个股期货的合约乘数是 1 手相关股票，各上市公司 1 手股票的股数不同，有 100 股的，也有 400 股的，等等。个股期货的合约乘数将根据分红派息、股份拆细等情况而作出调整。

（二）合约月份设计

1. 期货合约月份设计

衍生品合约月份的设计既要考虑现货市场特征，又要考虑期货、期权市场参与者的交易习惯。权益类产品特别是股指期货合约，合约月份一般较密集，一般有两种模式：连续季月或者近期月份加连续季月。Eurex 个股期货的合约包括未来 13 个月和随后 2 年的 12 月，最长周期可覆盖 36 个月。NSE 个股期货合约的最大交易周期为 3 个月，分别为近月、次月及远月。

2. 期权合约月份设计及行权价格间距

期权合约月份通常是比标的期货的合约月份设计更为丰富，除了在期货月份与标的期货保持一致外，在非期货月份设置系列期权，部分产品还设置了半年月或年月，尽量保证每个月都有期权到期。为了方便投资者对冲短线市场风险，CME、CBOE 等还上市了多种周期权。而 NSE 个股期权合约的最大交易周期同个股期货一样，都为3个月，即近月、次月和远月。

期权产品行权价格间距一般根据标的期货价格波动相匹配原则进行分段设置，行权价格间距与期货价格比值保持在一定范围内，为1% ~2.5%。如NSE的个股期权合约行权价格的设置，是以标的股票的波动性为基础，交易所应对行权价格进行审查，如有必要，按季度进行修订。一般而言，权益类远月合约行权价格间距大于近月合约行权价格间距，高指数点位或者高行权价格时的行权价格间距高于低指数点位或低行权价格时的间距。美国的S&P 500指数期权、欧洲的Stoxx 50指数期权和DAX指数期权、英国的富时指数期权、日本Nikkei 225指数期权等设计较为简洁，行权价格间距主要与到期月份有关。香港恒生指数期权、NIFTY50指数期权等相对缜密，不仅与月份相关，也与指数点位或者行权价格相关。

（三）结算价计算方式

1. 每日结算价

每日结算价是合约细则的重要组成部分，是计算投资者当日盈亏的基准价格，也直接决定下一交易日的涨跌停板价格和保证金水平，影响基金、券商资管产品等每日净值估值。每日结算价确定方式主要有两种：第一种是按照收盘前一段时间成交量加权平均价计算；第二种是直接采用某一时点的交易价格或收盘价来确定。采用第一种方式计算当日结算价的交易所，所选取的时间窗口长度不等，如CME多数产品的窗口时长为30秒，ICE、Eurex多数产品近月合约的窗口时长为1分钟，也有部分交易所选取时间窗口较长，如NSE多数权益类和利率类产品近月合约的窗口时长为半小时。采用第二种方式计算当日结算价的交易所较少，部分交易所个股期货或汇率类期货产品会采用当日收盘价作为当日结算价，如NSE的个股期货采用该股票股价收盘价作为当日结算价。此外，CBOT采用个股期货交易结束时的最后出价和最后要价的平均值作为每日结算价。

同标的的期权和期货每日结算价形成机制设计主要分为三类：第一类是Eurex、CBOE等欧美交易所，期货结算价主要是收盘前较短时间内成交量加权平均成交价，而期权结算价主要由交易所通过理论定价模型计算产生，二者形成机制显著不同；第二类是如 ICE，期货结算价是通过收盘前一段时间内成交量加权平均价格产生或取收盘前一段时间最后成交价（如有），最优买报价和最优卖报价三者位居中间值作为结算价，但期权结算价取样的时间窗口显著不同；第三类如 CME、NSE 的部分期货与期权产品，其每日结算价形成机制完全一致。

2. 交割结算价

交割结算价是计算期货、期权交割货款数值的基准。通常情况下，最后交割结算价的计算方式与当日结算价基本相似。但是，由于交割结算价涉及实物证券的价格，各交易所在设计交割结算价时更加关注其被操纵的可能性。国际经验表明，临近交割时，越是成熟的市场，交割结算价越接近现货开盘价或收盘价。如 CME、ICE、CBOE、SGX 多数权益类产品基于最后交易日的开盘价或收盘价作为最后交割结算价，NSE 等新兴市场指数类产品也采用最后交易日相应指数收盘价作为交割结算价。但仍有部分成熟市场和大部分新兴市场为避免市场操纵，采用最后交易日某一个时间段的成交量加权平均价作为价格结算价，如 Eurex、HKEX、MOEX 等交易所。

对于个股期货，Eurex 基本以相应现货市场电子交易系统的各股票现货在合约最后交易日的收盘价作为最后结算价，个别特例是上市的巴西、加拿大、美国的个股期货，分别采用 NYSE Euronext、NASDAQ、AMEX 交易所的开盘或开盘竞价价格作为最后结算价。CME 规定，个股期货可以以指定的结算时间窗口内的成交量加权平均价格（VWAP）作为最后结算价，也可以以指定的结算时间内的出价和要价中点作为最后结算价。

（四）交割方式

权益类期货产品大部分采用现金交割，Eurex 上市的大部分以欧元计价的个股期货既可以现金交割，也可以实物交割，其他部分以欧元计价以及以其他货币计价的个股期货，只能现金交割。CBOE 和 HKEX 的个股期权采用实物交割，此外绝大部分权益类金融期权产品采用现金交割。自 2018 年开始，NSE 上市的个股期货和个股期权产品全部采用实物交割。

（五）交易时间

1. 交易时间

为满足投资者套期保值的风险管理需求，权益类和利率类衍生品交易时间一般早于现货的开盘时间，晚于现货的收盘时间。期权产品的交易时间通常与标的期货的交易时间大体保持一致，但也有个别交易所交易时间并不一致。

成熟市场衍生品交易既包括周一到周五的工作日，也有部分产品在双休日进行交易；除了白天的正常交易时间，很多产品也设置了夜盘交易。相比较而言，新兴市场衍生品交易时长要明显短于成熟市场，大部分产品仅在周一到周五的白天交易，其间还会设置午市休市时间。

2. 最后交易日

境外主要交易所衍生品合约最后交易日设置主要有三种情况：第一种是与合约到期日相同，如 CME、HKEX、CBOE 的各种权益类期货期权产品；第二种是早于合约到期日前一天或两天，其交易时间也通常早于其他普通交易日的时间，如 SGX、BM&FBOVESPA 等交易所的权益类期权产品；第三种是合约交割月份的特定时间，如第三个星期三/星期四/星期五等，或者特定时间点的前一个或两个营业日，这类设定常见于 CME、ICE、Eurex 等各类交易所。Eurex 规定一般情况下合约到期月份的第三个星期五为最后交易日，但对于意大利股票的个股期货，最后交易日为合约到期月份第三个星期五的前一个营业日。

二、会员管理制度

（一）多层次会员体系

境外主要期货交易所无一例外地都采用了会员分层体系，分层结构体系的广泛运用使会员的交易权与结算权相分离。一般而言，境外期货交易所并不对可成为会员的具体机构类型进行限定，任何金融机构均可以自主选择成为任何一种交易会员或清算会员。银行、证券公司、基金公司等非期货公司，选择以客户的身份还是以会员的身份进入市场，也完全是其根据自身实力作出的一种商业选择。

这样，实力较弱的会员便只拥有在交易市场的交易权，不具有与交易所进行结算的资格，而需通过清算会员代理结算。只有实力较强、具备结算和风控能力的少部分机构才拥有与交易所直接结算的权限，更进一步地，一些境外交易所会按照业务范围将清算会员分为交易清算会员、全面清算会员和特别清算会员。

这种交易业务权限与结算业务权限相分离的多层次体系，为期货交易所有效控制与化解风险提供了保障。因为金字塔式的分级结算有助于市场逐级控制和化解风险，有利于形成多元化、多层次的风险控制体系。因此，多层次会员体系可以分散交易所风险，强化交易所整体抗风险能力，促进交易所健康平稳发展。

表 25　　各交易所会员体系

交易所	会员类型	类型描述
CME	非清算会员	需通过清算会员代理结算
	清算会员	可与交易所直接结算
ICE Europe	一般参与者	自营和代客交易
	交易参与者	只为自营或关联公司交易
	个人参与者	为自己和其他个人参与者交易
	清算会员	可与交易所直接结算
ICE US	个人会员	可进行个人交易
	公司会员	可进行公司交易
	清算会员	可与交易所直接结算
Eurex	非清算会员	交易会员
	一般清算会员	只能为其自身的交易、其客户的交易和其取得非清算会员资格的全资控股子公司的交易进行结算
	全面清算会员	除一般清算会员能够提供的服务外，还可以为与其签订结算协议的非清算会员提供结算服务
SGX	自营交易会员	仅为自营账户和/或其相关公司的自营账户进行交易，且必须指定清算会员进行清算
	交易会员	除自营交易外，可进行代客交易，但必须通过清算会员进行清算
	清算会员	除清算自己的交易外，也可清算交易会员和自营交易会员的交易

续表

交易所	会员类型	类型描述
HKEX	交易参与者	可在期交所进行交易
	一般结算参与者	只能为自身及客户的账户结算
	全面结算参与者	可为其自身及客户的账户结算，也可为非结算参与者做结算
BM&FBOVESPA	交易会员	不具有和巴交所系统直接交易的权利，需通过一个或多个全面交易会员进行交易
	全面交易会员	具有和巴交所系统直接交易的权利，可做自营代客交易，也可为其他交易会员交易
	自营清算会员	一是可为其自身和其客户进行清算；二是可为在同一经济集团内的公司和由其他机构代理的在同一经济集团的公司进行中间业务；三是可为由他们管理的或由他人管理的但是属于同一经济集团有关的投资实体进行清算
	全面清算会员	为自营和其代理的客户清算，同时也可以为被认定为合格客户的其他经纪商的账户和大型机构投资者账户进行清算
MOEX	全面清算会员	可清算权益、货币、商品三个分部的交易
	权益清算会员	可清算权益分部的交易
	货币清算会员	可清算货币分部，包括利率和汇率衍生品的交易
	商品清算会员	可清算商品分部的交易
NSE	交易会员	可进行自营和代客交易，但清算必须通过交易兼清算会员或专业清算会员完成
	交易兼自清算会员	可进行自营和代客交易及清算
	交易兼清算会员	可进行自营和代客交易及清算，也可清算其他交易会员的交易
	专业清算会员	只能清算选择他们服务的交易会员的交易

表 26　　　　各交易所会员机构类型

交易所	机构类型
CME	银行、投资银行、期货公司、对冲基金、结算与托管公司等
ICE Europe	银行、期货公司、证券公司、投资银行等
ICE US	银行、期货公司、证券公司、投资银行等
Eurex	银行、证券公司、基金公司等
SGX	银行、期货公司、证券公司、投资银行等
HKEX	期货公司、证券公司、投资银行等
BM&FBOVESPA	银行、私募、期货公司、投资公司等
MOEX	银行、投资银行等
NSE	银行、证券公司、基金公司、期货公司、投资公司等

（二）会员权利义务

首先，交易所会员标准设置一般与会员主营业务属性无关。境外市场金融机构通常可同时从事期货经纪和自营业务，少有专门从事经纪业务的期货公司。大多数境外交易所均未按照机构业务范畴将其划分为经纪会员或自营会员等会员类型，会员体系既适用于分业经营也适用于混业经营。

其次，清算会员要求整体高于非清算会员，严守结算风控标准。各境外期货交易所通常对非清算会员设置较低的准入门槛；但对清算会员则从资本金与财务指标、技术系统、人员配置、担保基金缴纳等多个方面提出较高的综合性要求，并对清算会员进行严格的持续性监督。

表 27　　各交易所清算会员资格要求的主要方面

交易所	主要方面
CME	资本金、交易席位、担保基金
ICE Europe	资本金、技术系统、担保基金
ICE US	净资本、股份、风控制度
Eurex	净资本、牌照、担保基金
SGX	资本金、牌照、人员配置
HKEX	速动资金、储备基金
BM&FBOVESPA	净资本、流动资产
MOEX	净资本、牌照
NSE	净资本、担保基金

最后，对于境外期货交易所来说，清算会员是其传统的追责对象。一般情况下，交易所不对非清算会员进行穿透式监管。例如，清算会员承担着非清算会员和客户的清算和风险管理责任，如果非清算会员违约，清算会员只能先替非清算会员担责，之后再追究其责任。这种分层模式可以有效分散风险，便于交易所的整体控制。

三、交易结算制度

（一）交易清算经纪业务的 Give - up（让仓）机制

执行交易的交易所会员将某一笔交易交由另一个会员来清算，这种交易的转移被称为 Give - up。Give - up 机制将交易经纪业务和结算经纪业务相分离，允许客户分别选择不同的会员进行交易和结算。不同的会员可以发挥各自的特长，这有利于提高交易和结算的效率。从各家交易所来看，除印度和莫斯科的交易所没有发现允许 Give - up 交易的证据之外，其余交易所都允许 Give - up 交易。

总体来看，允许 Give - up 交易的交易所的相关规定比较类似。首先，相关各方需要提前签订 Give - up 协议，就各方的权利、义务作出规定。其次，在开展具体的 Give - up 交易时，大多数交易所不进行审批。只要接收方对发起方发起的 Give - up 交易进行确认，即表示 Give - up 交易的转移完成。最后，大多数交易所规定发起 Give - up 交易的最晚申请时间为达成交易的下一交易日收盘时。

表 28　　境外主要交易所 Give - up 机制说明

交易所	主要内容和形式	交易所审批	交易指令是否需要标识	最晚申请时间
CME	CME 的清算会员不直接针对个人客户开展 Give - up 交易，通常是与执行经纪人签订 Give - up 协议	不需要	N/A	N/A
Eurex	允许交易指令必须提前被标识为 Give Up Trade，且相关各方已经知会和同意	不需要	是	T+1 盘后全交易时段
ICE 美国	1. 清算会员可与非清算会员或其他客户签订 Give - up 协议 2. Give - up 交易会记录在清算系统和清算会员的记录中，并在 eGAINS 系统中进行计费	不需要	是	N/A
ICE 欧洲	1. 清算会员可与非清算会员或其他客户签订 Give - up 协议 2. Give - up 交易会记录在清算系统和清算会员的记录中，并在 eGAINS 系统中进行计费	不需要	是	N/A
HKEX	由发起方在下一交易日（T+1）的 18 点 45 分之前在清算系统中提交申请，并且由接收方确认，即完成	不需要	否	T+1 的 18：45

续表

交易所	主要内容和形式	交易所审批	交易指令是否需要标识	最晚申请时间
SGX	清算会员可以与客户或另外一家清算会员达成 Give - up 协议。Give - up 交易必须获得交易所清算机构的同意才可完成	需要	否	T+1 的清算系统清算时点
巴交所	Give - up 交易的发起有两种形式：一种是由 Give - up 公司向“进入”方发出转移指令；另外一种是由最终客户直接向“进入”方发出转移指令	不需要	否	当日 18：50
NSE	不适用			
MOEX	不适用			

（二）交易结算分离

交易结算分离指的是以信用交易为基础，不对交易前逐笔资金进行检查，改变交易与结算前后串联的关系，使交易与结算同时进行成为可能的一种交易结算安排机制。境外交易所大都采取交易和结算分离的机制，总结起来主要有以下特点。

一是信用交易。各家交易所每日收盘结算补足保证金的最后期限多为第二天开盘之后，不要求对收盘之前所有交易的结算完成之后才能再次开盘，盘中不在每一笔交易之前对会员资金情况进行实时检查。交易所交易系统并不实时估算结算会员资金情况，并且不承担交易前资金检查职能，因此交易所对会员的交易授予了一定的信用。

表 29　　境外主要交易所清算会员信用交易规则说明

交易所	是否允许信用交易	保证金追缴期限	主要的风险控制措施	是否实时监控会员资金
CME	是	T+1 日 7：30	要求清算会员资本充足率保持高水平，并持续监控清算会员的财务稳健状况。此外，还为会员提供了包括信用控制、风险管理界面等在内的风险管理工具	否

续表

交易所	是否允许信用交易	保证金追缴期限	主要的风险控制措施	是否实时监控会员资金
Eurex	是	T+1日盘前	为每家清算会员设定“最大名义风险暴露”的信用风险阈值。超过这一阈值，需要在一段合理期限内减少风险暴露	N/A
ICE美国	是	N/A	交易系统能够提供可靠及时的价格数据，清算机构接收交易系统的实时价格，以便为每个清算会员实时计算风险和损益以及实时的初始保证金和变动保证金要求。当超过定义的阈值时，系统会发出警报	否
ICE欧洲	是	T+1日9：00	交易系统能够提供可靠及时的价格数据，清算机构接收交易系统的实时价格，以便为每个清算会员实时计算风险和损益以及实时的初始保证金和变动保证金要求。当超过定义的阈值时，系统会发出警报	否
HKEX	是	T+1日9：15	在日盘（T Session）收盘后，使用PRiME系统启动清算程序，清算参与者必须立即补足保证金，否则将会被按照违约程序处理	否
SGX	是	N/A	对清算会员进行内部信用评级、定期现场检查，密切关注清算会员或其母公司/子公司的财务状况、外部信用评级和CDS利差、清算会员受市场状况/情绪/新闻的影响情况等	N/A
巴交所	是	T+1日15：50	结算采用T+1机制，在结算中使用DvP，缴纳抵押物，成立结算基金，制定清算会员的日内风险限额、持仓限额、具有公司风险的抵押物限额等操作限额	否
NSE	是	T+1日10：30	现金结算采用T+1机制，并通过会员支付增加（Scaled Up）的保证金控制信用风险。股指期货每季度会员有一次机会选择T+0。交易所向清算会员汇入的资金则没有T+0的选择权，只在T+1日汇入	否
MOEX	是	T+1日13：15	为每一位清算会员计算实时的交易限额（Trading Limits），即在交易系统中开仓总数量的上限	N/A

二是盘中保证金计算与追缴。盘中试算主要目的是缩短会员持仓亏损的时限，减少会员的信用交易风险。境外交易所大多一日多结并视市场状况或清算会员资金情况采取有针对性的额外风险控制措施。CME、ICE 美国、HKEX、SGX 以及巴西证券期货交易所和莫斯科交易所每日都进行两次以上的保证金计算和追缴，Eurex 为会员设置了信用限额，印度国家证券交易所和 ICE 欧洲则会在市场动荡时对受影响的会员进行额外的盘中保证金试算。

三是追缴保证金的时限和机制不同。有的交易所规定超过最后追缴期限将直接进入违约程序。例如，CME 和 HKEX 规定若会员未能在结算后规定的时间（第二天 7：30 或 9：15）内补缴保证金至初始保证金水平则直接视为违约，进入违约处理程序。有的交易所，如 Eurex、ICE、巴交所、NSE 和 MOEX 虽然规定了补缴最后期限，但是超过之后会要求追加额外的保证金，并不明确视为违约。有的交易所，如 SGX 对保证金的追缴期限没有统一的规定。

表 30　　境外主要交易所固定盘中保证金计算和追保机制说明

交易所	是否盘中固定试算	计算次数	盘中试算时点	盘中结算价	清算交易时段	试算时长	后续处理
CME	是	一次	11 点	11：00 的市场价格	上一交易日 17 点至当天 11 点	一小时	在 12：00 前后发出追保通知，银行在 13：30 进行划账处理
Eurex	否	—					
ICE 美国	是	两次	9 点、13 点	N/A	N/A	N/A	会员应在收到追缴通知 1 个小时内完成保证金缴付
ICE 欧洲	否	N/A	N/A	N/A	N/A	N/A	会员应在收到追缴通知 1 个小时内完成保证金缴付
HKEX	是	一次	交易时段不定时	夜盘收盘价	前一日 17 点 15 分至当日凌晨 1 点 45 分	N/A	清算参与者必须在收到报告的两小时以内补足保证金
SGX	是	三次	上午、下午、日终结算之后	最新市场价	不固定	N/A	N/A

续表

交易所	是否盘中固定试算	计算次数	盘中试算时点	盘中结算价	清算交易时段	试算时长	后续处理
巴交所	是	多次	9点到20点每20分钟	最新市场价	不固定	N/A	当会员 Operating Balance 小于零时，参与机构应在当天将 Operating Balance 提高到大于零
NSE	N/A	—					
MOEX	是	一次	14点	14点的市场价格	前一交易日19点至当天14点	15分钟	收到追保通知后，应分别在当天18点之前补足保证金

（三）无法常规性获得个股期货/期权结算价的制度规定

对于每日结算价，CME规定，如果无法通过常规办法确定合约结算价，将使用合约月份之间的相关价差关系得出结算价。如果交易所认定已得出的结算价格不能准确反映相关市场情况，则交易所可以根据其他市场价格确定结算价格，包括在其他市场上交易的类似合约的结算价格，如同一基础证券的多种衍生品之间可互相参考（迷你或微型），适用统一结算价。对于通过 ClearPort Clearing 结算的，未通过上述方法之一清算的合约，工作人员应基于对相关市场数据的考虑来确定此类合约的结算价格，包括但不限于相关 OTC 产品的交易活动、从场外交易市场参与者处获得的定价数据、相关产品的结算价格，以及来自工作人员认为可靠来源的任何其他定价数据。

尽管有上述规定，但如果一个产品的结算价格（按照该产品的常规方法得出）与结算期间其他月份/行使价合约的交易、出价或要价，或其他相关市场信息不一致，或者如果没有相关市场交易，则交易所官员可以确定最能反映结算时间或定义的结算期间的真实市场估值的结算价格。

CME规定，如果在最后结算日，清算所（Clearing House）无法获得结算价格或正确的结算价，那么可以清算所有权利以保护投资者和公众利益为基础，考虑买方和卖方的公平性、公平有序市场的维护、行动的合理一致性等，据此得出的判断作为最后结算价。如果清算所认为合理，可以以基础证券前一交易日的官方收盘价作为结算价；清算所还可以以相关证券在主要市场再次开盘的开盘价格作为最后结算价，如果是这样，那么相应期货产品的结算支付应推迟到确定最后结算价的下一个工作日，实物交割的证券期货产品（Security Futures Products），交割日也应相应推迟。ICE 也有类似规定，如果在合约交割月份，无法获得相应参考价格（Relevant Reference Price），交易所将利用其绝对酌情权（in Its Absolute Discretion），以与该合约现货证券的市场价值相一致为基础，确定该合约的 EDSP（Exchange Delivery Settlement Price）；交易所完全可以酌情决定是否更改最后交易日，或者改变价格参考日（Reference Day）。

四、投资者适当性制度

本文以《上海证券交易所股票期权试点投资者适当性管理指引》（以下简称《指引》）为例，简要介绍投资者适当性制度。《指引》具体制度要求包括三大部分：投资者适当性管理、投资者分级管理和投资者教育。在投资者适当性管理中，明确了投资者适当性标准、适当性综合评估基本要求和投资者知识测试要求。

表 31　　上交所期权交易的投资者适当性标准

<table>
<tr><th>要求类别</th><th>个人投资者参与期权交易的条件</th><th>普通机构投资者参与期权交易的条件</th><th>专业机构投资者</th></tr>
<tr><td>账户资金/市值</td><td>申请开户前 20 个交易日日均可用余额，合计不低于人民币 50 万元</td><td>申请开户前 20 个交易日日均可用余额，合计不低于人民币 100 万元</td><td rowspan="3">专业机构投资者参与期权交易，不对其进行综合评估，包括：
1. 商业银行、期权经营机构、保险机构、信托公司、基金管理公司、财务公司、合格境外机构投资者等专业机构及其分支机构
2. 证券投资基金、社保基金、养老基金、企业年金、信托计划、资产管理计划、银行及保险理财产品，以及由第一项所列专业机构担任管理人的其他基金或者委托投资资产</td></tr>
<tr><td>交易能力</td><td>证券公司/期货公司开户 6 个月以上，具备融资融券参与资格和金融期货交易经历
具有认可的期权模拟交易经历
通过认可的期权基础知识测试</td><td>相关业务人员具有认可的期权模拟交易经历
相关业务人员通过认可的期权基础知识测试</td></tr>
<tr><td>风险承受能力</td><td>具有相应的风险承受能力</td><td>净资产不低于人民币 100 万元</td></tr>
</table>

（一）投资者适当性管理

1. 投资者适当性标准

上交所从三个方面设定了投资者适当性标准，包括账户资金/市值、交易能力和风险承受能力。并对个人投资者、普通机构投资者和专业机构投资者规定了参与期权交易的相应条件，如表 31 所示。

2. 综合评估基本要求

个人投资者参与期权交易，应当通过期权经营机构组织的期权投资者适当性综合评估（以下简称综合评估）。投资者应当如实提供有关综合评估的证明材料，并保证证明材料的真实、准确、完整。期权经营机构应当对个人投资者的基本情况、投资经历、金融类资产状况、期权基础知识、风险承受能力和诚信状况等方面进行综合评估。具体要求包括：

（1）制定期权投资者综合评估的实施办法，选择适当的投资者参与期权交易；及时将投资者适当性管理的操作指引和相关工作制度，报交易所备案。

（2）对投资者是否符合“期权试点投资者适当性管理指引”规定的参与期权交易的条件进行核查。

（3）通过评估问卷等方式，对客户的风险承受能力进行专项评估；向客户明确告知评估结果，提示其审慎参与期权交易，并对提示情况进行记录、留存。

（4）要求客户进行现场开户，试点期间不得采取见证开户、网上开户及其他开户方式。

3. 期权投资者知识测试

《指引》规定，期权经营机构应当按照本《指引》要求开展期权投资者知识测试，测试成绩用于投资者交易权限级别的核定和期权基础知识的得分评估。投资者本人参加并通过相应等级知识测试的，可以向期权经营机构申请相应等级的交易权限。《指引》对测试地点、组织人员等具体要求如表 32 所示。

表 32　　上交所期权投资者测试形式和要求

测试形式	知识测试应当在期权经营机构营业场所内进行。测试完毕后，期权经营机构应当为投资者打印成绩单并盖章 投资者本人和普通机构投资者指定的相关业务人员，应当在成绩单上签字 期权经营机构客户开发人员不得兼任知识测试组织人员 知识测试成绩长期有效，并可用于在其他期权经营机构申请开户
测试要求	个人投资者应当逐级参加知识测试，未通过前一等级考试的，不得参加后一等级的考试 普通机构投资者指定的相关业务人员，应当参加交易所认可的相关知识测试 知识测试成绩长期有效，并可用于在其他期权经营机构申请开户

（二）投资者分级管理

《指引》要求期权经营机构对个人投资者参与期权交易的权限进行分级管理。个人投资者申请的交易权限级别分为一级、二级、三级交易权限。《指引》要求期权经营机构应当根据客户交易权限的分级结果，采取适当方式对客户的期权交易委托指令进行前端控制，对不符合交易权限的交易委托予以拒绝。

表 33　　上交所期权投资者交易级别和要求

交易级别	交易要求
一级个人投资者	在持有期权合约标的时，进行相应数量的备兑开仓，或者进行相应数量的认沽期权买入开仓 对所持有的合约进行平仓或者行权
二级个人投资者	一级交易权限对应的交易 买入开仓
三级个人投资者/普通机构投资者、专业机构投资者	二级交易权限对应的交易 保证金卖出开仓

《指引》对期权经营机构在执行投资者分级管理的过程中，提出如下具体要求：

（1）在期权经纪合同中载明个人投资者分级管理的具体标准、程序和要求，并就分级管理事宜向个人投资者进行充分说明。

（2）通过电话、电子邮件、网络、营业部现场交流等方式，动态跟踪投资者开立衍生品合约账户时提供的基本信息，持续了解投资者的基本情况、财务状况以及期权交易参与情况等信息。

（3）根据对客户情况的动态跟踪和持续了解，至少每两年对所有已开户的客户的交易情况、诚信记录、风险承受能力等进行一次全面评估，判断其是否符合适当性管理以及交易权限分级管理的相关要求。评估结果应当予以记录留存。

（4）参考投资者适当性评估结果，对享有不同交易权限的客户制订相应的服务方案和管理流程，在期权投资咨询、资产管理、投资者教育等方面提供有针对性的服务，引导客户理性投资。

（5）如果发现客户的实际情况已经不符合其交易权限对应的资格要求，或者出现期权经纪合同中约定的调低交易权限的情形，可以自行调低客户交易权限，应至少提前三个交易日通过纸面或者电子形式告知客户并予以记录留存。

此外，个人投资者可以根据自身情况向期权经营机构申请调低或调高交易权限。申请调高交易权限的前提条件：个人投资者的知识测试成绩、期权模拟交易经历以及金融类资产状况发生变化，满足较高交易权限对应的资格要求。

（6）如果调整客户交易权限，应当就调整后可能增加的投资风险或者可能丧失的交易权限对客户进行提示，并对相关告知和提示材料予以记录留存。

（7）为客户核定或者调整交易权限分级结果后，应按照交易所要求的时间和格式，将客户的名单及分级结果提交交易所。

（三）投资者教育

投资者交易的核心是向交易者全面介绍期权知识，宣传期权法律、法规、规章与业务规则，充分揭示期权交易风险。《指引》要求期权经营机构应当：

（1）设置期权投资者教育专岗，根据客户的不同需求和特点，对期权投资者教育工作的形式和内容作具体安排。

（2）在公司网站及营业部现场，开设期权投资者教育专栏，并持续利用柜台交易系统、电子邮件、短信等有效方式进行投资者教育。

（3）在公司网站建立与交易所投资者教育网站期权投教专区的链接。

（4）通过公司网站、柜台交易系统等有效方式及时向客户发布交易所发布的与期权相关的市场通知、风险提示、停复牌公告等重要信息。

五、流动性提供商制度

（一）上交所股票期权做市商制度概况

上交所于2015年和2016年分别对其《上海证券交易所股票期权试点做市商业务指引》和《股票期权做市商业务指南》（以下简称《指南》）进行了修订并发布。按其中定义，期权做市商（以下简称做市商），是指按照相关规定和要求，为交易所挂牌交易的期权合约提供流动性服务的期权经营机构或者交易所认可的其他专业机构。从严格意义上讲，流动性提供商和做市商的定义有所不同，但目的都是对标的证券或产品提供流动性服务，所以本文主要介绍做市商制度。

1. 做市商的分类、总体要求和申请

上交所期权交易采用在竞价交易制度下引入竞争性做市商的混合交易制度。上交所将做市商分为主做市商和一般做市商。主做市商应当：（1）向投资者提供双边持续报价；（2）对投资者询价提供双边回应报价；（3）本所规定或者做市协议约定的其他业务。一般做市商应当提供前述第（2）、（3）项规定的做市服务。此外，对于合约品种中交易不活跃、缺乏做市商提供做市服务的合约，交易所可以根据各主做市商净资本规模以及评价状况，指定不少于3家净资本较大的、评价较好的主做市商为特定期权合约提供做市服务，优先选择该合约所属合约品种的做市商。

在满足做市申请条件的前提下，如连续3个月参与期权模拟交易做市并符合交易所指标要求、已经制订了完备的做市业务实施方案、风险控制制度及有关内部管理制度等，可以向交易所申请为合约品种提供做市服务。首次做市需要向交易所提交做市申请材料，包括内部管理制度、负责做市业务的部门、岗位设置、人员情况说明、开展做市的技术系统准备情况等。通过交易所的审核、签订做市协议后，方可开展期权做市服务，并在开展做市业务前3个交易日向交易所报备做市业务使用的衍生品合约账户和对应的证券账户，以便交易所对做市业务进行统计和监督管理。

做市商开展期权做市业务需设立交易岗、风险控制岗、技术运维等岗位，并建立备岗机制。交易岗应当安排专人专职负责，不得由自营或其他期权业务线人员兼任。期权做市业务涉及风控、合规、清算、信息技术等多个业务和功能支持部门，做市商需要针对各项业务环节制定健全的业务制度和完备的业务流程，如做市商需要制定做市业务管理办法、风险管理制度和应急预案。做市业务应当和经纪、自营、资产管理等业务进行有效隔离，防止敏感信息的不当流动和使用。

2. 做市商的义务和权利

表 34　　期权做市商的报价义务要求

指标	定义	适用范围	义务要求
最大买卖价差	—	持续报价和回应报价共用	当月及下月合约的最大买卖价差不超过买价的 max（10%，0.0025 元） 下季及隔季合约的最大买卖价差不超过买价的 max（20%，0.0025 元）
最小报价数量	—	持续报价和回应报价共用	连续竞价期间的最小报价数量为 10 张 集合竞价期间的最小报价数量为 1 张
持续报价参与率	指持续报价时间在交易时间中的占比，可分为连续竞价参与率和集合竞价参与率	仅适用于持续报价	连续竞价参与率不低于 80% 开盘和盘中集合竞价参与率不低于 50% 收盘集合竞价参与率应不低于 80%
合约覆盖率	—	—	持续报价时，主做市商不低于 80% 开盘集合竞价中，主做市商不低于 50% 收盘集合竞价中，主做市商必须对所有合约履行报价义务
回应报价最长时限	—	仅适用于回应报价	在收到客户询价 15 秒以内给出回应报价
回应报价保留最短时间	—	仅适用于回应报价	15 秒
回应报价参与率	指回应报价数量与询价数量的比率	仅适用于回应报价	不低于 70%

做市商在承担做市义务的同时享有一定的权利，包括申请提高持仓限额以

及做市义务豁免等。做市商可以根据《上海证券交易所股票期权持仓限额管理业务指引》的有关规定，向交易所衍生品业务部提出提高持仓限额的申请。持仓限额申请包括：权利仓持仓限额、总持仓限额、每日买入开仓限额等。做市商做市义务豁免的情形主要包括：（1）期权合约最新成交价涨停或者跌停，做市商可以仅提供单边报价；（2）当合约标的为股票的期权合约的最新成交价小于0.005元，或者合约标的为指数ETF基金的期权合约的最新成交价小于0.001元时，做市商可以暂停对该合约提供买入报价；（3）因不可抗力、意外事件或者技术故障等无法继续提供做市服务，做市商可以暂停对部分或者全部合约品种提供做市服务，并立即向交易所报告。

交易所对做市商的持续报价和回应报价分别进行评价，并明确了评价指标的具体计算方式，如表35所示。其中，开盘集合竞价参与率、盘中熔断集合竞价参与率、连续竞价与收盘集合竞价参与率综合指标，《指南》中也都有详细的计算说明。交易所每年12月对做市商在上一年度12月21日至本年度12月20日的做市情况进行综合评价，并向市场公布。为提高做市商提供做市服务的积极性，交易所会根据做市商评价结果，对做市商给予交易经手费适当减免或激励。

表35　　上交所对做市商持续报价和回应报价的评价方式

评价内容	评价指标	指标计算
持续报价	时间加权平均报价差率	做市商报价差/允许买卖价差
	加权平均参与率	5%×开盘集合竞价参与率+10%×盘中熔断集合竞价参与率+85%×连续竞价与收盘集合竞价综合参与指标
回应报价参与率	—	回应报价次数/询价次数

（二）美国CBOE的做市商制度概况

在衍生品市场中，一般认为CBOE是最早引入做市商制度的市场。由于深度虚值和深度实值的期权交投不活跃，为了给这些合约保证足够的流动性，CBOE仿照证券交易所引入做市商制度。从CBOE的相关文件来看，早在1973年CBOE就有了做市商制度。经过数十年的发展，CBOE已经形成了分工明确、高效完善的做市商体系。目前，CBOE 的做市商主要包括普通做市商（Market Maker，MM）、指定主要做市商（Designated Primary Market Maker，DPM）、领先做市商（Lead Market Maker，LMM）和优先做市商（Preferred Market Maker，PMM）。CBOE 对不同类型做市商的权利和义务都有详细规定。

1. 普通做市商

普通做市商是 CBOE 最为基础的做市商类别，个人或机构许可持有者（Trading Permit Holder，TPM）都可以申请成为 MM，为大厅交易或在电子交易平台提供报价。CBOE 对 MM 的规则适用于所有其他类型的做市商。

（1）普通做市商的义务

CBOE 要求做市商努力维护公平、有序的市场环境。对于负责做市的期权品种，做市商须在市场缺乏连续报价、买卖订单失衡或不同合约价格关系出现短暂扭曲等情况时按照交易所规定的最大价差和最小报单数量要求提供连续报价。

MM 的具体做市义务取决于其做市期权品种的成交量中电子报价成交的比例，以及期权品种挂牌上市的时间。在任何一个季度的常规交易时段（Regular Trading Hours）中，如果该比例小于或等于 20% 或期权品种挂牌上市时间尚不足 90 天，MM 没有连续电子报价（Continuous Electronic Quotes）义务①，仅需对大厅经纪商的询价提供满足最大价差和最小报单量要求的双边报价。

如果该比例大于 20% 且期权品种挂牌上市时间超过 90 天，则从下一个季度开始，MM 需对其做市期权品种中剩余期限小于 9 个月的 60% 合约序列提供连续的电子报价。当做市期权品种的标的证券处于涨停、跌停价格时，豁免 MM 在该期权品种的报价义务。

无论在做市期权品种成交量中电子报价成交的比例是否大于 20%，MM 若进行电子报价，其最大价差和最小报单量都必须满足 CBOE 的规定。不同期权

① 如果做市商每个交易日为其做市期权品种提供双边电子报价（Electronic Two - sided Quotes）时间占比达到 90%，即认为提供了连续电子报价。尽管连续电子报价相关考核指标按月考核，但做市商每个交易日的电子报价时间占比都必须达到 90%。

品种的报价要求各不相同，CBOE 各有具体规定，其中同一期权品种的价差要求还会因期权价格不同而不同。

（2）普通做市商的权利

做市商的权利主要包括持仓额度调整和交易手续费优惠两个方面。第一，CBOE 依据期权品种标的证券最近 6 个月的交易量和流通数量情况，将期权品种的持仓额度划分为 25000 手、50000 手、75000 手、200000 手和 250000 手 5 个档次。做市商因做市业务开展需要，可以向 CBOE 申请增加持仓额度。第二，做市商的交易手续费优惠形式，主要包括更低的交易手续费和流动性提供者浮动（Liquidity Provider Sliding Scale）计划等激励措施。CBOE 通过监管通知（Regulatory Circulars）发布不同类型投资者的交易手续费标准和对做市商的激励措施。对于指数期权的交易费用，个人投资者最低每张 0.35 美元，而对做市商只收取 0.2 美元。此外，还有进一步的返还、折扣或减免，以激励做市商的主动报价行为。2018 年 4 月 16 日，CME 对 13 个品种的农产品、外汇、债券等期货和期权产品发布做市商激励计划，激励方式主要是订单优先权分配和交易所费用折扣，实行滚动式激励，即依据前一季度评级，决定下一季度激励对象。

2. 指定主要做市商

DPM 是 CBOE 非常重要的一类做市商，CBOE 对其资格要求更高，赋予的权利和义务也更多。每一个期权品种只能有一个 DPM。

（1）指定主要做市商的义务

DPM 的义务主要包括报价义务和维持市场秩序两类。DPM 须遵守对于 MM 的所有要求，并为做市的期权品种提供连续电子报价。具体要求包括合约覆盖率、最大价差和最小报单量、报价公式、开盘集合竞价。

在报价义务之外，DPM 还须在交易过程中履行如下义务：一是维持交易所的竞争力，努力提升做市期权品种的流动性。具体措施包括协助交易所进行市场宣传、会员沟通和投资者教育；二是及时告知交易所财务状况等方面发生的重大变化；三是以适当方式隔离做市业务与其他业务等。

（2）指定主要做市商的权利

DPM 除享有持仓额度调整和手续费优惠等权利外，在获得订单流方面也有一定优势。CBOE 对所有公众客户指令执行完毕后，对 DPM 分配剩余的最优报价单，具体如下：

当存在一个做市商提供最优报价时，DPM 可以获得 50% 的最优报价订单；当存在两个做市商提供最优报价时，DPM 可以获得 40% 的最优报价订单；当存在三个及以上做市商提供最优报价时，DPM 可以获得 30% 的最优报价订单。

当做市期权品种的标的证券处于涨停、跌停价格时，豁免 DPM 在该期权品种的报价义务。但如果 DPM 选择继续提供满足要求的报价，仍然能够获得相关的权利。

3. 领先做市商

如果某一期权品种没有 DPM，CBOE 可以指定一个或多个普通做市商为 LMM，参与改善大厅交易或者电子交易。CBOE 根据 MM 的资本充足情况、期权交易经历、遵守交易所规则表现以及履行领先做市商义务等方面的信息来选择 LMM。

LMM 的作用主要是补充合约到期月流动性，因此其资格有效期限较短，通常为从合约到期月第一个交易日开始，至合约到期日结束。CBOE 会评估和考察 LMM 的做市表现，若 LMM 不能履行做市义务，则有可能被取消资格。若 LMM 被取消领先做市资格，交易所将指定 1 个或多个临时 LMM，直到做市合约到期。

LMM 的报价义务和获得不同比例最优报价订单的权利与 DPM 相同。此外，也要努力提升交易所的竞争力，及时告知交易所财务状况等方面发生的重大变化。

4. 优先做市商

在某些期权品种上，CBOE 允许 TPH 在传递订单流时，指定一个做市商为该订单的优先做市商。CBOE 规定任何类型的做市商——普通做市商、指定主要做市商、领先做市商，均可以向交易所申请成为优先做市商。

优先做市商的报价义务与指定主要做市商相同，在获得不同比例最优报价订单的权利上，比指定主要做市商略高。如果优先做市商提供连续报价满足要求，根据市场存在最优报价做市商的数量，优先做市商享有获得不同比例最优报价订单的权利。当存在一个做市商提供最优报价时，优先做市商可以获得50%的最优报价；当存在两个及以上做市商提供最优报价时，优先做市商可以获得40%的最优报价。

优先做市商以优先做市商身份享有获得不同比例最优报价订单的权利后，不能以其他类型做市商（如指定主要做市商、领先做市商等）身份重复享受该项权利。

5. 做市商的监管

CBOE 对做市商的监管主要是检查做市义务执行情况、有无市场操纵，以及交易所认定的其他合规情况。交易所形成了一套完整的监管指标体系，大约有近 80 多种指标以评定做市商的市场行为。为了防范做市商操纵市场，除了交易所监管做市商外，FINRA 还对 CBOE 的做市商进行特别监管，如连续报价监控、开盘报价监控、报价宽度监控等，CBOE 对这些义务规则都有明确的条款说明。

第二节　股票期货产品设计、业务规则范例

一、韩交所股票期货

根据世界交易所联合会，2018 年韩国交易所个股期货共成交 5 亿张合约，比上年增长约 79%，在全球交易所个股期货成交量中排名第一，成交的个股期货合约名义金额共计 3368 亿美元。其中，SK hynix 和 DRV Futures LG Display 股票期货进入全球个股期货成交量排名前十，分别位列第二位和第六位。目前韩交所共上市了 138 只标的股票的个股期货，其产品设计及业务规则如下。

标的资产：包括主板市场股票 119 只，创业板股票 19 只。

交割月：1 月到 11 月的每月 2 个合约，12 月有 3 个合约。

最后交易日：合约月份的第 2 个星期四。

第一个交易日：最后交易日后的第一个工作日。

交易时间：09：00 ~15：45（最后交易日为 09：00 ~ 15：20）。

合约规模：10 股标的股票。

清算交割日：最后交易日的后一日。

每日价格限制：分别为股票期货收盘价格的 10%、20%、30%。

订单限制：1000 张合约。

保证金要求：根据标的股票的风险大小程度确定。

集合竞价时间：开市 08：00 ~09：00 和收市 15：35 ~ 15：45。

熔断机制：当标的股票价格变化异常时。

持仓限制：max（5000，标的股票上市发行总量 ×0.5% ÷10）。

最小报价单位：如表 36 所示。

表 36　　韩交所股票期货最小报价单位

股票期货价格（韩圆）	最小报价单位（韩圆）	
	主板市场	创业板市场
低于 1000	10	1
1000 ~ 5000		5
5000 ~ 10000		10
10000 ~ 50000	50	50
50000 ~ 100000	100	100
100000 ~ 500000	500	
500000 及以上	1000	

从韩交所个股期货规则来看，标的公司市值较小的股票期货设计的特殊性，主要体现在个股期货的最小报价单位、持仓限制以及保证金要求这三个方面。最小报价单位方面：中小市值股票的个股期货最小报价单位普遍小于主板市场。持仓限制方面：因为中小市值股票上市发行总量较小，所以部分中小市值股票的个股期货持仓限制统一为下界 5000。保证金要求方面：中小市值股票普遍风险较高，因此保证金也相对较高。

二、莫斯科交易所股票期货

根据世界交易所联合会，2018 年莫斯科交易所股票期货共成交 2.4 亿张合约，比上年增长约 17%，在全球交易所股票期货成交量中排名第三位；成交的股票期货合约名义金额为 639 亿美元。

交割方式：实物交割。

标的资产：在莫斯科交易所官网公布的 21 个股票期货合约中，共有 12 只股票期货标的资产为 100 股个股股票；2 个股票期货合约标的资产为 100000 股个股股票；2 个股票期货合约标的资产为 1000 股个股股票；2 个股票期货合约标的资产为 10 股个股股票；2 个股票期货合约标的资产为 1 股个股股票；1 个股票期货合约标的资产为 10000 股个股股票。

合约月：4 个季月合约。

合约价格最小变动价位：1 卢布。

最后交易日：到期月的第三个星期四。

最终结算日：合约最后交易日之后的第一个交易日。

交易时间：莫斯科时间 10：00～18：45 是主要交易时间段；

莫斯科时间 19：00～23：50 是晚间额外交易时间段；

莫斯科时间 14：00～14：05 是日间清算时间段；

莫斯科时间 18：45～19：00 是晚间清算时间段。

从莫斯科交易所股票期货规则来看，标的公司市值较小的股票期货设计特殊性主要体现在合约标的股票的数量上。

第三节　股票期权产品设计、业务规则范例

一、CBOE 股票期权

根据国际交易所联合会统计，2018 年 CBOE 个股期权共成交 4.1 亿张合约，比上年增长约 13%，在全球交易所个股期权成交量中排名第三位；成交的个股期权合约名义金额为 6.5 兆亿美元，排名全球第一。CBOE 的个股期权都

是实物交割，即期权被执行时直接交割标的股票，目前个股期权标的股票包括苹果、亚马逊、英特尔、通用汽车等个股。其股票期权的产品设计和业务规则如下。

标的资产：100 股标的股票。

执行价格间距：当执行价格位于 5 美元到 25 美元时，执行价格间距为 2.5 点；当执行价格位于 25 美元到 200 美元时，执行价格间距最小刻度为 5 点；当执行价格到位 200 美元时，执行价格间距最小刻度为 10 点。

执行价格：最初同时挂牌实值、平值和虚值期权，当标的股票价格穿透最高或者最低的执行价格时，将挂牌新的执行价格的期权。

到期日：到期月的第三个星期五。在 2015 年 2 月 15 日以前，CBOE 的个股期权的到期日都是在到期月中的第三个星期五的后一天，即星期六。在 2015 年 2 月 15 日以后，到期日变更为到期月的第三个星期五。

交割方式：实物交割。

期权类型：美式。

合约月份：两个近月合约以及随后的两个季月合约。

期权的履约交割：通知执行期权后的第二个交易日。

期权费报价：以小数报价。1 点为 100 美元。一般情况下，3 美元以下的期权最小报价单位为 0.05 美元，其余的最小报价单位为 0.1 美元。

头寸和执行限制：头寸限额与标的股票的流通股数量以及过去六个月的交易量相关。股本最大且交易频繁的股票，期权的单边限额为 250000 个合约；股本小一些的标的股票单边限额分别为 200000 个、75000 个、50000 个或者 25000 个合约。5 个连续交易日内允许执行的单边期权合约数量等于期权头寸限额。同一标的股票期权头寸和长期普通股预期证券（LEAPS）头寸之和应该满足期权头寸和执行限制。一些套保策略可以例外。

报告义务：持仓头寸超过 200 张合约时需按照交易所规则 4.13 履行报告义务。

保证金：到期日 9 个月以内的看跌或看涨期权必须全额支付期权费。裸卖出看跌和看涨期权必须存入或者保持100%的期权费+20%的期权合约账面价值（标的股票价格×100美元）–期权的虚值。如果是虚值期权的话，则看涨期权的最低保证金为：期权费+10%的期权合约账面价值，看跌期权的最低保证金为：期权费+10%的期权执行价格（合约累计的）（计算维持保证金时期权费为期权的即时市场价格）。

最后交易日：期权到期日。

交易时间：8：30~3：00中央时间（芝加哥时间）。

从CBOE的个股期权交易规则来看，中小市值股票期权设计特殊性，主要是以个股期权的执行价格（与标的资产价格相关性强）所在区间设置期权执行价格间距；同时，股本较小的标的股票头寸限额也较小。

二、韩交所股票期权

标的资产：共33只标的股票，其中包括主板股票32只，创业板股票只有1只。

合约规模：10股标的股票。

交割月：1月到11月的每月2个合约，12月有3个合约。

交易时间：09：00 ~15：45（最后交易日为09：00 ~ 15：20）。

执行价间距：至少包括9个执行价格，包括4个实值期权、一个平值期权、4个虚值期权，执行价间距如表37所示。

表37　韩交所股票期权执行价格间距

股票价格（韩圆）	最近的3个连续月份合约（韩圆）	其他月份合约（韩圆）
≤5000	100	200
5000~10000	200	400
10000~20000	500	1000
20000~50000	1000	2000
50000~100000	2000	4000
100000~200000	5000	10000
200000~500000	10000	20000
500000~1000000	20000	40000
1000000及以上	50000	100000

最后交易日：合约月的第2个星期四。

第一个交易日：最后交易日后的第一个工作日。

清算交割：现金交割。

期权类型：欧式期权。

每日价格限制：10%、20%、30%。

集合竞价时间：开市时08：00～09：00和收市时15：35～15：45。

熔断机制：当标的股票价格变化异常时。

持仓限制：max（5000，标的股票上市发行总量×0.5%÷10）。

期权费最小报价单位：如表38所示。

表38　　韩交所股票期权费最小报价单位

期权费范围（韩圆）	最小报价单位
低于1000	10
1000～2000	20
2000～5000	50
5000～10000	100
10000及以上	200

同个股期货相似，韩交所标的公司市值较小的股票期权设计的特殊性，主要体现在个股期权的最小报价单位和持仓限制这两个方面。最小报价单位方面：中小市值股票个股期权最小报价单位普遍小于主板市场。持仓限制方面：因为中小市值股票上市发行总量较小，所以部分中小市值股票的个股期权持仓限制统一为下限5000。

第三章　中小市值股票期货期权产品风险防范研究

从某种意义上来说，期货期权产品本身已属于高风险产品。因此，无论股票市值高低，基于股票的期货期权产品的风险防范措施在不严重影响效率的前提下都设置得较为严格。因此，中小市值股票期货期权产品的风险防范机制与大市值股票期货期权产品的价格风险防范机制是类似的，不同市值股票的期货期权产品的风险防范机制共性居多。从国际上对股票期货期权产品风险防范机制的设置来看，我们考察的交易所都没有对基于大市值股票和基于中小市值股票的期货期权产品的风险防范机制作出区分。

第一节　中小市值股票期货期权的价格风险防控机制

价格风险防范机制在当今的金融市场中变得越发重要。这是因为高频交易和程序化交易在现代金融市场中已经成为不可忽视的存在，股票期货和股票期权类产品也存在这一现象。随着程序化交易、高频交易的增加，短期市场大幅波动变得频繁对市场价格波动的稳定性考验越来越大。程序化交易、高频交易对交易系统的抗冲击能力也提出了更高的要求，通过程序交易短时间大量报单的情况越来越多，增加了故障发生的概率，甚至可能导致系统崩溃，引发市场价格异常波动。鉴于此，境外交易股票期货和期权的交易所推出了许多不同的价格风险防控机制，从不同的方面防范市场价格异常波动的风险。目前，境外比较成熟的价格风险防控机制从指令撮合的事前、事中和事后等多层次，从资金、流量和报价范围等多维度进行价格风险防范。价格风险防控机制体系涵盖价格波动带、市价保护、订单最大数量、涨跌幅限制、熔断制度和错单处理等。事前的风险防控机制包括各类交易前端控制措施，如订单最大数量、账户资金检查、市价保护；事中的风险防控机制包括涨跌停板、熔断和价格波动带；事后风险防控机制的代表是错单处理。境外交易所较少采用交易前端控制措施，主要目的是减少由此造成的效率损失。事后的风险防控机制是一种纠错机制，一般是对交易系统已经达成的明显不合理的交易进行纠正。几乎所有的交易所都是力求避免出现交易差错的，因此事后风险防控机制在实际运行中较少使用。从通用范围来说，被境外交易所较多使用的价格风险防控机制主要有三种，分别是涨跌停板、熔断和价格波动带，一个交易所可能同时拥有这三种价格风险防控机制。下文中，我们主要介绍这三种价格风险风控机制在主要股票期货期权交易所的运用。

在具体介绍这三种风险风控机制之前，我们首先对这三种价格风险防控机制进行对比分析。三种机制存在相似之处，但是它们的作用和实现方式存在某些区别。首先，从适用范围来看，成熟市场较偏好熔断和价格波动带，新兴市场较多采用涨跌停板制度。其次，从实现方式来说，价格波动带与涨跌停板是限制委托，即在整个交易时段内对部分交易指令作出限制；熔断机制是冷却期之外限制成交，冷却期之内限制委托，即暂停交易（暂停对订单的撮合）或对部分交易指令进行限制。再次，从实施目的来看，价格波动带主要是防范指令风险，熔断机制主要是防范系统性风险，涨跌停板既可以防范指令风险，也可以防范系统性风险。最后，从限制幅度来看，从大到小通常为涨跌停板、熔断、价格波动带。在有的情况下，动态熔断的幅度会小于价格波动带。

一、熔断

熔断（Circuit Breaker 或 Trading Curb）是指当价格波动的幅度达到某一个限定的目标（熔断点）时，对市场交易暂停一段时间的机制。此机制与保险丝在电流过大时被烧化熔断以保护电路安全的机制比较相似，故而得名。熔断机制推出的目的是防范系统性风险，给市场更多的冷静时间，避免恐慌情绪蔓延导致市场波动，从而防止大规模股价下跌现象的发生。然而，如果熔断机制的价格限制幅度设置不当，也会因此切断资金的流通性，造成市场恐慌情绪加大，从而令市场风险在熔断期结束后继续扩大。

成熟市场的期货期权交易所大多实施了熔断制度，新兴市场只有少数交易所对熔断制度有规定。首先，根据触发之后处理机制的不同，熔断分为熔而断和熔而不断两种。Eurex、HKEX 夜盘、巴交所采取熔而断制度，即触发之后暂停交易撮合（报单仍可继续）；ICE 美国、ICE 欧洲、HKEX 日盘采取熔而不断制度，即触发之后进入冷却期，交易并不停止，但只能在规定的价格限制区间内成交。其次，根据参考价选择标准的不同，熔断分为静态熔断和动态熔断两种。ICE 美国、ICE 欧洲和巴交所的参考价是动态变化的，属于动态熔断。HKEX 的参考价取前一交易日的收盘价，属于静态熔断。再次，有的国家如美国、巴西的股票市场有适用于全市场的熔而断制度。因此，在美国、巴西市场组织股指期货交易的所有交易所都必须受这一制度的约束。最后，有的合约品种对期权合约的交易限制比期货更加严格。例如，巴交所规定当期货合约触发熔断后，在期货合约暂停交易的情况下，期权合约都会暂停交易；有的合约品种，即使期货合约继续交易，在触发之后的剩余交易时段、冷却期内或期货价格处于“打板”状态下，相关期权合约也会被暂停交易。

除此之外，美国的 oneChicago、印度的 NSE 没有熔断机制，韩国交易所采取全市场熔断机制，当触及全市场熔断之后，股票期货和股票期权也要暂停交易，但是股票期货和股票期权没有独立的熔断机制。此外，韩国交易所采取最大订单数量（单笔不超过 1000 手）的事前防范机制。CBOE 和 NASDAQ 没有独立的期权熔断机制，但是 CBOE 有一系列的暂停交易措施，如当股票停止交易或推迟开盘时，相关股票期权将视情况采取相应的暂停交易措施；当股票处于熔断状态时，相关期权的交易指令特别是一些特殊交易指令（如市价指令）将不再自动进入交易系统；当全市场熔断发生时，CBOE 的股票期权交易也将暂停；当某一或某些股票期权交易被交易所认定为太“快”时，交易所有权暂停交易。欧洲的 LSEG 下属的衍生品交易平台 IDEM 有动态熔断和静态熔断两种熔断机制。静态熔断是指如果一项交易可能的成交价格超过了前一天收盘价的一定比例，动态熔断是指可能的最新成交价格超过之前最新成交价格的一定比例。触发熔断则交易系统进入暂停（Suspended）或保留（Reserved）的交易状态（Instrument Series State），上述状态下指令只能撤销，无法提交新的指令或修改指令。具体来说，开盘之前触发静态熔断则延迟3分钟再加最多30秒的随机集合报价时间后开盘，连续交易时段触发静态熔断或动态熔断则暂停交易1分钟，随后是最多30秒的随机集合报价后重新开启交易。

二、涨跌停

涨跌停板制度是指某一证券或合约的成交价格不能高于或低于以该证券或合约上一交易日收盘或结算价为基准的某一涨跌幅度，超过该范围的报价将视为无效，不能成交。在涨跌停板制度下，前交易日收盘或结算价加上允许的最大涨幅构成当日价格上涨的上限，称为涨停板；前一交易日收盘或结算价减去允许的最大跌幅构成价格下跌的下限，称为跌停板。因此，涨跌停板又叫每日价格最大波动幅度限制。涨跌停板的幅度有百分比和固定数量两种形式。涨跌停板限制价格波动风险的效果简单粗暴有效，但是往往因为不能及时反映变化了的资产价格走势，而产生一部分的效率损失。例如，因为涨跌停板的设置，股票市场上会出现好的股票买不到、不好的股票卖不掉的情况。此外，在价格触及涨跌停板的情况下，交易量往往不大，这就为大资金操纵股价提供了方便。

成熟市场交易所基于价格发现效率的考虑，较少采用涨跌停板来稳定价格。新兴市场交易所出于防范更大市场波动的考虑，较多采用涨跌停板制度。从各家股票期货期权交易所来看，发达国家市场如ICE、美国的oneChicago、NASDAQ和CBOE、欧洲的Eurex都没有设置涨跌停板制度。与之相反，新兴市场国家较多采用该制度。例如，印度的NSE规定股票期货的涨跌停板幅度是10%，股票期权则每日根据不同期权的Delta值分别对不同的合约计算针对该合约的涨跌停板幅度。此外，印度NSE是通过对指令的控制达到设置涨跌停板目的的，即如果报入的订单指令的价格超出上述涨跌停板幅度，该指令进入交易系统之后将被冻结。韩国交易所的股票期权和股票期货设置三级累进的涨跌停板制度，初始涨跌停板幅度是10%，触及这一幅度5分钟之后，涨跌停板幅度扩大至20%，如果再次触及，5分钟之后涨跌停板幅度将扩大至30%，并保持不变。此外，如果某一股票的股票期货涨跌停板幅度触及并有所扩大，该股票的股票期权涨跌停板幅度也要作出相应调整。但是，该调整是单边调整。也就是说，如果股票期货触及的是涨停，则买入期权只调整涨停板，卖出期权只调整跌停板，反之则反是。欧洲的LSEG下属的衍生品交易平台IDEM通过对限价指令的参数限制达到设置涨跌停板的目的，如果进入交易系统的限价指令的价格超过前一交易日收盘价格的一定比例，则该指令将会自动被系统退回给交易者。

三、价格波动带

价格波动带（Price Banding）是指以特定价格为参考价，限制交易指令波动范围的价格保护机制，是境外股票期货和期权交易所为了防范交易指令错误导致市场大幅波动的风险推出的一种价格限制机制。在交易指令到达交易所后，交易系统以一定的价格为基础，依据规则计算价格波动范围，对所有指令的价格进行检查。只有符合一定范围内的指令才能进入撮合，否则交易指令被拒绝。价格波动带一般是随着行情实时更新，类似于动态的涨跌停板制度，能够有效防止“乌龙指”或系统异常对交易价格的冲击。

价格保护带与指令保护机制不同。指令保护机制虽然也是价格限制手段，但是主要是对市价指令和止损指令有效，对于限价指令没有保护。价格保护带是对市场包括限价指令的所有指令有效，是对市场整体价格的一种保护，与指令保护存在相互补充的关系。价格保护带与错单处理机制也有区别。错单处理机制是指如果市场交易价格存在明显错误，且达到交易所规定的标准（错价幅度、错价交易金额等）时，交易所可以将已达成的交易予以撤销。错单处理是一种事后处理机制，而价格保护带是一种事前控制机制。此外，在电子化交易和客户持仓的模式下，错单处理的方式难以获得交易各方的认可。

价格波动带更受成熟市场交易所的青睐。目前，支持价格波动带的成熟市场交易所较多，如 CBOE、NASDAQ、Eurex、ICE、HKEX 等。在新兴市场国家中，实施价格波动带的交易所较少，只有巴交所实施了价格波动带。总体而言，这些交易所对于价格波动带的实现机制大体相同，都以动态的参考价为基准，对交易指令的委托价格作出一定范围的限制。

例如，CBOE 的股票期权交易会依据相应股票的状态来决定是否实施价格波动带制度。当相应股票触及价格波动带而进入限制交易（Limit Up – Limit Down）状态时，CBOE 的股票期权交易也将设置价格波动带。如果交易指令的报价范围超出这一价格波动带，该指令将会被退回或者由交易所进行其他人工处理。此外，当基础股票处于限制交易状态时，CBOE 将对股票期权市价指令等特殊指令进行退回等特殊处理，以确保交易秩序的稳定。NASDAQ 下属期权交易所实施报价保护（Order Price Protection），类似于价格波动带机制，即当报价的限价参数超出了最优报价一定范围时，该报价将被拒绝。实施这一措施的下属交易所有 NOM（NASDAQ Option Markets）、BX Options、GEMX、ISE、MRX、PHLX。oneChicago 没有贯穿始终的价格波动带机制。但是，oneChicago 向会员和投资者提供一套风险管理软件，帮助会员和投资者实时监控新进入订单的价格偏离合理（参考）价格的幅度，具体的偏离上限和偏离下限的数值由会员和投资者自行设定。韩国交易所的股票期货和股票期权交易规定有实时价格波动带（Real – Time Price Limit System），但仅限于交易处于涨跌停板第一阶段（10% 幅度）时，当指令超出波动带范围时将会被交易系统直接拒绝。这一实时价格波动带的范围设置为 3% 或 5%，具体数值因不同股票而有所不同。印度的 NSE 和 LSEG 下属的 IDEM 没有该机制。

四、其他风险防范机制

NASDAQ 下属的期权交易所更多交易中小市值股票，除了上述普遍采用的风险防范措施外，它们采取一些比较特殊的风险防范机制来实现对投资者指令的保护。因为通常这类股票期货期权交易所的建立时间较晚，采用的交易技术更加先进，交易的延迟更低，因此对交易和价格风险防范的要求更高。但是，NASDAQ 并没有单独对中小市值股票的风险防范措施作出规定，这些特殊的风险防范机制仍然适用于全市场，包括市值较大股票的期货期权产品。以下以NASDAQ为例，介绍一些对所有股票（包括中小市值股票）类期权期货产品适用的具体指令保护措施。

（1）可接受的报价范围（Acceptable Quote Range）

确保报价的最终执行价格水平与指令进入时的报价可执行价格之间相差不多，保护投资者不受太大损失。实施这一措施的交易所有NOM（NASDAQ Option Markets）、BX Options、GEMX、PHLX。

（2）市场进入保护（Market Access Protection）

滤除重复指令，对指令的有效性进行累积交易量检查。实施这一措施的交易所有NOM（NASDAQ Option Markets）、BX Options、PHLX。

（3）减速带（Speed Bump）

当市场上的风险事件发生频率超过某一边界时，取消部分报价进入市场的权限。实施这一措施的交易所有ISE、MRX、GEMX。

第二节　中小市值股票期货期权产品的交易风险防范机制

一、交易行为分类

境外衍生品市场一般均设有一定程度的交易行为分类管理机制，即以交易目的区分，将股票期货期权市场的交易行为分为套保、套利、投机等不同类型。交易行为分类主要用于事后对客户交易行为进行统计，或是用于保证金水平或清算费用返还优惠，因为套保和套利账户有时会适用较低的保证金要求。

在实践中，美国期货市场主要将交易行为分类用于保证金优惠，套保账户收取的初始保证金水平为维持保证金的100%，投机账户为维持保证金的110%；oneChicago、NASDAQ和CBOE对套保持仓也会有保证金方面的优惠，具体的优惠幅度则可能会根据产品特性、市场状况等随时调整。在欧洲市场上，ICE欧洲以及LSEG下属的IDEM交易所实施交易行为的事后分类机制，主要用于事后统计；Eurex则没有交易行为分类机制。香港地区相关监管法规中没有关于交易行为分类管理的法律定义与要求，但是HKEX要求大户持仓报告主体在每日上报持仓结果中注明套保、套利、投资买卖中至少一项以上的交易目的，并在每年公布的《衍生品市场交易调查年报》中从交易所层面按套保、套利和投资买卖（Pure Trading）这三类目的对香港股指期货的年成交量和占比进行统计。为了解决无法清晰分辨交易行为性质的问题，香港交易所还允许同一持仓标注多项交易目的，因此仅可作为交易目的的事后粗略统计。韩国交易所对交易行为的分类也主要用于事后统计，并且对股票期货期权有一些特殊的交易风险防范措施：当基础股票退市时，相关期货期权的交易合约将同时退出；当基础股票不再满足上市股票期货和股票期权的标准时，新的股票期货和股票期权将不再推出。

二、持仓限额

持仓过大可能引致利用持仓优势的市场操纵，持仓过度集中也会加剧市场波动。因此，境外交易所大多制定了客户在某一期货期权合约上的最大持仓量，即“持仓限额”。

境外交易所中未设置持仓限额制度的交易所较少。总体来说，持仓限额制度按照制度设置的层级分为两类，即监管机构层面设置和交易所层面设置。有的市场的持仓限额制度在监管机构层面也有设置，因此较为严格。例如，美国及我国香港地区在监管层面设置了持仓限额要求，并对部分品种持仓限额绝对水平进行强制规定。美国的股票期货期权交易所oneChicago、CBOE和NASDAQ在交易所层面也会实施持仓限额制度。CBOE和NASDAQ在股票期权的交易上还设定了客户在同一基础股票单方向（看涨或看跌）的总持仓限额，具体的持仓限额有25000手、50000手、75000手、200000手和250000手不等。客户在不同基础股票期权上的持仓限额根据该股票过去六个月的交易量以及当前的总股票数来确定。此外，ICE美国在持仓限额机制下额外设置了持仓责任报告制度，其规模门槛介于监管机构严格要求的持仓限额管制与较宽松的大户报告制度之间。

有的市场在监管层没有强制的持仓限额要求，因此大多采取灵活的持仓限额制度。例如，Eurex 持仓限额会根据市场条件随时调整。此外，LSEG 下属的 IDEM 对各类交易机构单方向（多或者空）的持仓分别规定有持仓限额，当累积的持仓超过这一限额后，该交易机构相同交易方向剩余的交易指令将被撤销，再次进入交易系统的交易指令将被拒绝。NSE 在会员及客户层面分别采取动态比例（而非固定金额）限额标准，限额通常是标的资产市值、全市场或部分参与者持仓加总的一定比例。NSE 会对某一基础股票的所有期货期权规定一个总的持仓限额，对单个会员或单个客户持有某一基础股票的期货期权的数量也规定有限额。其中，单个会员的持仓不允许超过总持仓限额的 20%，单个客户的持仓不允许超过基础股票自由流通市值的 1%，也不允许超过该基础股票所有期货期权持仓的 5%。韩国交易所共有 130 多只基础股票拥有股票期货和股票期权产品。股票期货全部都有持仓限额规定，具体数量从 5000 手到 40 多万手不等。股票期权则只有一部分规定有持仓限额，而且同一基础股票的期权和期货持仓限额加总确定。持仓限额的具体数值一般设置在上市股票数量的 0.5% 以内。

三、套保豁免

境外期货期权市场的持仓限额制度与基于套保套利交易的持仓豁免制度紧密相连。境外期货期权市场普遍对同一客户或实际控制人的总持仓适用持仓限额，限额以下的交易属性不作区分，在超过限额的情况下，则只对套保等风险管理活动以及常见套利活动的持仓予以豁免。

例如，美国的交易所和香港的 HKEX 因美国与中国香港地区存在持仓豁免或放宽持仓限额的监管规定，而分别设有套保套利豁免条款。ICE 美国主要以交易目的为豁免依据（包括真实套保、套利价差策略、风险管理活动以及财务困境、交割月豁免等）。oneChicago 的持仓豁免可以在事后提交，即如果某个投资者的持仓超过了交易所规定的限额，他可以最迟在下一交易日收盘之前提交持仓限额豁免申请。如果申请获得批准，则可以保留持仓。但是，事后申请豁免也有风险，如果事后提交的申请未获批准，则被视为违反了持仓限额规定，要受到相应惩罚。CBOE 和 NASDAQ 也实施套保豁免制度，即豁免持仓限额。

此外，在部分套保的情况下，持仓限额会有所提升，如在某些特定情形下，持仓限额将提升为原来标准的五倍。CBOE 还实施 Delta 豁免制度，即如果通过基础股票或者相关衍生品的套保，某一客户持有的期权不再受基础股票价格变动风险的影响，则该期权持仓可以豁免持仓限额限制。我国香港地区的持仓限额制度没有根据交易目的区分的豁免规则，但采用了超额持仓量（超逾限额持仓量）制度作为持仓限额的突破和补充。依法或依申请获得超额持仓量的市场主体可以享有法定持仓限额基础上再上浮一定比例的持仓量上限。此外，韩国交易所规定套保和套利持仓在计算持仓限额时可以不计算在内，虽然没有对套保豁免作出直接规定，但也可被视为套保豁免的变通形式。

四、持仓报告

持仓报告制度包括持仓责任报告（Position Accountability）和大户报告制度。大户报告、持仓责任报告与持仓限额制度之间在一定程度上具有相互替代关系，因为持仓责任报告制度的基本意图是在水平较高且较严格的持仓限额管制和水平较低的大户报告制度之间设置缓冲，从而在保持市场活力的同时提高监管弹性。一般而言，交易所倾向在对应现货市场规模较大、自身流动性较好的市场以持仓责任报告制度替代持仓限额管理。

具体来说，oneChicago 的大户持仓报告制度（Large Trader Position Reporting）由交易所会员或经纪公司将超过报告标准的客户持仓信息报告给清算机构 OCC，OCC 再将此信息汇总报送给 oneChicago 和 CFTC。目前的报告标准是在到期月份合约的股票期货中持仓超过 1 手。CBOE 和 NASDAQ 只在交易所层面对股票期权规定有持仓报告制度，同类股票期权单边持仓超过 200 手的客户需要通过中介机构上报给交易所持仓信息，如果是空头持仓，还需要标明是否进行了套保。此外，CBOE 和 NASDAQ 规定，如果除做市商以外的会员或机构投资者在股票期权上的单边持仓超过 10000 手，则需要向交易所报送具体的持仓信息。NASDAQ 还规定，达到 10000 手以后，如果是客户账户每增加 2500 手，如果是自营账户每增加 5000 手，都要重新报送更新后的信息。CBOE 还规定，如果交易所认为上述大额持仓未能够进行充分套保，则将对该持仓收取额外的保证金。ICE 美国也采取了大户报告及持仓责任报告制度。

第三节　中小市值股票期货期权产品的信用风险防控机制

期货期权交易所的信用风险特指期货期权交易的参与者或中央对手方无法如期履行合约义务的风险，中央对手方无法履行合约义务会导致整个市场的崩溃，参与者无法履行合约义务会造成更多参与者无法履行合约义务，因此也可以引发系统性风险。期货期权交易所往往通过保证金、担保品管理、违约瀑布序列等一系列风险管理措施，来处置化解信用风险。

一、保证金

为避免合约存续期间价格波动而积累风险，期货期权交易所对所有期货期权合约设有保证金机制，从而覆盖每个参与者的头寸价值在假设违约发生后的一定抛售期间内的潜在变化。根据保证金计算的基础，保证金设置可分为单个合约保证金与组合计算的保证金。

在单个合约保证金设置方面，保证金计算方法主要包括比例法、公式法、参数法（t 统计量模型、EWMA 法、GARCH 法、比例法等）、非参数法（历史模拟法、蒙特卡洛模拟法等）。本文考察交易所的合约保证金计算具有以下特征：一是所有采用参数法和非参数法的交易所均依照 99% 以上的置信水平来确定保证金，并持续根据市场波动情况动态调整。二是单个合约保证金计算方法各有不同。oneChicago 采用固定比例法，将保证金比例设为 20%。CBOE 采用公式法，卖空股票期权需要缴纳的初始和维持保证金为当前期权的市场价值加上当前期权等量基础股票市场价值的 20%，如果是价外期权，还需要减去价外价值。如果是买入期权，价外价值等于行权价格减去股票价格；如果是卖出期权，价外价值等于股票价格减去行权价格。CBOE 还规定了卖空股票期权的最低保证金，即当前期权的市场价值加上当前期权等量基础股票市场价值的 10%。NASDAQ 规定客户缴纳的保证金必须满足 CBOE 或者 NYSE 关于初始和维持保证金的要求，因此其下属期权交易所关于期权保证金的要求参照 CBOE，也采用公式法。LSEG 下属的 IDEM 计算股票期货和股票期权的保证金时采用参数法与非参数法相结合的方法，分别使用正态分布和实际分布来计算最大损失，然后取最大值，置信区间设定为 99.8%。ICE 结合了参数法与非参数模拟法，采用的置信区间是 99%。ICE 美国采用 EMWA 模型和历史模拟法；ICE 欧洲采用参数法、历史模拟法、蒙特卡洛模拟法。HKEX、NSE、韩国交易所采用参数法，且均采用 EWMA 模型，置信区间分别为 99.70%、99% 和 99.7%。Eurex 与巴交所完全采用非参数模拟法，Eurex 采用经过滤的历史模拟法，巴交所采用历史模拟法和蒙特卡洛模拟法，置信区间分别为 99% 和 99.96%。

在组合保证金计算方面，考察交易所主要采用了两种计算方式：一是标准投资组合分析系统（SPAN），该方法基于大类资产分别设置矩阵模拟场景、计算分类风险价值，并在不同分组之间根据资产相关性确定抵扣关系，最后加总大类资产的风险值得到最低保证金标准；二是在险价值方法（VaR），该方法对现货价格、波动率曲面等多个风险因子基于历史数据（HVaR）或实验数据（蒙特卡洛 VaR）进行场景模拟或计算理论价值（理论 VaR）并生成损益分布，通过汇总特定置信区间下各类资产组合的最大损失来作为最低保证金标准。相比传统的单一保证金模式，组合保证金能在控制风险的同时降低客户资金成本，提高资金运用效率。

境外交易所组合保证金实践具有以下特征：一是基于场内外市场风险特征及市场结构的差异，考察交易所对场内衍生品多采用基于 SPAN 的组合保证金方法，对场外金融衍生品全部采用了 HVaR 或蒙特卡洛 VaR 的计算方法；二是 Eurex、巴交所、CBOE、NASDAQ 根据自身市场特征率先对场内衍生品采用了基于 VaR 模型的组合保证金计算方法，其中 Eurex 的 Prisma 方法适用其所有场内外衍生品，巴交所的平仓风险评估方法（CORE）适用其跨期现货及场内外衍生品的所有金融工具类别，CBOE 的 VaR 适用于上市或者未上市的基于股票或股票指数的衍生品，NASDAQ 规定客户缴纳的保证金必须满足 CBOE 或者 NYSE 关于初始和维持保证金的要求，因此其下属期权交易所关于组合期权保证金的要求参照 CBOE，也使用 VaR。韩国交易所场内衍生品使用 COMS（类似于 SPAN）计算组合保证金，通过设置产品组（Product Type）并且给出组内不同基础资产的相关系数，用于计算组合保证金。

二、担保基金的设置计算

境外市场通过设立清算会员共同缴纳的担保基金来应对极端市场条件下的违约损失，部分交易所及其清算机构自身也向该担保基金注资。担保基金将所有会员的信用风险集中于清算机构，再分散返还给各清算会员，体现了中央对手方的风险共担作用。当违约会员损失超过其保证金，担保基金将提供覆盖损失的额外资源。

为覆盖极端尾部风险，清算机构必须通过严格的压力测试确定担保基金规模，并考虑各种极端但可能出现的市场条件下的潜在违约损失。根据 PFMI，具有系统重要性的 CCP 及跨监管辖区运行的 CCP 应当维持额外的财务资源应对极端困难情形，包括但不限于极端情况下两个参与者及其附属机构违约产生的损失。当已缴担保基金仍不足以覆盖违约损失时，交易所会要求守约清算会员补缴担保基金供款，但通常会明确补缴上限，以避免会员的无限义务。

本书考察交易所的担保基金设置特征包括：一是在风险覆盖程度上，除 HKEX 外，本书考察的境外交易所均要求担保基金总额能够覆盖风险最大的两个清算会员违约产生的尾部损失；并且所有交易所都每日开展动态压力测试，定期评估和调整担保基金的总体规模。二是在担保基金设置方式上，考察交易所单个清算会员缴纳的担保基金通常不低于其设定的入会最低门槛，并根据担保基金的理论总规模按照各自风险敞口比例进行分摊。三是在交易所缴纳义务上，部分交易所与会员共同缴纳担保基金，其中 NSE 最为特殊，NSE 与其清算所的缴纳份额应分别至少是担保基金理论规模的 25% 与 50%、会员缴纳总规模不得高于担保基金理论规模的 25%，体现出印度期货市场在违约处置中对市场参与者的保护程度较高。四是在担保基金补缴方式上，除 NSE 没有明确会员补缴上限外，其他交易所通常以违约次数或时间段为依据、对补缴金额设置上限，补缴上限规模通常是已缴份额的 1 倍至 3 倍（ICE 美国多次违约时为 5.5 倍）。此外，CBOE、oneChicago、NASDAQ 均通过 OCC 进行结算。OCC 规定，在一次违约事件后，进入15天的冷静期，冷静期内清算会员补缴的担保基金不超过其已缴纳担保基金的2倍；冷静期内如果再次发生违约事件，冷静期将被延长，以第一次违约事件后20天或者最近一次违约事件后15天较短者为限；冷静期以后，清算会员将不再因为任何新的违约事件而被要求补缴担保基金。冷静期内，如果清算会员申请终止会员身份，不再开新仓并将原有持仓转让，则冷静期以后该清算会员将不再被追缴担保基金，但原有担保基金不得低于最低担保基金金额。CC&G规定，一次违约事件后补缴的担保基金不超过原有担保基金金额，多次缴纳未规定上限。但是，如果因为担保基金低于最低金额而重建新的担保基金，清算会员可以在接到通知的2日内选择退出担保基金和清算平台。该清算会员须在之后的20日内转让或清算自有持仓，在履行完所有之前的清算义务后，剩下的担保基金份额将返还给该清算会员。韩国交易所规定，补缴金额不超过违约事件发生前清算会员最后一次被通知的担保基金（场外）或累积的基本担保基金（场内）份额。

三、担保品管理

广义概念的担保品包括现金担保品与非现金担保品，具有降低信用风险，提高交易效率的重要作用。为达成快速偿付债务的目标，PFMI在担保品管理方面提出如下要求：在资产范围上，担保品应被限制为具有较低的信用风险、流动性风险与市场风险的资产，确保以可靠的变卖价值实现快速处置；在日常管理上，清算机构应对担保品进行审慎估值、开展逐日盯市，设置折价率并定期测试，反映市场压力情景，折价率应保持稳定以避免顺周期性；在集中度上，清算机构应避免集中持有某类资产，以避免损害快速变现能力。

境外代表性交易所均允许投资者使用现金及非现金担保品作为风险财务资源，其担保品管理具有以下特征。

一是在资产范围上，担保品被限制为具有较低的信用、流动性与市场风险的资产：从资产优先级来说，本国货币与本国国债首先是最普遍的担保品类型，所有交易所都采用了这两种资产作为担保品；其次普遍的是主要指数成分股、ETF或共同基金份额等工具，除ICE美国外，其余交易所都使用了以上资产作为担保品；最后是外币与外国国债，除ICE欧洲及美国市场外，其余交易所都采用了这一担保品形式，其中，美元、欧元与美国国债是最受青睐的外国资产；Eurex、NSE还额外允许使用公司债作为担保品。在担保品资产丰富程度上，巴交所担保品种类最多，分别多达十二类与八类，除前述资产外，还包括MBS、信用证、银行存单、外国地方政府债、外国信用债、黄金等。OCC允许现金和包括国债、GSE债券、货币市场基金份额、股票份额在内的证券，以及信用证和部分外币资产作为担保品；CC&G接受欧元现金、欧元区国家发行的国债作为初始保证金，但是变动保证金和担保基金只能使用欧元现金；韩国交易所规定韩圆现金、外汇和国债、金融债、公司债、股票等替代证券可作为担保品。

二是在日常管理上，所有交易所都对担保品开展每日估值盯市，并基于产品流动性、资产信用、标的相关性等因素设置了差异化的折价率水平，总体而言，折价率水平从低到高依次为本币及本币等价物、本国国债、公司债、外币及外国国债、股票及基金份额等。在常用资产折价率方面，与产品标的币种相同的现金及现金等价物（信用证、银行存单等）折价率通常为零，交叉币种折价率依据担保品货币与产品计价货币之间的相关性，分别设置为0.7%～20%；各国国债依照到期时间不同及国别差异，折价率通常是0.5%～25%；股票及基金份额折价率最高可达40%。OCC按照99.5%、98%、96.5%、95%对一年期以内、一年期至五年期、五年期至十年期、十年期以上的国债进行折价，按照99%、97%、95%、93%对一年期以内、一年期至五年期、五年期至十年期、十年期以上的GSE债券进行折价；韩国交易所规定按照两天内99%置信区间的价格波动以及兑换成韩圆的费用来综合确定外汇的折价比率，其他有价证券根据信用等级和到期期限综合确定折价比率，例如国债依据到期期限的不同，其折价比率为93%～98%，公司债依据信用等级和到期期限的不同，其折价比率为66%～88%，股票根据流动性等级以及收益率的不同，其折价比率为60%～80%。

三是在集中度上，所有交易所均根据资产属性设置了集中度要求，以避免损害资产的快速变现能力：在集中度水平上，ICE欧洲、Eurex、HKEX、巴交所结合了百分占比与绝对规模限制，其他交易所采用了各类担保品资产占全部财务资源的相对占比限制；在集中度限制方式上，ICE 欧洲、Eurex 在外国国债上主要根据国别进行差异化限制，Eurex、巴交所、NSE 等接受个股及公司债的交易所额外根据证券发行（或银行凭证签发）规模、流通市值、证券发行企业（或凭证出具银行）信用等因素作出分档的集中度限制。总体上，本国货币没有集中度限制，本国国债集中度限制次之，外国国债与其他证券集中度限制相对严格，这与各类资产流动性及其折价率的整体排序一致。OCC 规定清算会员缴纳某一货币市场基金的份额不能超过该基金总份额的 5%；CC&G 规定总的非现金类担保品总折价市值不能超过初始保证金的 50%，某欧元区国家发行的国债总折价市值不能超过初始保证金的 45%；韩国交易所规定某一类证券作为担保品的总规模不能超过该类证券发行总额的 10%，超过的部分将不被计算担保品价值。

四是在担保品适用范围上，所有交易所均允许适用非现金资产作为担保基金份额，但资产范围比作为保证金的资产范围更窄，主要限定为本国国债或部分外币现金，折价率限制通常与作为保证金的同类资产相同，但集中度限制比保证金担保品更严，如 ICE 美国市场允许美国国债作为保证金与担保基金的比例上限分别为 65% 与 50%；此外，HKEX 要求其部分非现金资产仅可用于特定品种或自营账户。OCC 规定只有现金、国债和部分外币资产可作为担保基金份额，国债的折价比例与作为保证金份额时是一样的；CC&G 规定只有现金可作为担保基金的份额；韩国交易所规定只有现金、国债或者在 KOSPI 上市的币值稳定债券可作为担保基金的份额。

此外，部分交易所额外根据市场条件作出特殊规定。例如，巴交所要求本国居民必须以本国货币及资产、外国居民必须以外币及资产作为担保品。

四、违约处置方式

在违约事件发生后，中央对手方通常必须对违约头寸进行强行平仓或转让处理，通过将头寸由违约者转移给具有履约能力的交易对手来及时止损，避免风险的进一步蔓延与扩大。因此，清算机构如何保障违约情形下的平仓转让能力，以及如何区分违约与守约头寸成为违约处置流程设计的重要因素。根据PFMI要求，中央对手方应当具备适当的制度及程序来处理参与者违约，并采取适当的资产分离与转移机制保护守约客户头寸。境外代表性交易所在违约处置方面具有以下特征。

一是在违约处置框架上，所有交易所均由其风险管理委员会建立用于处置违约的明确流程，Eurex等交易所还额外设有由清算会员机构交易员（外部专家）及交易所高管组成应急处理委员会或小组，其在违约事件发生时将召集商议违约处置步骤及交易策略。韩国交易所规定，交易所有权向违约会员派出工作人员，违约会员应当向交易所派出人员提供充分的协助。

二是在平仓前处理方面，在无法及时平仓或市场波动较大的情况下，为防止风险在违约处置期间持续积累扩大，大多数交易所（除NSE与巴交所未明确说明）要求，必须及时对违约会员的所有违约头寸组合采取对冲及避险操作，降低违约头寸的方向性风险，保持违约头寸组合中性。对冲交易策略通常在市场机构交易员的建议下开展，使用的对冲工具可涵盖相关的场内外期现货市场。这一步骤并不是必要的违约处置程序，但对于包含处置窗口较长、市场流动性较差的场外衍生品的违约头寸来说，通常必须开展这一步骤。韩国交易所规定，在需要时可以对违约会员的头寸进行套保处置。

三是在违约头寸的强行平仓方式上，除巴交所未明确说明外，其他交易所均同时允许集中市场竞价、拍卖竞价、向特定对象转移等多种平仓及转移方式。违约头寸可根据资产特性进行分拆打包，并分别以不同方式进行平仓及转移处理。其中，拍卖方式最常用，交易所通常要求所有清算违约头寸同类产品的守约清算会员必须参与违约头寸拍卖，并通过设置单个会员的最低竞价规模、对报价消极的会员优先分配违约损失、收取消极拍卖惩罚费等方式，督促守约会员履行拍卖义务；客户可自愿参与拍卖。拍卖可通过交易所专设的违约拍卖电子系统（如ICE欧洲与美国）或组织喊价执行。在场内集中市场平仓适用于流动性较好的违约头寸，通常规模较小的场内品种采用这一平仓方式；此外，ICE欧洲、HKEX、NSE等交易所也明确允许通过私下双边协商方式向特定会员转移违约持仓。OCC 规定通过不公开拍卖的方式对违约会员的资产进行拍卖，并且 OCC 有权对拍卖的流程以及拍卖方式（拆开还是打包）进行选择。韩国交易所规定违约会员的头寸可以通过拍卖等方式进行处理，可以进行平仓操作的头寸包括违约会员的自营头寸、在违约事件发生 15 天以后客户未转走的头寸、对上述头寸进行套保操作而持有的头寸。

四是在违约处置操作上，违约头寸的对冲与强平交易通常由交易所在应急小组或外部交易员的建议下亲自执行，有时也由交易所指定的经纪商或会员代为执行；违约头寸可在违约事件发生后被转移到交易所自有账户下进行操作（如 ICE 美国、Eurex），也可由交易所直接对违约会员账户实施操作。OCC 规定当市场情况不利时，可以推迟违约头寸以及违约会员缴纳的担保基金的强平时间。CC&G 规定违约事件发生后，将指定一个经纪商（Broker）负责违约会员头寸的处置工作。韩国交易所规定，违约事件发生后，为了保护违约会员的客户，交易所将在一段时间内代为处理违约会员的客户的清算事宜。韩国交易所还规定，拍卖直接由交易所负责操作，交易所在拍卖开始前须将拍卖时间、地点、方式等相关信息及时通知会员，会员负责将上述信息通知感兴趣的客户。

五是在守约客户移仓处理上，所有交易所都会在违约发生时将违约会员的守约客户头寸及资金进行全部或部分移仓处理，从而保护违约客户权益。但客户移仓能否成功则视客户资金账户结构及守约会员意愿而定：在单个客户资金完全隔离的独立客户账户下，只要客户与移入会员签订委托清算协议，即可实施移仓；而在客户资金混合的综合账户模式下，由于头寸与资金无法划分，只有违约会员的所有客户都没有违约（如有客户违约，则无法分割守约与违约头寸），并且一致选择某个守约会员承接头寸并全部与其建立委托清算关系，方可实施移仓。在考察交易所过程中，巴交所、NSE 对所有客户采取了完全隔离的独立客户账户模式，ICE 美国仅设有综合账户模式，其他交易所则在默认的综合账户外提供了可选的独立账户或资产隔离服务，提升了移仓的可操作性。交易所在实施移仓前，必须征得移入会员的同意并待双方签订委托清算协议；无法成功移仓的守约客户头寸将与其违约会员自营头寸合并接受上一步骤中的平仓处理。OCC 规定在客户和转入清算会员均同意的情况下，与违约会员资产相分离的客户独立保证金等资产可以转入其他清算会员。韩国交易所规定违约会员的客户有权将自己的头寸转移到其他非违约会员处。

五、违约瀑布序列

在完成前述违约处置后，所有违约及后续处置交易操作中产生的费用及损失均由交易所向违约者进行追偿。当违约者的自有财务资源（保证金及担保基金份额）不足以覆盖损失时，将按交易所预先规定的顺序（违约瀑布序列）对风险财务资源（其他可用资源包括守约会员担保基金、清算机构自有资金及其他可补充的财务资源）进行逐层动用。根据 PFMI 建议和《欧洲市场基础设施监管规则》（EMIR）规定，当会员发生违约时，中央对手方使用财务资源的顺序应当依次为违约者的保证金、违约者的担保基金份额、一部分中央对手方自有资金、其他市场参与者的担保基金份额以及用于吸收违约风险的其他财务资源。交易所自有资金前置的违约瀑布顺序旨在提升中央对手方主动管理控制风险的积极性，降低交易所“大而不能倒”的道德风险，促进审慎稳健的经营方式。

本书考察交易所的违约瀑布序列具以下特征：一是在动用顺序上，所有交易所全部采用符合 PFMI 建议及 EMIR 法规要求的自有资金前置的违约瀑布序列，顺序为违约者的保证金、违约者的担保基金份额、一部分中央对手方自有资金、其他市场参与者的担保基金份额以及用于吸收违约风险的其他财务资源。OCC 没有明确规定自有资金在非违约会员之前偿付的金额，但是规定在满足监管机构的资本充足率要求的前提下，OCC 的自有资金在违约瀑布序列的任一阶段都可以酌情使用。二是在交易所前置资金的规模设置上，考察交易所大多采用固定金额方式，如 ICE 美国的规定是 5000 万美元；NSE 采用相对比例的方法设置前置资金规模，要求不低于其担保基金理论规模的 5%；HKEX 采取了不定期拨款累积的动态方式；韩国交易所规定前置资金以交易所清算准备金（Settlement Reserve）中现金金额的 50% 为限。三是在交易所前置资源的相对比例上，所有交易所的前置资金在其各自风险财务资源中的占比均低于 2%，但相对会员缴纳份额的规模差异较大，其中，新兴市场交易所的前置资金比例普遍较高，如最高的NSE前置资金占到会员担保基金的60.7%，而发达市场前置资金占比较低，如Eurex仅占4.7%，体现出新兴市场整体对市场参与者的保护程度较高。四是位列最后一位的最后保证手段各有不同。ICE美国和欧洲、OCC、CC&G和巴交所规定非违约会员的担保基金或者补缴的担保基金为最后保证手段，EUREX、HKEX规定交易所的自有资源为最后保证手段，韩国交易所和NSE规定非违约会员的变动保证金盈余为最后保证手段。

第四章　新三板市场衍生品业务发展可行性评估

2019年8月上旬，为深入了解国内股票衍生品发展情况，探索新三板市场开展衍生品业务的可能路径，课题组联合全国中小企业股份转让系统有限责任公司（以下简称全国股转系统）信息统计部，以《中小市值股票期货、期权产品研究》课题为依托，对上海证券交易所（以下简称上交所）产品创新中心、深圳证券交易所（以下简称深交所）衍生品业务部（筹）和综合研究所、中国国际金融股份公司股票业务部、申万宏源证券公司上海总部开展实地调研走访，听取市场和监管一线声音，佐助课题论证分析。结合此次调研和相关研究资料，课题组对新三板市场发展衍生品业务的市场基础及其可能路径做了梳理分析，具体情况如下。

第一节　新三板市场的基础情况

全国股转系统是经国务院批准，依据《证券法》设立的继上交所、深交所之后第三家全国性证券交易场所，也是我国第一家公司制运营的证券交易场所，主要为创新型、创业型、成长型中小微企业发展服务，境内符合条件的股份公司均可通过主办券商申请挂牌，公开转让股份，进行股权融资、债权融资、资产重组等。截至2019年8月22日，全国股转系统挂牌公司9397家，总股本 5785. 38 亿股，其中创新层挂牌公司 690 家，总股本 900. 17 亿股；基础层挂牌公司 8707 家，总股本 4885. 21 亿股。①

一、挂牌公司市值规模

截至 2019 年 8 月 22 日，根据最近一次成交价格测算，有报价数据的新三板挂牌公司中，市值在 10 亿元以上有 360 家，占全部挂牌公司比重为 3. 83%；在 10 亿元以下有 5705 家，占比高达 60. 71%。市值平均数为 3. 54 亿元，中位数为 1. 41 亿元。另有 3332 家公司自 2017 年以来没有成交数据，占比达 35. 46%。如表 39 所示。

表 39　新三板挂牌公司市值分布（截至 2019 年 8 月 22 日）

市值	家数	占比
400 亿元（含）以上	1	0. 01%
300 亿元（含）~400 亿元	0	0
200 亿元（含）~300 亿元	3	0. 03%
100 亿元（含）~200 亿元	12	0. 13%
50 亿元（含）~100 亿元	23	0. 24%
10 亿元（含）~50 亿元	321	3. 42%
10 亿元以下	5705	60. 71%
无成交价（2017 年以来）	3332	35. 46%

数据来源：Wind。

相比较而言，A 股 3677 家上市公司中，市值在 1000 亿元以上的公司有 78 家，占比约 2. 12%；市值在 100 亿元以上的公司有 836 家，占比约 22. 74%；市值在 10 亿元以上的公司有 2738 家，占比高达 74. 46%；市值平均数在 160 亿元左右，中位数在 48 亿元左右。新三板市场挂牌公司市值总体偏小。

二、挂牌公司股权集中度

根据 2018 年年报披露的数据，② 新三板挂牌公司的股权集中度，③ 有 2605

① 数据来源：Wind，若不作特别说明，下同。

② 根据 Wind 数据，共 8995 家挂牌公司披露年报。

③ 此处“股权集中度”指公司前十大股东所持股份比重，下同。

家公司为 100%，占比高达 28.96%；有 8638 家公司在 60% 以上，占比高达 96.03%。相比较而言，A 股前十大股东股权集中度在 60% 以上的公司有 1918 家，占比约 52.16%，近半数公司股权集中度在 60% 以下。新三板挂牌公司股权集中度整体较高（见表40）。这与目前新三板市场区别于沪深两市的独特的发行、交易机制有很大关联。

表 40　　新三板挂牌公司前十大股东股权集中度（截至 2018 年底）

股权集中度	家数	占比
100%	2605	28.96%
90% ~100%	2674	29.73%
80% ~90%	1738	19.32%
70% ~80%	1085	12.06%
60% ~70%	536	5.96%
60% 以下	357	3.97%

数据来源：Wind。

值得注意的是，披露年报的公司中，股权集中度在 60% 以下的仅有 357 家，占比不足 4%。若进一步观察这部分股权集中度略低的挂牌公司，市值依然聚集于 10 亿元以下（见表41）。总市值超过 50 亿元的仅 5 家公司，超过 200 亿元的仅神州优车（838006）一家。

表 41　　股权集中度低于 60% 挂牌公司市值分布（截至 2019 年 8 月 22 日）

市值	家数	占比
400 亿元（含）以上	1	0.28%
300 亿元（含）~400 亿元	0	0
200 亿元（含）~300 亿元	0	0
100 亿元（含）~200 亿元	2	0.56%
50 亿元（含）~100 亿元	2	0.56%
10 亿元（含）~50 亿元	28	7.84%
10 亿元以下	274	76.75%
无成交价（2017 年以来）	50	14.01%

数据来源：Wind。

再看流通市值数据。[①] 截至2019年8月22日，根据最新成交价格测算，在有报价数据的新三板挂牌公司中，流通市值在50亿元以上的有20家，仅占比0.21%；在10亿元以下的有5880家，占比高达62.57%（见表42）。

表42　　新三板挂牌公司流通市值分布（截至2019年8月22日）

市值	家数	占比
400亿元（含）以上	0	0
300亿元（含）~400亿元	1	0.01%
200亿元（含）~300亿元	1	0.01%
100亿元（含）~200亿元	7	0.07%
50亿元（含）~100亿元	11	0.12%
10亿元（含）~50亿元	165	1.76%
10亿元以下	5880	62.57%
无成交价（2017年以来）	3332	35.46%

数据来源：Wind。

三、市场交易情况

（一）市场宏观交易情况

从全市场整体交易情况看，2018年以来，新三板市场日均成交数量为9513万股，日均成交金额在3.3亿元左右（见图42）。

横向比较看，沪深300月均成交2207.12亿股，月均成交金额2.9万亿元；中小企业板月均成交1857.47亿股，月均成交金额1.97万亿元；创业板月均成交1213.43亿股，月均成交金额1.52万亿元。而三板成指月均成交数量仅4.09亿股，成交金额仅15.38亿元，成交整体不振。

① 在上市公司或挂牌公司股本中，部分战略持股基本不流通，如公司创建者和高级管理者长期持有的股份、国有股份、战略投资者持股、冻结股份、受限的员工持股、交叉持股等，因此，应使用“自由流通股本”来准确反映市场中流通股本的规模。但受限于数据可得性，此处仅以流通市值作为近似参考指标。

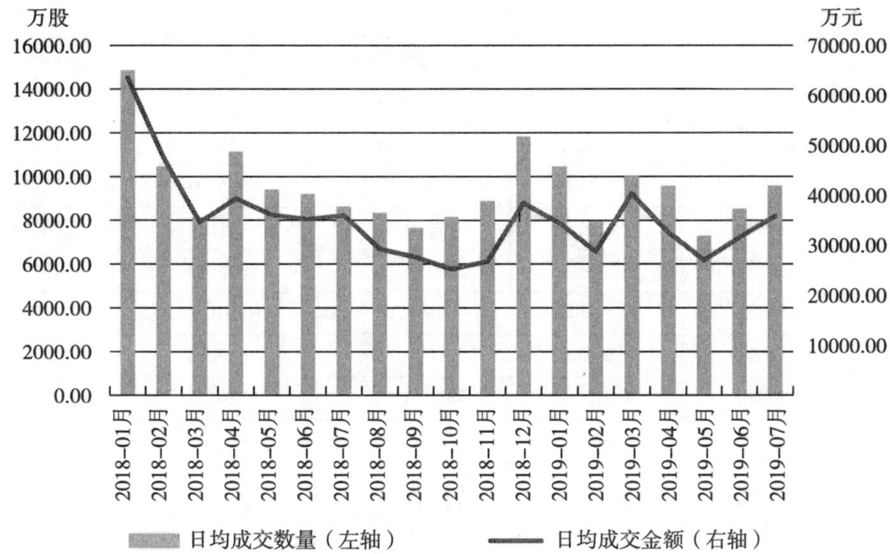

数据来源：Wind。

图 42　新三板市场日均成交情况

（二）个股微观交易情况

自 2018 年 1 月 15 日全国股转系统调整股票转让方式以来，新三板市场股票可以采取做市转让方式、竞价转让方式、协议转让方式进行转让。其中挂牌公司须从做市转让和竞价转让方式中择其一，进行股票转让；单笔申报数量或转让金额符合全国股份转让系统规定标准的股票转让，均可进行协议转让。

细分来看，在做市转让方式下，2018 年 1 月 15 日至 2019 年 8 月 22 日（148 个交易日），在成交金额前十大个股中，最大成交额为 29. 11 万亿元（日均成交 1966. 67 万元），最小成交额为 3. 51 万亿元（日均成交 237. 1 万元）。如表 43 所示。

表 43　做市转让金额最大 10 只个股成交情况（2018 年 1 月 15 日至 2019 年 8 月 22 日）

序号	证券代码	证券简称	区间成交金额（万元）	区间成交数量（万股）	区间换手率（%）
1	831550	成大生物	291066. 91	15170. 01	41. 73
2	830899	联讯证券	189794. 17	112112. 22	64. 89
3	830881	圣泉集团	127302. 89	14108. 77	25. 81

续表

序号	证券代码	证券简称	区间成交金额（万元）	区间成交数量（万股）	区间换手率（%）
4	833330	君实生物	115869. 53	4054. 65	10. 86
5	430208	优炫软件	77652. 74	5925. 91	75. 35
6	832399	宁波公运	77369. 14	9441. 26	64. 18
7	835185	贝特瑞	69393. 36	5325. 61	13. 94
8	831562	山水环境	41896. 01	10010. 90	119. 3
9	833684	联赢激光	36609. 49	3647. 51	20. 05
10	830978	先临三维	35090. 14	6526. 32	25. 71

数据来源：Wind。

在竞价转让方式下，2018 年 1 月 15 日至 2019 年 8 月 22 日（148 个交易日），在成交金额前十大个股中，最大成交额为 11. 88 万亿元（日均成交 802. 68 万元），最小成交额为 0. 99 万亿元（日均成交 66. 56 万元）。如表 44 所示。

表 44　竞价转让金额最大 10 只个股成交情况（2018 年 1 月 15 日至 2019 年 8 月 22 日）

序号	证券代码	证券简称	区间成交金额（万元）	区间成交数量（万股）	区间换手率（%）
1	430719	九鼎集团	118797. 16	103681. 97	7. 01
2	833858	信中利	24760. 58	3859. 90	4. 39
3	430005	原子高科	23590. 20	1256. 66	9. 59
4	832800	赛特斯	18649. 25	2114. 67	5. 14
5	872386	汇通银行	16585. 83	3911. 72	4. 09
6	834214	百合网	15129. 20	5401. 73	4. 36
7	430244	ST 颂大	12370. 39	4133. 74	28. 79
8	835990	随锐科技	10450. 64	581. 5	6. 67
9	430141	久日新材	10288. 63	593. 86	9. 91
10	832422	福昕软件	9850. 63	585	26. 57

数据来源：Wind。

从成交金额前十大个股（占比约 0. 01%）交易情况看，新三板市场头部个股日均成交规模很小，抗操纵性不强。即便从全市场个股交易情况看，2019 年以来，每个交易日新三板市场有成交的个股基本维持在 400 ~ 600 只，且成交多为偶发性、非连续交易，个股成交情况并不乐观。

第二节　新三板发展衍生品业务的必要性分析

一、衍生品对市场流动性提升的促进效应

交易市场的核心功能之一是提供流动性。市场流动性是指市场迅速完成大量交易而不引起价格过度变化的能力，市场流动性越好，则价格波动越小，投资者成本越低，市场越稳定。一个高流动性的市场，微观上能够保障每个投资者低成本地及时进出市场，宏观上可以更平稳地吸收外部冲击，降低价格波动的负面影响。全球各市场都十分强调改善流动性，尤其是新兴市场，这些年来采取了许多监管和改革措施来建设具有深度和流动性的市场。

市场流动性至关重要，体现在平稳吸收价格冲击的能力上。

首先，市场较高的流动性意味着投资者在进出市场、买卖操作时对市场带来的影响较小，表现为交易成本低、成交时间短、冲击成本小。

其次，较高的流动性也意味着相对更高的估值水平。Amihud 和 Mendelson（1986）的实证研究表明，股票流动性（买卖价差）每下降 1%，投资者要求该股票增加 2.5% 的年收益，以对流动性恶化作出补偿。正是他们开创性地提出流动性溢价理论。流动性是影响股票定价的重要因素之一。

再次，更重要的是，面临同样的外部冲击时，一个高流动性的市场可以更有效地承载买卖交易、吸收外部冲击，价格相对波动更小，市场表现更稳定，这有助于降低价格波动对金融体系其他部分以及整体经济的负面影响。市场流动性的增加不仅保证了金融市场的正常运转，也促进了资源有效配置和经济增长（Leevine，1991）。

已有研究多数支持衍生品的推出，有助于提高股票市场的流动性。在 ETF 及期权产品方面，Hegde 和 McDermott（2004）的研究发现，在 DIAMONDS 上市后，道琼斯工业指数成分股的流动性增加，最主要的原因是信息型交易成本下降；林靖中等（2006）利用买卖价差与成交量等不同的流动性衡量指标，研究了台湾 50ETF 上市后对指数成分股流动性的影响，实证结果显示台湾 50 指

数成分股的流动性有增加倾向；Kumar 等（1998）的研究表明，期权产品的上市会使标的市场的买卖价差减少，市场深度、交易数量、交易频率，以及交易规模均会增加。在股指期货方面，Grossman 和 Miller（1988）指出，股指期货市场的建立吸引了更多的交易商及新资本加入以股票为基础的证券交易中，这额外增加的流动性使股市能方便地承接更大宗的交易，而不会引发股价的巨大波动；Bessembinder 和 Sequin（1992）对标普 500 指数的研究也发现，引入股票相关的期货增加了股票市场的深度和流动性；Damodaran（1990）对 378 种 S&P 500 指数成分股与 699 种非成分股的实证研究表明，在开展股票指数期货交易后的 5 年内，成分股的交易量比前 5 年上升了 98%，而非成分股只上升了 42%，指数样本股的交易量提高幅度为非样本股的 2 倍以上，这说明期货产品的推出促进了指数成分股的交易活跃度，提高了个股的流动性；李存修等（1998）以香港恒生指数期货为例，研究了股指期货对股票市场成交量的影响，发现恒指期货上市后，成分股及非成分股的换手率都增加 80% 以上，认为市场流动性显著增加，支持期货与现货的成交量呈互补关系。大量的研究和实践证明，衍生品对现货市场流动性具有增厚效应。

二、衍生品对市场功能完善的促进效应

（一）推出股票衍生品可以满足投资者风险对冲需求

长期以来，我国证券市场是以中小投资者为主的市场，个人投资者占比较大。随着市场的逐渐成熟，一些中大户投资者和小型私募投资者的专业投资能力也在不断增强，投资、套利策略不断多样化，对适宜的对冲工具有较强烈的需求。

然而，在我国市场上，现有的对冲工具都是以指数或 ETF 作为标的产品，不适用于资金量相对较小，持有标的相对集中的个人投资者；并且，用现有产品进行风险对冲不如用期权对冲那样灵活。股票期货产品是以单只股票作为标的，交易的合约金额较小，从而有助于个人投资者进行风险对冲，降低风险对冲成本、实现对风险的有效锁定、分散以及转移，最终实现风险敞口与其风险偏好的有效匹配。

（二）推出股票衍生品能够满足专业投资者的杠杆交易需求

2015 年，股市异常波动起源于牛市开始时投资者对杠杆性交易的强烈需求，由于场内杠杆交易工具仅有股指期货和刚刚上市的 50ETF 期权，部分投资者转而交易场外伞形信托和互联网配资等高风险非法工具，基金专户等高杠杆产品也飞速扩张，当时的风险监管措施出现盲点，造成风险聚集，最终导致股市异常波动。

股票期权、期货产品的推出不仅可以有效满足专业投资者针对单只股票的杠杆交易需求，而且可以有效分流场内两融业务的风险集聚，逐步引导场外风险承受能力较强的投资需求向场内监管更为完善的标准化产品转移，从而有效降低整个市场的风险。

（三）发展股票衍生市场有助于衍生品市场的进一步完善

目前，在我国场内衍生品市场上已拥有 ETF 期权和股指期货、期权两大类权益类衍生产品，未来进一步发展以单只股票为标的的衍生产品将成为场内衍生产品体系的重要组成部分。与股票期权相比，股票期货是线性收益产品，产品结构更为简单，风控更为便利。股票期货的推出有助于市场创新的平稳推进，在风险可控的前提下培育良好的市场环境，提升投资者成熟度。

综合来看，新三板市场发展衍生品业务，有助于提升现货市场流动性，为市场参与各方提供有效的避险工具，拓展期限套利等新业务的发展，促进以衍生品为基础的产品创新和指数投资发展。

第三节　新三板发展衍生品业务可能路径及可行性分析

结合上述分析，在当前新三板市场挂牌公司市值普遍偏小、股权集中较高、个股成交不活跃的背景下，课题组广泛听取业界建议。现将各方观点汇总整理如下。

一、场外个股期权研发分析

课题组与被调研单位讨论了以新三板挂牌公司股票为标的开展场外期权业

务的可行性。

（一）我国场外个股期权业务基本情况

我国场外个股期权交易自 2015 年左右开始活跃，并在 2017 年底左右达到存量峰值，后进入清理整顿期。截至 2019 年 5 月末，在我国场外期权业务中，个股类场外期权未了结初始名义本金 233. 33 亿元，且交易集中度特别高，存续名义本金规模较大的前五家证券公司在全行业占比超过七成。[①]

现阶段，根据中国证监会《关于进一步加强证券公司场外期权业务监管的通知》（证监办发〔2018〕40 号）及中国证券业协会《关于进一步加强证券公司场外期权业务自律管理的通知》（中证协发〔2018〕119 号）相关要求，证券公司场外期权合约可以挂钩的个股标的，必须满足如下条件：

第一，在沪深交易所上市交易超过 6 个月；

第二，非 ST、*ST 股票；

第三，属于上证 180 指数、上证 380 指数、深证成分指数、深证中小创新指数的成分股票，以及 A + H 股上市公司在沪深交易所上市的 A 股；

第四，流通市值不低于人民币 50 亿元。

中国证券业协会对证券公司场外期权业务交易标的、对冲标的实行自律管理，个股标的范围由证券业协会定期评估、动态调整，交易商场外期权业务个股标的的范围不得超出证券业协会公布的当期名单。按照证券业协会最新一期（2019 年 7 月）公布的名单，共有 1134 只个股成为场外期权合约挂钩个股标的，基本涵盖中证 800 成分股，标的个股整体以中等以上市值规模的上市公司为主。

（二）新三板开展场外个股期权业务可行性分析

据被调研证券公司介绍，市值和流通性是选择场外期权合约标的个股时的主要考量因素：市值越大、流通性越好，个股的抗操纵性就越强，股票的易获得性也越高，证券公司能够及时、有效对冲业务风险，才有开展场外期权业务

① 参见中国证券业协会，中证机构间报价系统股份有限公司．场外证券业务开展情况报告［R］．2019（6）。

的积极性。除此之外，证券公司也会关注客户资质、标的公司近期是否有重大待披露事项、股权质押率、尾盘是否有操纵迹象等多重因素，综合考量后给出期权报价。

若不考虑政策协调等外部因素，仅以流通市值标准来衡量，目前新三板市场满足流通市值在 50 亿元以上的个股共有 18 家，其基本情况列示如表 45 所示。

表 45　　流通市值 50 亿元以上挂牌公司

序号	证券代码	证券简称	流通市值（万元）（截至 2019 年 8 月 22 日）	股权集中度（2018 年底）	股东户数（2018 年底）
1	838006	神州优车	3937975.73	57.65%	157
2	833330	君实生物	1544518.25	46.57%	266
3	430719	九鼎集团	1346398.09	52.44%	3218
4	834793	华强方特	1249141.69	79.58%	528
5	832666	齐鲁银行	1199572.83	68.19%	4243
6	837894	祥云飞龙	1192488.34	55.88%	57
7	832970	东海证券	1065350.00	67.91%	164
8	831550	成大生物	1043364.61	69.68%	1340
9	835281	翰林汇	971645.88	84.35%	100
10	833840	永安期货	958109.57	97.71%	201
11	834089	浙商创投	866280.00	83.11%	55
12	870488	国都证券	856920.53	62.34%	156
13	837893	黑金时代	718694.59	80.59%	23
14	872595	海通期货	708827.00	100%	10
15	834678	东方网	590824.00	81.59%	77
16	835185	贝特瑞	588411.38	94.28%	440
17	833979	天图投资	544317.19	75.96%	266
18	834777	中投保	525800.33	87.01%	254

数据来源：Wind。

从统计数据看，上述 18 家流通市值超过 50 亿元的挂牌公司，多数存在股权集中度高、股东人数整体偏少的情况，股票流通性欠佳。若进一步参考上交所、深交所遴选股票期权标的要求股东人数不得少于4000 人的经验，新三板市场满足条件的挂牌公司仅 1 家：齐鲁银行（832666）。而且，齐鲁银行已停牌近一年时间筹划 IPO。总体来看，在新三板市场发展场外期权业务的优质标的相对稀少。

若标的个股流通盘较小，股权集中度较高，则被操纵风险大、股票易获得性差，在个股价格单边变动的行情中，证券公司很难反向对冲期权风险，此时期权报价就会偏高，且证券公司会根据股票流通程度适度控制交易规模，流通性越差，内控限制越多，交易规模越小。在极端情况下，证券公司会直接退出报价，规避因标的流动性而引发的业务风险。被调研证券公司表示，从目前新三板市场的流通性情况看，证券公司对其个股提供期权报价的积极性不高，即便开展交易，基于风控因素考虑，交易规模也不会很大。

（三）拓展场外个股期权业务的其他约束因素

首先，从提振市场流动性角度看，场外衍生品业务作为风险管理工具的一种，其发展对场内市场流动性的摄取或提供均不明显。被调研单位普遍认为，新三板市场开展场外个股期权业务，不足以实现活跃市场流动性的目的。

其次，从场外期权业务发展环境看，目前场外期权业务政策限制多，交易对手方要求较高，市场萎缩明显。2018 年监管新规实施后，① 场外期权业务进入清理整顿阶段，场外期权交易对手方要求是符合《证券期货投资者适当性管理办法》的专业机构投资者，资产管理机构代表产品参与的，最近一年末管理的金融资产规模不低于 5 亿元人民币，且具备 2 年以上金融产品管理经验；产品参与的，应当为合规设立的非结构化产品，规模不低于 5000 万元人民币，且最近一年末金融资产不低于 2000 万元人民币，具有 3 年以上相关投资经验，购买场外期权支付的期权费以及缴纳的初始保证金合计不超过产品规模的 30%。据被调研证券公司介绍，对场外个股期权需求较大的投资者主要是中小私募基金，但满足“金融资产规模不低于 5 亿元”的私募基金行业占比不足 20%，其中的股票型私募基金更是少之又少，而非结构化产品大部分都不会挂钩个股期权，导致满足监管要求的交易对手方锐减，存量个股类场外期权迅速萎缩。被

① 2018 年 5 月，各地证监局向证券公司下发《关于进一步加强证券公司场外期权业务监管的通知》，大幅提高市场参与场外期权业务的门槛。

调研证券公司认为，新三板市场若发展场外个股期权业务，需审慎评估市场需求。

总之，无论是基于自身条件分析，还是综合外部环境考虑，当前以新三板个股为标的发展场外个股期权业务，尚不是优化市场流动性的最佳选择。

二、场内个股期权研发分析

课题组也与被调研单位讨论了以新三板挂牌公司股票为标的研发场内个股期权的可行性。

2008 年国际金融危机后，场外衍生品市场的系统性风险引起世界各国监管机构的高度重视，在场外衍生品集中清算等监管共识的推动下，全球出现了“场外交易场内化”的趋势。相较于场外个股期权，场内个股期权是标准化、精细化的风险管理工具，使用成本低、合约流动性好，从世界范围看，其受众更多、普及更广。通常而言，场内个股期权交易越活跃，其标的股票交易也会越活跃，个股期权对现货市场流动性提升有明显助益作用。从理论上讲，对于新三板市场，发展个股期权业务确实可以作为提振流动性的一个备选项。

不过从成熟市场发展经验看，个股期权标的一般需满足如下共性条件：一是流通股需要达到一定规模，持股集中度低的股票价格异常波动一般较小且不易被操纵；二是股票流通性好，多数成熟市场交易所对于标的股票历史交易量或交易金额都有相应要求，以降低期权交割风险；三是标的股票成交价格不能太低，否则在同样的交易单位下，价格较低的期权波动较大，容易出现过度投机现象；四是股东人数需达到一定标准，期权是杠杆性交易，价格操作对投资者收益影响显著，为防范股价操纵，各交易所都对标的个股股东人数有明确要求；五是部分交易所出于对期权交易活跃度的考虑，对标的波动性也有所要求；六是其他包括上市时间、异常停牌、盈利能力等方面的要求。

除了需要对标的个股进行科学分析与遴选外，根据上交所和深交所的产品研发经验，设计并上市个股期权产品时，还有如下若干因素需要着重考虑。

第一，公司行为频繁影响期权产品定价。标的公司停复牌、分红转增、除权除息、限售解禁等公司行为，均会对期权价格产生影响。尤其是我国上市公司停复牌行为普遍且频繁，虽几经规范情况已有所好转，但相比境外成熟证券市场仍然有很大差距，这对个股期权产品的设计提出很高的挑战。如何妥善、合理处理标的公司停复牌等行为对期权定价的影响，已成为交易所研发个股期权的主要难题。

第二，监管期权交易跨市场操纵行为难度较大。个股期权具有杠杆性，平值、虚值期权相对价格较低，资金占用少，通过操纵现货市场价格影响期权市场价格的违规行为获利空间大、成本小，跨市场操纵行为必然成为市场监管重点。但这类操纵行为更加隐蔽，取证也更加困难，尤其是在现货市场内幕交易和市场违规炒作频发的背景下，若期权交易监管不力，将会为投机分子提供更多套利渠道，变相便利投机分子放大违法收益、转移违法所得，市场影响恶劣。

第三，期权做市商投入和维护成本高。期权挂牌合约数量众多，随着市场行情的变化，新的合约也不断加挂，活跃交易集中于平值及接近平值的合约，大多数合约缺乏流动性，合约之间流动性高度不均，需要做市商机制提升合约整体流动性。而且期权产品持有到期的比例较高，合约存续期间交易活跃度会随着市场价格的波动而发生转移，如果在合约活跃时形成了大量持仓，到合约不活跃时就很难平仓，若此时市场出现单边走势，又没有流动性提供商做市，重仓被套的投资者无法及时平仓止损，不利于市场的平稳运行，做市商对股票期权平稳运行的重要性不言而喻。但据被调研证券公司反馈，就目前我国唯一的场内股票期权产品——上证 50ETF 期权而言，证券公司做市拥挤，价差过窄，且风控前置、要求繁杂，导致做市报价效率较低，做市商普遍处于亏损状态，投入和维持成本明显偏高，除谋求做市牌照的声誉价值外，缺乏做市报价的积极性。若上市个股期权，做市商能否为各只个股的众多挂牌合约提供充足流动性，成为交易所主要顾虑之一。

从调研情况看，基于如上多重因素影响，目前上交所、深交所对上市个股期权产品均持谨慎态度。为稳妥起步，两家交易所的个股期权研发，目前仍都处于仿真测试以继续探索完善合约设计的阶段。

对照上述标准，目前新三板市场能够作为期权标的的个股明显匮乏，而且业务投入大、监管负荷高，被调研单位均不建议全国股转系统近期内将场内个股期权作为优化市场流动性的首选工具。

三、场内个股期货研发分析

鉴于个股期权研发上市的难度较大，课题组又与被调研单位讨论了以新三板挂牌公司股票为标的研发场内个股期货的可行性。

第一章的研究已经说明，个股期货在新兴市场的交易所发展特别迅猛、成交尤为活跃，与成熟市场中个股期权发展更为强劲形成鲜明对比。这种反差，不仅与一国（或地区）资本市场的发展水平、监管格局、历史传统密切关联，也与产品设计难易程度密切关联。尽管基本交易制度大体相同，但相比个股期权，个股期货是典型的线性产品（期货保证金按固定比例缴纳，呈线性变动；期权保证金由标的/行权价的一定比例，加上合约权利金两部分组成，呈非线性变动），多空双方权利义务对等、盈亏风险对等，尤其是它与期权的杠杆机理不同，使期货产品研发不存在期权定价复杂性的问题。同时，相较期权产品按到期时间和行权价格两个维度挂牌，期货合约仅按时间维度挂牌，合约数量大为精简，流动性更加集中，正常情况下，期货产品对做市商交易机制的依赖度并不高。这些都大大降低了个股期货上市、交易、监管的难度，保证了产品运营风险可控。因而，仅从研发上市复杂度考量，全国股转系统推出个股期货具有一定可行性。

但个股期货标的的遴选标准与个股期权相差无多，均以抗操纵性、强流通性为主。从上文的分析看，足够成为个股期货标的的新三板市场挂牌公司仍较为稀少。为积累经验、培育市场，部分被调研单位建议，全国股转系统可借鉴新兴市场国家经验（如巴西、俄罗斯等国交易所的股票衍生品，集中布局于市值较大的小部分股票上），遴选市值较大、透明度高、交易活跃、流动性佳、有一定波动性的头部（流通市值前10位或前20位）龙头绩优股票，先行试点研发上市个股期货产品；随着市场改革的深化，待挂牌公司股票抗操纵性和流通性大为改善后，再扩大个股期货标的范围，增加股票类衍生品供给。

四、指数类衍生品研发分析

金融衍生品是金融现货市场发展到一定阶段的必然产物，其在宏观层面有助于提升金融市场的深度和流动性，提高金融市场资源配置效率，在微观层面能够丰富金融机构和投资者风险管理工具，实现风险有效对冲。从长远看，新三板市场积极推进衍生品业务的研发上市工作，是完善多层次资本市场建设的题中之义。除了股票类衍生品，部分被调研单位还建议新三板市场统筹考虑指数类衍生品，渐次布局自身衍生品业务格局。

（一）新三板现有股票指数运行情况

目前，新三板市场共有三板成指（899001）、三板做市（899002）、创新成指（899003）3只成分指数和三板龙头（899301）、三板制造（899302）、三板服务（899303）等7只主题指数。其成交情况见表46。

表46　　三板股票指数成交情况

序号	代码	指数	区间段*	日均成交量（万股）	日均成交额（万元）
1	899001	三板成指	2018年1月11日至2019年8月22日	2010.00	8159.98
2	899002	三板做市	2018年1月2日至2019年8月22日	1480.42	5836.66
3	899003	创新成指	2018年12月20日至2019年8月22日	1106.30	5982.65
4	899301	三板龙头	2018年12月20日至2019年8月22日	62.07	355.36
5	899302	三板制造	2018年12月20日至2019年8月22日	150.33	816.94
6	899303	三板服务	2018年12月20日至2019年8月22日	198.10	1153.82
7	899304	三板医药	2018年12月20日至2019年8月22日	47.99	862.83
8	899305	三板消费	2018年12月20日至2019年8月22日	76.61	325.78
9	899306	三板研发	2018年12月20日至2019年8月22日	414.63	4067.74
10	899307	三板活跃	2018年12月20日至2019年8月22日	562.55	4951.69

注：*指数基日不同导致样本时间区间不同。

数据来源：Wind。

从统计数据看，因成分股多数成交低迷，新三板10只股票指数整体成交情况也不乐观，除3只成分指数成交情况略好外，其余7只主题指数日均成交量和成交额显著偏小。

这一情况与全国股转系统的指数编制方案息息相关。为规避挂牌公司市值失真与交易间隔较长等市场问题，新三板市场主题指数的选样方法，不同于A股各类指数采用成交额和总市值指标来对指数成分进行度量，而是更侧重于营业收入和研发指标，不对成交情况做过多要求，重点突出行业表征。这种采取营收规模和研发费用率等指标来进行成分股遴选的方法，在我国资本市场中属于创新举措。3只成分指数仍采用成交额与总市值等传统指标遴选成分股。

（二）股指期货研发分析

股指期货作为最具代表性的指数衍生品，其对股票现货市场流动性的改善提升作用正逐渐得到学界与业界的普遍认可。国际证监会组织技术委员会（2003）在《指数化投资：证券指数与指数衍生品》的调研报告中对全球市场实践总结到，引入股指期货合约给证券市场提供了流动性和市场深度。例如，印度市场在NIFTY指数期货上市后，对比上市前后各30个、100个、200个和300个交易日，以交易额衡量的标的指数流动性指标分别上涨了168%、91%、162%和119%，而且T检验结果都非常显著；台湾市场在台证指数上市后，该流动性指标也出现了一定程度的提高，尽管从上市前后30个交易日的比较来看下降了4.58%，但从100个、200个和300个交易日的比较来看，分别增长了14.14%、7.57%和5.73%。[①] 我国股指期货产品上市以来，促进股市交易、平抑股市波动等市场功能也在逐步发挥。尤其是在股市异常波动期间，股指期货在没有自身运行风险的情况下，为股市额外提供流动性、分流股市抛压的作用格外明显。此外，股指期货对现货市场波动的平抑作用也逐渐显现，比较我国股指期货推出前后6年零8个月（2003年7月30日至2010年4月15日和2010年4月16日至2016年12月31日）标的指数的波动，沪深300指数的年化波动率由31.03%降为25.26%，降幅为18.59%；平均日内波幅由2.55%降为1.86%，降幅为27.06%；沪深300指数涨跌超过5%的天数也大幅下降40.48%。

对新三板市场而言，部分被调研单位认为，股指期货作为线性产品，产品

① 参见蔡向辉．股指期货：风险管理的金融逻辑［M］．北京：东方出版社，2017。

结构更为简单，风控更为便利，股指期货的推出有助于市场创新的平稳推进，在风险可控的前提下培育良好的市场发展环境，提升投资者成熟度，为后续推出股票期权奠定良好的市场基础，因此建议新三板市场考虑研发上市股指期货产品。股指期货产品研发，需要综合考虑多重因素，如指数交易规模、成交活跃度、投资者结构、交易习惯、现货交易时间、风险防控机制等，但最为基础、最首要的要素，在于选取合适的指数标的。为平稳起步，我国现有 3 只股指期货产品（沪深 300、中证 500、上证 50 股指期货）均为宽基指数衍生品，突出产品的抗操纵属性，降低市场操纵风险，最大限度抵减现货市场投机炒作等行为对衍生产品的负面影响。依此经验考量，课题组认为，新三板市场采取营收规模和研发费用率等创新指标来遴选成分股的 7 只主题指数并不适宜作为股指期货标的；3 只成分指数当前的成交量、流动性相距上证 50 等宽基指数也有极大差距，被跨市场操纵的风险较高，以其为标的衍生股指期货产品条件尚不成熟。

因此，若新三板市场研发指数期货产品，当务之急还是做优、做大、做活指数成分股，构建更具投资价值的市场指数。待指数成熟后，在设计对应的股指期货产品时，也应注意合理设置合约面值、日内开仓手数和持仓限额，并通过保证金要求、平仓手续费等要素的调整，实时平抑市场过度、极端交易，防范化解市场交易风险。

（三）ETF 及其衍生品研发分析

交易型开放式指数基金（ETF）属于股票指数的现货衍生品。与其他类型的开放式指数型基金相比，ETF 是一种混合型的特殊基金，它克服了封闭式基金和开放式基金的缺点，具有组合透明度高、管理费用低、交易便利、资金效率高、交易成本低、参与资金门槛低等优点。其申购赎回必须以一篮子股票（或有少量现金）换取基金份额或者以基金份额换回一篮子股票（或有少量现金）。由于存在这种特殊的实物申购赎回机制，投资者可以在 ETF 二级市场的交易价格与基金单位净值之间存在差价时进行套利交易，因而能够起到活跃现货市场流动性的积极影响。ETF 自诞生以来，在世界范围内发展迅猛，现已成为国际衍生品市场上发展最快的产品之一。

随着 ETF 产品迅速发展，围绕 ETF 设计相关创新衍生品已成为世界主要交易所竞争的新焦点。ETF 期权便是其中最为常见的、标准化的基于 ETF 份额的衍生产品。同样作为股票期权产品，ETF 期权能够克服个股期权定价难度大、被操纵风险高等内在缺点，对于建立资本市场波动率维度的定价体系、提高市场定价效率和流动性、夯实金融市场风险管理基础具有重要影响，因而在世界范围内交易规模持续增长。WFE 数据显示，2018 年场内股票类期权成交量达 107 亿张，其中 ETF 期权成交量为 18.9 亿张，成交占股票类期权成交总量的 17.6%，表明 ETF 期权已经成为世界期权市场的重要组成部分。不过，正如第一章所述，ETF 期权产品在美洲、欧洲以及亚洲等主要市场的发展程度极不均衡，美国 ETF 期权的成交量与产品数量远高于其他国家与地区，欧洲、亚洲市场 ETF 期权品种和成交稀疏。截至 2019 年 8 月底，大陆地区仅上交所上市 1 只 ETF 期权产品——华夏上证 50ETF 期权，但成长势头迅猛，产品自上市以来持仓、成交量持续增长，2019 年 1～8 月，50ETF 期权累计成交 4.02 亿张，日均成交量 246.93 万张。

从美国 ETF 期权市场发展状况来看，ETF 期权产品有如下特点。

一是 ETF 期权标的集中于宽基指数。在美国 ETF 期权市场中，跟踪标准普尔 500 指数、罗素 2000 指数以及纳斯达克 100 指数的 ETF 是最常见的 ETF 期权标的，这些被跟踪指数都属于宽基指数，基本构成了美国股市的风向标。

二是 ETF 期权的标的资产规模较大。交易越活跃、成交量越大的 ETF 期权，其标的市值越大。成交量排名前 10 的美国 ETF 期权标的 ETF 市值超过 500 亿美元，远远高于 ETF 市值的平均水平。标的 ETF 规模越大，投资者参与越积极，相对而言更适合作为 ETF 期权标的。

三是 ETF 期权交易集中度较高。美国 ETF 期权市场集中度非常高，芝加哥期权交易所、纳斯达克、纽交所等交易所成交量前 10 的 ETF 期权成交占比均超过了八成。从成交量看，此三家交易所成交最高的 ETF 期权均是标普 500ETF 期权，其成交量占比接近 50%。

由此可见，研发 ETF 衍生品的首要基础是拥有成熟的 ETF 基金，而该基金又需要满足标的指数代表性强、基金资产规模庞大、成分股申赎便捷等要求。这都是确保衍生产品维持较高抗操纵性、套利机制反应灵敏、价格发现功能有效发挥的基本条件。上交所 50ETF 期权就是典型代表。相比较之下，当前新三板市场股票指数代表性欠缺，成分股交投也不活跃，开发 ETF 及其衍生品还为时尚早。但应当肯定的是，助推基金行业发展 ETF 产品，有助于优化市场投资者结构，平抑市场大幅波动；相比个股期权，采用实物交割的 ETF 期权与现货市场联动性更强，价格收敛性更好，设计也更为简洁灵活，市场监管风险和研发试错成本相对较小。因而，从长远来看，全国股转系统在做优指数产品的同时，可以统筹考虑发展 ETF 及其衍生产品。

第四节　新三板发展衍生品业务的相关建议

综合来看，专题调研中各方观点基本可以达成如下共识。

第一，提供流动性是交易市场的核心功能之一，理论和实践均已证实，衍生产品，特别是场内衍生产品，其发展对提振现货市场流动性确有积极意义，也是成熟市场必备的风险管理工具。从长远来看，全国股转系统开发基于自身市场的衍生产品，不仅有助于改善市场流动性状况，还有助于深化市场功能、提升定价效率、优化投资者机构，是完善市场产品体系的必要改革举措和发展方向。

第二，标的的流动性和抗操纵性，是研发衍生产品的首要考量因素。当前新三板市场挂牌公司以中小企业为主，市值整体偏小，且受发行制度和交易制度约束，挂牌公司股权集中度普遍较高，个股成交不振，股票流通性和抗操纵性不佳，短期内在新三板市场发展衍生品业务（无论是股票类衍生品还是股指类衍生品）缺少优质标的，研发条件整体尚不成熟。

第三，从长远来看，新三板市场发展衍生品业务，基本可以按照“先线性产品，后非线性产品”“先个股产品，后股指产品”的路径，由易到难，在风险可控的前提下渐次布局自身衍生品市场（见图 43）。相比非线性衍生产品，线性衍生产品（如个股期货、股指期货）的设计线性简洁、监管投入相对较小、试错成本低，提振流动性作用同样明显，市场需求较为强烈，可以作为新三板市场当前发展衍生品业务的首选目标。在发展期货类衍生品的基础上，逐步健全监管风控体系，提升投资者成熟度，为后续推出期权等非线性产品奠定良好的市场基础。

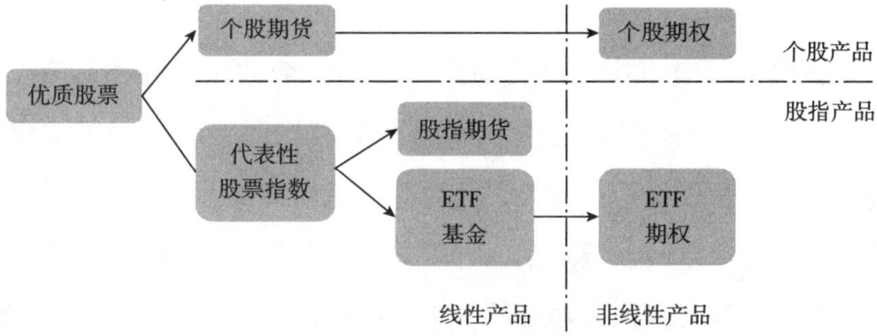

图 43　新三板市场衍生品业务发展可能路径

总而言之，衍生品业务的根基在标的资产的质量。2019 年 10 月 25 日，证监会宣布启动全面深化新三板改革，新三板市场的发展迎来转机。此次改革的主要内容包括新三板引入向不特定合格投资者公开发行制度，优化定向发行制度。与此同时，全国股转系统宣布在市场分层中增加精选层，入层标准以市值为核心，围绕盈利能力、成长性、市场认可度、研发能力等综合设定，并在精选层实施连续竞价交易机制，适当提高创新层、基础层集合竞价撮合频次，对精选层、创新层和基础层分别设置投资者准入标准，精选层准入门槛最低。可以合理预见，精选层挂牌公司有望迅速脱颖而出，尽快扭转市值整体偏小、股东人数偏少、股权集中度较高、成交不振等状态。未来，新三板市场可以优先考虑以精选层挂牌公司绩优股票为基础标的，优先上市个股期货产品，并编制代表性指数，在此基础上逐步拓展开发个股期权产品、指数期货产品及 ETF 衍生产品。

第五章　结　论

从世界范围看，股票衍生品交易集中度高，标的现货往往具有一定波动性。美国股票期权市场现货标的数量多，是唯一具有大量中小市值股票期货和股票期权的国家，新经济行业的股票期权交易活跃。而新兴市场国家标的数量有限，中小市值股票期货和股票期权较罕见且交易量几乎为零，交易活跃的多为能源、金融等传统行业大公司标的，市值最大的龙头或头部股票的个股期货和个股期权成交量最大。我国作为股权衍生品交易历史相对较短的新兴市场国家，股权类衍生品市场的发展路径很可能与政府主导的“韩国路径”最为相似，即优先发展交易定价简单、抗操纵性强、监管容易的产品。根据境外经验，我国后续可能上市的股票期货和股票期权产品的期现货交易很可能集中在传统行业大市值股票或新经济相关行业的“网红公司”上。

金融衍生品设计包括产品报价、合约月份、结算价计算、交割方式和交易时间等各方面安排。在会员管理方面，境外主要期货交易所无一例外地都采用了会员分层体系，分层结构体系的广泛运用使会员的交易权与结算权相分离。交易结算方面，Give - up 机制将交易经纪业务和结算经纪业务相分离，允许客户分别选择不同的会员进行交易和结算。如果在最后结算日，清算所无法获得个股期货的正确结算价，那么清算所有权利以保护投资者和公众利益为基础，考虑买方和卖方的公平性、公平有序市场的维护、行动的合理一致性等，据此得出的判断作为最后结算价，相应期货产品的结算支付应推迟到确定最后结算价的下一个工作日，实物交割的证券期货产品的交割日也相应推迟。在投资者适当性标准方面，以上交所为例，从账户资金/市值、交易能力和风险承受能力三项指标进行了设定，并对个人投资者、普通机构投资者和专业机构投资者规定了参与期权交易的相应条件。个人投资者申请的交易权限级别分为一级、二级、三级。在做市商方面，以上交所为例，期权交易采用在竞价交易制度下引入竞争性做市商的混合交易制度，将做市商分为主做市商和一般做市商。对于在合约品种中交易不活跃、缺乏做市商提供做市服务的合约，交易所可以根据各主做市商净资本规模以及评价状况，指定不少于 3 家净资本较大的、评价较好的主做市商为特定期权合约提供做市服务。对于中小市值股票期货、期权产品而言，设计的特殊性主要体现在最小报价单位、持仓限制、保证金要求、合约标的股票数量、期权执行价格间距等个别要素上，其他多数要素与普通股票期货、期权产品大致相同。

境外交易所中小市值股票期货期权的价格风险防控机制主要包括熔断、涨跌停、价格波动带等。从指令撮合的事前、事中和事后等多层次以及资金、流量和报价范围等多维度进行防范，从不同的方面防范市场价格异常波动的风险。境外交易所较少采用交易前端控制措施，主要目的是减少由此而造成的效率损失。中小市值股票期货期权产品的交易风险防范机制主要包括交易行为分类、持仓限额、套保豁免和持仓报告等。通过将交易行为分为套保、套利和投机等不同类型，以用于保证金水平或清算费用的返还优惠；通过设立持仓限额、套保豁免和持仓报告制度来对具有特定特征的交易行为进行管理。中小市值股票期货期权产品的信用风险防控机制主要包括保证金、担保基金、担保品、违约处置和违约瀑布序列等。通过设置保证金、担保基金、担保品等制度对信用风险进行事前防范；通过违约处置的规定，对出现违约事件之后对违约方资产处置的流程、对冲交易策略使用的条件、违约头寸的平仓方式和实施主体、守约客户的移仓等进行具体界定；当违约者的保证金及担保基金份额等自有财务资源不足以覆盖损失时，通过违约瀑布序列的规定，按照预先规定的顺序（违约瀑布序列）对包括守约会员担保基金、清算机构自有资金及其他可补充的财务资源等风险财务资源进行逐层动用。

全国股转系统开发基于自身市场的衍生产品，不仅有助于改善市场流动性状况，还有助于深化市场功能、提升定价效率、优化投资者机构，是完善市场产品体系的必要改革举措和发展方向。但目前新三板市场挂牌公司以中小企业为主，市值整体偏小，且受发行制度和交易制度约束，挂牌公司股权集中度普遍较高，个股成交不振，股票流通性和抗操纵性不佳，短期内在新三板市场发展衍生品业务（无论是股票类衍生品还是股指类衍生品）缺少优质标的，研发条件整体尚不成熟。从长远看，新三板市场发展衍生品业务，基本可以按照“先线性产品，后非线性产品”“先个股产品，后股指产品”的路径，由易到难，在风险可控的前提下渐次布局自身衍生品市场。相比非线性衍生产品，线性衍生产品（如个股期货、股指期货）的设计线性简洁、监管投入相对较小、试错成本低，提振流动性作用同样明显，市场需求较为强烈，可以作为新三板市场当前发展衍生品业务的首选目标。

当前，新三板市场迎来深化改革契机，精选层挂牌公司有望尽快扭转市值整体偏小、股东人数偏少、股权集中度较高、成交不振等状态。未来，新三板市场可以优先考虑以精选层挂牌公司绩优股票为基础标的，优先上市个股期货产品，并编制代表性指数，在此基础上逐步拓展开发个股期权产品、指数期货产品及 ETF 衍生产品。